壹卷
YE BOOK

让思想流动起来

论世衡史
— 丛书 —

道的生成与本体化

论古代中国的本体思想

蒋重跃 著

四川人民出版社

图书在版编目（CIP）数据

道的生成与本体化：论古代中国的本体思想 / 蒋重跃著. —成都：四川人民出版社，2021.3
ISBN 978-7-220-12098-5

Ⅰ.①道… Ⅱ.①蒋… Ⅲ.①古代哲学—本体论—中国—文集 Ⅳ.①B21-53

中国版本图书馆CIP数据核字（2020）第239313号

DAO DE SHENGCHENG YU BENTIHUA：LUN GUDAI ZHONGGUO DE BENTI SIXIANG

道的生成与本体化：论古代中国的本体思想
蒋重跃　著

出 版 人	黄立新
策划统筹	封　龙
责任编辑	戴黎莎　冯　珺
封面设计	周伟伟
版式设计	戴雨虹
责任印制	周　奇
出版发行	四川人民出版社　（成都市槐树街2号）
网　　址	http://www.scpph.com
E-mail	scrmcbs@sina.com
新浪微博	@四川人民出版社
微信公众号	四川人民出版社
发行部业务电话	（028）86259624　86259453
防盗版举报电话	（028）86259624
照　　排	四川最近文化传播有限公司
印　　刷	成都东江印务有限公司
成品尺寸	145mm×210mm
印　　张	15.5
字　　数	350千
版　　次	2021年3月第1版
印　　次	2021年3月第1次印刷
书　　号	ISBN 978-7-220-12098-5
定　　价	89.00元

■版权所有·侵权必究
本书若出现质量问题，请与我社发行部联系更换
电话：（028）86259453

序

重跃的新书即将出版了,他请我写一篇序。我很高兴,知道这是他近年来发表的学术论文的结集,相信对于相关领域的研究会有积极的意义。我现在能做的,就是从个人的角度,谈谈我对他的了解以及我们的一些学术交往,或许可以为阅读本书提供一点背景资料。

1995年重跃报考我的博士研究生,我是通过入学考试开始认识他的。那次考试中,他的成绩是古文第一名、英文第一名。《左传》的标点和翻译他做得很好,问题的回答和分析也很到位,所以得了最高分。他的英文分数也很高,入学后经过学校统一考试,再次获得好成绩,所以得到免修资格。

重跃和我有许多共同点。他曾在南京大学读研究生,专业方向是先秦思想史,导师是刘毓璜老先生。刘先生治先秦诸子多年,功力甚深，重跃跟老先生学习，也研究先秦诸子。其实，刘毓璜先生也是我的老师。我在南京大学读书时，他给我们上过一个学期的社会发展史的课。我还记得，这门课的考核要求交一份读书报告，我当时对先秦诸子兴趣浓厚，所以写了一篇读《墨子》的体会交上去。刘毓璜先生是我们共同的老师，我们跟刘先生学习的时候又都做过先秦诸子，这是不是某种因缘巧合呢？

事实上，重跃和我在学术路数上有相同处，也有不同处。比如，我们都是先做中国方面的学问，然后才从事外国方面的研究，但不同的是，他是从子学方面做起的，我是从经学方面做起的；他当时的研究重点在《管子》，属齐学；我则重点在五经，属鲁学。

重跃从不跟我讲他以前的学术成绩。不过，据我了解，他来北京之前，已经有一些学术工作的基础了，1993年就评上了副教授职称。1988年，他发表的《论申子之学的历史地位》是代表他当时学术水平的一篇文章。他写这篇文章时大概是29岁，回想起来，我当年写出关于黑劳士的论文时也是29岁。这又是有点巧合了。

司马迁作《老子韩非列传》，系老、庄、申、韩合传。老、庄和韩非许多人都有研究，至于申不害，研究的则不多。据我看来，考证申不害并不容易。重跃研究申子之学的那篇文章分析得很好，特别是能在多种复杂关系中分析形名和术的特点，从而让读者看到为什么以往的文献研究未能解决根本问题，因为申子之学似法而非法，似道而非道。同时也证明，先秦思想史研究的确应该重视诸子之间的关系。我说这话是有原因的。1954年，我们北师大历史系有一次组织部分教师听杨钊先生的先秦诸子观摩课，课后白寿彝先生做总结。当时研究诸子之学，一是要讲阶级性，二是要讲学术传统。白先生提出第三条：还要看诸子之间的相互渗透、相互影响！我听了，有触电之感，牢记于脑海中。白先生晚年，我跟他说起这件事，他已经记不起来了，反而问我："这是我说的么？"可惜当时没有录音记录下来。重跃写申子之学这篇文章时就意识到了这一点，是难能可贵的。我听白先生那次总结时还不到29岁，但却未能立即付诸行动，直到1995年我才写出《关于战国时期的性恶说》[①]。这篇文章是参加在海南举办的一个国际学术会议的论文，其中讲了三家的性恶说，墨家墨子、儒家荀子、法家韩非子。当时我讲这个问题，目的是为了说明，三家都有性恶说，但它们之间有什么区别？这就要看它们在各自体系中处于什么地位、有什么功能。文章就是对三种性恶说的地位和功能的异同做出分析和说明的。参加那次会议的有何兹全先生、陈启云先生等人。会议间歇，陈启云先生找到我，说我的文章有启发。我说，是啊，就像"无为"，各家都讲，但有什么不同呢？分析这种不同，才是学术研究要做的工作呀。当知道我是钱宾四先生的学生时，他笑着说："怪不得你讲话中有钱门的气味！"陈启云先生也是钱门弟子，所以才会这样说。重跃因为年龄关系，不可能听到钱先生讲课，但他的这篇关于申子之学的文章中竟也有类似的东西！

[①] 刘家和：《关于战国时期的性恶说》，《华夏文明与传世藏书——中国国际汉学研讨会论文集》，北京：中国社会科学出版社，1996年版。后收入刘家和：《史学经学与思想——在世界史背景下对于中国古代历史文化的思考》，北京：北京师范大学出版社，2005年版，第328—354页。

我一直相信，真正的师生关系应该是教学相长的。重跃来我这里将近四分之一世纪了，我已经记不清我们做了多少次对话，但我们的学术交往是一种互补的关系，这却是实实在在的。重跃在撰写博士论文中遇到如何理解韩非的"道理论"的问题，他来问我，我只能诚实地告诉他："对不起你，这个问题我还没有弄清楚。"后来，我们两人都在思考这个问题。他的论文《古代中国人关于事物本体的发现——"稽"字的哲学之旅》是2013年发表的，在这篇文章中，他尝试从"稽"的字义训诂和中西哲学比较来说明《韩非子》的道和理所具有的辩证统一关系和内在发展理路。我的《试说〈老子〉之"道"及其中含蕴的历史观》一文是2014年发表的，是从小学和哲学（含逻辑）的结合上说明，《老子》的道内含着有、无，是$A+(-A)=1$的矛盾统一体；《老子》第三十八章关于道、德、仁、义、礼的描述，就是有、无的内在矛盾推动的历史和文化的辩证发展观。我们从各自的路数来解决"道理论"的问题，这可以看作是师生互补的成果。

2015年，重跃代表学报对我做了一次学术访谈，以《在挑战与回应中前进——刘家和先生谈学术工作的基础》为题发表在学报第二期上。那次对话有深层次的交流。他是在善意地挑战我，我也是在善意地挑战他。例如，他这样提问："难道我们的学术工作就是为了回应别人对我们提出的挑战么？我们就不能向人家发起挑战么？"他问得好，这个问题逼得我说出下面这句话予以回答："我所说的挑战，就其深层意义而言，不仅仅是指人家向我们发起的，而且更为重要或更深层次的，是我们必须能够自己向自己提出挑战。"①这个思想其实就是《老子》七十一章所讲的"圣人不病，以其病病，是以不病"的意思。我们只有发现并解决自己的问题，才能真正应对外部的问题。这篇访谈文章又一次真实地记录了我们师生的这种互补关系。这些年，我们就是在这样的互补式的学术交往中走过来的，就像打乒乓球。

孟子讲过"志于彀"的话，说"羿之教人射，必志于彀，学者亦必志于彀"（《孟子·告子上》）。对于学者来说，所谓"志于彀"，就是不断地努力，不断地学习，不断地调整自己的知识结构，使自己的研究能力达到可以解决问题的状态。重跃是不断地"志于彀"的。这些年来，我们同时研读海德格尔的《形而上学导论》、雅斯贝尔思的《大哲学家》，以及康德和黑格尔的著作，这说明我们还有同学之谊呢。韩愈的文章是真好，他说"弟子不必不如师"。我这样说，不是谦虚，是老实。《易经》有《谦卦》，说的就是肯不肯客观地认识自己。我认为，学术上的互补，这是师生关系中的应有之义。《孟子·万章》篇里面大多是学生从别人那里听到什么，然后向老师提问，这就相当于发球，也就是一种挑战，孟子予以回答，就相当于接球，也就是应战。我们师弟二人所做的就是这样的互补。

其实，我也是在"练球"的过程中才逐渐认识他的。重跃在南京大学专门修过《小逻辑》的哲学课程，从那以后就一直坚持自学

---

① 刘家和、蒋重跃：《在挑战与回应中前进——刘家和先生谈学术工作的基础》，《北京师范大学学报》（社会科学版）2015年第2期，第143页。

黑格尔和西方哲学；我对西方哲学有兴趣，这与听唐君毅先生的哲学课和牟宗三先生的逻辑学（当时叫"理则学"）课有关系，这两门学问让我着迷，结果养成了学习哲学和逻辑的爱好。在实际的研究工作中，他更多的是从中国方面来思考；我则借用逻辑工具，在使用逻辑方面我可能更加重视。此外，我对数学有兴趣，我常说自己有两把刀，一把是小学，另一把是逻辑。

  在交流中我发现他的知识面很宽。例如，他的《老子》背得很熟，有些地方我一提起，他就能接下来。他知道的东西有时出乎我的想象。比如，某次我说出"定力"，他马上就能说出梵文发音Samādhi（"三摩地""三昧"）。我提到苏格兰民歌《友谊地久天长》，他立刻能说出苏格兰方言Auld Lang Syne，还能说出整理这首民歌的苏格兰诗人罗伯特·彭斯（Robert Burns）的名字。我知道哈佛大学附近有条街叫Kirkland Street，他居然知道Kirk来自斯堪的纳维亚语，是苏格兰长老会"教堂"或"教会"的意思。学习知识本来就有出于好奇的原因，某种意义上就是玩。我学外文经常用中国训诂方法，从一种外文到另一种外文也是运用这个方法。看来重跃也一定有他的方法。这样，做学问就不再是一件苦差事，而是一种乐趣了。总之，我们就像是在打乒乓球，我们"练球"练得非常好，也非常愉快。

  重跃和我还有一点很相像，就是都爱惜自己的学术羽毛，不轻言发表。我的《印度早期佛教的种姓制度观》一文写出后先是放在家里，没有准备发表的，是白先生主动问起来，并力主发表我才同意。文章刊登在学报1962年第2期上，而且排在了第一篇。发表后引起季羡林先生的注意，产生了意想不到的一系列反响。这让我心里稍稍安稳了些，不然，我也有个怎样面对白先生的问题啊。这与重跃在《南京大学学报》发表文章后担心没有好反响是一样的。

重跃和我还有一个共同点，那就是我们都是"无我"的，都不会过分地突出"自我"，这对于开展平等的学术讨论是非常必要的。当然，在师生互补的关系中，他认识我是处于有利地位的，我则处于不利地位，这是做教师的应该自觉到的。

总之，师生之间是平等交流，是互补，是"练球"。中外文明比较研究也不是哪一个人的事业，而是我们的共同事业，是我们这个学术群体的共同事业。我们就像是在做接力赛跑。开始时是我先跑，那时重跃他们还没有来。后来，他们加入了，我们就一起跑。当然，过往的路程中"接力棒"是在我手中的，待我交了"棒"之后，还会陪大家再跑一段距离。学术传统就像接力赛跑，只有这样，才能一代一代地传承下去。

刘家和谨识于北京师范大学寓庐愚庵
2020年4月22日

目 录

前 言 ………………………………………………………… 001

本体篇

道的生成属性及其本体化发展
——先秦道论初探 ………………………………………… 023
  一、《老子》道论的生成性及本体化趋势 ………………… 025
  二、庄子之道的生成性及理观念的初步发展 …………… 039
  三、《韩非子》的道理论及其本体化发展 ………………… 050
  四、《易传》的本体化思考和宇宙生成说 ………………… 062
  五、结语 …………………………………………………… 072

古代中国人关于事物本体的发现
——"稽"字的哲学之旅 ·················· 074
　　一、前贤关于《韩非子·解老》篇中两个"稽"字的解释 ····· 074
　　二、从日常语词到哲学概念 ·················· 078
　　三、"稽"的字义训诂 ······················ 094
　　四、透过"稽"认识"道""理"关系乃韩非的理论创新 ····· 099
　　五、"稽"的历史地位及命运 ·················· 107

《荀子》的"类"与道的范畴化发展 ················ 115
　　一、道分"类"而成为"理" ·················· 117
　　二、"解蔽"就是要看到"类"的矛盾性 ············· 125
　　三、"正名"要符合类 ······················ 132
　　四、荀子类观念的历史地位 ·················· 139

辩证发展观在古代中国的觉醒
——道儒两家以"反"为主题的理论探索 ············· 149
　　一、"反者道之动":道家在哲学发展观上的重大发现 ······· 151
　　二、"反经而合道":儒家在伦理发展观念上的理论性探索 ··· 176
　　三、结语:为什么是一次觉醒?一次怎样的觉醒? ········ 213

战国法家在道论本体化发展中的理论贡献 ·············· 220
　　一、道论本体化的理论贡献 ·················· 222
　　二、对老庄道论的本体论突破 ················· 229
　　三、对荀学和名学的偏废 ··················· 240

四、结语：法家本体思想的历史地位 ･･････････････････ 254

《大学》思想体系的中国特质
——基于元典和古代诠释传统的本体论透视 ･･････････････ 257
　　一、解题 ･･･ 257
　　二、"止于至善"：追寻至善"本体"？ ･････････････････ 264
　　三、"格物致知"：怎样把握至善"本体"？ ･･･････････････ 277
　　四、"絜矩之道"：没有宇宙本体社会秩序将植根于何处？･･･ 296
　　五、结语：以仁为本——相互同情和相互尊重是中国文化之根･･･ 308

方法篇

关于《韩非子》中三组概念的矛盾
——例说传统学术思想的批判性研究 ････････････････････ 313
　　一、关于批判方法的简要说明 ･･････････････････････ 313
　　二、法、术、势的矛盾：古代政治在法权冲突中蹒跚行进 ･･･ 317
　　三、忠、贤、仁的矛盾：古代伦理在新旧纷乱中定于一尊 ･･･ 322
　　四、道、理、稽的矛盾：古代哲学在动静相反中把握真理 ･･･ 333
　　五、结语 ･･･ 347

为什么可以用发源于西方的哲学来研究中国思想？ ････････ 350
　　一、问题的缘起 ･････････････････････････････････ 350
　　二、用来自西方的概念衡量本土思想=对本土文化缺乏信心？ ･･･ 352

三、思想和思想之间有没有可公度性？ ………………… 355
四、为什么philosophy可以用来衡量中国思想？ ………… 365

怎样回应文化的不可公度性问题 ………………………… 371
一、问题的缘起 ……………………………………………… 371
二、论文化只有不可公度性的理论困难 ………………… 374
三、上升到普遍性才能找到解决问题的根本出路 ………… 384
四、余论：几个细节问题的说明 …………………………… 392

资料篇

齐国道论纲要 …………………………………………………… 401
一、道论的形而上学——德 ………………………………… 401
二、关于心术或内业的意义 ………………………………… 403
三、道论的政治逻辑——理 ………………………………… 407
四、德理统一与齐学体系的历史地位 ……………………… 410

试论道法两家历史观的异同 …………………………………… 413
一、问题的提出 ……………………………………………… 413
二、老子对周代主流历史观中宗教和道德因素的否定 …… 414
三、庄子对"性""命"的思考及其历史观的内在矛盾 …… 418
四、韩非子的纯粹历史理性的历史观 ……………………… 423
五、道法两家历史观之异同与其道论的一致 ……………… 427

附 录

将中国的思想文化"讲清楚"
——蒋重跃教授访谈录 ·················· 439
 一、中国人习惯以一种历史思维来思考问题 ············· 440
 二、要学习西方的概念思维和范畴化思维以弥补我们的不足 ··· 444
 三、"胸怀天下,心存仁爱"应该是中国思想面对世界的
   基本态度 ·· 448
 四、中国的思想本身非常丰富,但需要多方面的整合 ·········· 453
 五、加深理解中国轴心文化的重要性,面向未来迎接新的挑战 ··· 457
 六、事实领域占领前沿,价值观念通体透明 ·················· 460

参考文献 ·· 464

后　记 ·· 473

前 言

这是一部关于古代中国本体思想的研究文集。书中的"本体"一词,不是来自中国传统,既不是"本末"的"本"、"体用"的"体",也不是"本体与工夫"的"本体",而是来自西方哲学,已为中国学界接受,也就是人们常说的"本体论"(ontology)的那个"本体",就是指称凡物之所以然的那个概念。"生成"一词,系化约《老子》五十一章"道生之、德畜之、物形之、势(器)成之"而来,因为是矛盾的发展(有无之变)过程,所以在西方哲学里,黑格尔的"变"的思想略可方之。

那为什么要以"道的生成和本体化"作为研究对象呢?这是由老子的道的学术争论引起的。20世纪80年代中期,我读研究生时,曾打算写老子作为学位论文。所以阅读了这方面的一些学术论著。发现关于老子的道,学术界争论得很激烈:许多人认为道是唯物的,还有更多人认为道是唯心的;有人认为道是万物本原,也有人认为道是事物的本体或曰规律。若往前追溯，这样的争论大概持续了50年以上。当时我很纳闷，好端端的一个道，为什么会弄得这样分裂呢？

1989年，我参加了在临淄召开的"第二届《管子》与齐文化国际学术讨论会"，提交了一篇发言稿，题目叫《齐国道论纲要》。在这篇文稿中，我想表达这样的意思：代表齐学的《管子》一书并非如有人认为的那样，是多家思想的杂烩，它有自己的内在逻辑，那就是由道而德，形成"道德"学说，我当时把它叫作治气养心的内学；由道而理，形成"道理"学说，我叫作为政理国的外学。两者以道为核心，形成系统，可以看作是整部《管子》的内在脊梁，是齐国当时的内圣外王之学。我承认《管子》书中有这样一个系统，但同时又提出一个问题："用今天的标准来衡量，德理统一的体系当然存在不少无法克服的矛盾，例如，本原的道何以与法则的道合而为一？"[①]我今天仍然相信这个问题提得有理论意义。我当时的想法是：德对应着本原的道，理对应着法则的道，两者结合为一个整体。现在看来，这种叙述显然过于简单了。当时我把这个整体作为历史定案。那为什么还要说两者有矛盾，还要问两者"何以""合而为一呢"？其中有什么理论的意义呢？可惜，我的这一点小小的灵光乍现，马上又被自己的论断熄灭了。紧随其后，我宣称："我想这是无须深究的。齐国君臣要建立一个体系，把内学（德）与外学（理）联络起来，这是当时齐国历史条件和文化背景下的必然结果，他们选择了'道'作为核心范畴，也受到了当时

[①] 知水：《齐国道论纲要》，《管子与齐文化》，北京：北京经济学院出版社，1990年版，第184页。

认识水平的限制，不存在什么神秘的原因，今人不必硬要为它寻找一个更为精致的哲学内因。如果非要说德理结合有什么必然联系不可，那么这种必然联系也只好说是田齐君臣的实用目的。看起来似乎不够雅致，可事实就是如此。"①为什么要用"田齐君臣的实用目的"把刚刚提出的一个理论问题终结掉了呢？可能的情况大概是这样，对于道之有本原和法则这样两种属性在理论上是否圆融，我是心存疑问的，可是自己又无法提供理论的说明，而写文章嘛，总要给问题一个交代，不得已，就用历史作结。可见当时是怎样的幼稚可笑了。假如由此就放弃了对这个问题的思考，那对我来说后果真的就是十分的严重了。好在我并没有放弃。

2004年，我发表了一篇文章《试论道法两家历史观的异同》。在这篇文章中，我提出，道家和法家历史观的异同与他们各自的道论的异同是一致的。文中提到："道的本原论和普遍论是有矛盾之处的，为什么还会在同一思想体系中并存？这个问题我已思考过若干年，至今没有在理论上找到更稳妥的解释。"这句话后面我加了一个注释："我曾在探讨《管子》道论时提出这样的问题，'本原的道何以与法则的道合而为一？'所谓'法则的'，相当于本文中'普遍性的'"。这说明，15年后，我依然惦记着这个问题。但此时我还是未能从理论上给予解决。我的回答是这样的："我的看法是，这是由思想家现实目的的多元化决定的。本原性的道，可为不同于普通大众的生存或行为方式提供理论支持，有一定神秘性，除了倒退论的历史观，养生、成仙、驭臣所遵循的道术，都可从中得

---

① 知水：《齐国道论纲要》，《管子与齐文化》，第184页。

到启迪，这在《老子》《庄子》《韩非子》书中不难找到证据。而普遍性的道，只能为纯粹历史理性和现实的生存或行为方式提供理论支持，就历史观而言，不管态度如何，《庄子》《韩非子》都承认历史进步，这与它们都承认道的普遍性是吻合的"①。这种从实用目的的意义上来解答，与15年前《齐国道论纲要》的说法几乎相同。只不过，这次把目的做了一点结构的分析，如本原的道与目的的神秘性有关，普遍性的道则与目的的现实性有关，似乎是朝着理论的方向移动了一点。

2012年，我在《南京大学学报》的"思想史研究"专栏发表了《道的生成属性及其本体化发展——先秦道论初探》一文，试图从理论上来回答这个问题。发这篇文章时距离最初思考这个问题，已经过去24年了。此后，我又连续五年在《南京大学学报》"思想史研究"专栏发表了五篇论文，在另外几个点上继续探讨古代中国的本体思想。

本书把这六篇算作一组，取名"本体篇"。

《道的生成属性及其本体化发展——先秦道论初探》一文的基本思路是这样的：关于先秦时期世界观意义上的道，学界历来强调它的宇宙本原的意义，即使有人指出它同时具有本体的意义，也并未对本原和本体之间是怎样联系起来的做更有说服力的解释。其实，道的本义是"道路"，作动词用就是"导"（導），与"迪""由"通假，可指事物的由来或来历，即事物之所以然的历史原因，这说明道具有生成属性。在古人的描述中，道的生成属性

---

① 蒋重跃：《试论道法两家历史观的异同》，《文史哲》2004年第4期。该文也收入本书，作"资料"之一。

总显得有些神秘。这与人们用表现有限世界的语言来描绘具有无限发展可能的道的知识困境有关。作为后人，我们如果能够拨开古代隐喻的层层雾障，就会发现，道并非具体世界之外的某种神秘存在，它所要呈现的其实是世界本身的样态和本质，它从来就不曾离开过具体的事物。非但没有离开过，而且正是因为它的存在，具体事物才得以在精神领域显现自身及其本质。由此可见，道说的是事物的生成，也就是本体化过程。《老子》用矛盾的概念（"有""无"或"有名""无名"）作为"天地始"或"万物母"，已然踏上了本体化发展的征程。阅读《庄子》《管子》《黄帝四经》《韩非子》和《易传》可知，战国中后期的思想家们已经明确地用理指代物类的特点。他们确信理缘道而生成，系道在物上的具体化，道和理之间具有概念的种属关系。这些都说明，在生成论中探寻本体意义先秦时期就发生了，不必等待玄学或理学。这样的理解，对于解决学术界关于道是"唯物"还是"唯心"、是"本原"还是"本体"的争论，不失为一个切实可行的方案。不过，今天看来，先秦时期的理更多的是指物类的外部特征，而论证又多采用形象的譬喻，所以道论的本体化思想还处在初始阶段上，发展显然是不充分的。

紧接着，第二年，我又发表《古代中国人关于事物本体的发现——"稽"字的哲学之旅》一文，试图从"稽"字的含义上解开古代本体思想的谜团。文章大意是这样的：《韩非子·解老》篇两次用"稽"字表示"道"和"理"之间的关系。文献学家和哲学史家均未给出充分的解释。从春秋后期到战国末年，"稽"是一个常用语词。在当时的典籍里，不但有表示人际礼节的"稽首""稽颡"的用法,还经常用作地名和人名。《老子》有"稽式"一词,表示事物的存在样式,"稽"因此有了哲学含义。战国中期以后,"稽"的"考核""验证"等含义得到广泛使用,这与当时形名法术的兴起有关。在《荀子》中,"稽"与"道"相合,又可成为了解事物的规定性或限度的活动。在与韩非同时代的《鹖冠子》一书中,"稽"又用来指代"道"在具体事物中的表现,因此就有了事物本体(本质)的含义。按训诂可知,"稽"与"至""止""积""纪""计"等字相通,有到达、停留、积滞、原则和考核之义。在《解老篇》中,韩非提出"定理"的观点,认为"理"乃一事物区别于他事物的独特性的范围或边界,具有相对稳定的属性,所以才可观察和稽考。"道"是指事物的总体存在和发展过程,具有生成属性;若没有"理"的具体规定和落实,也就是本体化的环节,那是不可想象的。"道"和"理"的统一,即生成属性和本体化的统一,才是事物的根本法则或本质。"稽"字所有的含义与韩非的这些观点相吻合,所以才被用来指代"道""理"关系或成为连通两者的津梁。据德国哲学家海德格尔研究,古希腊的"存在"(οὐσιά)这一概念就具有"停留""模式""根据""当下"等含义,事物具备了这四个因素,才能"完满实现"(用亚里士多德使用的术语就是"隐特来希"ἐντελέχεια),成为"常驻的在场",也就是成为自己。这与韩非子使用含有"至""止""积""纪""计"这五种意义的"稽"字表示"道""理"所具有的生成属性和本体化的统一关系在思考问题的方向上竟然如出一辙,实在令人惊异!

关于古代中国有没有哲学,西方学者中有许多人是持否定观点的，影响比较大的是黑格尔。黑格尔认为中国人在文化方面有很高的声名，却没有真正意义上的哲学，理由是中国人提出了作为最高本质的道，但只是抽象的普遍，在过渡到具体时，却没有能力给思想创造一个范畴（规定）的王国。其实，我的上一篇文章就在回答这个问题了。"稽"表现出的道和理的统一关系，就说明，道的发展早已超出"抽象的普遍"了：它经过自我否定而变为理，进入本质意义上的世界，表现出复杂多样的发展形态。我在2014年发表的文章题目是《〈荀子〉的"类"与道的范畴化发展》。这篇文章认为，《荀子》中的"类"观念可以用来直接地回应黑格尔的挑战。荀子明确提出道可以从多方面来认识，他把每个方面都称作"类"，进而又提出"类不悖，虽久同理"的观点。意思是说同类则同理，异类则异理。由此可见，"类"其实是"理"的活动领域或范围，有什么类，就有什么理。这个思想，就使道在经过否定之否定发展/过渡到具体时便有了范畴的规定或铺垫。荀子把"虚壹而静"当作解蔽的方法，其实就是把它当作认识各类具体事物中的道的方法。而他的解蔽，其实隐含着"规定即否定"的意义在其中。他的正名思想主张同类则同名，异类则异名，显然是把具体事物做了类概念的思考的；他提出"当簿其类然后可"的观点，主张认识要以感觉经验符合事物的类本质为基础，表现了鲜明的经验论的哲学色彩。荀子关于"类"的思想，上接老子的道论辩证法，下启韩非的道理论，表明古代中国人有能力"给思想创造一个范畴的王国"，或者说，他们有能力用范畴化的方式来展现道的活生生的具体存在。当然，与古希腊哲学比较起来，由于实用功利目的的强势引领，荀子的范畴思想在概念化和体系化上发展得并不充分，这也是不容否认的。

古代中国的道之所以成为最高的概念，是因为它揭示了矛盾，不但容纳矛盾双方，还因为矛盾推动而呈现出自我否定的发展趋势。生成就是变化，变化有赖于差异，差异性存在的所以然，就是本体；反过来也一样，本体标志着具体事物的差异，差异不但其来有自，而且其往有方。没有差异，就是抽象的"一"，如果世界是抽象的"一"，那变化从何而来？没有变化？又怎么会有生成呢？没有生成，作为本原的道也就失去了存在的根据。总之，世界不是抽象的"一"，而是充满差异、又合为一体的生生不息的生命运动，这是古代中国人思考问题的出发点。关于生成属性和本体化之关系，从理论上说，大致就是这样。这个思想，在古代中国道家和儒家的文化发展观上有着生动的表现。我在2015年发表的文章《辩证发展观在古代中国的觉醒——道儒两家以"反"为主题的理论探索》集中阐述了下面的理解：公元前6世纪，春秋后期，古代中国文明进入了最为深刻的社会和文化变革阶段，宗法制度遭到破坏，中下层社会的种种因素兴盛起来。一时间，新旧杂陈、正反淆乱。面对日益尖锐的社会矛盾，周代的天命论已无力解决。而刚刚从周王室脱离出来的老聃则提出了一个振聋发聩的观点——"反者道之动"：道指事物发展的动力和法则，事物总是朝着相反的方向变动，正反之间的矛盾运动是不以人的意志为转移的客观现实！老子的发现说明，超然于新旧势力的知识精英敢于直面矛盾，其"意识的觉醒"（黑格尔意义上的）已跃升到了空前的高度。此后直到公元前2世纪的西汉中期，分封制与郡县制、宗法制与齐民制时而冲突时而妥协。在老子开创辩证发展观之后，儒家思想精英对这种条件下伦理文化发展的深层结构做了创造性的探索。孔子发明了中庸观念，要求与时俱进，正反兼顾，以权变改良传统。孟子高举行权的旗帜，允许违背某些礼文但须回归礼所赖以存在的仁爱，以此来实现传统的突破和延续。荀子创造了"虚壹而静"的解蔽方法，告诫人们不要固执已有的知识，以妨碍新知识的获得。但在政治和文化领域却迷信规范，把礼教推尊到无以复加的高度，未能给行权留下足够的空间。《易传》通过卦爻变化演绎着"反复为吉"的理念，使以反为主题的辩证思维的理论穿透力有所增强。《公羊传》提出"反经然后有善"，把与经义的相反相成作为伦理文化发展的基本原则；西汉大儒董仲舒提出行权要以"爱人"为宗旨，以"合义"为底线，甚至喊出了"反经而合道"的口号，试图通过补偏救弊，给主流价值观带来新的发展活力。道儒两家在反这个主题上进行了四百年的艰苦探索，完成了从基本原理向伦理哲学的转变，实现了辩证发展观的一次意义深远的突破，在人类精神觉醒的史册上写下了光辉的一页。我这篇文章想要表达的思想是：看起来新生事物与原有的或主流的传统是相反的，可正是因为这种合乎人道、又顺应发展趋势的相反势力的不断斗争并确立自己的本体身份，才会最终以矛盾的方式，推动生成的实现。这是生成属性与本体化发展相统一的一次精彩演出。

在古代中国的本体思想发展历程中，法家的贡献较为突出。我在2016年发表了《战国法家在道论本体化发展中的理论贡献》一文，专门讨论这个问题。文章大意是：战国中后期，理的概念流行起来，道和理的关系成为代表世界总体与事物本体之关系的重要问题。法家各派都在思考。韩非认为，道指万物之所同，是万物之所以然的那个东西；理指万物之所异，是某物区别于他物的特征。两者具有普遍与特殊对立统一的辩证关系。韩非的观点有怎样的意义？这要从历史的比较中给予说明。老子的道指称世界本原和总体，包含着矛盾的对立统一关系，在事实判断上有具体化的倾向和可能，但却未能清除价值因素的干扰，也未能发明理的概念做出具体化的铺垫，所以在担纲事物法则时力量还较弱。《庄子》明确提出了道是无所不在的，不但指称高贵者，还可代表卑贱和肮脏之物，至此，其本体属性才得以实现。《庄子》虽然引入了理的概念，却未能说明道和理具有普遍与特殊相同一的关系。韩非系统地论说了这个关系，对道家思想有重大突破，是道论本体化发展中法家的一个重要贡献。不过，与老师荀子和前辈名辩家相比，韩非满足于一物一理的对象化认知，忽视主体经验和范畴知识，未能给道的多重属性和复杂关系以进一步的说明，这是他的理论局限。人们一般会轻视法家在理论上的贡献，以为讲专制主义的思想家，怎么会关心学术理论问题呢？我承认，法家在讨论政策问题时，的确主张对某些思想文化活动给予限制乃至清除，但既然要公开自己的政策主张，要让政策为人所信服，也就一定要做理论宣传工作。而且，因为法治改革更需要务实态度，需要对事物本质的理解，所以他们成了本体思想的积极推动者，也就不足为奇了。当然，由于法家受政治实用主义的制约，他们对于其他流派的理论活动和文化建设是怀有敌意的，特别是对名辩家，认为缺乏实用价值，必欲铲除而后快，这又是他们的理论思考无法做得更加彻底的政治原因所在。

对于古代中国的本体思想贡献较多的是道家和法家，儒家的贡献，主要不在哲学性方面，而在伦理和道德领域的应用和发挥。我在2015年发表的那篇文章中谈到孔子的中庸、孟子的行权以及公羊家的"反经而合道"等，就是儒家关于本体思想在伦理道德领域的应用。2017年发表的《〈大学〉思想体系的中国特质——基于元典和古代诠释传统的本体论透视》取径相同，还是从本体思想的角度讨论儒家政治伦理思想体系的特点。文章认为：从本体论的视角来看，《大学》没有明确的宇宙本原作为最高根据，这就决定了它的伦理和政治思想不会有先天的合法性预设，也不可能以永恒正义、上帝和自然法为基础来完成理论设计。它只承认具体事物各有存在的道理，人与人要有相互的同情和尊重，也就是仁爱。追求仁爱，就是"止于至善"，是人类的根本目标。而以认识至善为任务的"格物致知"是正心、诚意、修身的基础，是在"明明德"的范畴内达到"止于至善"的第一步。有了对至善的理解，就要在齐家、治国、平天下的活动中遵循"絜矩之道"，即我不愿意接受跟我有某种关系的人怎样对待我的，我也绝不以这种方式对待我与之有同样关系的对方，这是在"亲民"的范畴里实现"止于至善"的根本一着。这样，"止于至善"就与"明明德"和"亲民"紧紧地联系起来，形成了一个整体。这就是《大学》的体系——一个没有终极本原作为最高本体，却以否定性的相互原则为底线道德来建设理想社会的方案，显示了鲜明的中国特质。有人认为这样的思想是有本体论的，这个本体不是一般意义上的宇宙本原，也不是万事万物的本质，而是具体的伦理的、道德的、政治的本质。孔子不语怪力乱神，也很少谈性与天道，但他的主张一般都会随顺具体事物的实际状况，也就是社会生活的生成属性。儒家更强调伦理道德和政治行为的本质,那就是仁。可见,儒家思想的确是有本体化发展的,所谓本体就是"仁"。我赞同这一说法。这篇文章讲的恰恰就是这样的观点:在儒家思想中,生成,即伦理道德和政治的实际发展状况,它与本体,即仁(都是具体的),是息息相关的,是互动统一的,不可须臾分离。

以上是我用六年时间完成的六篇文章,谈古代中国的本体思想,这项研究可以说才刚刚开始,今后还会继续下去,除了具体问题的个案研究,全局性的问题,还有待更深入一步的思考。

本书还辟有"方法篇"一栏,选录三篇文章,这些文章虽然不是直接谈古代中国的本体思想的,但在方法论的意义上却与之深度契合。

第一篇《关于〈韩非子〉中三组概念的矛盾——例说传统学术思想的批判性研究》是2013年在复旦大学的一个讲座上的讲演,基本内容如下:批判性研究倾向于用分辨和判断的方法,深入到根本,发现矛盾,以把握最深刻的本质。用这个方法研究《韩非子》,便有了如下发现。第一组:法、术、势三个概念。一方面是"一断于法",好像法是统治一切的最高权威;另一方面又主张"君之立法",法成了君主意志的表达。由此看到法治在权力裹挟下蹒跚行进。第二组:忠、贤、仁。忠一方面有出于爱而为我所用的意义,另一方面又表明其实是因为"不得不爱我";贤一方面是基于情感的评判,另一方面却必须经过行政工作的检验;仁一方面承认有"宽惠慈爱"的本心,另一方面却要以"忧天下之害,趋一国之患"为标准。由此可见,法家的伦理观念经过新旧纷乱,已经定于一尊,那就是国家的标准,君主的意志。第三组:道、理、稽。通过稽的中介作用，道和理联结为一体，说明哲学已在动静相反相成之中成为法治的理论基础。这项研究对于认识法家思想怎样体现时代精神的本质，以及如何评价法家思想的理论水平具有一定的学术意义。其中，第三组显然与同年发表的那篇关于"稽"的文章在内容上有所重合，但表述上或许更简洁一些，可以帮助读者加深理解。而通篇关于矛盾的思考，对于理解古代中国本体思想的内部构成是有帮助的。

第二篇是《为什么可以用发源于西方的哲学来研究中国思想？》。该文的任务是讨论思想史的研究方法。有这样一种观点，认为用发源于西方的哲学来研究中国思想是不可行的，理由是中国思想并非在西方哲学中生发，用西方哲学术语做求同比较，会忽略本土文化的独特贡献。这种观点可以提醒我们避免用西方哲学做简单的比附和替代，免得掩盖中国思想自身的特点和价值。但它也反映了另一个问题，那就是否认中国思想本身有哲学内容，否认用哲学方法进行研究的可能性。这其实是思想文化之间不可公度性观点的一种表现。它的根本问题是，只看到了文化的独特性（个性）的一面，没有看到文化还内含着普遍性（共性）的另一面。迄今为止，关于中国文化的学术研究表面上看是"以西释中"或"以中释西"，其实这两种方法都可以具有普遍意义，因为不论中西，学术方法中都内含着相同相似的因素。只不过由于历史发展和语言文字的不同，这些相同相似的因素经常是包裹在各自的文化传统中隐而不彰，需要下功夫加以剥离和甄别。

第三篇《怎样回应文化的不可公度性问题》是读托马斯·库恩的《科学革命的结构》一书的感想，也是对学术界某种观点的回应。文章提出这样一个问题：文化之间真的只有不可公度性吗？美国科学史家托马斯·库恩1962年出版的《科学革命的结构》一书认为，学科共同体的"范式"或"学科基质"是某种个体化的存在，因而，科学革命只能以格式塔转换的方式进行，新旧范式或学科基质之间完全不同，所以是不可公度的。旅美学者朱新民则指出：文化之间若有"共有框架"，则可公度；若无，则不可公度。但他反复强调文化的"偶然性"，这又为认定某些文化只有不可公度性做了铺垫。两人的观点不同程度地表现出抵制概念的要素分析，强调形象的整体描述的倾向。虽然在感觉上言之凿凿，但在理论上却困难重重。要解决这个问题，前人的成就可以借鉴。古代中国思想家惠施有"小同异"之说，韩非有"道理稽"之论，相当于用概念种属关系来把握现象世界。黑格尔用"个体性"概念把个别事物提升到普遍意义上，认为普遍性和特殊性的统一是个体性的根本属性，准此，任何具体事物在个体性意义上，都有可公度与不可公度相统一的性质，两者互为条件，互为限度。现象事物莫不如此，文化也不例外。可见，文化的是否可公度性问题，不应该是自在之物的随意描述，而是有关现象界的理论问题，只有上升到普遍性才会找到解决问题的根本出路。这篇文章的重点是要说明不可公度其实涉及看问题的标准问题，这个标准不应该是固定不变的。如果把标准固定在经验领域，结果必然是"鸭子"和"兔子"不可公度，可是这样就无法认识对象的本体（本质）了，因为凡是本体，一定是超越经验层次的。假如我们能够挣脱固定标准的桎梏，从经验领域跃升到理论层面，就会发现，在经验领域不能通约的"鸭子"和"兔子"，在"家养动物"或者"动物"的概念领域却是完全可以通约的，而且可以通过它们的种和属以及属差来认识他们各自的本质。我们认识事物的本质特征，无非就是把它放到概念的不同层级上加以考察，这样，才可更好地认识其所以然。总之，这篇文章所谈的问题与本体思维是息息相关的，况且其中也谈到古代中国人，例如惠施、韩非等对本体问题的思考，与本书主旨有一致之处，所以把它收入书中，似乎并不显得突兀。

本书还设"资料篇"一栏，收入两篇文章，它们记录了早些年我对于生成和本体化之间矛盾关系的困惑，基本内容我在前面的文字中已经做了介绍，这里就不再赘述了。

本书的"附录"是一篇学术访谈。2017年暑假，当时在《晋阳学刊》担任哲学编辑的路强老师专程来北京对我做了一次访谈，那次访谈的内容是我近些年来关于思想史研究的点滴心得，现收录在这里，供读者朋友们了解一些背景情况。在这篇访谈中，我表达了这样一个基本态度，就是作为中国文化和思想的研究者，我想在自己的研究中，有意识地加强理论思维的修养，加强概念思维的训练，用理论性、概念性思维把握和讲述中国古代的思想文化。所谓的"讲清楚"，其实就是理论性、概念性的把握和表达，并非说我神通广大，能够把中国思想史上的所有问题全部讲清楚。

通过上面一个巡回，我对自己在古代中国本体思想上的思考经历做了简要的回顾，为了尽可能地保持原貌，除了明显的不当和个别的文字舛误，12篇文章的内容不做改动。

还有一个问题，涉及本书的研究方法和基本观点，有必要给予简要的说明。

我们生活在21世纪的中国，究竟用什么方法才能做好关于中国传统学术的研究?

　　时下有一种观点很是流行,就是对于某一地域文化,比如中国文化,不能用另一地域——比如欧洲——的人们发展出来的方法来加以研究,如果这样做了,那就叫"以西释中",在学术上是不合法的。这种想法显然是在强调文化的独特个性以及文化间的不兼容和不可通约性。持这种观点的初衷我是能理解的,那就是保持自己的文化的独立性和自尊,我本人何尝不是如此呢?我知道,不同人群的历史文化容或有所不同,不能一概而论,欧洲人创造的研究人类思想的方法,可能不会完全适用于中国思想的研究。但是,同样都是人类,都是人类社会,欧洲思想和中国思想,难道就没有相同的要素以及相同的结构或框架吗?欧洲人要不要吃饭?要不要穿衣?要不要结婚生孩子?要不要管理社会、治理国家?要不要考虑人与人的关系?要不要思考人生的意义?要不要探索人类的未来?欧洲人发明的关于这些问题的研究方法,如果必要,我们能不能借鉴?能不能经过选择甚至改造,用来作为我们的研究方法?我想,学术方法和术语,在哪里诞生或淬炼,不等于只能适用于那里。我还认为,越是具有科学性、具有普遍适用性的理论和方法,就越是能够超越民族、地域和文化的畛域,为更多的人群所借鉴和使用。问题的关键,不在于是哪里的人创造的、发展的,而在于是不是更好,是不是能更有效地解决问题,是不是具有普遍的适用性。

　　联系到本书的研究,怎样看待使用来自域外的学术语言表达中国思想?例如,说中国的"道"是"唯物的"或是"唯心的"之类,这是近几十年来颇遭时人诟病的典型例子。我觉得,不必过于紧张。说"道"是"唯物的"或是"唯心的",这在认识"道"的本质上（或者说在本质的范畴上认识"道"）是一个了不起的贡献！为什么呢？我们都知道，"道"在中国有多少种描述，很难说清楚，这种情况表现了各家各派思想的特点，也就是中国思想的样态。但是，"道"在本质上究竟是怎样的？如果没有若干脱离经验层次的、高度学术化的表达式作为宾词，是很难把握的。正是在这个意义上，"唯物"和"唯心"概念给我们提供了难得的思路，让我们由此拨开传统语言的重重迷雾，跃升到精神领域，回过头来，从一个视角牢牢地擒住道的一个本质。这个贡献，具有重大的历史意义，不能抹杀。

当然，在学术实践中我们发现，单纯用"唯物"或者用"唯心"来表现道的全部内含，的确有它的不足。有人说，"唯物"或"唯心"这根本不是道本身所具有的东西，用这样的词来说明道，是歪曲了道，误导了学生。这样说未免过重，是对"本质"这个概念的含义没有很好领会的缘故。所谓本质，就是事物的某种属性投射到某个中介后反射回来的镜像，它源自本来的那个事物，可又不是那个事物，但却可以让人们从这个反射回来的镜像中认识或者想象原来那个事物的某种属性。本质不是原来的事物，但却可以在某种意义上更深刻地表现着那个事物。我们说"唯物"或"唯心"不是道原来所有的东西，这没错，但却没有认识到它们可能会在更深刻的意义上帮助我们认识道，认识道之所以为道的本质。说到这里，我们就会明了，用"唯物"或"唯心"表现道的某种属性，没有什么不可以的，只要我们能够把握好"唯物"或"唯心"概念的意义及限度，就像把握本质的意义和限度一样。

但是，根据以往的研究，我们发现，单独用"唯物"，或单独用"唯心",都不能表现道的全部意义,而两者兼用又无法调和它们之间的矛盾和冲突。

"本原"和"本体"这两个概念的情况有点相似,虽然在逻辑上没有"唯物"和"唯心"的矛盾那么尖锐,但使用起来也是龃龉难合。因为它们都有在场形而上学的片段性和静态特点,所以单独使用,都无法充分表现事物的本然状况:比如,单独用"本原"一词,很难解释当下的属性;单独用"本体"一词,又无法说明发展来历。若把两者结合起来,就会发现,从本原到本体,中间空悬着很大的"裂谷",无法弥合。

有鉴于此,本书把"生成属性"[类似于黑格尔的"变"(Das Werden,英文becoming)]和"本体化发展"[亚里士多德的"隐特来希"($\varepsilon\nu\tau\varepsilon\lambda\varepsilon\chi\varepsilon\iota\alpha$)]近似,但不是彻底的终结,而是阶段性的完成或呈现)这样两个表述结合起来,放在道的宾词位置,目的就是想尽可能地在概念(Begriff,英文notion,黑格尔意义上的)的意义上表现道的全部内涵,既可以弥补单独使用"本原"这样一个概念,或者单独使用"本体"这样一个概念的不足,又可以弥合两者兼用时出现的"裂谷"。

本书要表达的总的观点是,作为道的根本属性,生成与本体化是一而二、二而一的,具有某种张力关系。生成的前提是变化,变化的前提是差异,差异的前提是本体,事物没有各自的本质(具体的本体),就不会有差异,没有差异就是抽象的一,因而就不会有变化,而没有变化当然就不会有生成。反过来说,本体之所以存在,或曰事物之所以成为自己的样子,一定有不同于其他事物的来历,即使我们承认事物有四因,像亚里士多德所说的那样,这四种原因终究也要有个因缘聚合的过程，这就是变化所致，也就是生成。这样看来，所谓生成，就是不断的本体化的过程；所谓本体化，就是生成的样态。生成就是否定之否定的发展过程；本体化就是否定之否定的任一发展阶段的成果。没有生成，就不会有万事万物的本体；没有本体化，就不会有横向的差异性，也不会有纵向的阶段性，就不会有变化，也就不会有生成。这就是道，古代中国的道所指的就是生成和本体化的统一。

最后，我想说，所谓道的生成属性及其本体化发展，这显然不是古代中国人所能有的表述，而只能是古代思想作为映衬在理论视域中的一种现象而被当代人表述的。在我眼里，古代中国人拥有这样的思想是可以肯定的。我相信，这应该是一个有价值的学术问题，或许会成为我们了解中国思想文化特别是思维方式的根本特点的一个视角。当然，我的研究还只是初步的尝试，文章的写作和发表在时间上跨度较大，不同时期的文章，使用的术语也不尽相同，即使是同一概念，含义也可能会有变化，因此不协调或错误之处一定会有，热切期盼读者诸君批评指正。

本体篇

道的生成属性及其本体化发展
——先秦道论初探

春秋战国时期，道论兴起，且形成了若干思想系统，标志着我国古代理论思维上升到一个新的高度。不过，从20世纪三四十年代开始，人们首先在老子的道论中发现了一道裂痕。侯外庐等先生指出，老子的道论可分为两截，"德以下的半截是和物质关联着的，德以上的半截（道）是脱离了物质实体的"，《老子》书中的思想具有"道和德二元论"的特点[①]。张岱年先生曾认为老子的道为"事物的规律"，后来又认为道乃"超越事物的虚构观念"[②]。半个世纪前关于老子思想究竟是唯物还是唯心的那场争论，就源于这

---

① 侯外庐、赵纪彬、杜国庠：《中国思想通史》第1卷，北京：人民出版社，2011年版，第237页。
② 张岱年：《中国哲学大纲》，北京：生活·读书·新知三联书店，2005年版，第50页。

道裂痕。认为老子思想是唯物主义的，往往根据"下半截"的资料立论，认为是唯心主义的则往往根据"上半截"的资料立论，两派争论不休，莫衷一是。对老子思想有深入研究的著名哲学史家任继愈先生也几次改变观点，从主张唯心到主张唯物，后来又干脆放弃了这种提问方式。其实，悉心研读先秦诸子，就会发现，老子道论的这个问题在先秦道论的其他各派思想中同样存在着。

今天，从唯物唯心的角度来看道似乎不太时兴了，可是在理论的视野中，道论内部的这道裂痕却依然存在，要不要继续研究下去呢？我认为，不论是从认识传统文化的特点和价值上说，还是从锻炼理论思维的能力上说，都有必要继续研究，关键要看用什么方法，怎样研究。当年唯物唯心的提问方式或许未能尽善，若把它当作中国传统道论自身的理路，那就会让我们远离实际，无法看清中国文化传统。假如改变一下态度，沿着当年发现的问题，选用某种更合适的范畴作为尺子，而不是框框，结果或许不会破坏道论的体系，反而可以衡量它的短长，有助于认识和理解它的本质。正是在这个意义上，我认为，从理论上分析道论的这个问题仍然是必要而且可行的。

本文所要做的，就是针对这个问题，尽可能地弄清楚它的具体情况，它的来龙去脉，它的内在理路，以及它所面临的理论挑战。

这里所谓道论，是指以讨论道、德、理等相关重要概念及其关系为己任的思想体系，其主要代表包括老子、庄子、管子、韩非子和《易传》等。由于这些思想家和著作相对集中在共同的话题上，而且形成了厚实的学术传统，具有深远的影响，特别是上面提到的问题，不但为各家所拥有，而且是在前后接续的发展过程中逐渐表现出来和越来越明朗化的。以往的研究，大多为理论性的综论，即从各家各派的著作中选择典型资料，然后按照问题进行分类并从总体上给予说明。我的研究则侧重在历时性的追踪和描述上，希望通过具体的发展过程，找到理解问题实质的途径。不知能否成功，但愿意尝试一下。

一、《老子》道论的生成性及本体化趋势

（一）唯心唯物之争和本原本体之辨

关于老子的道，曾经发生过一场声势浩大的学术争论，争论的焦点集中在道究竟是唯物的，还是唯心的。所谓唯物的，是说：道在物之中，可理解为物的规律、法则之类；而所谓唯心的，是说：道在物之先，可理解为超感觉经验的精神性和观念性存在。两派都从《老子》文献中找到证据。例如：

> 视之不见名曰夷，听之不闻名曰希，搏之不得名曰微，此三者不可致诘，故混而为一。其上不皦，其下不昧，绳绳不可名，复归于无物，是谓无状之状，无物之象。是谓惚恍。迎之不见其首，随之不见其后。执古之道，以御今之有，能知古始，是谓道纪。（十四章）

从这段话似乎可以看出道具有超感觉的属性。

> 反者道之动,弱者道之用。天下万物生于有,有生于无。(四十章)

"无"在物先,"无"又是道的本质属性,那么道不就成了先于物的存在了吗?

> 道生一,一生二,二生三,三生万物,万物负阴而抱阳,冲气以为和。(四十二章)

道不但在物先,而且要经过一系列过程,到了"三"的阶段才能生出物来,显然不应该是物。以上这三条材料常常用来作为道论为唯心主义的证据。

再如:

> 孔德之容,惟道是从。道之为物,惟恍惟惚。惚兮恍兮,其中有象;恍兮惚兮,其中有物。窈兮冥兮,其中有精;其精甚真,其中有信。自古及今,其名不去,以阅众甫。吾何以知众甫之状哉?以此。(二十一章)

这里明确说"道这个东西",虽然恍惚,但其中确实是有象、有物、有精、有信的。

> 有物混成,先天地生,寂兮寥兮,独立不改,周行而不殆,可以为天下母。吾不知其名,字之曰道,强为之名曰大。大曰

逝，逝曰远，远曰反。故道大，天大，地大，王亦大。域中有四大，而王居其一焉。人法地，地法天，天法道，道法自然。（二十五章）①

这段话也明确指出道是"物"，只不过，这个物是混成的，因而无法命名，但它的属性却可以言说，那就是大，而且这个大也是天、地、王所共同拥有的，因而可以为世人所取法。这两段话常被用来当作道论为唯物主义的证据。

据我看来，这两种说法都不太严密，大有缝隙可寻。例如，主张唯心主义的那几段话中的"物"在古代中国人眼中，只是感官能够明确觉察到的东西，今天看来，不是这种"物"的，不一定就是精神性或观念性的存在；随着科学技术的进步，许多过去看不见、听不到、搏不得的东西被发现出来并加以命名，因此，根据《老子》的那几段话就断定道一定是非物质性的，或精神性、观念性的东西，就显得有点武断了。

而根据后两段就断定道是物质性的东西也不是没有问题的。第一段的"道之为物"在帛书甲乙本中都作"道之物"。据研究，"帛书甲乙本皆错的可能性很小，应该相信帛书本可能是古本旧貌。帛书本其义无别。当是传世本为统一的四字句格式而加'为'字"②。"之"可用作动词，有"从……到……"的意思，"道之

---

① 引文以王弼本为主；帛书本无"周行而不殆"句，"先天下生"作"先天地生"。
② 刘笑敢：《老子古今五种对勘与析评引论》上卷，北京：中国社会科学出版社，2006年版，第256页。

物"可解释为"从道到物",这样,"道"就不应是物;而从道到物的过程,就是道生万物的过程,在其中,"有象""有物""有精""有信"就是很自然的事情了,但仍不能说道一定就是物质性的东西[①]。此外,过去许多学者把"道之为物"解释为"道之生物",这在语法上是没有问题的,在内容上也相吻合。道生物的过程就是一个"惟恍惟惚"的过程,也呈现"惟恍惟惚"的状态,其中"有象""有物""有精""有信"当然也是很自然的事情,不过,这同样不能说道一定就是物质性的东西。第二段中的道虽说是"混成"的物,而且还可以"周行",可以"逝""远""反"但毕竟是先天地而生的,在古代,天地往往被认为是物质存在的最大空间,先它而生,当然又很难说是物了。

可见,说道是唯物还是唯心,都无法弥缝其间的理论裂痕。

若干年来,学术界也有用"本原"和"本体"这两个概念来展示道论的内容的。这两个概念能否弥缝道论的理论裂痕呢?

所谓本原,有两个来源,一是中文的,其中的"本",本义是指树根,所谓"原",本义是指水源,作为本原的道相当于前面所说的道论的上半截,即上文所说的"先于物"且"生物"的属性。不管是唯物还是唯心,都可以说是本原。本原的说法不能解决唯物唯心的分歧。万物虽为道生,但物成之后,物中仍然有道,这道却不好说是本原。可见,中文的"本原"一词无法表现道的全部。二是西文的,古希腊文有ἀρχή一词,用来指构成世界的最初的元素,中文有翻译成"本原"的,其实含义不同;中文另有译成"始基"

---

① 秦献:《"道之为物"与"道之物"辨》,《社会科学辑刊》1988年第4期,第136页。

的，稍近是。据说西方"哲学之父"泰勒斯并未使用άρχή这个词，不过，他明确地把"水"作为万物的开始和来源；阿那克西曼德用"无限"，阿那克西米尼用"气"作为"始基"[①]。比较而言，"始基"（άρχή）比"本原"更具有理论意味。但用某种具体之物作万物的始基，似乎又很难令人信服，人们至今仍不能找到万物由"水"或"气"这类具体之物构成的理由，更不用说来源于"水"和"气"了。当然，对于古希腊米利都甚至伊奥尼亚哲学家来说，"水"和"气"或许可以解决万物构成的问题，但他们中的多数人毕竟没有强调万物来源及其过程，这样，即使"始基"是可以成立的，仍然只能解决后半截问题，而解决不了前半截的问题[②]。现代英文principle（来源于拉丁文）一词的作用相当于古希腊文的άρχή，说起来可兼有"本原"和"原则"的含义，似乎可以兼容前后两截，其实和始基一样，更强调下半截，偏向于下面要说的本体论，表现了鲜明的西方传统色彩。

---

① 汪子嵩、范明生、陈村富、姚介厚：《希腊哲学史》第1卷，北京：人民出版社，1997年版，第153页。

② 恩格斯说："在希腊哲学家看来，世界在本质上是某种从混沌中产生出来的东西，是某种发展起来的东西、某种逐渐生成的东西。"（《自然辩证法》，《马克思恩格斯选集》第3卷，北京：人民出版社，1972年版，第448页。）所谓"某种逐渐生成的东西"，德文作"etwas Gewordenes"（见Friedrech Engels, *Dialektik der Natur*, Verlag fur Fremdsprachige Literatur, Peking, 1976, p16.），etwas的意思是something（某物），Gewordenes是werden的过去分词，后者的意思是growing（成长），Clemens Dutt把这句话英译作"(something) that had come into being"（见Frederick Engels, *Dialectics of Nature*, Foreign Languages Publishing House, Moscow, 1954, p35.），其中come into being，在日常语言中意思是出现、产生，但在哲学意义上，却有使"在者"（being）得以成就的意思，且用的是过去完成时，直接点出生成导致的结果。由此可见，英译和旧版中译本比较接近原文的意思。根据这样的理解，我觉得米利都哲学家的世界观已经偏向于本体论的了，这与中国人所理解的本原论是不同的，应该引起注意。

此外还有本体说。

所谓"本体",也有两个来源,一是中国固有的意义,指事物自身,与事物外在的发用相对且形成张力。二是从西方引进的意义。古希腊从巴门尼德开始,用τὸ ὄν(是)来表示一切存在物的内在根据,英文做Being(是)。而关于是的研究,现代英文作ontology,中文译作"本体论",还有译作"体性论"或"是论"的,即关于τὸ ὄν的学问。把老子的道论说成是本体论,国内学术界大多采用的是后者,即西方学术意义上的。那么,《老子》中有没有类似的内容呢?请看材料:

有名,万物之母。(一章)

"名"即词,可作概念解。概念乃万物之母,万物是由概念而生的。我们知道,概念是事物属性的表现,它往往反映事物某一方面的本质,乃决定其所以如此的内在根据,也就相当于希腊文的τὸ ὄν,道若有"有名"的特点,那就与希腊人的"是"(ὄν)有一致之处。

昔之得一者:天得一以清,地得一以宁,神得一以灵,谷得一以盈,万物得一以生,侯王得一以为天下贞。(三十九章)

天的外在表现为"清",地的外在表现为"宁",神的外在表现为"灵",谷的外在表现为"盈",万物的外在表现为"生",侯王的外在表现为"天下贞(正)"。事物有各自不同的外在表现，相应的也一定会有各自不同的内在根据。老子不说各自根据的不同，却只说它们都因"一"而得以存在。从逻辑上说，万物只有在最高概念或最高存在上才会是同一的，而只有最高的概念才会是"一"。可见这里所谓的"一"就应该是指那最高的概念，最高的存在，也就是道。万物的概念各有各的内涵，但作为最高的概念则是相同的。不仅如此，万物的概念归根到底，在最高层次上只有一个。这样的表达显然是接近本体论的。

道者，万物之奥。（六十二章）《礼运》："故人以为奥也。"郑玄注："'奥'，犹'主'也。"帛书本："道者，万物之注也。""注"通"主"。①

老子看来，道从不自己做主，那么，它作为万物之主，显然应该是万物使然。这说明，万物各有决定其所是的主宰，那就是道。这样的道，也很接近本体论的本体了。

朴散则为器。（二十八章）
道常无名，朴虽小，天下莫能臣也。（三十二章）

道为万物总名，内涵最小，故曰小，可外延最大，所以老子说"天网恢恢，疏而不失"（七十三章）。道的总名分散到具体之物，所以叫作"朴散则为器"。具有这种朴的道，当然就有本体的

---

① 高明：《帛书老子校释》，北京：中华书局，1996年版，第127页。

含义了。《易传》所谓"形而上者谓之道"说的就是这个具有朴的属性也就是本体意义的道。

道是概念性的东西,标志着事物的根本,这的确具有本体论的意味。马克思在《〈黑格尔法哲学批判〉导言》一文中写道:"理论只要说服人,就能掌握群众;而理论只要彻底,就能说服人。所谓彻底,就是抓住事物的根本。"[①]根据以上《老子》的引文,老子的道就代表着事物的根本,事物皆有其根本,这就是道。遗憾的是,老子并没有在这方面做过多的工作,所以,道的概念化只是具有某种潜在的趋势,真正发展起来,还要等待后人。

不过问题依然严峻。道既然是事物的根本,那就不能脱离事物而存在,可是老子的道论恰恰在本原上是脱离事物的,因此,本体论同样不能代表道的全部。

由此可见,本原与本体都不能兼容道的两截,因而也就不能代表道的全体。

比以上问题更严重的是,如果我们承认道既是本原的,又是本

---

① 《马克思恩格斯选集》第1卷,北京:人民出版社,1995年第2版,第9页。承蒙中央编译局徐洋教授代查德文原著(《马克思恩格斯全集》德文版(MEW)第1卷,柏林狄茨出版社,1958年版,第385页),这句话中的"根本"一词,德文作"Wurzel",它同中文"根"的意思完全相同,基本意思就是"根";也可指词根、根词或者数学上的根;转义是根源、原因。这里显然用的是转义,具有本体的意义,不过,从中倒可以看出本体与本原的某种历史的联系。

体的，那么，本原的道为什么同时又能成为本体的道呢①？道生万物，万物一定与道有相同之处，但这种相同究竟是在什么意义上的呢？本体上的道说的是概念意义上的统一性，这种统一性不待生养而得，人和石头，在生养的意义上没有任何关联，可不妨碍两者都得"一"而成为自己，都统一于"物"或"存在"这个概念。如此看来，本原和本体之间仍然存在着深刻的裂痕。

为什么唯物和唯心、本原和本体都无法弥缝道的裂痕？原因并不复杂。因为它们都有局限，都无法把握全体。但它们帮助我们发现，在科学和逻辑的视野中，老子的道论存在着深刻的理论裂痕，或曰矛盾，这是它们的功劳。但是另一方面，人们在使用这种方法的时候，又很容易陷入另一个误区：即把运用某种工具所掌握到的东西，当作认识对象的全体。或者说，用有限的认识来观察作为生命全体包括过程的道，用静态分析的方法来展现道的全部包括它的全部的运动过程，用逻辑的方法来认识历史的道。用唯物唯心、本原本体概念，我们可以发现矛盾，却也有可能丢掉全体。这就是关于道的认识中的问题所在。

那么，怎样才能把握道的全体呢？看来还是应该回到《老子》中去，看看老子究竟是怎么说的。

---

① 1989年10月，"《管子》与齐文化国际学术讨论会"在山东省淄博市召开，我参加了会议，并提交了《齐国道论纲要》的短文。在这篇文章中提出了这个问题。参见会议论文集《管子与齐文化》，《管子学刊》编辑部编，北京：北京经济学院出版社，1990年版，第184页。后来，我又撰写了《试论道法两家历史观的异同》一文，再次提出这个问题。当时认为大概是因为现实的政治需要，所以才有两者的结合和统一。见《文史哲》2004年第4期第79页。关于这个问题，这两次的表述略有不同，但意思大体相同，问的都是本原与本体为何统一于道（这两篇文章均收入本书）。

（二）生成性与本体化趋势

张岱年先生用"本根论"来概括道论的基本属性①。与前面所说的本原论一样，只可在一定层次上把唯物唯心两种视角统一起来。不过，和本原一样，本根的譬喻也是有局限的。我们知道，万物生成离不开本根，但却不止于本根，用本根论固然可以说明万物始于甚至有待于道，却仍然无法说明万物统摄于道的内在理由，无法说明为什么由道生出来但却不等于道的万物仍有其符合道的属性。我在这里试图用"生成论"这个词来说明这个问题。

所谓生成，其实也是就老子的原话改造而成，老子说：

> 道生之，德畜之，物形之，势成之。是以万物莫不尊道而贵德。道之尊，德之贵，夫莫之命而常自然。故道生之，德畜之，长之、育之、亭之、毒之、养之、覆之。生而不有，为而不恃，长而不宰，是谓玄德。（五十一章）

本章文献的最大问题就是"故道生之，德畜之，长之、育之、亭之、毒之、养之、覆之"一句，帛书甲乙本均作"道生之，畜之，长之，育之，亭之，毒之，养之，覆之"，没有"德"字。通行本的"德畜之"，与全句不协，因为这一个"德"字，读起来总是感觉突兀。相比之下，帛书本的更顺，更合乎老子思想内容。本章大意是，万物有出生、有蓄养、有成形、有长成，从生到成，这

---

① 张岱年：《中国哲学大纲》，北京：生活·读书·新知三联书店，2005年版，第39页。

个过程是开放的、历时性的、动态的，其动力就在事物自身以内，所谓"道""德""物""势"，不过是说事物由内力推动的不同发展阶段而已。从根本上说，所谓生、畜、长、育、亭（成）、毒（熟）、养、覆都出自道，而道是以自然为法的，这与本章及整部《老子》的思想完全一致。

不错，在老子那里，道总是被认为处在最初的状态，可是如果单单看到这一点，那就容易把它与后来万物的发展隔绝开来，这就是本原论、本根论的困难所在。道虽然是最初的本始，但它与后来万物的发展有着内在的关联，它以这样的方式在继续发展着。关于《老子》第一章："无名，天地之始，有名，万物之母"，王弼这样解释："凡有皆始于无，故未形无名之时，则为万物之始，及其有形有名之时，则长之、育之、亭之、毒之，为其母也。言道以无形无名始成万物，以始以成，而不知其所以，元之又元也。"① 这种解释除了上面的引文以外，在《老子》中还可以得到印证，例如：

　　天下有始，以为天下母，既得其母，以知其子；既知其子，复守其母，没身不殆。（五十二章）

什么是"始"？《说文·女部》解释："始，女之初也。"按照这个譬喻，"始"这个小女孩是要长大成人、生儿育女的。母和子之间除了生育关系，还有哺养关系，子女与母亲除了有遗传方面

---

① 王弼：《老子注》，见《诸子集成》第3册，上海：上海书店出版社，1986年版，第1页。

的许多共同点之外，还有许多方面是需要母亲继续哺养的，只有这样才能真正长成。这样看来，道是"始"，更是"成"，而恰恰是"成"使它与后来的发展具有了我所说的生成论上的内在联系。老子用"始"和"母"来做譬喻，王弼则解释为"始"和"成"，都包含着生成的意义。

其实，"道"这个字本身就有生成的含义。按"道"通"迪"，《说文·辵部》："迪，道也，从辵，由声。"段玉裁注："道兼道路、引导二训。"①《尚书·太甲》上："旁求俊彦，启迪后人。""启迪后人"传曰"开道（导）后人"，"启迪"作"开导"，至今犹然。"迪"又作"由"，前者定母，后者喻四，归定。"民可使由之，不可使知之"（《论语·泰伯》），"由"即"开导"，"知"即"初识"。意思是说，对待民，可开导使其理解，不可止于宣传使其知道。"由"与"迪"一样，有"从此行走"之义。例如"行不由径"（《论语·雍也》）；还有"谁能出不由户？何莫由斯道也"（《论语·雍也》）。引而申之，又有"从""自"的意思，例如"鲁道有荡，齐子由归"（《诗·南山》）。再引申而有"由于""因为"之义，例如"何由知吾可也"。《孟子·梁惠王上》"道"为行路，自然可以由来；"由来"作为原因也是顺理成章的事，所以"道"又有事物原因之义。后来所谓"道者，万物之所由也"（《庄子·渔父》）大概表达了这个意思。北宋王雱注《庄子》有所谓"大道……浑然为一而莫不由之"；"天地阴阳由道而生也"；"夫道无乎不

---

① 段玉裁：《说文解字注》，上海：上海古籍出版社，1988年版，第71页下。

在也，虽天地之大，由之而生，蜩鷃之小，由之而成"①。虽然与道即"由"有些距离，但毕竟用"由"与道连接，也还算近是。对于万物而言，道可由来，作为动词就有"导"的意义，既是来处，又是导致，既可指事物产生，又可指事物形成，实际说的就是事物的发展过程。老子是在用描述性、隐喻性的语言在说话，万物生养于道，也形成于道，道不仅要解决万物生养的问题，还要解决万物形成的问题，它不仅仅是产出万物的本根或本原，还是不曾离开万物并不断给万物以滋养的乳汁、甘露、阳光以及所需要的任何其他东西，它是生、养、形、成的过程。这种解释既可弥缝唯物唯心之间，又可弥缝本原本体之间的裂痕。说到底，老子是用诗一般的隐喻表现事物自身的历史过程。老子只有这样的语言，作为史官和道家传统的开创者，不大可能用很逻辑化的语言来表达他的哲学思考。如果我们能够透过这谜一般的诗化语言，就会发现，老子那里，根本没什么上帝、神仙之类的超感觉的存在，有的只是事物自身发展的历史过程，如此而已。

在老学史上，王安石有一种说法，对于理解老子的生成论思想有重要启发意义。他说：

> 道有本有末。本者万物之所以生也，末者万物之所以成也。本者出之自然，故不假乎人之力，而万物以生也；末者涉乎形

---

① 王元泽（雱）：《南华真经新传》，卷二《齐物论》注，第18页；卷十四《则阳》注，第539页；卷七《天道》注，第262页。严灵峰编辑：《无求备斋庄子集成初编》第6册，艺文印书馆印行。

器，故待人力而后万物以成也。[1]

王荆公用本末关系来理解道，这对我们有大启发！他的生即本，成即末，本末一体，恰恰就是道。这个说法可弥补本原论的不足。不过，他把"成物"说成是人为的，这与他主张圣人用礼乐刑政的"四术"实施统治，因而不能无言，不能无为有关，这一点确然违背了老子本意，在解释道的生成时功亏一篑，殊为可惜。

王荆公的这个遗憾，近人詹剑锋先生有所弥补。詹先生在他的《老子其人其书及其道论》中用了这样一个比喻："大道之于万物，犹如一树之根和它的枝干循一定的次序逐层分开而又连成一体。"他把这叫作"道物不二"。所谓"树根"即是本，所谓"枝干"即是末。这里的本末都是自然而然的大道，并非人为。詹先生虽然还倾向于使用"本原"这个词，但他承认"万物恃道以生，由道以成"[2]，这个认识已经属于生成论的了。

近人张起钧先生有所谓"道之一元论"，认为道一方面是宇宙万物的本源，说的就是宇宙万物生成的过程；另一方面又是宇宙万物运行的法则，万物不仅"恃之而生"，而且还要在既生之后，受其衣、养、覆、育[3]。陈鼓应先生也认为："道"创生万物以后，还要使万物得到培育，使万物得到成熟，使万物得到覆养。道具有超

---

[1] 王安石：《论老子》，见《临川先生文集》卷六十八，上海：中华书局上海编辑所，1959年版，第723页。
[2] 詹剑锋：《老子其人其书及其道论》，武汉：华中师范大学出版社，2006年版，第156、162页。此书1982年由湖北人民出版社出版，影响较大。
[3] 张起钧：《老子哲学》，台北：正中书局，1977年版。见熊铁基、刘韶军、刘筱红、吴琦、刘固盛：《二十世纪中国老学》，福州：福建人民出版社，2002年版，第303页。

越性，又是内在于万物的[①]。这恐怕是最接近于生成论的表述了。

总之，不论是从唯物还是唯心，从本原还是本体上来说，老子的道论都有其深刻的理论裂痕或内在矛盾，甚至可以说它是一个破产了或流产了的体系；但从生成论的角度看，它却是统一的整体，它既可以是本原，又可以是本体，事物既有它产生的初始状态，也有它发展的历程，当然还有它之所以如此的内在根据，这一切都是自然而然的。如此看来，老子的体系是成功的体系。

《汉书·艺文志》说道家"历记古今祸福存亡之道"。老子的道的确可以用来做这样的理解。《韩非子》有《喻老》一篇，专门用历史故事来证明老子之道的言之有物。老子是史官，但《老子》却并没有"历记古今祸福存亡之事"，这说明在古代中国，史家不仅要履行历史叙事的职责，还要承担着探索历史发展规律的重任。

从生成论的意义上说，老子的道论是一种历史性的学说，事物自生自灭，自行发展，自行消亡。但另一方面，道成就万物，概念成为万物之母，可见，生成论中必然也包含着本体化或逻辑化发展的趋势和可能。只不过，在老子的时代，本体化或逻辑化的内容只有初步的发挥。

二、庄子之道的生成性及理观念的初步发展

本文同意把《庄子》书的绝大部分篇章视为庄子派文献的汇

[①] 陈鼓应：《老子哲学系统的形成和开展》，见《老子今注今译》，北京：商务印书馆，2003年版，第26—27页。

集[①]，并从后代的阅读视角，把《庄子》看作一个整体，认为所谓庄子思想，就是《庄子》书的思想。近人关于庄子的思想，存在着本原和本体的争议。这仍然是不了解道的生成属性的缘故。在今本《庄子》一书中，在生成思想内，理的学说却悄悄地发展起来，表现了新的时代精神。

（一）本原与本体的冲突

关于庄子的道论，同样存在着本原论和本体论的冲突或两截化倾向，而且冲突更加激烈。

一方面，在《庄子》中可以找到道是万物本原的文字。

> 夫道有情有信，无为无形；可传而不可受，可得而不可见；自本自根，未有天地，自古以固存；神鬼神帝，生天生地；在太极之先而不为高，在六极之下而不为深，先天地生而不为久，长于上古而不为老。狶韦氏得之，以挈天地；伏戏氏得之，以袭气母；维斗得之，终古不忒；日月得之，终古不息；勘坏得之，以袭昆仑；冯夷得之，以游大川；肩吾得之，以处大山；黄帝得之，以登云天；颛顼得之，以处玄宫；禺强得之，立乎北极；西王母得之，坐乎少广，莫知其始，莫知其终；彭祖得之，上及有虞，下及五伯；傅说得之，以相武丁，奄有天下，乘东维、骑箕尾而比于列星。

南伯子葵问乎女偊曰："子之年长矣，而色若孺子，何

[①] 参见颜世安：《庄子评传》，南京：南京大学出版社，1999年版，第37—45页。

也?"曰:"吾闻道矣。"南伯子葵曰:"道可得学邪?"曰:"恶!恶可!子非其人也。夫卜梁倚有圣人之才而无圣人之道,我有圣人之道而无圣人之才。吾欲以教之,庶几其果为圣人乎?不然,以圣人之道告圣人之才,亦易矣。吾犹守而告之,参日而后能外天下;已外天下矣,吾又守之,七日而后能外物;已外物矣,吾又守之,九日而后能外生;已外生矣,而后能朝彻;朝彻而后能见独;见独而后能无古今;无古今而后能入于不死不生。杀生者不死,生生者不生。其为物无不将也,无不迎也,无不毁也,无不成也。"(《大宗师》)

这里的道分明是先于天地而又"生出"天地万物的本原,唯其为本原,才会有强大的生命力和神奇的威力,得道者,自然会灵气充盈,与众不同,直至成仙成圣。不过,道既然如此神奇,那就非神奇之方不可得到,只有进入"外天下""外物""外生""无古今""安时处顺""哀乐不能入"的混沌迷离状态,才可望获得。从老子开始,本原论就显露出向神仙数术发展的趋势,到了庄子,这一点已经暴露无遗了。

孔子问于老聃曰:"……敢问至道。"老聃曰:"……夫道,窅然难言哉,将为汝言其崖略。夫昭昭生于冥冥,有伦生于无形,精神生于道,形本生于精,而万物以形相生,故九窍者胎生,八窍者卵生,其来无迹,其往无崖,无门无房,四达之皇皇也。邀于此者,四肢强,思虑恂达耳目聪明,其用心不劳,其应物无方,天不得不高,地不得不广,日月不得不行,万物不得不

昌,此其道与。"(《知北游》)

这段说的仍然是万物得道而生的情况。而且借老子答孔子问的形式,更有寓意。

此外,还有"天地者,万物之父母也。合则成体,散则成始"(《庄子·达生》),"万物出乎无有,有不能以有为有,必出乎无有"(《庄子·庚桑楚》),其中的"始"和"无有"都表明道具有本原的特征。

另一方面,在《庄子》中又可以找到道具有普遍性特点的文字:

东郭子问于庄子曰:"所谓道,恶乎在?"庄子曰:"无所不在。"东郭子曰:"期而后可。"庄子曰:"在蝼蚁。"曰:"何其下邪?"曰:"在稊稗。"曰:"何其愈下邪?"曰:"在瓦甓。"曰:"何其愈甚邪?"曰:"在屎溺。"东郭子不应。(《知北游》)

与前面列举的豨韦氏、伏戏氏、维斗、日月、勘坏、冯夷、肩吾、黄帝、颛顼、禺强、西王母、彭祖、傅说那些崇高神圣的天体、神仙、圣人比起来,蝼蚁、稊稗、瓦甓、屎溺不但平常,有的简直是卑微,甚至是有些恶心了,这样的道有什么神圣性可言呢?可它恰恰被用来说明道其实不过是自然而然的事物本身啊。

(泰清问无为曰:)"子之知道,亦有数乎?"曰:"有。"曰:"其数若何?"无为曰:"吾知道之可以贵,可以

贱，可以约，可以散。此吾所以知道之数也。"（《知北游》）

道可贵可贱，可以凝结，可以消散，这就说明它是普遍存在的。

关于庄子之道的本原性与本体性的争论，古代就已展开。魏晋时期，郭象注《庄子》，强调道的本体化意义。例如，注《齐物论》云："无既无矣，则不能生有"；"然则生生者谁哉？块然而自生耳"①。注《大宗师》"生天生地"云："不生天地而天地自生，斯乃不生之生也。"注"在太极之先而不为高，在六极之下而不为深，先天地生而不为久，长于上古而不为老"云："言道之无所不在也。"②他强调万物的自生和无待，否认庄子的道是先于物且生物的实体，认为道是万物本体，把庄子的本原论做了纯然本体论的解释③。到了唐代，道教大盛，道教学者成玄英作《庄子疏》，提出不同理解。例如注《大宗师》"自本自根，未有天地，自古以固存"时说："自，从也；存，有也；虚通至道，无始无终。从本以来，未有天地，五气未兆，大道存焉。"④注《齐物论》说："大块者，造物之名，亦自然之称也。言自然之理，通生万物，不知所以然而然。"⑤成玄英用理来指代道，作为最高概念，这是在当时本体化发展的基础上对本原论的回归，为宋代理学

---

① 郭庆藩：《庄子集释》，《诸子集成》第3册，上海：上海书店出版社，1986年版，第24页。
② 郭庆藩：《庄子集释》，第112页。
③ 汤用彤先生恰恰用Ontology or Theory of being指代魏晋玄学关于"天地万物之本体"的讨论。见氏著：《魏晋玄学论稿·魏晋玄学流别略论》，《魏晋玄学论稿及其他》，北京：北京大学出版社，2010年版，第35页。
④ 郭庆藩：《庄子集释》，第112页。
⑤ 郭庆藩：《庄子集释》，第23页。

的生成和本体合一模式开辟了前进的道路。这场跨越朝代的学术争鸣生动地表明，本体与本原两说背后有着各自的多重诉求，既不能随意混淆，更不可等闲视之。

对于《庄子》之道的解释之所以会有如此大的距离，还是因为人们对它做了两截的理解，其实，从生成论的角度看，它和老子的道一样，仍然是一个整体：

> 且道者，万物之所由也，庶物失之者死，得之者生，为事逆之则败，顺之则成。故道之所在，圣人尊之。（《渔父》）

"由"这一个字，就表明道的生成属性，它是本原，又是本体，它是万物生成的发展过程。万物有了它，才会生成，失去它，就要死灭。

> 老聃曰："吾游心于物之初……至阴肃肃，至阳赫赫，肃肃出乎天，赫赫发乎地，两者交通成和，而物生焉。或为之纪，而莫见其形。……始终相反乎无端，而莫知乎其所穷。非是也，且孰为之宗。""……夫天下也者，万物之所一也，得其所一而同焉，则四支百体，将为尘垢，而死生终始，将为昼夜……若夫天之自高，地之自厚，日月之自明，夫何修焉。"（孔子曰：）"……微夫子之发吾覆也，吾不知天地之大全也。"（《田子方》）

万物是由于天地间阴阳交通和合而生，矛盾运动，无始无终，天高地厚，皆由自然，这既是古代中国人所说的"宇"——上下四方——以内的事，又是"宙"——往古来今——以内的事。重要的是，庄子这里不但指出了事物发展的外在方式，还指出了内在的根据，阴阳交通和合的天地大全，其实也就是道的生成过程，由此达到了历史性和矛盾性的统一。这段对话是否信史，不得而知，但庄子用它来说明本原与本体的合一则是确实可靠的。

关于庄子之道的生成性，古人也有所见。北宋王雱就是代表。他认为，"夫昭昭生于冥冥者，所谓天地生于混成也，有天地然后有人伦，有人伦然后有万物，而君臣帝王之道无有不备，此道之生成如此也"①。"一阴一阳之谓道，道生于阴阳，阴阳分而道著，然独阴不可成而独阳不可生，必在交通而然后万物生成矣。"②"天地无为，而任物之生成"；"万物生成变化之无终，其出入皆由于机也，机者，道之妙本"③。尽管他坚持道在总体上先于天地阴阳，仍属于本原论的范畴，但他的这些话，则的的确确是把庄子的道做了生成论的理解了。

今人刘笑敢先生对庄子思想有较多的研究。和老师张岱年先生一样，他也用"本根论"指代庄子之道，有时也用"本原"一词。他认为，庄子的道"作为世界的总根源，产生天地万物"；"作为世界的总根据，决定天地万物的存在和发展"，所以，"道既有宇

---

① 王元泽（雱）：《南华真经新传》卷十一《知北游》注，第428—429页。
② 王元泽（雱）：《南华真经新传》卷十一《田子方》注，第403页。
③ 王元泽（雱）：《南华真经新传》卷十《至乐》注，第341、352页。

宙论意义，又有本体论意义"①。可见，刘先生试图用"本根论"这个概念囊括庄子思想中本原和本体两方面内容。但对于以何种方式统一于道，则未加解说。

（二）理与本体的思考

按着今天的哲学话语，道包含着本原和本体两方面内容，而关于本体内容的思考必然推动对普遍性的认识，关于"理"的思想就是集中反映。《庄子》书中有大量关于理的文字，这不是偶然的，它表明当时的思想家对于道的本体性或普遍性有了新的觉醒，是理论水平提升的表现。

> 天地有大美而不言，四时有明法而不议，万物有成理而不说。圣人者，原天地之美，而达万物之理，是故至人无为。……物已死生方圆，莫知其根也。扁然而万物自古以固存，六合为巨，未离其内，秋毫为小，待之成体，天下莫不沈浮，终身不故，阴阳四时，运行各得其序，惛然若亡而存，油然不形而神，万物畜而不知，此之谓本根。（《知北游》）

这里所谓的"本根"，其实只是个隐喻，万物是"自古以固存"的，这个根是万物本来就有的，不是外来的异己者，不可能先

---

① 刘笑敢：《庄子哲学及其演变》，北京：中国人民大学出版社，2010年版，第110—111页。（本书系作者在博士论文的基础上修改而成，最初作为《中国社会科学博士论文文库》的第1册由中国社会科学出版社于1988年出版，颇有影响。）

于万物而存在。可见，本根更多地具有本体的意味，理为万物本根，就说明了这一点。

庄子已经认识到"万物殊理"（《徐无鬼》），有"天之理"（《渔父》）、"天地之理"（《秋水》）、"人理"（《渔父》）、"万物之理"（《天下》）等的不同，还有"动静不离于理"（《天下》），即动静相异的理。而且还提出"同类相从，同声相应，固天之理也"（《渔父》）的观点，这说明对于事物分类即同异关系有了很大的自觉。

理虽为事物分类，但与道还是有同一之处的。

> ……是未明天地之理、万物之情者也，是犹师天而无地，师阴而无阳，其不可行明矣。（疏：夫天地阴阳相对，而有若使有天无地，则万物不成；有阴无阳，则苍生不立。是知师是而无非，师治而无乱者，必不可行明矣。）……道无终始，物有死生……是所以语大义之方，论万物之理也。……知道者，必达于理，达于理者，必明于权，明于权者，不以物害己。至德者，火弗能热，水弗能溺，寒暑弗能害，禽兽弗能贼，非谓其薄之也，言察乎安危，宁于祸福，谨于去就，莫之能害也。（《秋水》）

在庄子看来，有天有地、有阴有阳才是"天地之理"，"万物之情"，也就是道。"道无始终"，"物有死生"，看起来相反，其实"道无始终"恰恰靠物的死生相续才得以实现，所以才是"大义之方"，"万物之理"。正是在这个意义上，庄子才说"知道者，必达于理"，只有明白了理，才算懂得了道。掌握了道、理，才算有德，不管水深火热、猛禽野兽、安危祸福都没有能加害的。不是说身临其境而无害，而是说有道者行事谨慎，深谙去就，所以无可加害者。可见，道和理是相通的。

> 圣人之生也天行，其死也物化，静而与阴同德，动而与阳同波，不为福先，不为祸始，感而后应，迫而后动，不得已而后起，去知与故，循天之理，故无天灾，无物累，无人非，无鬼责。（《刻意》）

生死、动静、祸福，这些都是"天之理"的表现，按照"天之理"行事，就不会有天灾、物累、人非、鬼责，这就是圣人。这就是道的本体化的表现。

不过，理虽然是事物的分类，这为道的本体化、概念化发展奠定了基础，可它本身又是历史的，是生成之道的产物。

> 泰初有无，无有无名，一之所起，有一而未形，物得以生谓之德，未形者有分，且然无间谓之命，留动而生物，物成生理谓之形，形体保神，各有仪则，谓之性，性修反德，德至同于初。（《天地》）

理不是从来就有的，只是在物成之后才产生的，它是物的形状，也就是附着于物的外在特征，还不是内在的性质，也就是说它还没有进入事物的逻辑层面，尽管它可以随着某些物体进入别的物体之内，俨然成为后者内部的条理，其实不过就像骨头生在肉里，与追求"所是"（οὐσιά）的希腊传统和"道成肉身"（the Incarnation）的基督教传统截然相反。

（三）理的体验性

理基于对事物分类的认识，它的提出，应该为本体化、逻辑化的发展开辟宽阔的前景，可是，由于它主要是物的外在形体，把握这样的理，当然更多地就要靠经验甚至体验了。"庖丁解牛"的故事集中地表现了这一点。

> 庖丁为文惠君解牛，手之所触，肩之所倚，足之所履，膝之所踦，砉然向然，奏刀騞然，莫不中音。合于桑林之舞，乃中经首之会。
>
> 文惠君曰："嘻，善哉！技盍至此乎？"
>
> 庖丁释刀对曰："臣之所好者道也，进乎技矣。始臣之解牛之时，所见无非牛者。三年之后，未尝见全牛也。方今之时，臣以神遇而不以目视，官知止而神欲行。依乎天理，批大郤，道大窾，因其固然。技经肯綮之未尝，而况大軱乎！良庖岁更刀，割也；族庖月更刀，折也。今臣之刀十九年矣，所解数千牛矣，而刀刃若新发于硎。彼节者有间，而刀刃者无厚；以无厚入有间，恢恢乎其于游刃必有余地矣，是以十九年而刀刃若新发于硎。虽然，每至于族，吾见其难为，怵然为戒，视为止，行为迟。动刀甚微，謋然已解，如土委地。提刀而立，为之四顾，为之踌躇满志，善刀而藏之。"

文惠君曰："善哉，吾闻庖丁之言，得养生焉。"（《养生主》）

庖丁所自诩的是一种精湛的技艺，他称之为"道"，也承认这种道进乎"技"。具体做法是靠长期的实践，对牛的骨骼筋络（他称之为"天理"）了如指掌，三年之内，还用眼看，三年以后，就可做到不用目视，只以"神遇"了。在掌握了牛的筋络骨骼这些"天理"之后，便可专在骨骼经络缝隙处下刀，结果，十九年过去了，刀还像新磨的一样锋利。技艺之精，的确令人佩服。不过，这种部分地超越了感官而更依靠"神遇"的做法，充其量是体验加直觉。诚然，不同文化的人群把握世界的方式会有不同，但从某个角度看，这不同的方式仍然是可以衡量和比较的。比如，在肢解牛体这项劳作上，庖丁的技艺是未经专门训练的逻辑学家和哲学家所无法企及的；但从认识世界本质的角度看，庖丁解牛只能认为是处于比较初级的阶段上。由此可见，庄子尽管发现了理，为他的道论的本体化发展找到了新的起点，不过，这样的理还处在本体化的初始阶段，尚不能登堂入室，成为严格意义上的逻辑范畴。或者，这种理性，还不能说是逻辑的理性，也不能说是完全本体意义上的理性。

三、《韩非子》的道理论及其本体化发展

到了韩非，关于理的思想极大地发展起来了。了解韩非关于

理的思想，更有助于认识先秦时期中国道论的本体化程度及其理论深度。

（一）韩非之前道理论的发展状况

战国中后期，道的生成论普遍流行，同时，理的学说也得到了很大的发展，这就为《韩非子》的道理论积累了丰厚的学术资源。

商鞅变法及《商君书》是韩非法治思想的重要渊源，《商君书》中有关于理的思想："圣人知必然之理，必为之时势，故为必治之政，战必勇之民，行必听之令。是以兵出而无敌，令行而天下服从。"①可见，三晋法家有理的学说，理大概指事物的某种必然性。

战国中期到韩非这段时间里，一些重要的思想家都谈论了理的问题。例如，早期稷下学士彭蒙有言曰："圣法者自理出也。"（《尹文子·大道下》）在出土文献《孙膑兵法》中，有"天地之理，至则反，盈则败"；"行水得其理，漂石折舟；用民得其性，则令行如流"（《奇正》）②。理既可以用来表示凡物之性，又可用来表示事物的根本法则。据说稷下学士慎到还有"泠汰于物，以为道理"的观点③，即把听任万物之自然作为遵循的法则。韩非的老师荀况则指出："君子……其行道理也勇。"④道理是君子修身

---

① 高亨：《商君书注译·画策》，北京：中华书局，1974年版，第397页。
② 竹书《孙膑兵法》，见邓泽宗：《孙膑兵法注译》，北京：解放军出版社，1986年版，第108—109页。
③ 见郭庆藩：《庄子集释·天下》，《诸子集成》第3册，第470页。注云："泠汰，犹听放也。"
④ 王先谦：《荀子集解·修身》，上海：上海书店出版社，1986年版，第21页。

行事的内容。还说："凡人之患，蔽于一曲而暗于大理。"①"凡百事异理而相守也。"②"大理"即与"一曲"相反的全体，也就是道；具体事务的理则是相异的。这些思想家大多是战国中后期齐国稷下的著名学者，他们的思想也是韩非思想的重要来源之一，他们对于理的思考，对韩非肯定也会有所影响。当然，关于理的思考，齐国《管子》的贡献更大。

《管子》成书问题颇多，不过，学有根底的黎翔凤先生相信《管子》"全书体系严密，一家之学，脉络相承，言论不杂其宗，非随意缀辑也"③。书中有着丰富的道的思想，理的思想也得到了发展。黎翔凤先生认为不伪的《心术上》有较为系统的论述。例如："虚者，万物之始也，故曰：可以为天下始。""虚无无形谓之道，化育万物谓之德。"这显然是生成论的。《幼官》篇中有"形生理"之说，表明理是有形事物的特征。关于理和道的关系，则认为："心之在体，君之位也。九窍之有职，官之分也。心处其道，九窍循理。"（《管子·心术上》）"道"和"理"之间具有"君"和"官"的关系，即具有总要和具体、支配和被支配的关系。为什么会有这种关系呢？下面这段文字做了较为详细的论证：

> 天之道，虚其无形。虚则不屈，无形则无所位迕。无所位迕，故遍流万物而不变。德者，道之舍，物得以生生，知得以职

---

① 王先谦：《荀子集解·解蔽》，第258页。
② 王先谦：《荀子集解·大略》，第329页。
③ 黎翔凤撰，梁运华整理：《管子校注》，北京：中华书局，2004年版，《序言》，第15页。

（识）道之精。故德者，得也。得也者，其谓所得以然也。以无为之谓道，舍之之谓德。故道之与德无间。故言之者不别也。间之理者，谓其所以舍也。义者，谓各处其宜也。礼者，因人之情，缘义之理，而为之节文者也。故礼者，谓有理也。理也者，明分以谕义之意也。故礼出乎义，义出乎理，理因乎宜者也。法者，所以同出不得不然者也。故杀僇禁诛以一之也。故事督乎法，法出乎权，权出乎道。道也者，动不见其形，施不见其德，万物皆以得，然莫知其极。故曰：可以安而不可说也。（《心术上》）

关于这段文字，后人的注解尚未详尽，只能大体把握。大意是：道是虚无无形的，它是天下万物之始，万物得道的化育而成，叫作德。所谓德，说的就是道停留并住下，物因此得道而生生不息。所谓德，就是得道，也就是万物所得以然。道是无为的，德就是留住，就像舍（住到房舍中），事物有道德才会成为自己的样子，这一切都是自然而然的。道与德无间，但万物提供的住舍却有所不同，也就是说万物虽得道而成，或者说万物虽有德而生，但万物自己却是不同的，万物的不同就是理。法和礼一样，都出于道理。道家所谓的道德，或者说道留住在舍中，有学者认为，其实就是一个隐喻，也就是虚指[①]。

不过，我认为，《心术上》的这段话还是有一种"两张皮"的

[①] 陈鼓应先生曾指出，"'道'的问题，事实上只是一个虚拟的问题"。即"把这些所体悟的道理，统统附托给所谓的'道'，以作为它的特性和作用"。他把这种虚拟叫作"预设"。见《老子今注今译》，第22页。

感觉，这说明关于理的思考还处在比较粗糙的阶段，哲理性尚有欠缺。当然，这段话所表达的道论（包括理）总体上是生成性的，但作为生成的结果，道和理具有的具要和具体、支配和被支配的关系则是明确的。这多少具有了本体论的意味。与此相近的还有《黄帝四经》。

马王堆出土帛书《黄帝四经》，唐兰先生断定为公元前4世纪初郑国隐者所作①，这一见解得到许多学者的支持。该书的道论同样具有生成性和本体性相结合的特点，其中关于理的文字较多，明显看出论证有了某种进步。

《道原》云：

> 恒无之初，迥同大（太）虚。……鸟得而蜚（飞），鱼得而流（游），兽得而走。万物得之以生，百事得之以成。人皆以之，莫知其名。人皆用之，莫见其刑（形）。一者其号也，虚其舍也，无为其素也，和其用也……②

从这段文字可看到《庄子》和《管子》两家道论的影子：道即无，即太虚，它无形、无名、无为，号曰"一"，且具有"舍"的特点，还有"和"的特点，万物得道而生成。

《经法》中的《道法》篇有云：

---

① 唐兰：《马王堆出土〈老子〉乙本卷前古佚书的研究》，马王堆汉墓帛书整理小组编：《经法》，北京：文物出版社，1976年版，第154—158页。
② 马王堆汉墓帛书整理小组编：《经法》，第101页。

> 虚无刑（形），其裻（督）冥冥，万物之所从生。生有害，曰欲，曰不知足。生必动，动有害，曰不时，曰时而□。动有事，事有害，曰逆，曰不称，不知所为用。事必有言，言有害，曰不信，曰不知畏人，曰自诬，曰虚夸，以不足为有余。故同出冥冥，或以死，或以生；或以败，或以成。祸福同道，莫知其所从生。①

道论的生成性一如老子庄子，但却更详细地说明生的内在矛盾，不论生、死、成、败、祸、福，都源于同一个道。

《四度》篇说：

> 执道循理，必从本始，顺为经纪，禁伐当罪，必中天理。……极而反，盛而衰，天地之道也，人之李（理）也。逆顺同道而异理，审知逆顺，始胃（谓）道纪。②

"道"在天地，"李"（理）在人事，逆顺作为理是相异的，但作为道则是相同的。可见，道有更抽象的理的意义；而理则有更具体的道的意义。道和理具有类似的概念的种属关系。这是朝着本体化方向迈出的较大的一步。

《论》云：

---

① 马王堆汉墓帛书整理小组编：《经法》，第1页。
② 马王堆汉墓帛书整理小组编：《经法》，第23页。

> 物有不合于道者，胃（谓）之失理。失理之所在，胃（谓）之逆。①

据此推断，道在物中就是理。整理者猜测，有阙文的上句应为"物各〔合于道者〕胃（谓）之理。理之所在，胃（谓）之〔顺〕"。是合理的。可见，"道"乃"理"的上位概念，"理"为"道"的下位概念，道和理的确具有种属概念的关系。

总之，《黄帝四经》中的道论总体上仍然属于生成论的范畴，只是对道理关系的论证比《管子》用君和官之关系的比喻要更有逻辑意味。韩非的道理论应该是在这样的思想背景上形成的。

（二）《韩非子》的道理论——道的本体化大发展

《韩非子》是先秦诸子中使用最多的文字讨论理的作品，是先秦道论理性化发展的一座高峰。有关文字集中在《解老》篇中：

> 道者，万物之所然也，万理之所稽也。理者，成物之文也；道者，万物之所以成也。故曰："道，理之者也。"物有理，不可以相薄。物有理不可以相薄，故理之为物之制。万物各异理，万物各异理而道尽稽万物之理，故不得不化；不得不化，故无常操。无常操，是以死生气禀焉，万智斟酌焉，万事废兴焉。天得之以高，地得之以藏，维斗得之以成其威，日月得之以恒其光，五常得之以常其位，列星得之以端其行，四时得之以御其变气，

---

① 马王堆汉墓帛书整理小组编：《经法》，第28页。

轩辕得之以擅四方，赤松得之与天地统，圣人得之以成文章。道，与尧、舜俱智，与接舆俱狂，与桀、纣俱灭，与汤、武俱昌。以为近乎，游于四极；以为远乎，常在吾侧；以为暗乎，其光昭昭；以为明乎，其物冥冥。而功成天地，和化雷霆，宇内之物，恃之以成。凡道之情，不制不形，柔弱随时，与理相应。万物得之以死，得之以生；万事得之以败，得之以成。道譬诸若水，溺者多饮之即死，渴者适饮之即生；譬之若剑戟，愚人以行忿则祸生，圣人以诛暴则福成。故得之以死，得之以生，得之以败，得之以成。

这段文字最为紧要，需加以解释。

文章开宗明义，点出主题："道者，万物之所然也，万理之所稽也。理者，成物之文也；道者，万物之所以成也。故曰：'道，理之者也。'"这是本段的主题句。"道"是使万物成为万物的那个东西；"道"又是"万理"所"稽"的那个东西。什么是"稽"？通行注本均未出注，不知何故。按"稽"有留止之义，"尔克永观省，作稽中德"《尚书·酒诰》，"作"，起也；"稽"，止也，两者有反义关系，不论"作"还是"稽"，都"中德"。"令出而不稽"《管子·君臣》，稽即留止。与此相关，"稽"还有"至"和"相合"等含义[①]。由此可见，"稽"与"舍"有相通之处，但更抽象，更有哲学意味。按照这个理解，"道"既是停留在"理"中的，当然也就是与"理"相合的东西。

---

① 参见王力主编：《王力古汉语字典》，北京：中华书局，2000年版，第850页。

这显然是《管子》和《黄帝四经》关于理的思想的发展形态。"理"是什么呢？"理"是形成之物的纹理，即外形，即"天文地理"的"理"，道是使万物形成的那个东西。这样看来，道就是内在于理的那个东西，理就是道所成就的那个东西。所以说："道，是使（物）具有理的那个东西啊。"

事物因为有理，才不致混淆，所以理就成为事物之间的界限。事物与事物间的理是相异的，但是道则停留在所有的理中，所以道不得不随物和理的不同而转化，人要想把握道就不能有成见（常操）。死生之气皆靠它，各种智慧都要因此斟酌，万事废兴也都来源于它。天得道才能高，地得道才能藏，维斗得道才能成就其威，日月得道才能长有其光，五常得道才会常在其位，列星得道才能端正其行，四时得道才可驾驭节气变化，轩辕得道才能专擅四方，赤松得道可与天地同源，圣人得道才可以成就光彩。所谓道，可与尧、舜一起智慧，可与接舆一起佯狂，可与桀、纣一起消灭，可与汤、武一起盛昌。以为近吗？它游于四极。以为远吗？它常在我侧。以为暗吗？它光亮昭昭。以为明吗？它黑暗无比。道的实际情况是，它不受限制，也无定形，它柔弱随时，与理相应。因为有理，所以万物得道可以死，得道可以生；万事得道可以败，得道可以成。道譬如水，溺水者多饮之即死，饥渴者适饮之即生；譬如剑戟，愚蠢的人用来行愤则祸生，圣贤之人用来诛暴则福成。所以，得道可以死，得道可以生，得道可以败，得道可以成。

韩非继承了之前道论中的本体论因素，认为道是事物的普遍法则，没有什么善恶、高下、贵贱之分，不同的是，韩非对这个观点做了更有理论性的论证，那就是用道理所具有的同一关系，即普遍性和个别性、抽象性和具体性的辩证关系，说明各类现象存在的合理性。他的论证是有效的（valid），与前人相比，也更深刻。

在韩非看来，理也因为包容在"德"的范畴内而与道统一。

> 夫道者，弘大而无形；德者，核理而普至，至于群生，斟酌用之，万物皆盛，而不与其宁。道者，下周于事，因稽而命，与时生死，参名异事，通一同情。故曰：道不同于万物，德不同于阴阳，衡不同于轻重，绳不同于出入，和不同于燥湿，君不同于群臣。凡此六者，道之出也。道无双，故曰一。（《韩非子·扬权》）

德包含着理而成为事物的本质，这是把道家道德论做了几乎彻底的道理论的解释。

如果完全像上面所论，那么，理和道就具有完全的同一关系了，那道论不就完成了向本体或逻辑转化的过程了吗？如果是这样，那还会有生成论存在的余地吗？请看下面《韩非子·解老》篇的文字：

> 凡理者，方圆、短长、粗靡、坚脆之分也。故理定而后可得道也。故定理有存亡，有死生，有盛衰。夫物之一存一亡，乍死乍生，初盛而后衰者，不可谓常。唯夫与天地之剖判也俱生，至天地之消散也不死不衰者谓"常"。而常者，无攸易，无定理。无定理，非在于常所，是以不可道也。圣人观其玄虚，用其周行，强字之曰"道"，然而可论。故曰："道之可道，非常道也。"

理是事物属性的规定，有理，才有方圆、粗细、坚脆等的分别，理确定了，才会得道，所以，确定的理必然有存亡、死生、盛衰。可是如果物有的存在，有的消亡，一会活着，一会死去，开始兴盛，最终衰败，这不可叫作"常"。只有与天地剖判一起出生，到天地消散还不死不衰的，才可叫作"常"。能够叫作"常"的东西，一定是无所改变、没有固定之理、没有常规处所的，所以才不可言说。圣人观察它的玄虚，利用它的循环运行，勉强给它一个文字，叫作"道"，于是才可以论说。由此可见，道还是超越具体之物，超越理的，终究还有本原论的意味。所谓"核理而普至"，已经承认理包含在德中，其实就是对常道本原的承认。

可见，在《韩非子》中，道理论看似大行其道，生成论几乎不见了踪影。这是战国统一形势在理论上的集中表现。其实道理论仍然包含在生成论中。

按理说，道理论的发达应该为逻辑化或本体论开辟广阔的天地，是理论发展的一个绝好开端。可是，道的生成论框架依然存在，超越理的"常道"仍然是最根本的。而且，道理论、向逻辑化理论化的发展也绝非韩非所追求的，他毋宁更喜欢道理论的政治功能和实用效果（见《主道》《扬权》）。不仅如此，道理论的逻辑化、理论化发展甚至是他不遗余力加以批判、必欲祛除而后快的东西。且看他是如何对待超感觉的理论知识的：

先物行先理动之谓前识。前识者，无缘而妄意度也。何以论之？詹何坐，弟子侍，有牛鸣于门外。弟子曰："是黑牛也而白题。"詹何曰："然，是黑牛也，而白在其角。"使人视之，果黑牛而以布裹其角。以詹子之术，婴众人之心，华焉殆矣！故曰："道之华也。"尝试释詹子之察，而使五尺之愚童子视之，亦知其黑牛而以布裹其角也。故以詹子之察，苦心伤神，而后与五尺之愚童子同功，是以曰："愚之首也。"故曰："前识者，道之华也，而愚之首也。"

所谓"大丈夫"者，谓其智之大也。所谓"处其厚而不处其薄"者，行情实而去礼貌也。所谓"处其实不处其华"者，必缘理，不径绝也。所谓"去彼取此"者，去貌、径绝而取缘理、好情实也。故曰："去彼取此。"（《韩非子·解老》）

韩非在这里对詹何只靠推理揣度事物的做法进行了批评，坚持了认识要固守事物之理、要根据感官经验的原则，这种把"取缘理"和"好情实"等同起来的认识方法，与庄子的庖丁解牛相比，并未进步多少。正是由于有了这样的基本态度，所以才会对技术发明的成就和逻辑知识的研讨公开进行了无情的讽刺和嘲笑，请看以下文字：

墨子为木鸢，三年而成，蜚一日而败。弟子曰："先生之巧，至能使木鸢飞！"墨子曰："吾不如为车輗者巧也。用咫尺之木，不费一朝之事，而引三十石之任致远，力多，久于岁数。今我为鸢，三年成，蜚一日而败。"惠子闻之曰："墨子大巧，巧为輗，拙为鸢。"（《外储说左上》说一）

兒说，宋人，善辩者也。持"白马非马也"服齐稷下之辩

者。乘白马而过关,则顾白马之赋。故籍之虚辞则能胜一国,考实按形不能谩于一人。(《外储说左上》说二)

墨子用三年时间发明了一种飞行器,叫木鸢,能飞一日,实在很了不起。可是在韩非笔下,墨子却自称不如做车輗的巧妙[1],因为做车輗不消一朝就可完成,且可牵引三十石重量行进。衡量的标准只有一个,那就是实用。

儿说是宋国的辩者,是有名的"白马非马"论者,论辩精妙,曾胜过稷下同行。对于这样有名的逻辑学家,韩非却用他乘白马过关不得逃脱马匹之税来嘲弄逻辑学的无用,实在令人哭笑不得。

总之,对理论思考的轻视,大大窒息了韩非道理论的本体化和逻辑化发展倾向,他的道论的本体含义,仍然难以突破经验或神秘体验的樊篱,无法迈进逻辑或纯粹本体的领域。

四、《易传》的本体化思考和宇宙生成说

关于《易传》成书时间,众说纷纭。比较流行的一说认为形成于战国末年至西汉时期[2]。有学者认为,今本《易传》与孔子有着密切的关系,可能出于战国时期的孔子后学之手。因受时代思潮的影响,又吸收了其他学派的思想,是战国时代学术大融合的产

---

[1] 车輗,连接大车车杠与车衡的一个部件。
[2] 李镜池:《周易探源》,北京:中华书局,1978年版,第292—324、398—399页。

物[1]。我觉得,《易传》的体系集合了战国时期多家思想,具有学术总结的意味,与战国后期的精神风貌和学术特点相近,所以倾向于后一说。与本文相关的是,在《易传》体系中,本原论和本体论较为协调地统一起来,说明它的道论已经相当成熟,这种情况不可能很早出现。

(一) 由生成而本体化

《易传》的思想有一个非常突出的特点,那就是重生。《系辞》有"日新之谓盛德,生生之谓易"(《系辞上》)和"天地之大德曰生"(《系辞下》)的说法。

《序卦》云:

> 有天地,然后万物生焉,盈天地之间者唯万物。[2]

《易传》认为,万物为天地所生,所谓"大哉乾元,万物资始,乃统天"(《乾卦·彖传》);又说:"至哉坤元,万物资生,乃顺承天。"(《坤卦·彖传》)"天地交而万物通也。"(《泰卦·彖传》)"天地养万物。"(《颐卦·彖传》)"天地感而万物化生。"(《咸卦·彖传》)事物为天地所生,其原因何在呢?

《易传》继承了老子、庄子的思想,认为万物由天地生成,

---

[1] 朱伯崑:《易学基础教程》,北京:九州出版社,2011年第2版,第58页。
[2] 任继愈主编《中国哲学发展史》认为是唯物的。见该书第614页。

也就是由天地间的阴阳二气交互感应而生成。"咸，感也。柔上而刚下，二气感应以相与。"(《咸卦·象传》)再提升一个层次，上升到抽象的高度，《易传》认为生的根据是事物内在的阴阳相摩相推："刚柔相摩，八卦相荡"，"刚柔相推而生变化"(《系辞上》)，"刚柔相推，变在其中矣"(《系辞下》)，"刚柔者，立本者也"(《系辞下》)，"天地氤氲，万物化醇，男女构精，万物化生"(《系辞下》)。天地间的矛盾是生的根据。这是对事物发展原因的较为抽象、更有理论性的说明，为《易》的本体化发展开辟了通道。在此基础上，《易传》作者反复宣称，《易》最能表现世界的本质：

《易》简而天下之理得矣，天下之理得而成位乎其中矣。(《系辞上》)

夫易，何为者也？夫易开物成务，冒（注：覆也。）天下之道，如斯而已者也。

易与天地准，故能弥纶（孔疏："弥"谓弥缝补合；"纶"为经纶牵引）天地之道，仰以观于天文，俯以察于地理。(《系辞上》)

意思是说《易》与天地相合，包括（冒、弥纶）天下所有的道理，具有事物本体的意义，因此才能用来观察天文和地理。

《易》之为书也，原始要终以为质也。(《系辞下》)

《易》无思也，无为也，寂然不动，感而遂通天下之故，非

天下之至神，其孰能与于此？（《系辞上》）

《易》的目的是观察并把握事物的发展过程，从而找到事物的本质。《易》"无思""无为""寂然不动"，它没有成见，只有这样才能通晓天下万物的原委。

> 昔者圣人之作易也，幽赞于神明而生蓍，参天两地而倚数，观变于阴阳而立卦，发挥于刚柔而生爻，和顺于道德而理于义，穷理尽性以至于命。
> 昔者圣人之作易也，将以顺性命之理，是以立天之道曰阴与阳，立地之道曰柔与刚，立人之道曰仁与义。兼三才而两之，故《易》六画而成卦。分阴分阳，迭用柔刚，故《易》六位而成章。（《说卦》）

圣人作《易》，不论卦爻，也不论象数，都是为了符合天地、阴阳、刚柔等的性命和道理。性命和道理就是事物本体在当时的表述。正是在这个意义上，《易》的作者才满怀自信地断言："是故形而上者谓之道，形而下者谓之器。"（《系辞上》）

根据这些材料来看，《易》的乾坤、刚柔不仅仅是气，还是事物的属性。这属性反映了事物的根本性质，所以叫作道，也叫作理，或性命，是形而上的范畴。

如此看来，在天地之间，《易》的学说表现了道、理和事物的性命，比较接近于今人所谓事物的本质，这样的看法自然也就相当于今人所谓的本体论。这一点是无可怀疑的。

可是，天地之外呢？

（二）本体化复归生成说

对于天地之外，《易》的说法又是另外一种情况：

> 是故《易》有太极，是生两仪，两仪生四象，四象生八卦，八卦定吉凶，吉凶生大业。（《系辞上》）

一般认为这是《易》的画卦说或揲蓍说，是从卜筮来的，可是，它同时也确确实实可以用来作为一种关于宇宙起源的认识，可以认为是一种由筮法发展来的宇宙生成说。这种观点在战国后期并不少见，比较流行的还有如下表达：

> 太一出两仪，两仪出阴阳。阴阳变化，一上一下，合而成章（注：章犹形也。）。浑浑沌沌，离则复合，合则复离，是谓天常。（《吕氏春秋·大乐》）

> 是故夫礼，必本于大一，分而为天地，转而为阴阳，变而为四时。（《礼记·礼运》）

由此可见，《易传》中除了与本体论相近的思想内容，还有与本原论相一致的内容，两者通过《易》联系在一起，构成了完整的生成论体系。其中最为典型的表达莫过于下面这一句：

> 一阴一阳之谓道。继之者善也，成之者性也。(《系辞上》)

孔颖达正义曰：

> "继之者善也"者，是生物开通，善是顺理养物，故继道之功者，唯善行也。"成之者性也"者，若能成就此道者，是人之本性。①

由道到理，继续道的阴阳和合，以生养万物，所以是善的；但把性解释为人的本性，则有些狭隘。比较而言，清儒李光地的解说较为稳妥。他在按语中说道：

> 一阴一阳，兼对立与迭运二义。对立者，天地日月之类是也，即前章所谓"刚柔"也；迭运者，寒暑往来之类是也，即前章所谓"变化"也。

然后又在"本义"中引《朱子语类》云：

> "继"是接续不息之意，"成"是凝成有主之意。……"继之者善"方是天理流行之初，人物所资以始；"成之者性"，则此理各自有个安顿处……

---

① 见《十三经注疏》本，第78页。

接下来又引潘氏士藻曰：

> 善者性之原，性者善之实，善性皆天理，中间虽有刚柔善恶中偏之不同，而天命之本然不同。①

根据这些解释，可知《易传》的这句话的大意是：道就是一阴一阳，刚柔对立，变化不息。而继则是始，给予生命，故曰善也；成则是道的安顿（与"舍""稽"相近），所以叫性，即事物的根据。阴阳变化的道就是本原与本体统合的"天理"，也就是内含着本原与本体之张力的宇宙生成之道。

近人朱伯崑先生肯定《易传》既有宇宙演化学说，又有宇宙本体学说，他用"宇宙的始基"表示易所意指的本原。他写道："演化论是从起源问题上探讨宇宙的统一性，而本体论则从本质和现象关系的角度探讨宇宙的统一性，标志着人类理性思维进一步的发展。"②不过，对于演化论和本体论何以及以何方式统一于《易》，则未能予以深究，使人感到好像《易传》的作者有意在构建两个东西，一个叫"宇宙演化学说"，另一个叫"宇宙本体学说"。其实，正像前辈老子、庄子等一样，《易传》只有一个完整的生成论，它的所谓两个学说，只是其内部的两个发展阶段，而这却是受到西方学术影响的我们看出来的，如此而已。

---

① 李光地：《周易折中·系辞上》，刘大钧整理，成都：巴蜀书社，2010年版，第350页。
② 朱伯崑：《易学基础教程》，第254页。

（三）象数的生成属性

《易传》的道论总体上仍是生成论的，这还突出地表现在用象数来证明事物的生成属性。

《易·系辞上》有"天一地二天三地四天五地六天七地八天九地十"之说，还有"天数五，地数五，五位相得而各有合"的观念。合的结果是什么呢？唐人孔颖达做这样的解释：

> 正义曰：《易·系辞》曰："天一地二天三地四天五地六天七地八天九地十，此即是五行生成之数。天一生水，地二生火，天三生木，地四生金，天五生土，此其生数也。如此则阳无匹，阴无耦，故地六成水，天七成火，地八成木，天九成金，地十成土。于是阴阳各有匹偶，而物得成焉，故谓之成数也。"《易·系辞》又曰："天数五，地数五，五位相得而各有合，此所以成变化而行鬼神。"谓此也。又数之所起，起于阴阳，阴阳往来在于日道，十一月冬至，日南极，阳来而阴往，冬，水位也，以一阳生为水数。五月夏至，日北极，阴进而阳退。夏，火位也，当以一阴生为火德，但阴不名奇数，必以偶，故以六月二阴生为火数也。是故《易·说》称乾贞于十一月子，坤贞于六月未，而皆左行，由此也。冬至以及于夏至，当为阳来。正月为春，木位也，三阳已生，故三为木数。夏至以及冬至，当为阴进。八月为秋，金位也，四阴已生，故四为金数。三月春之季，四季土位也，五阳已生，故五为土数。此其生数之由也。又万物之本有生于无者，生于微，及其成形，亦以微著为渐。五行先

后，亦以微著为次。五行之体，水最微，为一；火渐著，为二；木形实，为三；金体固，为四；土质大，为五；亦是次之宜大。①

按照孔颖达的解释，一三五七九这五个奇数为天数，二四六八十这五个偶数为地数，两相配合，形成五行。即天一为生数，地六为成数，两者相合而为水德；地二为生数，天七为成数，两者相合为火德；天三为生数，地八为成数，两者相合为木德；地四为生数，天九为成数，两者相合为金德；天五为生数，地十为成数，两者相合为土德。五行的每一德行都有生数有成数，有阴有阳。这种生成说羼杂许多神秘的因素，在逻辑的意义上说，论证是无效的（invalid）。但认为构成世界的基本元素五行是由阴阳生成的，这个观点却是明确的。这种生成说在《管子·幼官》以及《素问》《洪范》《月令》中皆有所表现。

在古代中国人的观念中，五行是构成天地万物的基本材料，五行是生成的，世界也应该就是生成的了，这就是《易传》作者想要说明的易道的生成属性。

此外，为了说明万物生成之理，《易传》利用了春秋时期的卦象说，根据八卦所代表的八种物质，确定了它们的相互关系：

乾，天也，故称乎父。坤，地也，故称乎母。震，一索而得男，故谓之长男。巽，一索而得女，故谓之长女。坎，再索而得男，故谓之中男。离，再索而得女，故谓之中女。艮三索而得

---

① 孔颖达：《尚书正义·洪范》正义，《十三经注疏》，北京：中华书局，1980年版，第169页。

男，故谓之少男；兑，三索而得女，故谓之少女。(《说卦》)

天地和雷、风、水、火、山泽的关系并不是同等的关系，而是父母和子女的关系。因此，它们在生成万物中所起的作用也不相同：

雷以动之，风以散之，雨以润之，日以烜之，艮以止之，兑以说之，乾以君之，坤以藏之。(《说卦》)

刚柔相摩，八卦相荡，鼓之以雷霆，润之以风雨。日月运行，一寒一暑。乾道成男，坤道成女。乾知大始，坤作成物。(《系辞上》)

八卦所起的作用是不同的，这恰恰说明他们之间具有生成关系，是生成属性的生动表现。北宋学者邵雍依据太极生两仪的模式，提出一分为二，二分为四，四分为八，乃至万物[①]。这个说法，在生成论上与《易传》的八卦说是一致的。

《易传》用象数说明五行八卦的生成属性，按照逻辑来要求，论证是无力的，但其良苦用心却昭然若揭。

关于《易传》的生成结构，研究者有的认为是唯物主义的，有

---

① 邵雍：《皇极经世·观物外篇》上之下，见《邵雍集》，郭彧整理，北京：中华书局，2010年版，第99、107、108、113页。

的又说它成了先验的体系①，有的认为它是本体论②，也有的说它是本原论，殊不知，在这些名词的背后，其实隐藏着"生成"的内在联系，这才是先秦道论的基本线索。

五、结语

从唯物和唯心、本原和本体等概念的角度，可以看出，先秦时期具有世界观意义的道呈现出上下两截的特点，或曰存在着缝隙。可是，从生成论的角度，又可看出，道只是事物自然而然的发展过程。不过，两截论或缝隙论却帮助我们发现道论中存在两种发展趋势或曰两种思考问题的方式，回答生成论中本体化—逻辑化发展的前景问题，从而理解中国思想的特点，这是本文的兴趣所在。

与本原论或本根论相比，生成论可帮助我们理解中国思想的本体化或逻辑化发展问题。除了生出天地万物，道还通过"舍"和"稽"等生成途径，使万物具有理，从而拥有其本质。可是另一方面，恰恰因为"舍"和"稽"，万物才不可能真正拥有自己的本质。因为所谓"舍"和"稽"，说的是道外铄于物的途径，而非物本身所有的东西。而所谓"物成生理谓之形"及"形生理"云

---

① 任继愈主编之《中国哲学发展史·先秦》认为，《易传》关于宇宙本原的思想有唯物因素，也有唯心因素，这是思想混乱的表现。见该书第614、618、631、632、635、636页。
② 把《易传》的生成结构说成是本体论的并不乏人，直到晚近，仍然有这类文章，例如曾凡朝的《〈易传〉易道本体刍议》（载《山东教育学院学报》2004年第3期）、张丽的《论"易"作为〈易传〉的本体概念》（载《广东社会科学》2010年第3期）等。

云,虽可理解为事物自生的本质,可是所指的却是事物的纹理、外形、边界等,这样的理更多的仍然是指具体的、有形的物件,充其量只能算作与物相近、与形相近的初级概念。对于这样的理,单靠感官经验、靠体验、靠直觉就可把握,无须做抽象、系统从而深入、超越的逻辑思考。因此,不管具有怎样的本体化、逻辑化发展的可能,不管包含着多少概念的种属关系,只要仍然是以"舍"和"稽"的方式来实现,理就无法摆脱神秘因素,无法解除对神秘本原的期盼和依赖。而只要还是附着于事物的纹理或外形,理也就永远不需要逻辑思考。由此可见,理虽有本体化和逻辑化的趋势,却很难挣脱生成论框架的局限和束缚,无法跃升到理论的天空。

古代中国人关于事物本体的发现

——"稽"字的哲学之旅

一、前贤关于《韩非子·解老》篇中两个"稽"字的解释

《韩非子·解老》篇中有这样一段话:

> 道者,万物之所然也,万理之所稽也。理者,成物之文也;道者,万物之所以成也。故曰:"道,理之者也。"物有理,不可以相薄;物有理不可以相薄,故理之为物之制。万物各异理,万物各异理而道尽稽万物之理。故不得不化。

显然,这里讨论了"道"和"理"的关系,这个关系,作者用"稽"这个字来表示。"稽"在这段话里出现两次,不像是临时找来应付写作的,应该是斟酌推敲后选定的。那么,"稽"有什么含

义呢？为什么要选用这个字来表现"道""理"关系这么重要的问题呢？这段话中的"道""理"关系究竟应该如何理解呢？

要回答以上几个问题，首先让我们看看通行注本和学者是如何理解"稽"这个字以及相关句子的。

按前一"稽"字，梁启雄和许建良的解释较为郑重其事，廖文魁的翻译也有参考价值。

梁启雄注引《广雅·释诂》云："稽，合也，当也，同也。""这是说：道，是万物自然演成的规律，也是适合于万理的天道。"[①]他根据"稽"字所有的"合""当""同"的意义，把前一个"稽"字解释为"适合"，道和理之间具有"适合"的关系。什么叫"适合"呢？《现代汉语词典》解释为"符合"。而符合，又解释为（数量、形状、情节等）"相合"。我体会，两个东西相互之间可以吻合、可以相接、可以安装、可以合一、可以共存、可以替代，大概就可以叫作"适合"吧。按照这个理解，道和理之间就有"适合"的关系。

许建良解释道："'万物之所然'，指的是万物之所以为该物的特性和内质；'万理之所稽'，指的是万理留止的原因所在，《说文解字》曰：'稽，留止也。'在这个意义上，'理'是一物之所以为该物的图解说明，即'成物之文'，'文'是一物区别于他物的表征，万物就必然存在万理。"[②]这个解释极富启发意义：把"稽"解释为"留止"；把"理"理解为"图解说

---

① 梁启雄：《韩子浅解》，北京：中华书局，2009年版，第157页。
② 许建良：《先秦法家的道德世界》，北京：人民出版社，2012年版，第287页。

明"或"表征",在训诂上都是有根据的。而"万理留止的原因所在"恰恰就是"道"。根据这样的解释,"理"是各物的"图解说明",它是留止的,留止的原因就是"道"。"道"和"理"的关系,在这里就得到了一个可能很有理论深度的说明。可是,为什么"理"要留止呢?为什么"道"是"理"留止的原因呢?许氏似乎没有展开说明。

如果说翻译也是一种解释,那么,从英译也可以增加一重理解。查廖文魁的《韩非子全译》,他把第一个"稽"字翻译为"the form of every principle"①,"万理之所稽"就成了"每条原理的形式",这样就把作为动词的"稽"翻译为名词"形式"(form),这明显是取老子"稽式"(见下文)的意义。不论如何,这句话因此就具有了严格的哲学含义了。

按后一"稽"字,以下几家试图加以解释。

王先慎注云:"王先谦曰:'稽合万物之理,不变则不通。'"②道"稽合"万物之理,"稽合"应是合的一种,是用"稽"的方式来合。什么是"稽"?仍然没有给予说明。

陈奇猷注云:"物各有理,理则有道,一物有一理,即有一道,万物有万理,则有万道,故物尽合于万物之理,而万物不得不化。"③"稽"字仍没有解释。

廖文魁则把第二个"稽"字翻译为"disciplines",于是,

---

① *The Complete Works of Han Fei Tzu*, A Classic of Chinese Legalism, volume 1, translated by W. K. Liao, Arthur Probsthain, London, 1939, p.191.
② 王先慎:《韩非子集解》,上海:上海书店出版社,1986年版,第107页。
③ 陈奇猷:《韩非子新校注》上册,上海:上海古籍出版社,2000年版,第412页。

"道尽稽万物之理"就成了"Tao disciplines the principles of all things"[①]，"稽"就有了动词"规范"之义。廖氏的理解很有意思，可以启发我们对《韩非子》做更深入的哲学思考。

国内的哲学史家们则倾向于从整体上对这段话做哲学的解释。例如，冯友兰："理就是'万物之规矩'，也是事物的规律。""作为事物的总规律的'道'以及作为事物特殊规律的'理'，都存在于事物之中，这是唯物主义的思想。"[②]冯契："他（指韩非）提出了'道'和'理'，即一般规律和特殊规律的关系问题。"[③]杨宪邦等："总的看来，韩非关于'道'、'理'和'万物'关系的思想反对把一般和个别、普遍和特殊、抽象和具体割裂开来。他把事物的'道'和'理'联系起来，而又加以区别，接触到了事物的普遍性与特殊性的关系，但他没有能做出完全正确的解决，因为事物的普遍性并不是特殊性的总和，而是对特殊性的概括。但韩非努力企图对'道'和'理'的关系加以解决，表示了他对事物规律的认识比以前前进了一步，但也表现出了他的抽象思维水平的局限性。"[④]除了杨宪邦等把"稽"解释为"总和"以外，冯友兰和冯契都没有对"稽"字做具体说明。

通过以上列举的实例，大概可以了解《韩非子》中"道"和"理"之间具有一般和个别、普遍和特殊、抽象和具体的关系，

---

① *The Complete Works of Han Fei Tzu*, volume 1, p.192.
② 冯友兰：《中国哲学史新编》上，北京：人民出版社，2007年版，第607页。
③ 冯契：《中国古代哲学的逻辑发展》上，《冯契文集》第4卷，上海：华东师范大学出版社，1997年版，第341页。
④ 杨宪邦主编：《中国哲学通史》第1卷，北京：中国人民大学出版社，1987年版，第403—404页。

"稽"这个字大概指的就是一般和个别、普遍和特殊、抽象和具体所具有的"适合""留止"或"总和"的关系。至于为什么是"适合""留止"或"总和"的关系,"适合""留止""总和"三者又具有怎样的关系,"适合""留止""总和"又有怎样的具体样式,也就是说,为什么要用"稽"这个词来表现"道"和"理"所具有的"适合""留止""总和"等关系,仍然没有给予充分的说明。而且,"稽"可能有的"形式"的含义,所具有的"条例""规范""考察""验证"等的动词含义,也一直没有受到应有的重视。这样,《解老》篇中这段话所包含的哲学意义也因此没有得到充分的挖掘和解释,仍然处于沉埋状态(或所谓"遮蔽状态")。

关于《解老》篇的这段话以及关于《韩非子》的道理论,十几年前我在写作《韩非子的政治思想》时就感到没有能够理解透彻。经过这些年来的学习和思考,我对"稽"字的含义,以及为什么用"稽"字来表现"道""理"关系,有了进一步的理解。我相信"稽"这个字是理解这段,甚至整篇文字的关键。现在尝试把这些想法整理出来,以求教于各位专家学者。

二、从日常语词到哲学概念

一般印象里,"稽"这个字在韩非的时代是个使用不多的冷僻字,所以《韩非子》中出现这个字并未引起足够的重视。那么,在韩非的时代,"稽"这个字究竟是一个冷僻字,还是一个常用语词?究竟是一个普通的常用字,还是一个有深刻理论内涵的专门术语?回答这个问题,对于理解《解老》篇使用"稽"这个字的背景是有意义的。

(一)"五经"中的"稽"字

据初步统计,"稽"字在五经中使用的情况大致如下:

《周易》《春秋》中未见。

《诗经》出现3次,都作"稽首"。

《仪礼》120见,皆为"稽首"或"稽颡"。

《礼记》47见,绝大部分用为"稽首"和"稽颡",少部分有其他含义:例如,"是故先王本之情性,稽之度数,制之礼义"(《乐记》);"言必虑其所终,而行必稽其所敝"(《缁衣》);"儒有今人与居,古人与稽"(《儒行》)。前两句中的"稽"字都有考察之义;后一句中的"稽"字则有合的意思[①]。

《周礼》24见,其中,地名"会稽"1见,"稽首"3见。此外,《天官冢宰》有"二曰听师田以简稽""稽其功绪""岁终,则稽其医事,以制其食""岁终,则会内人之稍食,稽其功事,佐后而受献功者,比其大小与其粗良而赏罚之,会内宫之财用"。《地官司徒》有"司稽,五肆是一人""以稽国中及四郊都鄙之夫家九比之数""以稽其人民,而周知其数""以时稽其夫家众寡""正岁,稽其乡器""若国大比,则考教、察辞,稽器、展事,以诏诛赏""而辨其夫家人民、田莱之数,及其六畜、车辇之稽""掌稽市之书契""司稽掌巡市""以岁时稽其人民,而授之

---

① 参见《礼记正义》,阮元校刻《十三经注疏》,北京:中华书局,1980年版。

田野，简其兵器，教之稼穑""以岁时稽其夫家之众寡、六畜田野，辨其可任者与其可施舍者，以教稼穑，以稽功事""既役，则稽功会事而诛赏""趋其耕耨，稽其女功"。《夏官司马》有"简稽乡民，以用邦国""凡邦国，三岁则稽士任，而进退其爵禄"。按"司稽"郑玄注为"察留连不时去者"①，这个"稽"字意指"稽留"；其余的"稽"字古训或作"计"，或作"考"，有计数或考核之义。总之，《周礼》中"稽"字的情况与战国中后期齐国的历史背景颇相一致，可从一个角度反映出它的成书时间和地域文化背景。

今文《尚书》26见，按意义划分，也有"稽首"和"稽考"两类。《尧典》《皋陶谟》各有1处"曰若稽古"。《盘庚上》有"卜稽曰其如台"，《盘庚中》有"不其或稽，自怒曷瘳"。《洪范》有"次七曰明用稽疑"。《酒诰》有"尔克永观省，作稽中德"。《梓材》有"若稽田，既勤敷菑，惟其陈修，为厥疆畎"。《召诰》"相古先民有夏，天迪从子保；面稽天若，今时既坠厥命。今相有殷，天迪格保；面稽天若，今时既坠厥命。今冲子嗣，则无遗寿耇；曰：其稽我古人之德，矧曰其有能稽谋自天"。《吕刑》有"简孚有众，惟貌有稽"。秦亡汉兴，今文二十八篇流传较为曲折，文字的真伪和形成时间不好判断。这些"稽"字，古训"考察""考验"②。

---

① 郑氏注、贾公彦疏：《周礼注疏》，阮元校刻：《十三经注疏》，北京：中华书局，1980年版，第699页。
② 参见《尚书正义》，阮元校刻：《十三经注疏》，北京：中华书局，1980年版。

总之，所谓五经中已有"稽"字，大概可分为两类，一是日常礼节的"稽首""稽颡"和地名"会稽"等，一是具有"稽留""考察""核验""计数"等含义的用法，尚未发现在哲学意义上使用的情况。

（二）其他著作中的"稽"字

1. 春秋战国各阶段诸子和史著中的"稽"字

春秋后期开始，随着诸子之学兴起，"稽"字的含义也得到了新的发展机遇，按时间顺序，可分为以下几段予以介绍。

其一，在记载春秋时事，但成书在战国初年的作品中。

《论语》未见。

《左传》出现37次，有三种用法：绝大多数为"稽首"或"稽颡"，1处地名"会稽"，1处人名"右司马稽"（昭公三十一年）。

《国语》出现26次，用于人名族名者凡4次，地名"会稽"者11次，"稽首"者11次。

《公羊传》只见4个"稽首"。《穀梁传》则没有出现。

《老子》六十五章有"知此两者亦稽式，恒知稽式是谓玄德"的话。所谓"稽式"，严遵本、敦煌六朝写本、景龙、开元、景福等唐本、宋刊河上公本等皆作"楷式"。按古音韵学，"楷"与"稽"皆在见母脂部，双声叠韵，可通假。《广雅·释诂一》："楷，法也。""楷式"即法式。而所谓"此两者"指"以知治国国之贼，不以知治国国之德"，知道这两点，就是"稽式"，而总是知道这个"稽式"的，就是有了玄德。可见，老子把"稽式"抬高到"道"的境界上了[1]。

老子的"稽式"一词,即使在今天看来,也具有严格意义上的哲学含义。其他著作中所见者则属于日常语言范畴,没有哲学意味。

其二,成书于战国中期的作品中。

《墨子》出现12处。其中地名"会稽"3处,"稽首"1处。其他则有"门者及有守禁者,皆无令无事者,得稽留止其旁,不从令者戮"(《号令》)。"传言者十步一人,稽留言及乏传者,断。诸可以便事者,亟以疏传言守。吏卒民欲言事者,亟为传言请之吏,稽留不言诸者,断。(《号令》)""若稽留令者"(《号令》)。可见,这四个"稽"字有"稽留"之意。"然胡不审稽古之治为政之说乎"(《尚同下》),"然则姑尝稽之"(《节葬下》),"上稽之尧、舜、禹、汤、文、武之道,而政逆之;下稽之桀、纣、幽、厉之事,犹合节也。若以此观,则厚葬久丧,其非圣王之道也"(《节葬下》)。这四个"稽"字都有"稽考"之义[2]。

《孟子》用为人名"貉稽"2处,"稽首"2次,其他含义未见。这些"稽"字都没有什么理论意义。

其三,成书于战国后期的作品中。

道家——《庄子》17处,其中人名"赤张满稽"3处,地名"会稽"2处,"稽首"多处,"滑稽"1处。此外,"稽天"1处

---

[1] 张松如:《老子说解》,济南:齐鲁书社,1998年版,第350—352页。
[2] 参见孙诒让:《墨子间诂》,《诸子集成》第3册,上海:上海书店出版社,1986年版。

（《逍遥游》），古疏训"至"；"稽于圣人"（《天运》）1处，古疏训"留"；"心稽"（《达生》）1处，亦训"稽留"；"大信稽之"（《徐无鬼》）1处，古疏训"至"；"谋稽"（《外物》）1处，古疏训"考"；"以稽为决"（《天下》）1处，古疏亦训"考"①。总之这几个"稽"字还未用于纯理论性的探讨。

《列子》5处，人名"太山稽"1处。而"度在身，稽在人"（《说符》）的"稽"，张湛注"考验"②；"此所稽也"（《说符》）的"稽"有证明之义；"稽度皆明而不道（由）也"（《说符》），"稽度"犹法度也；"稽之虞、夏、商、周之书，度诸法士贤人之言，所以存亡废兴而非由此道者，未之有也"（《说符》），此"稽"字则有考查之义。

法家——《商君书》共7处，"百官之情不相稽"（《垦令》）2处，"国事不稽"（《垦令》）1处，"盗输粮者不私稽"（《垦令》）1处，以上四个"稽"皆训"稽留"；"晋国之士，稽焉皆惧"（《赏刑》）1处，训"同"；"人主执虚后以应，则物应稽验，稽验则奸得"（《禁使》）。此两"稽"字皆训"考"③。这些都体现了"法治"的精神。

《管子》24处，其中地名"会稽"1处；"稽首"2处，"稽

---

① 参见郭庆藩：《庄子集释》，《诸子集成》第5册，上海：上海书店出版社，1986年版。
② 张湛：《列子注》，《诸子集成》第3册，上海：上海书店出版社，1986年版，第89页。
③ 参见高亨：《商君书注译》，北京：中华书局，1974年版；蒋礼鸿：《商君书锥指》，北京：中华书局，1986年版。

颡"2处。此外,"秋曰大稽"(《乘马》)1处,训"稽核";"今事之稽也何待"(《问》)1处,应训"留止";"简稽"(《问》)1处,训"简选稽考";"稽其德"(《问》)1处,训"考核";"稽之以度"(《君臣上》)1处,训"考";"时省者相也,月稽者官也"(《君臣上》)1处,训"考察";"而君发其明府之法瑞以稽之"(《君臣上》)1处,训"稽考";"独立而无稽"(《君臣上》)1处,训"考";"令出而不稽"(《君臣上》)1处,训"留";"正名稽疑"(《君臣下》)1处,有"考察"之义;"上稽之以数,下十伍以征"(《君臣下》)1处,训"考";"稽之以众风"(《君臣下》)1处,训"考";"满稽"(《侈靡》)3处,训计数之"计";"自知曰稽,知人曰济"(《白心》)1处,训"考";"秦之水泔冣而稽"(《水地》)1处,训"停留";"此稽不远,日用其德"(《内业》)1处,黎翔凤认为"稽"乃"稽式"[1];"是协是稽"(《弟子职》)1处,训"考"。可见,除了《内业》的"稽"有哲学意谓以外,其他的都反映了齐国法家的思想特点。

儒家——《荀子》20处,其中地名"会稽"1处,"稽首"3处,"稽颡"1处。《非相》有"后世言恶,则必稽焉"(《王霸》《正论》各出现1次),可训"至";《王制》有"本政教,正法则,兼听而时稽之,度其功劳,论其庆赏,以时慎修,使百吏免尽,而众庶不偷,冢宰之事也"。考核督责百官行事是冢宰的职责,"稽"有行政考核的意思。《君道》"行义动静,度之以礼;

---

[1] 黎翔凤:《管子校注》中,北京:中华书局,2004年版,第934页。

知虑取舍，稽之以成"，此"稽"字训"法"。剩下几例不外乎计算、稽考之义。以下两段颇有理论意义，值得重视：

> 故曰：心枝则无知，倾则不精，贰则疑惑。以赞稽之，万物可兼知也。身尽其故则美。类不可两也，故知者择一而壹焉。农精于田，而不可以为田师；贾精于市，而不可以为贾师；工精于器，而不可以为器师。有人也，不能此三技，而可使治三官，曰：精于道者也，精于物者也。精于物者以物物，精于道者兼物物，故君子壹于道而以赞稽物。壹于道则正，以赞稽物则察；以正志行察论，则万物官矣。（《荀子·解蔽》）

杨倞注"以赞稽之，万物可兼知也"一句曰："赞，助也；稽，考也。以一而不贰之道助考之，则可兼知万物。"[①]用专精不二的态度来稽考，就可兼知或周知、遍知万物，这里的"稽"已经是对万物的共性做概括或抽象的工夫了。很明确，这是一种理论活动。

> 故万物虽众，有时而欲遍举之，故谓之物，物也者，大共名也。推而共之，共则有共，至于无共然后止；有时而欲偏举之，故谓之鸟兽，鸟兽也者，大别名也。推而别之，别则有别，至于无别然后止。名无固宜，约之以命，约定俗成谓之宜，异于约则谓之不宜。名无固实，约之以命实，约定俗成，谓之实名。名有

---

① 王先谦：《荀子集解·解蔽》，《诸子集成》第2册，上海：上海书店出版社，1986年版，第266页。

固善，径易而不拂，谓之善名。物有同状而异所者，有异状而同所者，可别也。状同而为异所者，虽可合，谓之二实。状变而实无别而为异者，谓之化。有化而无别，谓之一实。此事之所以稽实定数也，此制名之枢要也。后王之成名，不可不察也。（《荀子·正名》）

杨倞注"稽实定数"云："稽考其实而定一二之数也。"①即考察事实，根据抽象与具体的原理，确定本质，加以命名。这是荀子关于概念形成的思想。荀子是韩非的老师，他已经用"稽"字来指代抽象与具体、一般与个别的关系，对于我们理解韩非用"稽"字来表示"道""理"关系来，自然具有不可多得的重要意义。

《儒效》还有"与时迁徙，与世偃仰，千举万变，其道一也。是大儒之稽也"，《君道》有"此道也，偏立而乱，俱立而治，其足以稽矣"，所谓大儒的"稽"，就是考察并把握大"道"。《解蔽》篇中甚至有"疏观万物而知其情，参稽治乱而通其度"这样的句子，杨倞注："疏，通；参，验；稽，考；度，制也。"②行"稽"的结果是通达事物的"制"（《韩非子·解老》有"理之为物之制"）。总之，由以上这些内容分明可以看出韩非"道理"思想的渊源所自。

《易传》有"于稽其类"（《系辞下》）一句，"稽"古训"考"。

---

① 王先谦：《荀子集解·正名》，第279页。
② 王先谦：《荀子集解·儒效》，第265页。

杂家——《吕氏春秋》有地名"会稽"5处，"稽首"3处，"稽留"1处。其他如"以来为稽"（《开春论》），"稽"训"同"；"夺之以土功，是谓稽不绝忧"（《上农》），共11处。皆无理论意义。

由上可见，从春秋后期到韩非生活的战国末年，"稽"字是广泛使用的日常语词。老子使用的"稽式"一词揭示了事物的法则和形式，是关于事物本质的认识成果，具有重要的理论意义。战国时代，《庄子》和《列子》都重视"稽"所具有的理性含义。《墨子》开始用它的稽考之义。法家《商君书》《管子》都重视"稽"所有的稽核之义，使"稽"字成为法治用语。儒家《荀子》也吸收了"稽"所有的计算、考察等理性含义，并对"稽"在认识事物本质和规范名词概念的理论活动中的作用做了深入的思考，甚至已经达到抽象与具体、一般与个别相统一的高度。这些毫无疑问对韩非会产生重要的影响，是他关于"稽"的哲学思考得以形成的历史背景中不可缺少的一部分。

除了上述传世诸家，在"稽"字的理论化发展中做出较大贡献的还有出土的《黄帝四经》和曾经被认为伪书的《鹖冠子》。它们在学术理论意义上频繁使用这个词，使"稽"这个字在韩非之前或同时就成为具有政治和学术意义的重要概念。

2. 《黄帝四经》中的"稽"字

1973年，湖南长沙马王堆西汉前期的墓葬中出土了大量帛书。据唐兰先生研究，在《老子》乙本卷前的《经法》等四篇就是著录于《汉书·艺文志》中的《黄帝四经》。它成书于战国前期之末、中期之初的公元前400年左右，为郑国隐者所作①，早于《韩非子》170年左右。唐先生的观点目前已为许多学者所接受，我无异议。书中"稽"字多见。为便于理解，现将相关文字引述如下：

《经法·道法》："无私者知，至知者为天下稽。"马王堆汉墓帛书整理小组注（以下简称"注"）云："稽，模式。"②《黄帝四经》研究专家余明光注（以下简称"余注"）云："稽，通楷。至知（智）者为天下稽。意思是最明智的人是可以做天下人民的楷模的。《老子》：'知此两者亦稽式也；常知稽式，是谓玄德。''稽'，河上公本作'楷'，引申为取法。"③

《经法·四度》："周迁动作，天为之稽，天道不远，入与处，出与反。"注："稽，模式。"余注："周迁：与周行义近……周行就是反复循环运行的意思。《老子》'周行而不殆'。稽，通楷。取法的意思。"④

同篇还有："八度者，用之稽也。日月星辰之期，四时之度，[动静]之立（位），外内之处，天之稽也。高[下]不敝（蔽）其刑（形），美亚（恶）不匿其请（情），地之稽也。君臣不失其立（位），士不失其处，任能毋过其所长，去私而立公，人之稽也。"余注："八度，即八位。《史记·太史公自序》：'夫阴阳四时、八位、十二度、二十四节各有教令。'张晏曰：'八位，八

---

① 唐兰：《马王堆出土〈老子〉乙本卷前古佚书的研究——兼论其与汉初儒法斗争的关系》，原载《考古学报》1975年第1期，收入马王堆汉墓帛书整理小组：《经法》，北京：文物出版社，1976年版，第150—158页。
② 马王堆汉墓帛书整理小组：《经法》，第5页。
③ 余明光：《黄帝四经与黄老思想》，哈尔滨：黑龙江人民出版社，1989年版，第242—243页。
④ 《经法》，第22页。余明光：《黄帝四经与黄老思想》，第258页。

卦位也。'即乾南、坤北、离东、坎西、震东北、兑东南、巽西南、艮西北。稽：法则，准则。"①

《经法·论》："日信出信入，南北有极，〔度之稽也。月信生信〕死，进退有常，数之稽也（注：度数的根据）。列星有数，而不失其行，信之稽也……明以正者，天之道也。适者，天度也。信者，天之期也。极而〔反〕者，天之生（性）也。必者，天之命也……天之所以为物命也。此之胃（谓）七法。"②

《经法·名理》："神明者，见知之稽也。"③

《十大经·果童》："观天于上，视地于下，而稽之男女。"注："稽，取法。"余注："稽，考也。考，问也。这句话是验证于人的意思。"④

《十大经·姓争》："争（静）作得时，天地与之。争不衰，时静不静，国家不定，可作不作，天稽环周，人反为之〔客〕。"注："天稽即天当。环周即周还，《礼记·玉藻》郑注：'周还，反行也。'天稽环周，指失去时机。人反为之客，反而处于被动地位。"余注："天，天道。稽，法则。天稽就是天道运行的规律，以上数语均强调与时变化的重要性。《易艮象》曰：'时止则止，时行则行，动静不失其时，其道光明。'足可阐发斯旨。"⑤

《十大经·成法》："一者，道其本也，胡为而无长？□□所失，莫能守一。一之解，察于天地，一之理，施于四海。何以知□

---

① 《经法》，第24页。余明光：《黄帝四经与黄老思想》，第261页。
② 《经法》，第28页。余明光：《黄帝四经与黄老思想》，第263页。
③ 《经法》，第41页。余明光：《黄帝四经与黄老思想》，第275页。
④ 《经法》，第57页。余明光：《黄帝四经与黄老思想》，第293页。
⑤ 《经法》，第66页。余明光：《黄帝四经与黄老思想》，第302页。

之至，远近之稽？"注："稽，考察。"余注："稽，考也。"①

《道原》："精微之所不能至，稽极之所不能过。故唯圣人能察无刑（形），能听无［声］。"余注："稽，考。"②

"服此道者，是胃（谓）能精。明者固能察极，知人之所不能知，人服人之所不能得。是胃（谓）察稽知□极。"余注："察稽，审察稽考。极，准则。"③

总之，《黄帝四经》中的诸多"稽"字，有楷式、法则、准则、取法、考核、验证等含义，是一个具有丰富理性内涵的概念，散发着浓烈的政治思想的味道，与法家的法治思想和形名之学相合，但哲学本体论的意义不多。这大概说明，在战国中期，"稽"作为概念，还没有获得更多的哲学含义。

3. 曾被误认为伪书的《鹖冠子》中的"稽"字

过去，由于篇章数目与传统目录书的记载不合，《鹖冠子》被认为是伪书，我也曾这样认为。2004年，中华书局出版了黄怀信的著作《鹖冠子汇校集注》。作者经过多方考证，认为，《鹖冠子》的作者乃是一位"出生于楚，游学并定居于赵"的"佚名的隐士"④，书则撰写于公元前236—前228年之间⑤，大体在韩非去世（前233）前后。这个观点渐渐地得到了一些学者的认可，我也赞同。该书中也有一些使用"稽"字的例证。具体情况引述如下：

《博选第一》："道凡四稽：一曰天，二曰地，三曰人，四

---

① 《经法》，第74页。余明光：《黄帝四经与黄老思想》，第308页。
② 《经法》，第102页。余明光：《黄帝四经与黄老思想》，第336页。
③ 余明光：《黄帝四经与黄老思想》，第337页。
④ 黄怀信：《鹖冠子汇校集注》前言，北京：中华书局，2004年版，第3页。
⑤ 黄怀信：《鹖冠子汇校集注》前言，第8页。

曰命……所谓天者，物理情者也；所谓地者，常弗去者也；所谓人者，恶死乐生者也；所谓命者，靡不在君者也。""稽"字黄怀信解释为"考"，以为"此句言博选的方法共有四稽（考），分别为稽天、稽地、稽人、稽命"①。按陆佃的解释："道无所治，有之者，以稽于天，所以尔也，教者地事也，治者天事也；道无所住，有之者，以稽于地，所以尔也，运者天道也，处者地道也；莫不听之之谓命。"我觉得"道凡四稽"还没有到博选的具体问题上，下文有"博选者以五至为本者也"的说法，而"道凡四稽"说的应该还是一种普遍原则，即"道"需要从四个方面来考察，来认识，来把握。如果不错，那么，"稽"就是通过了解具体事物的本质来认识和把握"道"的一种活动。这已经是一种具有哲学意义的理论活动了。

《著希》："道有稽，德有据，人主不闻要，故尚与运挠而无以见也。道与德馆而无以命也。""稽"与"据"应为同义，是"稽"有根据之义。陆佃以为"以道为决，以德为验"，"决"与"验"应同义。这里的"稽"即有"考"的意义。《庄子》有"以稽为决"，"稽，考也"《释文》可以证明②。

《道端》："上合其符，下稽其实。"很明显，"稽"有"合"的含义，黄怀信引用"稽，合也"（《广雅·释诂》）以为证③，本文前面曾引"稽实定数"（《荀子》）可为旁证。

《度万》："天地阴阳，取稽于身，故布五正，以司五明。十

---

① 黄怀信：《鹖冠子汇校集注》前言，第2页。
② 黄怀信：《鹖冠子汇校集注》，第14—15页。
③ 黄怀信：《鹖冠子汇校集注》前言，第108页。

变九道,稽从身始;五音六律,稽从身出。五五二十五以理天下,六六三十六以为岁式。"宋陆佃曰:"大禹以声威律,以身为度,所谓取稽于身者耶";"五五,五其音之五也;六六,六其律之六也。一岁之式积旬三十有六"。黄怀信认为:"取稽,参考、取法。"并引《广雅·释言》:"稽,考也。"①

《王铁》:"天者,明星其稽也。"黄怀信注释云:"'明'乃动词,谓明确,确定。其,之。稽,《说文》:'留止也。'即停留,稽止。明众星之稽止,故有序而不乱。"②而同篇有"存亡之祥,安危之稽""愿闻其稽",这两个"稽",都有法则之义。

《泰鸿》:"日信出信入,南北有极,度之稽也;月信死信生,进退有常,数之稽也;列星不乱其行,代而不干,位之稽也。"陆佃云:"此申'致以南北'之仪(义)。冬至日在牵牛,夏至日在东井,其长短有度。""此申'齐以晦望'之义,二五而盈,三五而阙,其损益有数。""此申'受以明历'之义。五位二十八舍,各有常次。"黄怀信把这几处用的"稽"字都解释为"稽,考,所稽考"③。

《泰录》:"入论泰鸿之内,出观神明之外,定制泰一之衷,以为物稽。"陆佃云:"使物取稽焉。"黄怀信综合各家之说,认为:"稽,考,所稽考,所取稽。"④

除了1处地名"会稽"以外,《鹖冠子》还有13个"稽"字。

---

① 黄怀信:《鹖冠子汇校集注》前言,第153—155页。
② 黄怀信:《鹖冠子汇校集注》前言,第169—170页。
③ 黄怀信:《鹖冠子汇校集注》前言,第229—230页。
④ 黄怀信:《鹖冠子汇校集注》前言,第251页。

《博选》中的"道凡四稽",指天、地、人、命,皆在六合之内。显然,这里的"稽"是指有形世界中的事物法则,已显露出追求事物本质的哲学倾向。《著希》中的"道有稽",明确提出"道"是可以稽考的,同样限定了"道"是有形世界之内的事物法则。《道端》中所谓"上合其符,下稽其实",指"道"符合具体实际事物,更加表明"道"是有形世界的规则之义。《度万》的"取稽于身"、其他的几个"稽"字,都是事物法则的意思,难怪《泰录》中径直说出"以为物稽",即作为事物的法则,表现了强烈的事物本质的特征。

萧洪恩在他的专著《土家族哲学通史》中对《鹖冠子》中使用"稽"做出说明:"道家的'道''稽''度'等范畴是《鹖冠子》思想的核心范畴。""在《鹖冠子》一书中,'稽'凡14见,除《世兵》中'越栖会稽,勾践霸世'属实指外,其他均具有哲学范畴的意义。从总体上讲,'稽'具有'方法论'的意义,或者说指称的是一种特殊的方法,一种依据一定的原则进行探求对象本质的方法,如《博选》中言'道凡四稽',即强调考察道的四种路径;《著希》中言'道有稽,德有据',也属同一意义。其他……都具有相同的意义。而在《泰鸿》中论'所谓四则',则强调了几种具体的'稽',说明'稽'之路径的多样性与特殊性,其中特别分析了'度之稽''数之稽''位之稽';……总之,道家之'稽'在鹖冠子思想中有重要地位。"[1]萧洪恩认识到"稽"在《鹖冠子》中有重要地位,指出它是核心范畴,具有方法论的意

---

[1] 萧洪恩:《土家族哲学通史》,北京:人民出版社,2009年版,第336—337页。

义，甚至说是探求本质（道）的方法，这些对我有很大的启发。

由以上可知，在《韩非子》出现以前或同时，"稽"这个字早已是一个通用的语词。而在《老子》《黄帝四经》《荀子》《鹖冠子》这类著作中，甚至已经上升到了一定的政治策略和哲学理论的高度。这样看来，《解老》篇使用"稽"这个字有着并不浅薄的社会文化和学术思想的基础，不应该是凭空出现的偶然现象。不过，其他思想家毕竟没有直接用"稽"来解释"道""理"关系，他们对"道""理"关系所蕴含的事物本质或内在结构还没有形成自觉。这个艰巨的理论建设任务的确需要再有一个人来完成。

三、"稽"的字义训诂

"稽"字的使用在春秋战国时期已经达到一定的理论高度，而《韩非子》中的"稽"字又关乎"道""理"关系，系最高层次的学问，那么，关于"稽"字的基本内涵就不应随随便便、掉以轻心，而要更加重视起来。为了系统了解《韩非子》中的"道""理"关系的理论意义，有必要先从字义训诂上对"稽"字的含义做一番梳理工作。

《说文解字·稽部》："稽，留止也，从禾，从尤，旨声，凡稽之属皆从稽。"对此，清人早有考证，段玉裁、桂馥、朱骏声诸家所见很有启发。

段玉裁注：

《玄应书》引"留止"曰稽。高注《战国策》曰："留其日，稽留其日也。"凡稽留则有审慎求详之意，故为稽考。禹会诸侯于会稽，稽，计也，稽考则求其同异，故说《尚书》"稽古"为同天。"稽"，同也。如"流，求也"之例。古兮切，十五部。①

桂馥《义证》：

留止也者，《字林》："稽，留也，止也。"《魏氏春秋》："御史中丞与洛阳令相遇则分路而行，不欲稽留。"《左传》正义《孙子兵书》曰："誓稽之，使失其先后，谓稽留；彼敌不时与战，使先后失其次第。"《寻阳记》："稽亭北瞰大江，南望高岳，淹留远客，因以为名。"②

以上两家着重说明《说文》所谓"稽"有留止之义的解释。段玉裁则更强调"稽留"具有"审慎求详"或反复玩味之义，所以才能做"稽考""计算"来用。

朱骏声《通训》：

《周礼》司稽注：司稽，察，留连不时去者。《管子·君臣》"令出而不稽"注：留也。《水地》"秦之水汸最而稽"

---

① 段玉裁：《说文解字注》，上海：上海古籍出版社，1988年版，第275页下。
② 桂馥：《说文解字义证》上，北京：中华书局，1987年版，第531页。

注：停也。《汉书·食货志》"稽市物"注：贮滞也。《后汉·段颎传》"稽固颎军"注：犹停留也。［假借］为计。《水经·河水》注：禹合诸侯大计，东治之山，因名会稽。《周礼·大司马》"简稽乡民"注：犹计也。《宫正》"稽其功绪"注：犹考也、计也。《质人》"掌稽市之书契"注：犹考也、治也。《礼记·缁衣》"行必稽其所敝"，注：犹考也，议也。《小尔雅·广言》：稽，考也，又为卟。《广雅·释诂》二"稽，问也。"《书·洪范》七稽疑。《史记·樗里甘茂传》正义"稽，疑也"……《荀子·大略》"至地曰稽颡，下衡曰稽首"。《礼记·射义》：再拜稽首。……《檀弓》拜而后稽颡，释文：稽颡触地无容。《左传五传》"士蔿稽首"疏：稽首，头至地，头缓下至地也。又为荣，《吴语》"瘫铎拱稽"注：稽，唐尚书云：荣，戟也，又为齐，《广雅·释诂》二：稽，合也；三、当也；四、同也。《书·尧典》"曰若稽古帝尧"郑注：同也。《礼记·儒行》"古人与稽"注：犹合也。《史记·三王世家》："维稽古，稽者，当也。"又《庄子·逍遥游》："大浸稽天而不溺"，司马注："至也。"又为楷：《老子》："亦稽厥式"……[1]

朱骏声的解释最为详细系统。以他的解说为基础，可以梳理出"稽"有以下几种含义：其一，至于、到达；其二，停留、积滞；其三，合、当、同；其四，楷式、法式；其五，上计、考核。

---

[1] 朱骏声：《说文通训定声》，北京：中华书局，1984年版，第590页。

这五条都可以得到更多材料的旁证。例如，其一，至于、到达：《庄子·逍遥游》："之人也，物莫之伤，大浸稽天而不溺。"《荀子·大略》："下衡曰稽首，至地曰稽颡。"《晋书·后妃传论》："南风肆狡，扇祸稽天。"等等。

其二，停留、积滞：《说文解字·兮部》："兮，语所稽也。"段玉裁注云："兮稽叠韵。《稽部》曰：'留止也。'语于此少驻也。"①《尚书·酒诰》："尔克永观省，作稽中德。""作"与"稽"为反义关系。《管子·君臣》："令出而不稽。"《吕氏春秋·圜道》："精气一上一下，环周复杂（匝），无所稽留。"《后汉书·段颎传》："稽固颎军，使不得进。""稽"有阻碍义。段玉裁用"少驻"来解释"兮，语所稽也"中的"稽"字，实在是妙！

其三，合、当、同：《礼记·儒行》："儒有今人与居，古人与稽。"等等。

其四，楷式、法式。资料甚多，兹不具。

其五，上计、考核：《周礼·天官·宫正》："稽其功绪，纠其德行。"郑玄注："稽，犹考也，计也。"引申为"计较"，《汉书·贾谊传》："妇姑不相说，则反唇而相稽。"还引申为"卜问"，《尚书·洪范》："稽疑，择建立卜筮人。"

上文提到《老子》六十五章的"稽式"古音通"楷式"，其实，"稽"（见母脂部）还可与"至""止""积""纪""计"古音相通。按"至"，古音照母质部。照母字和见母字一为舌面

---

① 段玉裁：《说文解字注》，第204页上。

音，一为舌根音，古代或可相通；脂、质、真一组，脂、质阴入对转。"止"，古音照母之部。之、脂旁转。"止"即"至"。"积"，精母锡部。精、见一为舌尖音，一为舌根音，古代发音或相通；支、锡、耕一组，锡阴入对转可通支部，与脂可通转。《解老》："道有积，而德有功。德者道之功。"顾广圻校注云："（第一个）德当作积。"[①]"德"即"道积"，"道积"即"道稽"，"稽"有"积滞"之义。"纪"，古音见母之部。《老子》十四章有"道纪"，"纪"即一根丝的头，"道纪"指以"道"为一物之本原。顾广圻云："纪，理也。"张松如据《礼记》郑注认为"纪"乃"总要而裁制"的意思[②]。"计"，见母质部。"会稽"可直接换写成"会计"。综上说明，朱骏声所总结的"稽"字有五种含义，不但在文献上可以得到印证，在音韵学上也是有根据的[③]。

　　行文至此，大家一定会感到奇怪，像"留止"和"考察"这样看似不相干的两种含义怎么能共生在同一个"稽"字的内部呢？那些看似漫不经心地划分出来的诸种含义之间，究竟有没有什么深刻的内在联系呢？这些问题的确需要有人来做专门详细的研究和解答，不过，古人并没有如我们所愿地这样做，他们只是在具体的理论思考和写作中表达自己的看法。韩非就是一个典型。

[①] 王先慎：《韩非子集解·解老》，《诸子集成》第5册，第97页。
[②] 张松如：《老子说解》，第86页。
[③] 此段文字得到恩师刘家和先生指导，谨表衷心感谢！另参见王力主编：《古代汉语》上册（第二分册），北京：中华书局，1962年版，第六单元"古汉语通论"（十五）（十六），第492—510页；王力：《汉语音韵》，北京：中华书局，2003年新一版。

四、透过"稽"认识"道""理"关系乃韩非的理论创新

根据上节所述,在古代文献中,"稽"有五层含义,那么,《解老》篇中的"稽"及其所指代的"道""理"关系中又有多少层含义呢?这需要深入到文献中,对《解老》中的相关文字再做一番考察:

第一,"稽":无形与有形、抽象与具体、一般与个别、普遍与特殊的"合"与"同"。

> 道者,万物之所然也,万理之所稽也。理者,成物之文也;道者,万物之所以成也。故曰:"道,理之者也。"物有理,不可以相薄。物有理不可以相薄,故理之为物之制。万物各异理,万物各异理而道尽稽万物之理,故不得不化;不得不化,故无常操。无常操,是以死生气禀焉,万智斟酌焉,万事废兴焉。天得之以高,地得之以藏,维斗得之以成其威,日月得之以恒其光,五常得之以常其位,列星得之以端其行,四时得之以御其变气,轩辕得之以擅四方,赤松得之与天地统,圣人得之以成文章。道,与尧、舜俱智,与接舆俱狂,与桀、纣俱灭,与汤、武俱昌。以为近乎,游于四极;以为远乎,常在吾侧;以为暗乎,其光昭昭;以为明乎,其物冥冥。而功成天地,和化雷霆,宇内之物,恃之以成。凡道之情,不制不形,柔弱随时,与理相应。万物得之以死,得之以生;万事得之以败,得之以成。道譬诸若

水，溺者多饮之即死，渴者适饮之即生；譬之若剑戟，愚人以行忿则祸生，圣人以诛暴则福成。故得之以死，得之以生，得之以败，得之以成。①

本段大意如次："道"，就是万物自己那个样子，与万"理"具有"稽"的关系。"理"，是事物成为自己（即作为自己标志）的纹理，可引申为外貌、形象；"道"，是使万物成为自己的那个东西，是原因。所以说："道，就是使之（物）有理的那个东西。"物有"理"，才不会相互混淆，所以"理"就是物的界限。万物因有"理"而各自相异，而"道"却以"稽"的方式"囊括"万物之"理"，所以在"道"看来，万物不得不是变化的，所以才没有固定的偏见；不论死生成败，不论尧舜桀纣，都是因"道"而然。从理论上说，"道"指万事万物，不可能有固定的形象可言，所以叫作"无形"；而"理"指一事一物的形貌，凡"理"皆有形貌，所以叫作"有形"。无形的"道"与有形的"理"相"稽"，即相"合"、相"同"，所以才会与万物相接。按老子的说法，"道"原本具有"不同于万物"的属性，现在因为有"理"，而发展到与万物同一的境地。老子的"道"原本强调"柔弱""谦卑"的品德，现在与万物同一，就势必要在伦理上突破原来的褊狭性，成为具有普遍意义的非道德（amoral）概念，因此才会超越善恶、成败。

那么，这里的"稽"又取其怎样的意义呢？按"理"是事物

---

① 《韩非子·解老》，校注组编写，周勋初修订：《韩非子校注》（修订本），南京：凤凰出版社，2009年版，第163—164页。

成为自己的纹理，可引申为外貌、形象。这与我们今天所理解的作为抽象的事物规律有所不同，当然，这样认识事物，在古代并不少见，作为西方哲学源头的希腊哲学也是如此。据海德格尔研究："希腊人把一件事物的外观称为εἶδος或ἰδέα。最初在εἶδοι这个词中也晃动着当我说下列话时所也有的意思：这事物有个面貌，它能让人看见，它待着。这事物停着。它安处于现象中，这就是说，它安处于其本质之表现中。希腊人毫无问题是在其中体会到在的意义的那个事物，希腊人将其称为οὐσιά。"①在以上所引的《韩非子》的文字里，"道"生成万物，万物得"道"而成，但万物之所以成为自己，以区别于他者，恰恰在于它们各有自己的"理"，"理"成了物的边界（制），所以相互不能混淆，不能侵入。这样的理解说明，表示万物生成发展的"道"已经出了问题，它对万物的一视同仁已经不能承担区分万物、认识万物、把握万物的使命，而必须要由另外一个概念来否定自己，这样才能向前发展。"理"就是这个概念。也就是说，无形的"道"必须要由有形的"理"来加以否定，才能与万物相接。从逻辑上说，"道"和"理"就有无形与有形、发展与停顿、运动与静止的辩证关系。不过，"道"表示生成和发展，"理"标志万物的特征和界限，让两者直接合一，总觉得有点突兀，若有另一个含义恰切的词来把二者自然而然地联系起来，那该多好啊！这个词终究出现了。那就是"稽"。无论如何，韩非用具有"合""同"等含义的"稽"这个词来表示"道""理"所具有的抽象与具体、一般与个别、普遍与特殊的同

---

① 海德格尔：《形而上学导论》，熊伟、王庆节译，北京：商务印书馆，1996年版，第60页。

一关系是恰切的。

这个思想在《韩非子》的其他篇章中可以得到旁证。例如：《主道》有"稽同"，指核验其同。《扬权》有"夫道者，弘大而无形；德者，核理而普至。至于群生，斟酌用之，万物皆盛，而不与其宁"。"德"说的是事物得"道"而成为自己，具体途径是"核理而普至"，就是事物普遍得到"理"而成为自己。这与"稽"所指的万物因"理"而有自己的形象是一致的。《扬权》："道者，下周于事，因稽而命，与时生死。"①"道"与事物及其规律（天命）相合（"周""稽"都有"合"义），所以才与时俱进，超越成败。这个观点与《解老》篇的说法一致。

第二，"稽"：无形与有形、"动"与"静"、"常"与"变"的"合"与"分"。

> 人希见生象也，而得死象之骨，案其图以想其生也，故诸人之所以意想者皆谓之"象"也。今道虽不可得闻见，圣人执其见功以处见其形。故曰："无状之状，无物之象。"凡理者，方圆、短长、粗靡、坚脆之分也，故理定而后可得道也。故定理有存亡，有死生，有盛衰。夫物之一存一亡，乍死乍生，初盛而后衰者，不可谓常。唯夫与天地之剖判也具生，至天地之消散也不死不衰者谓"常"。而常者，无攸易，无定理。无定理，非在

---

① 陈奇猷：《韩非子新校注》上册，第152—154页。王先慎无解。陈奇猷：旧注：死生，犹废兴也。顾广圻曰："生死"当作"死生"。"生"与下文"情"韵。陶鸿庆曰："而命"当为"天命"。篆书"天"……与"而"相似，故"天"误为"而"。

于常所，是以不可道也。圣人观其玄虚，用其周行，强字之曰："道"，然而可论。故曰："道之可道，非常道也。"①

战国时期的中原地区，人们已很难见到活着的大象，却可以根据死去大象的骨骼来推测大象的形貌。同理，"道"虽无形，不可闻见，但既然是万有的存在，人们就可以根据标志万有形象的"理"来把握。凡物之有形象，必定因为它是相对静止的、稳定的，"理"之所以标志万物各自的边界，必定因为它具有相对静止的、稳定的特性，因此，"理"必定是"道"所表示的生成过程的停顿或中止，所以韩非把它叫作"定理"②。按理，具体之物只有停留下来，才会形成"定理"；因为"理"的定，才彰显出"道"的动。段玉裁把"稽"的留止的含义解释为"少驻"，这个含义使"稽"这个词可以一头连接着表示运动的"道"，另一头连接着标识停歇和稽留的"理"，完全有资格来表现"道"和"理"所具有的辩证发展观。当然，它的字面含义明显地偏向于"理"，这不仅是由法治学说的功利目的决定的，更是由"理"的静止属性和"稽"本身含义的一致性决定的。至此，韩非的"道"和"理"还是同一的，还可以相互转换。

然而说到"道"的恒常属性，韩非又提出了一个割裂"道"与"理"的观点："理"标志着有形的具体之物，所以才有"一存

---

① 《韩非子·解老》，《韩非子校注》（修订本），第164—165页。
② "理"主静，《解老》云："以理观之，事大众而数摇之，则少成功；藏大器而数徙之，则多败伤；烹小鲜而数挠之，则贼其泽；治大国而数变法，则民苦之。"可见，在社会和政治生活中，"理"也是讲求稳定的。

一亡，乍死乍生，初盛而后衰"的表现；"道"则具有恒常性，所以才会超越这种局限，无所变（"无攸易"，也就无所不变），无所固定（"无定理"），无所不在（"非在于常所"），所以无可遵循。他用这种理解来注释老子的"道之可道，非常道也"。可见，在韩非眼里，在天地之内的有形世界，"道"和"理"是同一的，一旦超出了天地的有形世界，"理"就失去了它的存在意义，而"道"却仍然"不死不衰"，没有"理"的形貌特征，当然就成为不可言说、不可遵循、不可捉摸的神秘存在了。可见，只有在有形世界里，"道"和"理"才具有同一关系，才可用具有"留止""合""当""同"等含义的"稽"来指代。

第三，"稽"："理定""规矩""计会"的统一——论有形世界中事物的规定性与可知性。

> 凡物之有形者易裁也，易割也。何以论之？有形，则有短长；有短长，则有小大；有小大，则有方圆；有方圆，则有坚脆；有坚脆，则有轻重；有轻重，则有白黑。短长、大小、方圆、坚脆、轻重、白黑之谓理。理定而物易割也。故议于大庭而后言则立，权议之士知之矣。故欲成方圆而随其规矩，则万事之功形矣。而万物莫不有规矩，议言之士，计会规矩也。圣人尽随于万物之规矩，故曰："不敢为天下先。"不敢为天下先，则事无不事，功无不功，而议必盖世，欲无处大官，其可得乎？处大官之谓为成事长。是以故曰："不敢为天下先，故能为成事长"。[①]

---

① 《韩非子·解老》，《韩非子校注》（修订本），第168—169页。

有形之物皆有"理","理定而物易割",有了固定的"理",事物才容易把握。"稽"有"留止"之义,所以"理定"可用"稽"来表示。按照韩非的理解,万物都有"理",即都有"稽"。要做成方圆之物,必须依从事物的"稽"即"规矩"①,这样就会得到事功。万物有"理"——"稽",其实就是都有"规矩",所以才可"计会",才须"计会"。《韩非子》校注组:"计会,计算,考虑。"翻译为"出谋献策的人,就是考虑如何合于规矩"②。张觉引尹桐阳:"计,谋也。会,合也。"③"计"是考虑,本义是计算。规矩、理法不是一般的对象,所以也不能做一般的考虑,自然包含计算在内。这样的考虑,即对规矩的考虑,也叫作"稽"(前文已指出"计"与"稽"通假)。总之,按照韩非的逻辑,事物固定地看才会有"理","理定"了也就有了"规矩",有了"规矩"才可"计会"。"理定""规矩""计会"这三者可以用同一个词来表示,那就是"稽"。

韩非的这个观点在知识论上有重要意义。

黑格尔认为,在某种意义下,的确有不可知的东西存在,这个意义就是:"如果知是指理解一对象的具体规定性而言",那么,对于"毫无规定性的东西,当然是不可知"④。不过,黑格尔本人的信念却是相反的,他坚信"凡是现实的东西都是合乎理

---

① "稽"的这一用法在今本《韩非子》中不乏旁证。例如,《外储说左上第三十二》说三:"请无以此为稽也",稽即例、法。
② 《韩非子·解老注》,《韩非子校注》(修订本),第168页。
③ 张觉:《韩非子校注》,长沙:岳麓书社,2006年版,第209页。
④ 黑格尔:《小逻辑》,贺麟译,北京:商务印书馆,1980年版,第267页。

性的"①，"理性"就是规定性，所以"现实的东西"就是可知的。当今的哲学史家也认识到，"存在"唯有"规定"了才"可知"②。柏拉图的"范型论"（旧译"理念论"）强调普遍形式的真理性，但却否认它是有形世界中具体之物的内在形式，这样，它就缺乏具体的规定，要想从具体事物中了解它，那是不可能的。针对这个缺点，亚里士多德提出批评，认为所谓范型其实就是具体事物个体的内在形式，这样，通过探索具体事物的形式，就可以了解和把握具体事物的本质，从而也就可以了解和把握"形式"了。韩非用"理"来把"道"落实到具体事物上，使具体事物有了自己的本质，也就是给"道"提供了具体的规定性，"道"因为有了规定性（"理"）而成为可知的。"稽"就是他用来表示这种"道""理"关系的概念："稽"一方面表示"道"统合"理"，另一方面又表示"理"表现着"道"。也就是说"理"成为"道"的规定性。正是由于"理"有这样的中介作用，所以才会选择具有稽核、计算、考察、考索等含义的"稽"（"计会"）来表示对"道"的把握。也就是说，"道"是可知的，不但可知，而且是可以理性地知、逻辑地知。

在先秦诸子中，使用"稽"的不止韩非子一人，但对"稽"所指代的本体意义做出具有理论性论证的，韩非子最为突出，这是他的过人之处，也是他为人类哲学思考做出的一份特殊贡献。

---

① 黑格尔：《小逻辑》，第43页。
② 叶秀山：《德国古典哲学的基本观念及其发展路线——在这种视野中关于"存在"的一些理解》，《世界哲学》2013年第1期，第6页。

五、"稽"的历史地位及命运

韩非在《解老》篇中使用"稽"这个词指代"道""理"关系，这在人类认识史上究竟占有何种地位呢？这要从比较中来说明。

亚里士多德的《形而上学》有这样的文字：

> 本体只属于自己，不属于任何其它事物，只属于它的所有者，而这所有者原来就是本体。
>
> 由于形式，故物质得以成为某些确定的事物，而这就是事物的本体。[①]
>
> 总之，凡认为世上一切事物皆变动不息，没有一刻能保持相同的情态，用这样的观念作为我们判断真理的基础，这是荒谬的。探索真理必须以保持常态而不受变改之事物始。
>
> 就算这地球上的事物于量上流动不息——这虽并不尽确，可姑作这样的假设——这又何须就认定事物在质上也不能保持常态？[②]

在亚里士多德看来，所谓本体就在事物内部，就是事物本身的形式，这形式一定有静止或稳定的性质，也就是说，事物一定有

---

① 亚里士多德：《形而上学》第七卷第十六章，吴寿彭译，北京：商务印书馆，1959年版，第159页。
② 亚里士多德：《形而上学》第十一卷第六章，吴寿彭译，北京：商务印书馆，1959年版，第219页。

它的常态，这样才可以认识和把握。据上节分析，韩非的"理"就有形式的含义，它是一物区别于他物的内在根据，韩非称它为"定理"，正说明它具有停留、稳定的特点。万物变动不息，但万物毕竟也有少驻的那一刻，否则如何能够看清它的形象呢？这与亚里士多德关于事物本质、本体的认识有异曲同工之妙。

不过，亚里士多德为了批判柏拉图的"两个世界"的观点，过于强调经验世界的真实性，否定普遍理念的真实性，难免要在理论上割裂普遍与特殊、一般与个别之间的同一关系。韩非则不否定两个世界（在中国的语境中，就是"道"在万物形成之前和之后的两个阶段），他承认"道"具有生成属性，万物皆来源于"道"；但他更重视有形世界中标志着万物本质的"理"。这是他的法家立场决定的。而且他居然认识到，"理"虽相互排斥，但它们却拥有共同的本质，那就是"道"。"稽"所表现的恰恰就是这种个别与一般、特殊与普遍的同一关系，尽管他的论证并不细腻，表述也不严密，带有很多想当然的成分。

德国哲学家海德格尔对希腊人关于存在（οὐσία）的认识有独到的研究，他指出：

……这个正直的直立，它直向上而成此立，出现而立，常住而立，希腊人就把它领会为在。如此这般出现而立的东西，将常住而立，且从自身自由地搏入其πέρας（边界）的必然性中。这个边界根本不是什么从外界才加给在者的东西。这个边界更加不是一种受起坏作用的限制这一意义上的匮乏。这个从边界那儿来自行抑制的留住，这个自有，常住者即留于其中，这就是在者的在，倒是这个在者的在才使在者成为一个这样的与非在者有别的在者。据此则出现而立，意指：自获其界，设界。因此在者的一个根本特性就是τò τέλοs，这不是目标之意，不是目的之意，而乃是完之意。"完"在此绝不可从否定意义来理解，仿佛什么东西因此完而再也不行了，没用了，行不通了。此完是完成意义上的完。界和完二者就是在者赖以开始去在的那回事。从这个地方来就可以理解亚里士多德为在而用的这个最高名称，ἐντελέχεια，完满现实。后世的哲学以至生物学从"隐特来希"这个名称做出来的事情都表明从希腊哲学的整个衰落。这个把自身放入且充实其满界并即如此而立者就成形，μορφή。这个希腊人所理解的形之本质是从正在生起的把自身放入满界这回事中得出来的。①

海德格尔把希腊人的"存在"（οὐσιά）或事物的本质理解为"形象""满界"，这与韩非子把"理"理解为"定理"，理解为"不可以相薄"的"物之制"，几乎就是完全一致的。ἐντελέχεια（"隐特来希"）就是形象的完成，就是"理"的形成，就是"万理之所稽"的"稽"。

以下海德格尔关于希腊的"存在"的理解，使我们可以通过比较更加系统地把握韩非子"稽"的哲学含义：

这个"在"的确定性是通过对四种区分的解释而指出来的：

---

① 海德格尔：《形而上学导论》，熊伟、王庆节译，北京：商务印书馆，1996年版，第59—60页。

"在"在与形成的对比中就是停留。

"在"在与表象的对比中就是停留着的模式，就是总是同样者。

"在"在与思的对比中就是作为根据者，现成者。

"在"在与应该的对比中就是总是当前作为还没有实现或者已经实现的应该做出来者。

停留、总是同样、现成、当前——说的归根到底是同一回事：常住的在场；作为οὐσιά的ὄν。①

事情竟有这般巧合。古代中国人用来指代"道""理"关系的"稽"这个词，与海德格尔所理解的"在"同样具有停留（"理定"）、模式（"物之制"）、思维的根据（"规矩"）、当下在场（"计会"）的含义，因此可以毫不犹豫地归入本体论或形而上学的范畴。不同的是，"稽"所指代的运动与静止、普遍与特殊、一般与个别的同一关系，却是οὐσιά（今译为"本质""本体"）这个词所没有做到的，这个差异，恰恰表现了中国和西方哲学思想从起根发源处就有的不同。顺便再说一句，法家学说是中国思想中最富理性精神，与西方哲学的理性传统也最为接近的一家，其中的这点不同，恰恰最能说明中西理性传统的差异。

按照韩非的理解，"稽"所指代的"道""理"关系只能用于有形的世界，超出这个世界，混混冥冥之中，就只能勉强用"道"来称谓了，那里没有"理"可言，当然也就没有"稽"存在的余地

---

① 海德格尔：《形而上学导论》，第201页。

了。德国哲学家康德在《纯粹理性批判》的"范畴的先验演绎"B版的结尾处说:"范畴是这样的概念,它们先天地把法则加诸现象和作为现象全体的自然界之上。"①也就是说,所谓"先天综合范畴"只能运用于现象世界,而不能运用于物自体。可见,在有形世界和无形世界的认识上,古代中国思想家关于"稽"的思想与德国古典哲学竟有相同的取向和高度,虽然在论证的系统性上前者同样明显地有所不足。

从战国后期到秦统一,"稽"成为标志着有形的经验世界之普遍存在的哲学概念,表现了重视理性的特点,到了韩非,甚至被用来表现"道""理"之间的关系。关于"稽"的哲学思考,从《黄帝四经》到《鹖冠子》,再到《韩非子》,在短暂的时期内迅速攀登到顶峰,这种快速发展的态势随着秦朝的灭亡而倏然结束。到了汉初,在新的诸子著作中再也不见了以"稽"为代表的哲学讨论了。以"稽"为代表的理性思考就这样结束了它的历史旅行。一千多年以后,到了宋代理学兴起的时候,不论是"道",还是"理",都与仁、义、礼、智、信等儒家道德观念融为一体,纳入到联结无形世界和有形世界的"无极""太极"的发展观中去了,标志着经验世界事物本质的"稽"的思想再也没有得到复兴。

如果韩非的"稽"的思想能够成立的话,或许有人会因此而赞叹古代中国人的先见之明,这当然是可以理解的;不过,对我来说,更关心的毋宁是另外一个问题:为什么韩非等开创的以"稽"为标志的思想传统没有能够流传下来发扬光大呢?我想,这恐怕与

---

① 康德:《纯粹理性批判》,B163,转引自赵敦华:《西方哲学简史》,北京:北京大学出版社,2001年版,第273页。

法家的历史命运有关。

首先,韩非本人并没有把"稽"的含义做概念式的解说。韩非是古代中国少有的能用类似形式逻辑方法思考问题的杰出学者之一。可惜,"稽"字在《解老》篇中两次出场都是作为具体表述中的一个词,而没有被当作一个重要的哲学概念来加以界定,不像他对"道""德""法""术"等那样。这不能不说是造成后人忽略这个概念的重要原因之一。

其次,"稽"字的理论影响随着法家的沉沦而消失,道家和儒家的哲学思想关心的重点有所转移。按理,法家一定要讲究"稽",要追求有形世界中具体事物的理性,以为其法治政策主张提供理论支撑。真正的道家更感兴趣的毋宁是无形世界的存在,以为人类寻找到可以用之不竭的生命力。而儒家,为了给礼奠定一个理论的基础,也曾关注有形世界中的"理"。不过,由于他们所关心的主要是社会的血缘关系,而血缘关系最讲究等级和差异(所谓"仁爱"即"别爱""爱有差等"),所以他们对于更富哲学意义的抽象理性不会有太大兴趣。

复次,古代中国人对于在场形而上学兴趣不大。从更深一层的意义上说,如果按照康德哲学把世界分为现象(经验)世界和物自体,或者按照中国道家的传统,即"道"是从无到有,从混混冥冥到清晰明朗的有形世界的发展,那么,"稽"就只能是清晰明朗的有形的经验世界的学问,其中的道理是可以稽考的,它有自己的片面性、静止性和局限性。这种学说在后代失去了影响,说明古代中国人对于纯理论,对于片面、静止的理论(理论意义上的形而上学),并不感兴趣。

不独古代,当代学术界对于古代"稽"的思想也重视不够。之所以如此,有一个原因,那就是我们从事中国学术思想研究的人对西方哲学的发展了解不多,特别是对西方哲学关于形而上学、关于存在的学说的了解不多,无法通过比较研究来发现问题、找出各自的特点。这也限制了我们进一步深入挖掘和系统整理中国古代文献中的相关思想资源。对于"稽"的思想的忽视应该是一个典型。

尽管如此,以"稽"为标志的形而上学传统仍然具有不可否认的价值和意义。

战国后期,原本为普通语词的"稽"字被韩非用来作为"道"和"理"之关系的代名词,按照今天的理解,它一下子就跻身于哲学概念的行列,甚至成为本体论或形而上学的最为核心的概念之一,走到了它的哲学之旅的胜地。可是秦朝灭亡后,它却倏然失去了哲学光辉,返回到普通语词的行列。这段理论奇遇虽然短暂,意义却是不容小觑的:其一,它可以帮助我们理解"道"和"理"所具有的同一关系,特别是帮助我们理解古代中国人关于事物的普遍与特殊、一般与个别的内在联系的理论成果,并通过比较,看出古代中国在"在场形而上学"问题上与古希腊哲学乃至整个西方哲学所具有的异同。其二,帮助我们理解"道生法"的内在根据——即帮助我们理解古代中国人关于有形世界的万物本质与法治学说之间的必然联系的学说。其三,帮助我们正确评价集权政治与关于有形世界万物本质的理论建设之关系。使我们知道,在集权政治下,哲学,特别是关于有形世界具体事物本质的学说为什么能够得到发展。总之,可以说它是我们理解以上问题的一把钥匙。

作为活生生的人类思想活动,"稽"的哲学之旅早在两千二百多年前就结束了。可这次短暂的旅行,却在思想史上留下了清晰的印记,它的理论成果就保留在传世文献中。后代的读者可以通过阅读和研究,从中挖掘出它的理论意义,甚至可以得到有益当代的启示。

《荀子》的"类"与道的范畴化发展

黑格尔曾经指出，中国人"在文化方面有很高的声名"[①]，但是没有真正意义上的哲学，有的只是宗教哲学、道德哲学。"孔子只是一个实际的世间智者，在他那里思辨的哲学是一点也没有的。"[②]在谈到《易经》时，他说道："他们也达到了对于纯粹思想的意识，但并不深入，只停留在最浅薄的思想里面。这些规定诚然也是具体的，但是这种具体没有概念化，没有被思辨地思考，而只是从通常的观念中取来，按照直观的形式和通常感觉的形式表现出来。"[③]在谈到老子哲学时，黑格尔进一步指出：道或理，只是抽象的普遍，作为最高的本质，道的一切规定都被取消了。"在

[①] 黑格尔：《哲学史讲演录》第1卷，贺麟、王太庆译，北京：商务印书馆，1997年版，第118页。
[②] 黑格尔：《哲学史讲演录》第1卷，第119页。
[③] 黑格尔：《哲学史讲演录》第1卷，120—121页。

纯粹抽象的本质中，除了只在一个肯定的形式下表示那同一的否定外，即毫无表示。假若哲学不能超出上面那样的表现，哲学仍是停在初级的阶段。"①"中国是停留在抽象里面的；当他们过渡到具体者时，他们所谓具体者在理论方面乃是感性对象的外在联结；那是没有［逻辑的、必然的］秩序的，也没有根本的直观在内的。再进一步的具体者就是道德。""从起始进展到的进一步的具体者就是道德、治国之术、历史等。但这类的具体者本身并不是哲学性的。这里，在中国，在中国的宗教和哲学里，我们遇见一种十分特别的完全散文式的理智。""那内容（指所谓中国的'国家宗教'的内容）没有能力给思想创造一个范畴［规定］的王国。"②

古代中国的道是否总处在"抽象的普遍"或"最高的本质"状态，而没有获得范畴或规定，或者说，没有在理论上得到具体化的发展或本体化的发展？如果不讨巧，不用改换哲学这个概念的内涵和外延，我们能否证明古代中国思想家的确在创造范畴王国的道路上有所进展呢？我的回答是肯定的。

老子的道论中已然包含着具体化发展的理论内容③。在老子那里，"道"在经历了"一""二""三"的逻辑推演，"有""无"、"有名""无名"、"可道""不可道"、"常道""非常道"已经在变易（Das Werden，黑格尔意义上的）中逐渐消逝和融合，从宇宙本原发展为万物的本体或本质，成为某种新的存在，相当于黑格尔意义上的"定在"（Dasein, Being

---

① 黑格尔：《哲学史讲演录》第1卷，第129页。
② 黑格尔：《哲学史讲演录》第1卷，第132页。
③ 参见刘家和：《试说〈老子〉之"道"及其中含蕴的历史观》一文。

Determinate or Being there and so[①]）。它是万物的最高本质，也是最具体之物的本质。不过，由于只用一个道字，仍感觉过于抽象，高高在上。韩非子的道理论则在"道"的具体化发展中做出了贡献，"理"就是"道"的范畴化或具体规定。韩非引入了"稽"字，对道的"定在"含义的来历做了深入思考，道就分化为存在于万事万物中的万理。理就是道在具体事物中的"定在"。韩非关于理的思想究竟是怎样形成的？除了揣摩老子道论而有所发展，还有没有其他的思想渊源？是否受到过其他人的启发？当然是有的。这个人不是别人，就是他的授业老师荀子。荀子关于"类"的思考，在本原之道的范畴化、具体化或本体化发展的过程中做出了自己的贡献。可惜前人未能从这个角度加以讨论。现在我把这个问题提出来，敬请批评指正。

一、道分"类"而成为"理"

可以肯定，荀子揣摩过老子的道论[②]。《天论》末尾，有这样一段话，足以表明荀子的本体观念：

[①] G. W. F. Hegel, *The Logic of Hegel*, translated by William Wallace, China Social Sciences Publishing House, Chengcheng Books LTD, 1999, p. 169.
[②] 学者认为，《荀子》中的"道"具有"天道""人道"和"道"的含义。"天道"指自然之道；"人道"指礼义（实践）之道；而"道"则是指本体意义上的道。见韩永志：《荀子"道"与"人道"关系新探》，《管子学刊》2014年第1期；吴祖刚：《荀子"道"论探微》，《南昌大学学报》2013年第4期。

万物为道一偏，一物为万物一偏，愚者为一物一偏，而自以为知道，无知也。慎子有见于后，无见于先；老子有见于诎，无见于信；墨子有见于齐，无见于畸；宋子有见于少，无见于多。有后而无先，则群众无门；有诎而无信，则贵贱不分；有齐而无畸，则政令不施；有少而无多，则群众不化。《书》曰："无有作好，遵王之道；无有作恶，遵王之路。"此之谓也。（《天论》）①

这段话是说，道是全，是根本，万物不过是道的一部分；任何一个具体之物也有它的"全"或"根本"，如果只知道它的一个侧面，那不等于知道了道。慎子、老子、墨子、宋子都"有见于"一个方面，"无见于"相反相成的另一个方面，这么做都不算是把握住了道。可见，存在于物中的那个道应该有相反相成的两个方面，这两个方面都看到了，才算是把握住了道。这段话虽然是就政治治理的实际效果说的，但其中的道的确具有最高和具体的事物本质的含义。特别是提出后与先、诎与信、齐与畸、少与多这样几对概念，成为道在具体事物中的表现。这样相反相成的几对概念就形成了我们要说的范畴。不过，在这段材料中，这样的几对概念还没有用类这个字来加以指称。而且这段话放在《天论》中，与该篇其他内容的确不太协调，所表达的观点与《解蔽》倒是颇为相近：

夫道者，体常而尽变，一隅不足以举之。曲知之人，观于

---

① 王先谦：《荀子集解》，《诸子集成》第2册，上海：上海书店出版社，1986年版，第213页。

道之一隅，而未之能识也，故以为足而饰之，内以自乱，外以惑人，上以蔽下，下以蔽上，此蔽塞之祸也。（《解蔽》）①

恒常的道体可以穷尽一切变化，只举一隅是不能说明问题的，如果这样做，那就只会形成蔽障，看不清问题的实质。《解蔽》的这段话更具体，更具有本体的含义。

由以上两段可知，这种关于道的矛盾性的认识，的确来自老子的道论。

不过，不同的是，《荀子》的文字中，除了道之外，"理"已经提上了议事日程，这对后来韩非子的道理论产生了重大影响。《修身》篇有"君子之……行道理也勇"的话②。显然，理是道的具体化表述。道为什么能发展出理呢？这与另一个词有关，这个词就是"类"。

大家知道，荀子特别重视"分"，其大者有"天人相分"，把"道"分析为"天道"和"人道"，认为"天行有常，不为尧存，不为桀亡"（《天论》）③；还有"人之所以为人者何已（以）也？曰：以其有辨也。……辨莫大于分，分莫大于礼（《非相》）"④。"礼者，法之大分，类之纲纪也。故学至乎礼而止矣，夫是之谓道德之极"（《劝学》）⑤。礼是法的大分，是法的最大的分类；是各种类中起纲纪作用的那个类，即纲举目张的纲，

---

① 王先谦：《荀子集解》，《诸子集成》第2册，第262页。
② 王先谦：《荀子集解》，《诸子集成》第2册，第21页。
③ 王先谦：《荀子集解》，《诸子集成》第2册，第205页。
④ 王先谦：《荀子集解》，《诸子集成》第2册，第50页。
⑤ 王先谦：《荀子集解》，《诸子集成》第2册，第7页。

也就是统帅所有类的最高的类。荀子在这里谈的显然不是本体论意义上的问题,而是价值论意义上的,但从中可以看出蕴涵的哲学意义。

那么,在哲学的意义上,"类"指的是什么呢?《荀子·劝学》有"草木畴生,禽兽群焉,物各从其类也"。《王力古汉语字典》解释为"种类"①。事物的类与作为本原的道有什么关系呢?与作为事物本质的理有什么关系呢?且看荀子下面的论证:

> 夫妄人曰:古今异情,其以治乱者异道,而众人惑焉。……圣人何以不欺?圣人者,以己度者也。故以人度人,以情度情,以类度类,以说度功,以道观尽,古今一度也,类不悖,虽久同理。(《非相》)②

这里最重要的是提出了"类不悖,虽久同理"的观点,意思是说:只要"类"没有相乖违,时间再久,理就还是那个理。或者简单地说,类不变理也不变。从中似乎可以朦胧地看到百年后董仲舒"天不变道亦不变"的影子,当然,荀子的表述要理性得多、理论化得多。如果把这句话还原成哲学语言,那就是,事物类同,理就相同。据此可以说,理是同类事物的本质,而类则是具有相同本质(理)的事物的范围。张岱年先生曾指出:"范畴是关于世界事物

---

① 《王力古汉语字典》,北京:中华书局,2000年版,第1650页。
② "古今一度也",清儒王念孙曰:"古今一也。"朝川鼎、王天海:"'度'字不衍,'一度',即'一律'也。"见王先谦:《荀子集解》,《诸子集成》第2册,第51—52页;王天海:《荀子校释》上册,上海:上海古籍出版社,2005年版,第183页。

基本类型的概念。"①类就相当于今天所说的范畴。

了解了类的理论转关作用，就会理解荀子下面的话：

> 欲观千岁，则数今日；欲知亿万，则审一二；欲知上世，则审周道；欲知周道，则审其人所贵君子。故曰：以近知远，以一知万，以微知明，此之谓也。（《非相》）②

"千岁"与"今日"，时间长短虽殊，但同属人类历史则是相同的；"亿万"与"一二"，数量多少有别，所指的无非都是具体的事物；"上世"与"周道"，古今差异，说的却都是治道；"周道"与"君子"，看似不同类，可从修养的角度看，则都有道德的含义。总之，看似相反的东西，共处一类之中，就会形成一个新的存在物，这就是范畴。

> 君子位尊而志恭，心小而道大，所听视者近，而所闻见者远，是何邪？则操术然也。（杨注：谓以近知远，以今知古，所持之术如此也。）故千人万人之情，一人之情是也。天地始者，今日是也。百王之道，后王是也。君子审后王之道，而论于百王之前，若端拜而议。推礼义之统，分是非之分，总天下之要，治海内之众，若使一人，故操弥约而事弥大。五寸之矩，尽天下之方也。故君子不下室堂，而海内之情举积此者，则操术然也。（《不苟》）③

---

① 张岱年：《中国哲学史方法论发凡》，北京：中华书局，2003年版，第46页。
② 王先谦：《荀子集解》，《诸子集成》第2册，第51页。
③ 王先谦：《荀子集解》，《诸子集成》第2册，第30页。

荀子这里所说的"术",就是道的分化和发展,就是规范同类事物的范畴。有了这样的范畴,当然是"类不悖,虽久同理"了。而掌握了这样的术,自然就会"操弥约而事弥大","所听视者近,而所闻见者远"了。

> 百王之无变,足以为道贯,一废一起,应之以贯,理贯不乱,不知贯,不知应变。贯之大体未尝亡也,乱生其差,治尽其详。故道之所善,中则可从,畸则不可为,匿则大祸。(《天论》)①

在荀子看来,"百王之无变,足以为道贯","贯之大体未尝亡也",这就相当于"类不悖";那么,"一起一废"就是相同的,而"应之以贯,理贯不乱",说的是无邪且不恶的"中道"也是相同的。所谓"贯",就是类,是范畴。

《荀子》书中常见"古今一也"(《议兵》《强国》《君子》)的话,说的就是古今同类同理。他说:"其言有类,其行有理,其举事无悔,其持险应变曲当,与时迁徙,与世偃仰,千举万变,其道一也。"(《儒效》)可见,有道就有类,有类才有理,了解了事物的类,把握了这样的道理,做事才不会有什么差池。所以,他才敢向世界宣布统治者要"以类行杂,以一行万"(《王制》)。即使有什么"倚(奇)物怪变""卒然起一方","则举

---

① 王先谦:《荀子集解》,《诸子集成》第2册,第212页。

统类而应之"(《儒效》)。也就是说，用类的知识加强修养，才会应对突发的事变。按照荀子的理解，凡事无非类也，都会在可控的范围之内。从中可以感受到一种强烈的理性精神。

斯宾诺莎说过："一切规定都是否定。"（Omnis determinatio est negatio）这句话得到了辩证法大师黑格尔的称赞。黑格尔把它表述得更为具体："一切规定性的基础都是否定。"[1]同类则同理，当然包含着相反的命题：异类则异理。一旦类相悖，理也就相应的不同了。道和理的关系，其实是类的转关和变化的结果，作为普遍本质的道，由各种类（范畴）规定着，而成为各种理。在某一个范畴内，理是相对稳定的，越过了规定的范围，理自然就要变化。所以，当荀子说"古今一度"的时候，并不意味着他主张某种历史不变论，只能证明他坚守着历史阶段论而已。他的学生韩非之所以有"上古竞于道德""中世逐于智谋""当今争于气力"的名言，其实也是坚守着历史阶段论，这应该也是从老师那里学来的。不过，各个阶段有何异同？前后相邻的两个阶段是如何转换的？何以转换的？类的变化是如何实现的？类是怎样发展的？对于这些重要的理论问题，师徒二人似乎还没有给予更多的关注。这应该是一个不小的缺憾。

从类（范畴）的角度看问题，应该是荀子的重要方法。他说："伦类不通，仁义不一，不足谓善学。学也者，固学一之也。"（《劝学》）[2]所谓"固学一之"，就应该是以弄懂弄通"伦类"

---

[1]　黑格尔：《小逻辑》，贺麟译，北京：商务印书馆，1982年版，第203页。
[2]　王先谦：《荀子集解》，《诸子集成》第2册，第11页。

的精神，把仁义坚持到底。在他看来，学的目的，不过如此而已。

作为儒家大师，荀子总是摆脱不掉功用目标，《荀子》中的道虽然具有本体、自然和人道之分，但最终要受到他的人道——礼乐文化的支配。他说：

> 道也者何也？曰：礼让忠信是也。（《强国》）[1]
>
> 道者，非天之道，非地之道，人之所以道也，君子之所道也。（《儒效》）[2]
>
> 礼者，人道之极也。（《礼论》）[3]
>
> 国家失政则士民去之，无土则人不安居，无人则土不守，无道法则人不至，无君子则道不举。故土之于人也，道之于法也者，国家之本作也。君子也者，道法之总要也，不可少顷旷也。得之则治，失之则乱，得之则安，失之则危，得之则存，失之则亡。故有良法而乱者有之矣；有君子而乱者，自古及今，未尝闻也。《传》曰：治生乎君子，乱生乎小人。此之谓也。（《致士》）[4]

"自古及今，未尝闻也"是荀子经常使用的论证方法，这是一种历史论证，用它来说明某种历史现象没有问题，若用它来论证普遍意义的哲学问题，则显得严重不足了。

---

[1] 王先谦：《荀子集解》，《诸子集成》第2册，第199页。
[2] 王先谦：《荀子集解》，《诸子集成》第2册，第77页。
[3] 王先谦：《荀子集解》，《诸子集成》第2册，第237页。
[4] 王先谦：《荀子集解》，《诸子集成》第2册，第172—173页。

二、"解蔽"就是要看到"类"的矛盾性

世界是由各个种类的事物构成的，那么，认识世界就应该按照各个种类的特点来进行。对此，《荀子》有《解蔽》篇，专门从解蔽的角度来论证这个主题。

《解蔽》篇认为，"凡人之患，蔽于一曲而暗于大理"。所谓"大理"就是道。人的认识往往从经验开始，而经验当然有其局限性，如果固守局限，当然就会形成偏蔽。他列举了偏蔽的诸多表现：有的蔽于喜欢，有的蔽于厌恶；有的蔽于事物的开始，有的蔽于事物的终结；有的蔽于远，有的蔽于近；有的蔽于博大，有的蔽于浅显；有的蔽于古，有的蔽于今。所以，得出结论："凡万物异则莫不相为蔽。此心术之公患也。"

荀子的思考，目的不是专门为了研究理论，而是为了给统治者提供做人和治理的道理。在他看来，做人君而有蔽的，要数夏桀和殷纣。夏桀蔽于奸人末喜和斯观，所以不能任用贤人关龙逢；殷纣蔽于奸人妲己和飞廉，所以不能任用贤人微子启。因此，他们难免覆亡的命运。这就是偏蔽之祸。相反，做人君而无偏蔽的，要数成汤和文王。成汤鉴于夏桀，所以能长用贤臣伊尹；文王鉴于殷纣，所以能长用贤臣吕望。这就是不蔽之福。

在荀子看来，君主之外，人臣也有蔽者和不蔽者，以史为证，各自也得到了相应的蔽塞之祸和不蔽之福。至于从事学术思想工作的，偏蔽更严重。他列举道："墨子蔽于用而不知文，宋子蔽于欲

而不知得,慎子蔽于法而不知贤,申子蔽于执而不知知,惠子蔽于辞而不知实,庄子蔽于天而不知人。"(《解蔽》)①

偏蔽的实质是什么呢?荀子做了艰苦的思索,认为人们发现了事物的某个方面,便固守不放,以致看不到与之相反相成的另一方面,由此形成偏蔽,无法把握事物全体。而把握事物全体才是认识的最终目的。他的以下论证在道的范畴化发展的过程中具有重要的理论意义:

故由用谓之,道尽利矣;由俗(欲)谓之,道尽嗛矣;由法谓之,道尽数矣;由执(势)谓之,道尽便矣;由辞谓之,道尽论矣;由天谓之,道尽因矣。此数具者,皆道之一隅也。夫道者,体常而尽变,一隅不足以举之。曲知之人,观于道之一隅,而未之能识也。故以为足而饰之,内以自乱,外以惑人,上以蔽下,下一蔽上,此蔽塞之祸也。(《解蔽》)②

这段话已经触及范畴问题的理论实质。关于范畴,张岱年先生曾指出,韩愈《原道》中有"仁与义为定名,道与德为虚位"之说。"所谓虚位即是空格子,可以填上不同的内容。""韩愈所谓虚位,比较接近于近代所谓范畴。"③"范畴即是事物的基本类别。"④荀子认识到,道是"体常而尽变"的。道体常在,穷尽一

---

① 王先谦:《荀子集解》,《诸子集成》第2册,第261—262页。
② 王先谦:《荀子集解》,《诸子集成》第2册,第262—263页。
③ 张岱年:《中国哲学史方法论发凡》,第118页。
④ 张岱年:《中国哲学史方法论发凡》,第119页。

切变化，它表现在方方面面，如果只知道某一方面，当然无法了解道的全部了。所以才说"一隅不足以举之"。荀子的认识已经为道的范畴化发展指出了方向。"体常而尽变"就是说道要在方方面面表现出来，这方方面面，就是道的各种分类，也就是道体变化的各个范畴（categories）。关于这方方面面，荀子列举了这样几个："用"（实用）、"欲"（欲望）、"法"（法律）、"势"（势位）、"辞"（言说）、"天"（自然）。这几个词所指的，其实就是道的外化的若干领域和范围，今天可径直叫作范畴。这是难能可贵的。接下来，荀子进一步分析道：如果只从"实用"的范畴看，那么道就只是"求利（无利）"的问题；如果只从"欲望"这个范畴来看，那么道就只是"快意（不快意）"的问题；如果只从"法律"的范畴来看，那么道就只是"规矩（不规矩）"的问题；如果只从"势位"的范畴看，那么道就只是"便利（不便利）"的问题；如果只从"言说"的范畴看，那么道就只是"有无说服力"的问题；如果只从"自然"的范畴来看，那么道就只是"因任（不因任）"的问题。不过，我的转述中已然包含着一定的理论提炼和加工，若单从荀子的原话看，还存在这样两个问题，需引起注意：其一，如果偏蔽说的是只知道道的某一个范畴或被道的某一个范畴所遮蔽，因而不知道道的其他范畴，这还不应算是不了解道。因为，道体已经表现在任何一个范畴中了，知道某一个范畴，其实就是知道了这个范畴中的道。其二，不知为什么，荀子在论述道在各个范畴中的表现时，并没有详细列举矛盾的两个方面，可能是因为过于急着奔向主题，结果少了一个必要的理论层次，给人感觉好像是只知道道或事物的某一个范畴，而不知道另一个范畴，这才叫偏蔽。这就冲淡了主题，减弱了论证效果。总之，我读《解蔽》中的这段话，感到荀子的意思是说只知道某个范畴而不知道其他范畴，这叫作偏蔽。可是按理，或按荀子通篇的本义，只知道范畴内某一个方面，不知道另一个方面，这才更应该叫偏蔽。下面所引荀子的论述已经谈到了这个观点。

怎样才算真正了解了道的精神呢？荀子指出：

> 圣人知心术之患，见蔽塞之祸，故无欲无恶，无始无终，无近无远，无博无浅，无古无今。兼陈万物，而中悬衡焉。是故众异不得相蔽以乱其伦（杨注：理）也。何谓衡？曰道。故心不可以不知道，心不知道，则不可道而可非道。（《解蔽》）[1]

要想解除偏蔽，那就只有一个办法，即考虑到每个范畴内事物的矛盾双方。万事万物，林林总总，看起来杂乱无章，怎样才能保证认识到事物的矛盾双方呢？那就只有用道做权衡，道是认识矛盾的原则和方法。有了道的指引，自然可以认识事物中的矛盾了。具体做法就是，既不要被"欲"所遮蔽，也不要被它的对立面"恶"所遮蔽；既不要被"始"所遮蔽，也不要被"终"所遮蔽；对待近远、博浅、古今，莫不如此。而要做到这一点，从而把握道，又有什么好办法吗？有的，荀子叫作"虚壹而静"：

> 人何以知道？曰：心。心何以知？曰：虚壹而静。心未尝不

---

[1] 王先谦：《荀子集解》，《诸子集成》第2册，第263页。

臧（藏）也，然而有所谓虚；心未尝不满（两）也，然而有所谓壹；心未尝不动也，然而有所谓静。人生而有知，知而有志，志也者，臧（藏）也；然而有所谓虚，不以所已臧（藏）害所将受谓之虚。心生而有知，知而有异，异也者，同时兼知之；同时兼知之，两也，然而有所谓一，不以夫一害此一谓之壹。心，卧则梦，偷则自行，使之则谋，故心未尝不动也；然而有所谓静，不以梦剧乱知谓之静。未得道而求道者，谓之虚壹而静。作之则将须道者之虚则入，将事道者之壹则尽，尽将思道者静则察。知道察，知道行，体道者也。虚壹而静，谓之大清明。万物莫形而不见，莫见而不论，莫论而失位。坐于室而见四海，处于今而论久远。疏观万物而知其情，参稽治乱而通其度，经纬天地而材官万物，制割大理而宇宙里（理）矣。恢恢广广，孰知其极？睪睪广广，孰知其德？涫涫纷纷，孰知其形？明参日月，大满八极，夫是之谓大人。夫恶有蔽矣哉。(《解蔽》)[①]

虚壹而静，前人论之甚详。所谓虚，承认人有前见（prejudice），但不因前见而妨碍接受新观点；所谓壹，承认人原来有知，但不因原来之知妨害新知，这叫作两，关键是不以原来的那个一妨害将要接受的这个一；所谓静，承认心未尝不动，但不以此动搅乱接受新知的静。总之，所谓虚壹而静，说的就是原有知识与新知之间的辩证关系，即怎样在原有知识的基础上接受新知的问题。荀子认为，有了这样的方法，就可以知道，因为道也是两面的。

---

① 王先谦：《荀子集解》，《诸子集成》第2册，第263—265页。

荀子的论证看似有理，"所已藏"与"所将受"，在时间的"已经"和"将要"上应该是排斥的；"（彼）一"与"此一"，在方位上是对立的；"梦剧"与"真知"，在形式上是不同的。可是要说到内容，情况就变得复杂了。虚所说的"所已藏"，与"所将受"，能否构成本质上的相反相成的关系呢？壹所说的"夫（彼）一"，与"此一"，静所说的"梦剧"，与"知"，能否构成本质上的相反相成的关系呢？或者说，虚壹而静方法与相反相成的道是否具有同一性呢？我认为，虚壹而静的每对中的双方就很难说完全排斥或矛盾。由于荀子并未就论域、标准、范围、有效性等问题展开详细讨论，所以我认为他的论证其实还是不太严密的。虚壹而静中的每对或许有矛盾关系，但未必。

即使如此，荀子相信，在虚壹而静的基础上，人就可以把握道，而把握了道，就可以跨越物类，从事管理工作。

> 心枝则无知（郝懿行：枝与歧同，古字通。不一也。），倾则不精，贰则疑惑，以赞稽之，万物可兼知也。身尽其故则美，类不可两也，故知者择一而壹焉。农精于田，而不可以为田师；贾精于市，而不可以为贾（市）师；工精于器，而不可以为器师。有人也，不能此三技，而可使治三官。曰：精于道者也，（非）精于物者也。精于物者以物物；精于道者兼物物。故君子壹于道而以赞稽物。壹于道则正，以赞稽物则察，以正志行察论，则万物官矣。（《解蔽》）[1]

---

[1] 王先谦：《荀子集解》，《诸子集成》第2册，第266页。

荀子认为，心若不能专一，就不会有知；若再偏斜不正（倾）[1]，就更不会精当；贰，便会疑惑。郭嵩焘："心不贰而推类可以知万物。至以身尽道，惟无贰而已。类不可以两求也。"因为事物的一个类，只能有一个理，所以聪明的人选择"一"的办法来达到"壹"。这样的一，其实就是对事物的某一个类的把握，也就是对具体的道的把握。了解了这个道，也就是了解了某类事物的理。农人精于种田，却不可以当管理农业的官员；商人精于市场，也不可以当管理市场的官员；工人精于制作器物，不可以当管理制作器物的官员。而有的人虽然没有这三种技艺，但是却可以管理这三个行业。原因就是他精于道，而非精于物。精于物的只能制作某种器物；精于道的才可以兼管多种制作事物的工作。所以，君子要专门研究道，而且要用这个知识来帮助考察事物，这才是正确而明察的办法。用这个办法才能管理万物。论述完毕，荀子又援引大舜的例子，最后的结论是："自古及今，未尝有两而能精者也。"（《解蔽》）[2]荀子这里说的其实是两个问题，一个是具体的技术问题，一个是管理问题。两者不在一个范畴。按荀子自己所设的前提，同类则同理，异类则异理，那么，技术类就有技术类的理，管理类就有管理类的理。技术做好了，说明从事技术的人对该项技术有了本质的掌握；管理做好了，说明从事管理的人对该项管理工作有了本质的掌握。因为各从其类，各自掌握了各自的理，因而才

---

[1] 王天海：《荀子校释》下册，第858—859页。
[2] 王先谦：《荀子集解》，《诸子集成》第2册，第267页。

各有各的成功。两者其实都是专一于道（或曰"术"，即各自的理）。本来，这只是分工问题，不存在社会地位的高下之别。可荀子偏偏把"兼物物"叫作"精于道"，把"以物物"叫作"精于物"，表现了明显的职业偏见。当然，专门研究道的，在知识迁移上会有一定的理论优势，而专门做具体技术工作的，也很可能受到某项具体技术工作的局限，这也是不容否认的实际情况，这说明，荀子对理论思考的意义有着非同寻常的鉴识，是难能可贵的。

总之，荀子发明解蔽方法来认识道，要求人们辩证地认识道的矛盾性，而不要有所偏蔽（片面性），这个认识是建立在道的分类基础上的，是对道的范畴化的一种理性把握。

三、"正名"要符合"类"

范畴（categories）说的是事物的类，事物分类是概念得以抽象的前提条件。若干事物若具有相同的属性，就有可能用同一个名词来表示，这个名词其实是同一个属性的抽象，而作为同一属性的抽象符号的名词，就拥有了概念的某些特征，例如类的抽象、类与类的关系的表现。当然，这个名词或许还不一定有内涵的定义和外延的划分，还不一定有种属关系的明确表示和自觉转换。但，至少可以说，明确意识到了类的名词，已经不同于一般的名词，已然踏上了概念化的道路。名词表现的类所具有的特点，其实已经具有概念论的意味了。例如，类与类不同，也会有与之相应的名词与名词的不同；类与类之间存在级别关系，相应地，名词与名词之间也会有级别关系,这些关系构成了名词的体系,反映了类的体系,也反映了存在的内在构成。总之,从古代汉语的名这个字,可以看到类(范畴),通过类(范畴),可以看到某种哲学的世界观。在古代中国,"名"是语词的一种称谓,它往往与"实"或"形"相对,构成"名实关系"或"形名关系"。这里的名就约略相当于今天所说的"概念"。关于名,荀子做了深入的思考,表现了他对于类的认识,用今天的话说,就是从概念的角度,反映了他对于世界构成的哲学思考。

对此,学者已有所见。张立文先生在他的名著《中国哲学范畴发展史(天道篇)》中写道:"中国先秦诸子百家的哲学论战,促使了辩学的发展,他们已深知以范畴来认识世界。如果说亚里士多德是以形式逻辑的方法,将每一个词进行初步分类的话,那么,中国先秦哲学便表现了辩证逻辑的倾向。"《荀子·正名》以"循名责实""制名以指实"为思维原则,从天道、人道两个方面网罗自然、人事的一切。荀子所说的大共名、大别名"正确表达了内涵和外延、一般和个别的关系,属于概念系统中的不同层次"[1]。我以为更重要的,是荀子正确地用名来表示类,通过名所表现的类来呈现道的基本内涵。

今本《荀子》中有《正名》一篇,专门讨论"名"的问题,从更高的层次上表现了他对类的认识,具有重要的哲学意义。

基于儒家传统,荀子认为,名的制作,是君主的责任,是政治问题。对于"后王"来说,事关重大的刑名、爵名和文名,要遵从

---

[1] 张立文:《中国哲学范畴发展史(天道篇)》,北京:中国人民大学出版社,1988年版,第17—18页。

商朝、周朝和当时的《礼》；至于此外的散名，则可以从俗。由于概念的重要，"故王者之制名，名定而实辨，道行而志通，而慎率民则一焉"。可当时的情况却是"圣王没，名守慢，奇辞起，名实乱，是非之形不明；则虽守法之吏，诵数之儒，亦皆乱也"。他之所以讨论这个问题，是为了告诫后来的统治者，若"循于旧名，有作于新名"，就一定要弄清楚"所为（以）有名，与所缘以同异，与制名之枢要"这三个重要事项。

第一，"所以有名"——为什么要有名？

> 异形离心交喻，异物名实玄纽，贵贱不明，同异不别；如是则志必有不喻之患，而事必有困废之祸。故知者为之分别制名以指实，上以明贵贱，下以辨同异。贵贱明，同异别，如是则志无不喻之患，事无困废之祸，此所为（以）有名也。(《正名》)①

这段说的是制名的政治功利目的。针对当时的社会现实，荀子指出：名实淆乱，贵族和平民贵贱不明，族属和地位同异不别，一定会造成人们相互无法理解和沟通，事情也因之而困顿、废弛的祸患。知者因此而为之分别，他们制作"名"，用来指称"实"，用这个办法明确贵族和平民的贵贱等级，分别族属和地位的同异差别。贵贱明确了，同异分别了，这样，人们相互间就消除了无法理解和沟通、事情也因此消除了困顿和废弛的祸患。这就是

---

① 王先谦：《荀子集解》，《诸子集成》第2册，第276页。

为什么要正名的理由啊。可见，正名的目的就是贵贱分明，同异分别，让等级社会下的生活得以顺利进行。这就是之所以要"正名"的功利目的。

第二，"所缘以同异"——区别名的同异的根据是什么？

这说的是制名的根据问题。既然等级社会生活要求别同异，那么，根据什么来别同异呢？作为当时的儒学大师，荀子自然主张"缘天官"，就是以感觉经验作为概念来源的基础。他说：

然则何缘而以同异？曰：缘天官。凡同类同情者，其天官之意物也同；故比方之疑似而通。是所以共其约名以相期也。形体、色、理，以目异；声音清浊，调竽奇声以耳异；甘、苦、咸、淡、辛、酸、奇味以口异；香、臭、芬、郁、腥、臊、洒、酸、奇臭以鼻异；疾、养、沧、热、滑、铍、轻、重以形体异；说、故、喜、怒、哀、乐、爱、恶、欲以心异。心有征知。征知则缘耳而知声可也，缘目而知形可也，然而征知必将待天官之当簿其类然后可也。五官簿之而不知，心征之而无说，则人莫不然谓之不知，此所缘而以同异也。（《正名》）[①]

此段具有重要的哲学意义。据清儒郝懿行考证，此段中的"天官"当为"五官"之讹。所谓"凡同类同情者，其天（五）官之意物也同"，属于同类或同样情况的事物，人的感官对它们的感觉也是相同的。根据"规定即否定"原理，反过来，当然是异类异情

[①] 王先谦：《荀子集解》，《诸子集成》第2册，第276—278页。

者，其五官之意物也异。"然则何缘而以同异？"怎样判断事物的同异呢？荀子的回答是"缘天（五）官"。根据感官，"形体、色、理"，要用眼睛才能分辨其差异；"声音清浊，调竽（俞樾："调竽"疑当为"调笑"。王先谦："调竽"当为"调节"。）奇声"，要用耳朵来分辨其差异；"甘、苦、咸、淡、辛、酸、奇味"，要用口来分辨其差异；"香、臭、芬、郁、腥、臊、洒、酸、奇臭"要用鼻来分辨其差异；"疾、养、沧、热、滑、铍、轻、重"要用身体（触觉）来分辨其差异。每一组的诸物都有差异，但都可归入同一类。例如，形体、颜色、纹理是有差异的，但都可以归类为视觉物。声音清浊、调笑奇声也是有差异的，但却可以归类为听觉物。甘、苦、咸、淡、辛、酸、奇味是有差异的，却都可以归类为味觉物。香、臭、芬、郁、腥、臊、洒、酸、奇臭也是有差异的，却可以归类为嗅觉物。疾、养、沧、热、滑、铍、轻、重也是有差异的，却可以归类为触觉物。由于对感觉经验做了如此的细分，由感觉经验决定的同异就有了层级的区别，感觉上大体相同的诸多事物可约定划归一类，在每类的内部，再根据感觉经验的差异，又可分为细小的类，这样，类与类就形成了层级关系。这种思想与范畴体系很是相近。更为难能可贵的，荀子不仅看到感觉经验是事物分类的基础，还正确地指出感觉经验必须要有更为根本的"心"的支配作用。心的作用要高于感觉器官，而且要统帅感觉器官。他认为，心有"征知"功能，但心的求知须通过耳朵提供感觉经验材料才可知声音；通过眼睛提供感觉经验材料才可知形象。心必须"待天（五）官之当簿其类然后可也"。按"簿"，杨倞、物双松、郭嵩焘皆训为簿记或簿籍之簿。郭嵩焘云："簿，犹记录也。"梁启超、刘师培、张觉、王天海训为"迫",意为迫近、接触。于省吾认为应读作"符",意即符合①。三说皆可通。这样,此句的意思就是:心必须等待感觉经验所"记录"(或"接近""符合")的事物之类才可以形成对于类的知识。心有说、故、喜、怒、哀、乐、爱、恶、欲的差异,心的这些功用却可以归为情感物之类。总之,在荀子看来,不论是五官的感觉物还是心的情感物,都形成了有差异和级别的类。当然,这些类都是由感官做基础的。所以说,荀子的概念论具有鲜明的经验论色彩。

第三,"制名之枢要"——制名的关键是什么?

有了感觉经验对事物的分辨作用,有了心的征知作用,两者结合起来,就可以对事物进行命名了,也即可以"制名"了。那么"制名的枢要(关键)"究竟是什么呢?

> 然后随而命之:同则同之,异则异之,单足以喻则单;单不足以喻则兼;单与兼无所相避则共,虽共,不为害矣。知异者之异名也,故使异实者莫不异名也,不可乱也。犹使异(王念孙:当为"同")实者莫不同名也。故万物虽众,有时而欲遍举之,故谓之物。物也者,大共名也。推而共之,共则有共,至于无共然后止。有时而欲遍(王念孙:当为"别"。俞樾:当为"偏"。王先谦:俞说是。)举之,故谓之鸟兽。鸟兽也者,大别名也。推而别之,别则有别,至于无别然后止。名无固宜,约之以命,约定俗成谓之宜,异于约则谓之不宜。名无固实,约之

---

① 王天海:《荀子校释》下册,第898—899页。

以命实，约定俗成谓之实名。名有固善，径易而不拂，谓之善名。物有同状而异所者，有异状而同所者，可别也。状同而为异所者，虽可合，谓之二实。状变而实无别而为异者，谓之化；有化而无别，谓之一实。此事之所以稽实定数也，此制名之枢要也。后王之成名，不可不察也。（《正名》）[1]

荀子认为：同类事物，则用相同的名称；不同类的事物则用不同的名称。单名指称一物且足可以说明对象的，就用单称名词（杨倞举例：马）；用单称名词不足以说明对象的，就用复名（杨倞举例：白马、黄马）；单称名词与兼称名词所指相同时就可相互代替，如此，并不妨害理解和交流。[就名实关系而言，]异实则异名，同实则同名。所以万物虽多，有时想要全面概括，所以叫作"物"。所谓物，就是"大共名"。这大共名可以在同类事物中推而广之，直到没有共性的事物为止。有时又想要分别，于是有所谓"鸟兽"。所谓鸟兽，[相对于大共名来]就是"大别名"。在它所指称的别类中推而广之，直到[其他]大别名所指称的事物为止。名无固宜，约定俗成就是宜；名无固实，约定俗成就是实；名有明白易知，因而不会引起误解的，这叫作善名；事物有同样形状却处于不同场所的，有不同形状却同处一处的，可以区别：形状相同而处于不同场所的，虽然可以合，却叫作二实；形状变化可实际并未成为异类的，这只叫作化，只有化而没有别，这就叫作一实。这些情况需要考察其实来决定具体的命名。这就叫作"制名之枢要"。

---

[1] 王先谦：《荀子集解》，《诸子集成》第2册，第278—279页。

这段里面，以下两点很重要：其一，在荀子看来，名词是根据事物的类来命名的，类大，名也大；类小，名也小。大名，叫共名；小名，叫别名。共名有大小之别，别名也有大小之别。物，就是大共名，物之下，当然还有小共名；鸟兽，就是大别名，鸟兽之下，当然也有小别名。其二，荀子的"制名之枢要"，说的就是名要根据事物的类及其实质来命名。类是决定名的根本。类及其本质才是实，名要合于具体的实。所谓"当薄其类然后可也"，说的正是这个道理。

仔细分析，发现，"共名"和"别名"相当于形式逻辑中所说的种概念（genus）和属概念（species）。作为"大共名"的"物"可作为种概念，而作为"大别名"的"鸟兽"可作为属概念，两者结合起来，就可以构成句子或命题：例如"鸟兽是物。"如果再加上属差（differentia），就可以构成本质定义："鸟兽是两种有生命的物。"再往下分析，相对于"大共名"来，小共名就应该是别名；相对于小别名来，大别名就应该是共名。这样，共名和别名结合起来，就可构成一个完整的概念体系。由此可见，荀子关于类的思想，从道向理的发展，经过解蔽的正确认识，再到"制名之枢要"的概念化推演，就可以构筑起一个范畴化（categorized）的世界。

四、荀子类观念的历史地位

黑格尔距离我们这个时代已经有将近200年了，但他对中国哲学的看法仍然散发着影响。许多坚持理性主义传统的学者，仍然不承认中国思想中有与西方思辨性哲学传统相同的内容；而另一些有强烈好奇心的学者则更喜欢把中国思想当作完全异己的文化现象来看待。还有另一种情况，那就是为了抬高中国思想的地位，缩小哲学概念的内涵，扩大其外延，靠这种办法把中国思想容纳进哲学范畴，让它与西方哲学传统并驾齐驱。我觉得，这些不是学术研究应该有的态度。

其实，对于某些理论问题，即使在传统西方哲学的意义上，古代中国人也进行了深入的思考，做出过自己的贡献，理应给予承认。当然，中国思想即使在做哲学思考时也还有自己的不足和缺陷，这也是应该承认的。不能正视这两个方面的情况，要想让我们的民族真正自立于世界民族之林，那是不可能的。好在，近些年来，不论西方还是中国，学术界都有人在做认真的研究工作。这对我们的研究是有意义的。

例如，关于老子。20世纪50年代，美国学者Archie J. Bahm就在《老子道德经》一书中表达了他对老子思想中哲学含义的看法。他断定，"道"体现了全人类共同的一些观念。道是最高实在的概念[1]。它具有一与多的属性。它在深层次上与斯多葛的"逻各斯"相似[2]。道之所以能与黑格尔和其他绝对唯心主义者的"绝对"相像，就因为它们都是具体的、都包含着对立，都是悖论的。在某种意义上甚至大道（Tao）与具体物的道（taos）也相反对。阳和阴

---

[1] Archie J. Balm, *Tao Teh King by Lao Tzu*, second edition, world Books, 1985—1992. p.73.
[2] Archie J. Balm, *Tao Teh King by Lao Tzu*, p.81.

的作用就相当于正题（thesis）和反题（antithesis）。只不过唯心主义者的"绝对"是观念上的，而老子的道则是自然意义上，"反者道之动"说的是日升日落、兴起衰败、出生死亡之类的自然循环；而"绝对"的辩证法基本上却是逻辑运动①。20世纪90年代西方出版了一本书，叫《三十五位东方哲学家》，在谈到老子时指出，道包含着阴阳的对立统一，同时也指出，道家的知识是实践的，而非概念式的②。在西方的华裔学者也加入了这类研究的队伍。成中英教授曾正确地指出，《易经》和《老子》把现实（reality）看成是相反相成的两个极（范畴）之间的关系③，这个思想成为《荀子》解蔽方法的理论渊源。不过，他又认为："在寻求being的西方形而上学传统的意义上，中国的形而上学是非形而上学；在寻求'道路'的意义上，西方形而上学也是非形而上学。"他建议，中西形而上学思维可以构成一个相反相成的统一体，在这个扩大了的形而上学范畴内，可以获得更多的成果④。我以为，成中英教授过于强调中西形而上学传统的差异，其实，即使在寻求being的西方形而上学传统的意义上，中国思想仍然是有所成就的。说它们在方法上没有那么形而上学是可以的，说它们是非形而上学，则过了。"道

---

① Archie J. Balm, *Tao Teh King by Lao Tzu*, p.85.
② Diane Collinson and Robert Wilkinson, *Thirty-Five Oriental Philosophers*, Routledge, London and New York, 1994, P.138.
③ Chung-YING Cheng, "Chinese Metaphysics as Non-metaphysics: Confucian and Taoist Insights into the Nature of Reality," Robert E. Allinson, ed. *Understanding the Chinese Mind, the Philosophical Roots*, Hong Kong Oxford University Press, 1989, p.194.
④ Chung-YING Cheng, "Chinese Metaphysics as Non-metaphysics: Confucian and Taoist Insights into the Nature of Reality," Robert E. Allinson, ed. *Understanding the Chinese Mind, the Philosophical Roots*, p.205.

生一,一生二,二生三,三生万物。""有无相生",阴阳合一,乃是具体事物取得本质的过程,是由大全向具体的众多之类发展的过程,也就是范畴王国生成的过程。

关于荀子的思想,《荀子》的英译者John Knoblock也有所见。他认为,道家把道上升为决定自然运行的本原,荀子在谈到自然时,就是吸收了道家的这个思想[1]。道含有阴阳的对立统一,这构成了事物之理,所以,要认识事物,就需要"解蔽"[2]。人类的社会关系和自然范畴是自然秩序的结果,道提供了全部社会秩序建立其上的经典标准和理性原则,理就是它的表现[3]。这说明,译者对于道的范畴化发展已经有所领悟。

荀子之后,韩非关于"道""理"的思想得到了很大发展,道的具体化和规定性更加增强了。《韩非子·解老》云:"道者,万物之所然也,万理之所稽也。理者,成物之文也;道者,万物之所以成也。故曰:'道,理之者也'。"[4]由道发展为万理,道和万理具有稽——相合的关系,万物因为有万理而统一于道,因此而形成一个理性的整体世界。下面又说:"凡理者,方圆、短长、粗靡、坚脆之分也。故理定而后物可得而道也。"[5]理是区分方圆、短长、粗细、坚脆这两面的,每对相合,大体可以构成一个上级概念,方圆说的是形状,短长说的是长度,粗细说的是体积,坚脆说

---

[1] John Knoblock, *Xunzi A Translation and Study of the Complete Works*, Stanford University Press, Stanford, California, 1988, p. 71.
[2] John Knoblock, *Xunzi A Translation and Study of the Complete Works*, p. 81.
[3] John Knoblock, *Xunzi A Translation and Study of the Complete Works*, p. 82.
[4] 王先慎:《韩非子集解》,《诸子集成》第5册,第107页。
[5] 王先慎:《韩非子集解》,《诸子集成》第5册,第108—109页。

的是硬度，这形状、长度、体积、硬度，大概就相当于范畴，而方圆、短长、粗细、坚脆就是范畴内的理。可见，韩非子的道理论，其实也是以范畴作为前提和基础的。显然，这是受到老师荀子影响的结果。

这样看来，荀子关于类的思考，恰恰居于老子和韩非之间，成为由道论向道理论发展的一个重要阶段。《史记》有《老子韩非列传》，其实是老庄申韩合传，根据是道法结合，可以归入政治导向的理论研究。李泽厚先生有《孙老韩合说》一文，从辩证法在军事和实际政治斗争中的应用（即谋略）来谈孙子、老子和韩非子的内在联系[①]，可归入军事政治斗争导向的理论研究。本文则倾向于老荀韩综论，根据就是道的范畴化发展，属于形而上学的理论研究。

我写这篇文章的目的就是想通过研读《荀子》，梳理他的关于类的思想，以探寻古代中国道论范畴化发展的内在理路。或者说，用实际的研究，回答黑格尔提出的挑战。研究表明，在古代中国的思想史上，荀子关于类的思考并不是孤立的，在老子的道论向韩非的道理论发展的过程中起到了桥梁的作用。

荀子关于类的思想表现了古代中国学者对范畴的认识，与西方范畴论比较起来，具有鲜明的中国文化特色。

在古代，对范畴做了系统研究的要数亚里士多德。他指出："主要诸'是'的分类略同于云谓的分类〈范畴〉（译者注：其中κατηγορία一字在文法上译为'云谓'，在名学上译为'范畴'。），云谓有多少类，'是'也就该有多少类。云谓说明主题

[①] 李泽厚：《中国古代思想史论》，北京：人民出版社，1986年版，第77—105页。

是何物，有些说明它的质，有些说量，有些说关系，有些说动或被动，有些说何地，有些说何时，实是总得有一义符合于这些说明之一。"（1017a23-26）[1]在《范畴篇》中，亚里士多德更把范畴归纳为十种（它们是实体、数量、性质、关系、地点、时间、姿态、状况、活动、遭受），并对它们各自的内容和构成做了详细说明[2]。特别是关于第一实体、第二实体、属种、主词宾词关系等的讨论，已经上升到逻辑学概念论的意义上了。

相比亚里士多德的范畴分类，古代中国思想家也有相似的成就。老子曾提出"美恶、善不善、长短、高下、前后、声音"等；荀子明确提出"用"（实用）、"欲"（欲望）、"法"（法律）、"势"（势位）、"辞"（言说）、"天"（自然）等；他的学生韩非也提出"方圆""短长""粗糜""坚脆"。其中有些提法与亚里士多德的"数量""性质""关系""状况"等范畴相同。更为难得的是，亚里士多德关于"是"与"云谓"（范畴）的关系的论述，与荀子关于"理"与"类"的关系的论述有异曲同工之妙。亚里士多德所谓的"是"（εἶναι英译作being），就相当于荀子和韩非子所说的"理"；而所谓"云谓"（κατηγορία）就是范畴，相当于荀子所说的"类"。所谓"云谓有多少类，'是'也就该有多少类"，与荀子所说的"类不悖，虽久同理"——有什么样的类，就有什么样的理——是一致的。不过，古代中国思想家毕

---

[1] 亚里士多德：《形而上学》，吴寿彭译，北京：商务印书馆，1995年版，第94页。
[2] 亚里士多德：《范畴篇》，方书春译，北京：商务印书馆，1997年版，第11—49页。

竟没有像亚里士多德那样,对类的内容、结构以及种属关系等问题进行系统的讨论,更未发展成系统的形式逻辑。

比较而言,荀子关于类(范畴)的思想有以下致命弱点:

第一,缺乏概念化思维:不知概念定义,对种属关系也未形成自觉,关于类(范畴)的内部结构和体系问题,讨论还不充分。

第二,在方法上往往采用历史论证,遇到一个主题,最多也就是列举实际生活或社会历史上的若干例证,然后断定:"自古及今未尝闻(见)也。"用这种论证方法来说明理论命题,显然缺少必然性。

第三,政治实用主义目标制约了理论自身的发展。这是最大的问题。

《荀子》中有这样一段话:

> 凡行事,有益于治者立之,无益于理者废之,夫是之谓中事。凡知说,有益于理者为之,无益于理者舍之,夫是之谓中说。行事失中谓之奸事,知说失中谓之奸道。奸事奸道,治世之所弃而乱世之所从服也。若夫充虚之相施(移)易也,坚白、同异之分隔也,是聪耳之所不能听也,明目之所不能见也,辩士之所不能言也。虽有圣人之知,未能偻(疾)指也。不知,无害为君子;知之,无损为小人。工匠不知,无害为巧;君子不知,无害为治。王公好之则乱法,百姓好之则乱事。而狂惑戆陋之人,乃始率其群徒,辨其谈说,明其辟称,老身长子,不知恶也。夫是之谓上愚,曾不如好相鸡狗之可以为名也(杨倞注:有惠施、

邓析之名，尚不如相鸡狗之名也）。（《儒效》）[1]

在荀子看来，衡量做事和做学问是否有价值的标准只有一个，那就是是否有益于现实政治。有益的，叫作中事、中说；无益的叫作奸事、奸道。像充虚移易（未详何事），以及离坚白、别同异这样的辩学命题，应该就属于"奸事""奸道"之列。对此，耳朵再聪，也不要听；眼睛再明，也不要看；辩才再犀利，也不要言说。这样的话题，不知道，并不妨害做君子；知道了，也不会减损为小人；工匠不知道，仍然可以是巧手；君子不知道，仍然可以治理国家。王公喜欢，就会乱法，百姓喜欢，就会乱事。那些专门谈论这些事情的，就是狂惑戇陋之人，实属上愚。像这样有辩士之名的，还不如喜欢给鸡狗看相的可以成名呢！荀子之所以如此揶揄和嘲笑名辩之学，当然是源于他的政治功利标准。在此基础上，他还把礼看作最高的类，而这恰恰决定了他的范畴思想本身无法得到顺利发展的内在原因。

荀子认为，"礼，法之大分，类之纲纪"。礼就是类，而且是类中起纲举目张的纲纪作用的类。礼成了类的"纲纪"，那还要道和理干什么？在这样的思想之下，道和理除了学术意义上的谈论之外，其实已经让位给了礼。一切以礼为原则。关于类的研究，也要以礼为原则。这样，要想为学术而学术，是很难的了。只有为政治而学术，为社会而学术，才是有意义的。可是这样的结果，学术就很难独立发展，很难健康发展。《荀子》有《正名》篇，谈论概念

---

[1] 王天海：《荀子校释》上册，第274—283页。

问题，可是实际上这种讨论很难按照学术的规范进行下去，它总要受到功利目的的制约，逻辑思考无法提到议事日程，即使讨论，也要流产。因为一旦有实用性的东西介入，理论性思考就无法形成体系。体系搞不成不说，已有的论述中还会充满着对理论知识的偏见和轻蔑。《正名》篇在讨论了"制名之枢要"之后，对社会上流行的关于概念的各种思想展开了猛烈的批判：

> "见侮不辱"，"圣人不爱己"，"杀盗非杀人也"，此惑于用名以乱名者也。验之所以为有名，而观其孰行，则能禁之矣。"山渊平"，"情欲寡"，"刍豢不加甘，大钟不加乐"，此惑于用实以乱名者也。验之所缘无以同异，而观其孰调，则能禁之矣。"非而谒楹有牛，马非马也。"此惑于用名以乱实者也。验之名约，以其所受悖其所辞，则能禁之矣。凡邪说辟言之离正道而擅作者，无不类于三惑者矣。（《正名》）[1]

这里被荀子批评的所谓"三惑"，都有着各自的思想内涵和具体的所指，有的是有着切实内容的社会思想（如"见侮不辱"，"圣人不爱己"，"杀盗非杀人也"，"刍豢不加甘，大钟不加乐"），有的甚至包含着深刻的思辨和逻辑内容（"山渊平"，"马非马也"），都闪烁着知识和智慧的光芒。荀子的概念论虽然以类范畴为基础（"当簿其类然后可"），但他的类范畴却是建立在感觉经验基础上的。因此，他所说的名实关系就是"名"

---

[1] 王先谦：《荀子集解》，《诸子集成》第2册，第279—280页。

要与感觉经验相吻合,舍此之外,不管你有多少理论分析,多少思辨内容,统统都是"邪说""僻言",远离正道,都要给予取缔而后快。

总之,荀子的类是道这个最高本体范畴化发展的重要一环。它以分类的形式,把道具体化了,又以归纳的方法,为理的形成提供了基础条件。荀子的解蔽,就是针对类的矛盾性而建立的认识方法;他的正名则是在经验要符合类的基础上的概念论。他的类观念从本体论、认识论和概念论三个层次上显示了古代中国人对道的范畴化发展的认识,是难能可贵的。从老子的道论,经荀子的类观念,再到韩非子的道理论,形成了道的范畴化发展的连续之流。对于黑格尔宣称古代中国人没有能力建立范畴王国的断言,是一个有力的回应。不过,由于过于强调政治功利目标,强调感觉经验,更由于概念化思维的缺位,在建设范畴化王国的道路上,荀子的脚步同样显得是那么的沉重和缓慢。

辩证发展观在古代中国的觉醒
——道儒两家以"反"为主题的理论探索

德国哲学家雅斯贝尔斯曾用"轴心期"来表示公元前8—前3世纪发生在古代中国、古代印度、古代西方（包括伊朗、巴勒斯坦、希腊）的思想勃兴的现象，认为那是决定后来两千多年几大文明发展模式和走向的重要时期。关于古代中国，他曾指出："孔子和老子非常活跃，中国所有的哲学流派，包括墨子、庄子、列子和诸子百家，都出现了。""这个时代的新特点是，世界上所有三个地区的人类全都开始意识到整体的存在、自身和自身的限度。""意识再次意识到自身，思想成为它自己的对象。""这个时代产生了直至今天仍是我们思考范围的基本范畴，创立了人类仍赖以存活的世界宗教之源端。"[①]如果说，在那场精神觉醒的运动中，希腊人创

---

① 卡尔·雅斯贝尔斯：《历史的起源与目标》，魏楚雄、俞新天译，北京：华夏出版社，1989年版，第8—9页。

造的新文化表现出"人是城邦动物"的特点，印度人创造的新文化表现出"人是宗教动物"的特点，那么，中国人创造出的新文化则表现出"人是伦理动物"的特点①。对于中国文化中人之为"伦理的动物"，似乎没有什么异议，在三纲五常精神笼罩下，举凡政治、社会、文化等，有哪一样不是由伦理决定的？那么，是不是说只要有了这些伦常观念，古代中国人就算完成了"伦理动物"的觉醒了呢？或者说，作为"伦理的动物"，古代中国人只消在伦理层面做足功夫，而丝毫不用顾及哲学、宗教所要思考的超越的问题了呢？或者还可以说，只要思考伦理问题，不必思考哲学、宗教等超越的问题就可以在伦理上实现精神觉醒呢？我觉得这不大可能。我以为，要想获得伦理上的觉醒同样必须思考哲学和宗教上的超越的问题。古代中国人究竟思考了哪些哲学问题，从而获得了精神觉醒？古代中国的精神觉醒为什么要以成为某种意义上的"伦理动物"为目标呢？我觉得在这两个问题上似乎还有进一步探讨的必要。

据我观察，迄今关于古代中国人类精神觉醒的研究已经关注到哲学和宗教问题。例如，学者们已经认识到，天命思想对于三纲五常就有决定意义，这是古代宗教与伦理的内在联系；阴阳思想、五行观念、人性讨论对于伦理、教化和政治也都有理论基础的意义。但是，古代中国人关于伦理和文化发展的内在动力和方式问题是怎么看的呢？在这些方面有没有更深入的哲学思考呢？如果没有这方面的思考，那么，伦理发展就难以进行。我们知道，凡事不能发

---

① 刘家和：《论古代人类精神的觉醒》，《北京师范大学学报》（社会科学版）1989年第5期。

展，就很难说它真的存在。反过来，既然承认伦理是存在的，那它就一定是发展的。它是怎么发展的？它究竟要以怎样的方式发展？古代中国思想家有没有过深入的思考呢？这是我关心的问题，本文的任务就是要回答这几个问题。

如果以"伦理动物"为标准，古代中国人类精神觉醒的完成似乎要比希腊和印度稍晚一些，大概从公元前6世纪开始，到前2世纪基本结束，也就是中国历史上的春秋后期到西汉中期。在这个阶段里，古代中国的思想家曾提出过"反者道之动"和"反经然后有善"这样两大论题。两千多年过去了，现在我们仍然要问，当时的思想家为什么会对"反"这么情有独钟？这两个命题是在怎样的时代背景中产生的？其间有没有什么内在的联系？包含这样两个命题的思想是怎样发展起来的？这两个命题与"伦理动物"的觉醒有什么内在联系？研究这个课题对于进一步理解和评价古代中国思想史会有怎样的意义？这两个命题在人类关于发展动力和发展方式的思想历程中有怎样的意义？本文试图在前人研究的基础上，先分道儒两家，然后大体按照时间顺序，选取典型的思想家，对他们的以"反"为主题的辩证思想的发展过程进行探寻和描述，希望对回答上面几个问题有所帮助。

一、"反者道之动"：道家在哲学发展观上的重大发现

提出"反者道之动"的是《老子》。

《老子》一书的作者究竟是谁？司马迁之前就有多种说法，

其中春秋后期周王朝守藏室史官老聃，《史记·老子列传》记载最详，这显然表示，太史公更倾向于认为这个人应该是《老子》书的作者。我也倾向于这个观点。据我观察，《老子》书中的许多内容与春秋后期的社会现实和思想状况相吻合，本文要讨论的"反者道之动"就是其中之一。当然，《老子》的写定可能经历了相当长的时期，其中有战国时代的痕迹，这说明老聃之外，后来还有人为它的成书做出过贡献。

关于本文所要讨论的第一个命题，老子是这样提出的：

> 反者道之动，弱者道之用。天下万物生于有，有生于无。（四十章）[1]

显然这是在说：道的运动是"反"；道的功用是"弱"。这两句话明白易懂，不必多做训释。那么，为什么道的运动是反呢？为什么道的功用是弱呢？后面"天下万物生于有，有生于无"恰为其理据。天下万物皆为"有"的表现，这好理解。"有"生于"无"，既是历史的，因为具体之"有"都有其开始，开始之前，就是"无"；也是逻辑的，如果没有"无"，都是"有"，还有什

---

[1] 王弼注：《老子道德经》，《诸子集成》第3册，上海：上海书店出版社，1986年版，第25页。河上公本、傅奕本、马王堆帛书本同。郭店竹简本《老子甲》作："返也者，道僮也；溺也者，道之甬也。天下之勿生于又，生于亡。"见荆门市博物馆编：《郭店楚墓竹简》的《老子释文注释》，北京：文物出版社，1998年版，第113页。"返""僮""溺""甬"乃"反""动""弱""用"的通假字；"道僮也"与"道之甬也"相对为文，前句显然少一"之"字；"又"通"有"，"又"下似脱一重文符号。

么必要谈"有"呢？所以，说"有"，一定是因为有"无"。有的来源一定是"无"，"有"的去向也一定是"无"。"有"和"无"的运动一定是"反"。这就是老子为什么强调"反"的根据。而"弱者道之用"是说明白了"有"和"无"相互为反的道理，就一定要把握住"弱"的功用。按照"反者道之动"的原理，"弱"一定要向"强"发展，"强"也一定要向"弱"返回。道给人的启示，就是让自己永远向弱的状态回归，也就是永远处于不断向强发展的态势；而让敌人尽可能快地达到强的状态，从而陷入走向失败的境地。当然，"反者道之动"这句话的意义要大大超出功利范围，具有普遍的哲学意味，并为此后的中国文化提供哲学上的理论依据和行动指南。

这个命题中，"反"这个概念最为紧要，是关键中的关键。那么，在《老子》中，这个"反"究竟有怎样的含义呢？古代中国学者不太讲究严格的定义，对于今天的研究者来说，要想了解古代某个概念的含义，往往需要到著作中去做相应的资料整理工作，待把相关材料搜集齐全，然后再做分类和思考。对待"反者道之动"中的"反"，我也试图这样做，因为篇幅所限，现只能择要将结果报告如下。

（一）文字上有哪些含义？

1. 对待—反对

"反"首先具有对待或反对的关系。《老子》中有以下几种表现：

其一，限度内外相对待，限度之内是正，限度之外即反，反就是否定。

> 道可道，非常道。名可名，非常名。（一章）①

从本章可知，道可分为"可以言说之道"和"不可以言说之道"②，"恒常之道"和"非恒常之道"；名可以分为"可名之名"和"不可名之名"，"有名"和"无名"。这四组概念两两相反，都是平行相对、相互矛盾的。"可以言说之道"之外便是"不可以言说之道"；反过来，"不可以言说之道"之外便是"可以言说之道"。其他三组道理相同。这就是说，在老子看来，道就是由相互矛盾的两方面构成的。

其二，道与物相对待，道向物发展即是反。

在宇宙生成论上，老子认为，万物开始，唯恍唯忽，形象未定，自然无可名状（见《老子》十四章）。所谓不可言说的常道，就是这种状态下的道。万物成形之后，便皆有名称（《管子·心术下》："凡物载名而来。"③），这种条件下的道是具体的、清晰的事物之道，可以把握，可以言说。可道与不可道就这样在自然史的意义上也成为矛盾着的一体。

其三，具体事物也是正与反相对待的。

---

① 王弼：《老子道德经》，《诸子集成》第3册，第1页。
② "道"有言说之义，《孟子》《荀子》等先秦古籍所在多有，兹不具。
③ 黎翔凤撰：《管子校注》，梁运华整理，北京：中华书局，2004年版，第778页。

天下皆知美之为美，斯恶已；皆知善之为善，斯不善已。故有无相生，难易相成，长短相较，高下相倾，音声相和，前后相随。（二章）①

从字面上看，"有无相生"以下六句颇有形式逻辑意味，指两极相待而成，具有相反相成的意义。但前面的两句却是另外一种表达。第一句上句从形式上看说的是认知，是事实认识，但内容却是审美（属价值范畴②）；下句说的也是审美。第二句相同，上句形式上说的是认知，内容上说的是价值；下句说的是价值。两句说的是审美和价值的翻转。世人都知道美是美，这就丑了；都知道善是善，这就不善了。这种矛盾显然不是很有逻辑的，而是外在的，偶然的，或然的。这样看来，下面六句很有逻辑意味的表述，其实是为某种历史现象做注脚的，它们的理论意义显然受到了限制。

2. 翻转—回返

《老子》第二章的"天下皆知美之为美，斯恶已；天下皆知善之为善，斯不善已"是一种颇有历史意味的表述，表明老子看到了事物由正向反面发展的趋势。第七章"天长地久，天地所以能长且久者，以其不自生，故能长生。是以圣人后其身而身先，外其身而身存；非以其无私邪，故能成其私"③。这些都是朝相反的方向发展的过程，都是历史性的。既然是历史性的，当然就是或然的，偶

---

① 王弼：《老子道德经》，《诸子集成》第3册，第1—2页。
② 黄药眠认为审美属于价值范畴。参见童庆炳：《中国20世纪50年代美学大讨论的第一学派——为纪念黄药眠先生诞辰110周年而作》，《北京师范大学学报》（社会科学版）2013年第6期。
③ 王弼：《老子道德经》，《诸子集成》第3册，第4页。

然的，不具有逻辑上的必然性和普遍意义，需要设定具体的历史情境和条件才可说得通。尤其是第一句，天地之所以长生是由于它们不是为了自己生存①，这是一种想象的情景，具有拟人化特点，已经超出了哲学的范畴。

3. 归根—返本

物向道的回归也是反，但这个反是返回的返。

> 视之不见，名曰夷；听之不闻，名曰希；搏之不得，名曰微。此三者不可致诘，故混而为一。其上不皦，其下不昧，绳绳不可名，复归于无物。是谓无状之状，无物之象，是谓惚恍。迎之不见其首，随之不见其后。执古之道，以御今之有。能知古始，是谓道纪。（十四章）②

老子用许多文字描述道的玄虚模糊状态，道是"复归于无物"，道是需要回溯到无物才可得到的，这种"复归"当是我们思想的复归，回到无物，就是回到本原或本体。

> 玄德深矣远矣，与物反矣。（六十五章）③
> 保此道者不欲盈，夫唯不盈，故能蔽不新成。（十五章）④

---

① 释义据张松如《老子说解》，济南：齐鲁书社，1998年版，第49页。
② 王弼：《老子道德经》，《诸子集成》第3册，第7—8页。
③ 王弼：《老子道德经》，《诸子集成》第3册，第40页。
④ 王弼：《老子道德经》，《诸子集成》第3册，第8页。按"故能蔽不新成"，帛书乙本作"是以能敝而不成"，于义更胜。见高明：《帛书老子校注》，北京：中华书局，1996年版，第297页。

这种回复到无物状态，是对进步的抗拒。为什么抗拒呢？主要是为避免进步带来的各种副作用，避免让发展走向反面——物极必反，所以主张返回柔弱，保持初生幼稚的状态。这显然是一种人生观，一种生活态度和处世哲学。

致虚极，守静笃；万物并作，吾以观复。夫物芸芸，各复归其根。归根曰静，是谓复命。复命曰常，知常曰明。不知常，妄作凶。知常容，容乃公，公乃王，王乃天，天乃道，道乃久，殁身不殆。（十六章）①

道就是复，就是归根。本章所述显然是建立在价值观之上的一种策略思想。所谓"殁身不殆"，正是此意。下段意义相同：

重为轻根，静为躁君。是以圣人终日行不离辎重，虽有荣观，燕处超然。奈何万乘之主，而以身轻天下？轻则失本，躁则失君。（二十六章）②

按照"反者道之动"的原理，轻和重是相互为根的，不过，由

---

① 王弼：《老子道德经》，《诸子集成》第3册，第9页。按"万物并作，吾以观复"，郭店竹简本作"万物方作，居以须复也。""须"，待也。因方作，故需耐心等待，更有历史感。见《老子甲》，荆门市博物馆编：《郭店楚墓竹简·老子释文注释》，北京：文物出版社，1998年版，第112页。
② 王弼：《老子道德经》，《诸子集成》第3册，第15页。

于功利目的的制约，老子显然更强调"重"是"轻"的根，"静"为"躁"的根。

归根思想在《老子》中随处可见。例如，二十章：人皆自以为明察，而"我"却固守混沌，这叫作"食母"，"食母"即食道，也是归根。二十八章说的是在矛盾中选择与人相反的一方，强弱中选择弱，这样就可复归于婴儿；白黑中选择黑，就会复归于无极；荣辱中选择辱，就会复归于朴。"婴儿""无极""朴"都体现着返的精神。道家主张与人相反，就是主张返回到道。"相反"与"复归"在本质上是联系在一起的。五十二章：道为万物之母，要想很好地把握万物（其子），自然要复守其母，因为道是根据，所谓"见小""守柔"，深得道的大小强弱变化规律，深得"反"的精髓。五十五章以最富生命力的婴儿为喻，说明道的根本性和生命力。

> 治人事天莫若啬。夫唯啬，是谓早服；早服谓之重积德；重积德则无不克；无不克则莫知其极，莫知其极，可以有国；有国之母，可以长久。是谓深根固柢，长生久视之道。（五十九章）①

啬，即"深根固柢"之道，就是返本归根的意思，是防止冒进，保持生命的根本方法。此后各章内容相近。要求凡事想到不利的方面，想到弱的一方，甘居下游，固守卑弱，就会返本归根，避

---

① 王弼：《老子道德经》，《诸子集成》第3册，第36页。

免得咎。这些都是归根意识，都是知惧防骄的根本之学。

4. 周行—循环

> 有物混成，先天地生。寂兮寥兮，独立不改，周行而不殆，可以为天下母。吾不知其名，字之曰道，强为之名曰大。大曰逝，逝曰远，远曰反。故道大，天大，地大，王亦大。域中有四大，而王居其一焉。人法地，地法天，天法道，道法自然。（二十五章）①

"周行"一词春秋时常用，例如《左传》昭公十二年：子革曰："昔穆王欲肆其心，周行天下，将皆必有车辙马迹焉。"②穆王的"周行"应该是遍行，即到处巡行。而老子的"周行"或另有其解。按"周"，有环绕、循环之义，《国语·晋语五》："齐师大败，逐之，三周华不注之山。"韦昭注："周，匝也。"③"匝"有似"箍"，即围紧。齐师打败了，被追击，应该是绕着华不注山跑了多次。这段材料并未说齐师被包围，似不宜用"匝"字作解。所以我觉得这里的"周"应该是环绕的意思。《楚辞·九歌·湘君》："水周兮堂下"，王逸注：

---

① 王弼：《老子道德经》，《诸子集成》第3册，第14页。马王堆帛书和郭店竹简《老子》都没有"周行而不殆"一句，有学者认为道本身不可能在空间中作周行的，今本有此句是对道的理解有误而造成的。见许抗生：《初读郭店竹简老子》，《郭店楚简研究》（《中国哲学》第20辑），1999年版，第97页。
② 孔颖达：《春秋左传正义》，《十三经注疏》下册，北京：中华书局，1980年版，第2064页。
③ 《国语》下册，上海：上海古籍出版社，1988年版，第402—403页。

"周,旋也。"① 《汉书·礼乐志》"郊祀歌"有"阴阳五行,周而复始"句②。所谓"周行",就是做环周运动,它的表现就是"逝""远""反"。

> 其政闷闷,其民淳淳;其政察察,其民缺缺。祸兮福之所倚;福兮祸之所伏。孰知其极:其无正。正复为奇,善复为妖。人之迷,其日固久。是以圣人方而不割,廉而不刿,直而不肆,光而不耀。(五十八章)③

从矛盾即可看出循环,只要有矛盾,必然就会循环。祸福、正奇、善妖都会向对方转化,由此形成循环。这种情况,《庄子·寓言》概括为"始卒若环,莫得其伦"④。而《吕氏春秋》有《圜道》篇,全面说明道的圆周运行。

总之,《老子》认为,反,也就是道的运动,具有矛盾、反还、归根、周行等特点,这些都是"反"字所有的含义,在古代汉语训诂学上是有充分根据的,在古代典籍中也有大量的材料可以为证⑤。进一步归纳,后三者都有反复的含义。因此,可以概括地说"反者道之动"说的就是事物的反对与反复的运动状态。为什么呢?道理很清楚,只要事物分为矛盾双方,就一定是相互对待和相

---

① 朱熹:《楚辞集注》,上海:上海古籍出版社,1979年版,第34页。
② 《汉书·礼乐志》,北京:中华书局,1962年版,第1057页。
③ 王弼:《老子道德经》,《诸子集成》第3册,第35—36页。
④ 郭庆藩:《庄子集释》,《诸子集成》第3册,上海:上海书店出版社,1986年版,第409页。
⑤ 参见宗福邦、陈世铙、萧海波主编:《故训汇纂》上册,北京:商务印书馆,2007年版,第565—568页。

互转圜的。

（二）哲学上有哪些贡献？

《老子》"反者道之动"的作用和地位，历来为学者所重视。检视近年研究所得，几位文学家的成果颇为可观。

杨义先生的认识很有意思，可以说解释得准确妥帖：

> 在发明道的动力机制、运作功能及其表现形态的过程中，《老子》提出了"反者道之动"（四十章）的通则……应该强调的是，"反者道之动"五字真言，作为老子最具原创性和穿透力的思想，在《老子》五千言中具有强大的辐射能力，渗透于认知、生存、谋略、行为、养生等诸多方面，形成了一种运用得非常普遍、非常练达、又非常耐得起阐释的语言方式。……"反者道之动"在《老子》行文中采取的也是"周行而不殆"的运行方式，既是周转而行，又是周遍而行。①

杨先生的解说很有范畴意识，他把"反"放在"动力机制""运作功能"和"表现形态"三个范畴中加以把握，可以帮助我们更准确、更清晰地理解"反"的意义。正反矛盾就是动力机制的根源；复归就是运作功能的本质；而返本和周行就是道之运动的表现形态。这种思想可以贯穿世界和生活的方方面面。

王蒙先生的解说也很有意思：

---

① 杨义：《老子还原》，北京：中华书局，2011年版，第73—75页。

老子对于我们今天的人有什么帮助呢？

第一，他带来了大部分哲学思辨、小部分宗教情怀的对于大道的追求与皈依。他的道是概念之巅、概念之母、概念之神，是世界的共同性，是世界的本原、本源、本质、本体，是世界的归宿和主干。读之心旷神怡，胸有成竹，有大依托，有大根据。

第二，他带来了一种逆向思维、另类思维乃至颠覆性思维的方法。①

王先生把道理解为概念，这就把本原和本质（本体）贯通起来，具有重要意义。在学术界，把道理解为最高概念，这是经历了长期的摸索过程的，王先生寥寥数语，直指道的实质，实在是目光如炬。他还强调老子的思想是一种"逆向思维"，恰恰可以说明反的精神实质。

那么，"反者道之动"究竟与世界上哪家哲学思想相近？大家都爱用钱锺书先生的这段话来加以理解。他说：

> 《老子》用"反"字，乃背出分训之同时合训，足与"奥伏赫变"（aufheben，引者注：即"扬弃"）齐功比美……"反"有两义。一者，正反之反，违反也；二者，往反（返）之反，回反（返）也（"回"亦有逆与还两义，常作还义）。……故"反（返）"，于反为违反，于正为回反（返）；黑格尔所谓"否

---

① 王蒙：《老子的帮助》，北京：华夏出版社，2009年版，第003页。

定之否定",理无二致也。"反者道之动"之"反"字兼"反"意与"返"亦即反之反意,一语中包赅反正之动为反与夫反反之动而合于正为返。……黑格尔曰矛盾乃一切事物之究竟动力与生机,曰辩证法可象以圆形,端末衔接,其往亦即其还,曰道真见诸反覆而返复。曰思惟运行如圆之旋。数十百言均《老子》一句之衍义。①

以上三位文学家的理解,我觉得都很到位。

当然,黑格尔"数十百言"是否《老子》"反者道之动"一句的衍生之义?我不敢说。但反过来,说老子的"反者道之动"与黑格尔"否定之否定"的辩证思想有某种一致性,则大概不错。不过,我也注意到,张岱年先生略有不同看法:

晚周哲学家中,首先讲反复者是老子。老子从道讲起。……西洋哲学中所谓否定之否定,有正反之综合之意;中国哲学所谓复,则主要是更新更始之意,无综合意思,故与西洋哲学中所谓否定之否定不尽同。②

张先生的看法显然与钱先生有所不同。在我看来,老子所说的反,与黑格尔的否定观都有概念意义上的综合和历史意义上的

---

① 钱锺书:《管锥编》(二),北京:生活·读书·新知三联书店,2007年版,第690—691页。
② 张岱年:《中国哲学大纲》,北京:生活·读书·新知三联书店,2005年版,第117页。

更始。

黑格尔从存在论开始对概念的发展过程展开了论证。存在论说的是概念的潜在状态，即概念最初的自我否定的发展历程。所谓存在或有（Sein，英译Being），即纯有，是无规定性的、纯粹的抽象，或曰绝对的否定，这样的存在其实就是非存在或无（Nichts，英译Non-being）；存在和非存在虽然都是无规定性的，但非存在毕竟是由存在而来，毕竟是存在的自我否定，两者不可避免地要统一在一起，这个统一叫作变易（Das Werden，英译Becoming）。存在和非存在的变易就是两者皆被扬弃于其中的统一，由此就形成了一个新的存在者，黑格尔叫作定在（Dasein）[1]。从存在到定在，恰好经历了从正题（thesis），到反题（antithesis），再到合题（synthesis）的一次循环。这是存在的概念由于自身内在矛盾的推动而发生的运动，这个运动就是否定之否定，也就是反，既是反对，也是返回（螺旋式循环）。黑格尔的论证总是符合正—反—合的规则，我们总能从中看到A+（-A）=1的影子，这是一种概念辩证法。

老子没有像黑格尔那样通过概念思维来论证自己的观点，但他天才地猜测到了最高概念的矛盾性质。他把道叫作"一"。在老子那里，"道"综括"可道"和"不可道"，也包含"常道"和"非常道"，但它毕竟是同一个道。单从这里，似乎可以看到"可道"+"不可道"=道（一），或者"常道"+"非常道"=道（一）

---

[1] 黑格尔：《小逻辑》，贺麟译，北京：商务印书馆，1980年版，第192—200页；又见黑格尔：《逻辑学》上卷，杨一之译，北京：商务印书馆，1966年版，第69—70页。

这样两个公式。把这两个公式换算成A+(-A)=1，这没有任何问题。可是接下来的论证就显示出与黑格尔不同的路数："道生一，一生二，二生三，三生万物，万物负阴而抱阳，冲气以为和"（四十二章）。如果单从"一""二""三"来看，还可以用概念思维的规则加以说明，即由基本存在（"一"）必然生出它的反面非存在（"二"）；存在（"一"）和非存在（"二"）的统一就是"三"，"三"是另一个更高层级的"一"。万物就是由无数个这样的"一"（"三"）构成的。可是，在《老子》的行文中，由于"一"是由道生出，在"一"之前就有了一个说不清楚的道，这就加进了神秘化的因素。但即便如此，老子的这段话仍然是有意义的，那就是明明白白地告诉我们：一个事物是由阴阳两个方面构成的。到此为止，老子的道论仍能把矛盾性从道贯彻到物的世界。从理论上说，老子已经解决了事物发展普遍规律的问题，他的观点合乎逻辑规则。

可是，老子的论证毕竟不是逻辑的，而是历史的——在历史论证中，由于感官体验的习惯，本来的一物两面就容易变成两个具体之物的相互反对：再加上功利目标的强力牵引，有了一点想法马上就要应用，结果，就更加推动辩证思维向实用化和庸俗化方向滑行，也就是说，还来不及把变易转化为范畴，就进入到了具体事物。可一旦进入具体事物，A+(-A)=1就被大量的正物+反物=两物所取代：美+恶、善+不善、长+短、高+下、前+后……每一对相反相成的两个概念本来可以通过"变易"，升华为上一级概念，从而形成范畴和范畴体系，可在经验世界里，人们却满足于让矛盾的两物直接呈现，用公式表示就成了：A（1）+（-A）（1）=2。

这就带来一个问题，如果A+（-A）=1被限制在道的抽象概念里而无法在具体事物中扎根，那么，我们的思想就只能停留在发现具体之物的矛盾和冲突上，对于矛盾和冲突在理论上的克服、扬弃、统一、发展、超越，就会无能为力。这种情况会导致以下结果：即我们只有总规律（道）+具体现象（物）的双层模式，中间层级阙如，道和物之间概念转换的机制无法建立起来①。战国时期，由于"类"（荀子）和"理"（韩非子）的引入，一度给人带来新的希望，可惜，"类"和"理"的范畴转换规则还是研究不够，这就很难形成复杂的结构关系或体系。经过今人的理论分析，老子的道论是符合逻辑学的基本规定的②，但由于老子自己选择了历史论证的道路，后人也没有找到逻辑论证的出路，尽管有荀子、韩非师徒在"类"和"理"的建设上进行过艰难的摸索，但毕竟没有找到使道论的基本原则与经验世界的具体事物相联系的范畴转换机制。古希腊有亚里士多德在范畴上做了意义重大的研究，确立了科学的发展

---

① 这在学术争论上尤其明显。20世纪80年代，我国史学界在古代中国历史上民族关系的主流究竟是什么的问题上展开争论。一种意见认为友好合作关系是民族关系的主流。另一种意见根据历史上民族战争的史实，认为用友好合作来概括民族关系的主流说不通。白寿彝先生提出："这个问题也可以看得开阔一点"，"在民族关系史上，我看友好合作不是主流，互相打仗也不是主流。主流是什么呢？几千年的历史证明：尽管民族之间好一段、歹一段，但总而言之，是许多民族共同创造了我们的历史，各民族共同努力，不断地把中国历史推向前进。我看这是主流。这一点是谁都不能否认的"。把问题提升到更高一个层级的范畴，才为这场争论找到出路［参见白寿彝：《关于中国民族关系史上的几个问题——在中国民族关系史座谈会上的讲话》，《北京师范大学学报》（社会科学版）1981年第6期］。这是范畴转换的一个例证，但这种情况并不多见。
② 刘家和：《试说〈老子〉之"道"及其中含蕴的历史观》，《南京大学学报》（哲学·人文科学·社会科学），2014年第4期。

方向①，这一点是古代中国所缺乏的。黑格尔批评中国思想是"完全散文式的理智"②，如果不考虑他对老子研究不够的因素，并非全无道理。

尽管如此，早于黑格尔两千三百年前，我们的古代先辈就已经发现，除了正面，事物还有相反的另一面，正面和反面还具有某种类似后人所谓概念辩证法的关系，这种关系才是事物发展的根本动力和基本样式，这实在是一个了不起的伟大发现！

（三）老子的发现何以产生？

在我看来，无论从哪个角度说，春秋后期都应该是一个发现"反"的时代。

西周前中期，周代的制度和文化还富有生命力，人们对于宗法和分封，对于天，对于德，对于天命有德的礼乐文化，还有信心，那时还不可能看到反的力量和影响。从西周后期开始，《诗》出现变《风》变《雅》，怀疑和否定传统天命观的浪潮渐渐兴起。到了春秋中后期，颠倒的政治和文化现象层出不穷，且日益成为无可回避的社会现实，这给人的冲击无疑是强劲的。生活在同一时代的孔子曾无限感叹："天下有道，则礼乐征伐自天子出；天下无道，则礼乐征伐自诸侯出。自诸侯出，盖十世希不失矣；自大夫出，五世希不失矣；陪臣执国命，三世希不失矣。天下有道，则政不在大

---

① 亚里士多德：《形而上学》，吴寿彭译，北京：商务印书馆，1995年版，第94页；亚里士多德：《范畴篇》，方书春译，北京：商务印书馆，1997年版，第11—49页。
② 黑格尔：《哲学史讲演录》第1卷，贺麟、王太庆译，北京：商务印书馆，1997年版，第132页。

夫；天下有道，则庶人不议。"(《季氏》)①后世史家读到《春秋》也不禁惊呼："《春秋》之中，弑君三十六，亡国五十二，诸侯奔走不得保其社稷者不可胜数！"②对于周王室来说，礼乐散乱，人才流失，史家称为"礼坏乐崩"；可对于诸侯来说，在虚矫和僭越的情况下，新的礼乐竟然繁荣起来。相对于传统周代礼乐文化的正面性质，这不是反了是什么。

对于颠倒的社会现实，春秋后期的人们已经有了深刻的体认。

赵简子问于史墨曰："季氏出其君，而民服焉，诸侯与之，君死于外，而莫之或罪也。"对曰："物生有两，有三，有五，有陪贰。故天有三辰，地有五行，体有左右，各有妃耦。王有公，诸侯有卿，皆有贰也。天生季氏，以贰鲁侯，为日久矣。民之服焉，不亦宜乎？鲁君世从其失，季氏世修其勤，民忘君矣。虽死于外，其谁矜之？社稷无常奉，君臣无常位，自古以然。故《诗》曰：'高岸为谷，深谷为陵。'三后之姓，于今为庶，王所知也。在《易》卦，雷乘《乾》曰《大壮》，天之道也。昔成季友，桓之季也，文姜之爱子也，始震而卜。卜人谒之，曰：'生有嘉闻，其名曰友，为公室辅。'及生，如卜人之言，有文在其手曰'友'，遂以名之。既而有大功于鲁，受费以为上卿。至于文子、武子，世增其业，不废旧绩。鲁文公薨，而东门遂杀適立庶，鲁君于是乎失国，政在季氏，于此君也，四公矣。民不

---

① 刘宝楠：《论语正义》，《诸子集成》第1册，上海：上海书店出版社，1986年版，第354—356页。
② 司马迁：《史记·太史公自序》，北京：中华书局，1959年版，第3297页。

知君，何以得国？是以为君，慎器与名，不可以假人。"（昭公三十二年）[①]

好一幅冰冷残酷的图画！专权的季氏赶走了鲁昭公，让他死在外面，鲁国公民没有反抗，反而顺从了；天下的诸侯也没有反对，反而默认了。面对这样的历史变局，史墨并没有惊慌，反而冷静地指出：那是符合天道的！不信你看："物生有两"，诸侯与卿就是两，卿就是诸侯的"陪贰"，就像天有三辰日月星，地有五行金木水火土一样，自然而然。鲁国有季氏，就是老天让他来"附贰"鲁侯的。这话听起来颇为神秘，其实反映了他对事物的矛盾，对事物必然带有反的另一面有着某种深刻的体认。史墨之所以有这样的认识，还因为他对历史有着会心的理解。统治者和被统治者的地位发生了倒转，史墨认为那没有什么可奇怪的，"社稷无常奉，君臣无常位，自古以然"。从史墨的话里，可以听出这样的弦外之音：在必然性面前，人不是无能为力的。他历数季氏几代人不断扩大家业，而鲁国君主失掉民众已非一日，所以，看起来是必然的天命，其实还是要靠人为表现出来的。这种按照西周初期升平时代的标准看起来极为反常的现象，到了春秋后期却成为见惯不怪，甚至还能讲出一套大道理来的现象了。

按照周代的宗法伦理和政治规范，诸侯以与王室血缘远近来判定亲疏。事实是，越亲的，占有的资源越多，实力越强大，像鲁、卫、晋、齐、郑这样的诸侯就是因为血缘亲近，理所当然地

[①] 孔颖达：《春秋左传正义》，《十三经注疏》下册，第2128页。

就成了大国。大国君主往往担任王朝卿士,执掌天下大政,地位自然就高,可是春秋时期新兴的礼却强调大小皆让。《左传》宣公十二年:"(楚庄)王曰:'其君(指郑襄公)能下人,必能信用其民矣,庸可几乎?'退三十里而许之平。"①《左传》成公十八年记载:"公至自晋。晋范宣子来聘,且拜朝也。君子谓晋于是乎有礼。"(臧武仲曰:)"事大国,无失班爵,而加敬焉,礼也。"②《左传》襄公元年:"冬,卫子叔、晋知武子来聘,礼也。凡诸侯即位,小国朝之,大国聘焉,以继好结信,谋事补缺,礼之大者也。"③《左传》襄公四年:(楚闻陈丧而止伐陈,陈不听命)"臧武仲闻之曰:'陈不服于楚,必亡。大国行礼焉而不服,在大犹有咎,而况小乎?'"④《左传》昭公三十年:郑国游吉曰:"诸侯所以归晋君,礼也。礼也者,小事大,大字小之谓。"⑤春秋时期,天子式微,诸侯力政,在这样的历史条件下,小国固然要遵奉礼节,事奉大国;大国也要遵守礼节,爱护小国。这些对于西周升平时代的人们来说,也算是很新鲜的事情了。《老子》有言:"大国者下流,天下之交,天下之牝。牝常以静胜牡,以静为下。故大国以下小国,则取小国;小国以下大国,则取大国。故或下以取,或下而取。大国不过欲兼畜人,小国不过欲入事

---

① 孔颖达:《春秋左传正义》,《十三经注疏》下册,第1878页。按"庸可几乎",孔颖达正义曰:"庸,用也。'几'读如'冀',言用可冀幸而得之乎?"
② 孔颖达:《春秋左传正义》,《十三经注疏》下册,第1925页。
③ 孔颖达:《春秋左传正义》,《十三经注疏》下册,第1928页。
④ 孔颖达:《春秋左传正义》,《十三经注疏》下册,第1931页。
⑤ 孔颖达:《春秋左传正义》,《十三经注疏》下册,第2125页。

人。夫两者各得其所欲，大者宜为下。"（六十一章）①所谓"小国不过欲入事人"，"大国不过欲兼畜人"，其实就是作为春秋诸侯之礼的基本原则的"小事大，大字小"的翻版。

与此相同，看起来弱小的势力反倒能够战胜貌似强大的势力，这些足以让西周分封制时代的人们惊诧不已的现象，在《左传》的记载里却是频频发生的。春秋时代的道德观念也与西周承平时代有所不同。如《左传》文公二年："惧而增德，不可当也。""念德不殆，其可敌乎。"②以谨慎小心为德，这种道德理想在春秋时期得到了极大的发展。《左传》文公十三年：郤成子曰："贾季乱，且罪大，不如随会，能贱而有耻，柔而不犯。"③所谓"处贱""守柔"，这也是春秋时期得到发展的道德观念。

老子提出"反者道之动"这个命题，仿佛就是春秋时期种种反常现象的理论概括，仿佛就是针对着西周统治者标榜的礼乐文化的"正面"意义而发的。周代文化重视"天德"，老子则提出，在"法天"之外，人还要"法地""法道""法自然"；周代文化强调"礼乐"，老子则揭露"大道废，有仁义；慧智出，有大伪；六亲不和，有孝慈；国家昏乱，有忠臣"（十八章）④；"夫礼者，忠信之薄，而乱之首"（三十八章）⑤。相对于周代礼乐文化，这

---

① 王弼：《老子道德经》，《诸子集成》第3册，第37页。
② 孔颖达：《春秋左传正义》，《十三经注疏》下册，第1838页。
③ 孔颖达：《春秋左传正义》，《十三经注疏》下册，第1852页。孔颖达正义曰："服虔云：'谓能处贱且又知耻。言不可污辱。'"
④ 王弼：《老子道德经》，《诸子集成》第3册，第10页。周代文化与反对者的斗争到了战国时期仍在延续，这就是为什么《老子》中有反对"仁义"的原因。
⑤ 王弼：《老子道德经》，《诸子集成》第3册，第23页。

些都是"反"。老子的"反者道之动"当然也得到过自然的启示,像春秋时期流行的观念"高岸为谷,深谷为陵"(《诗·小雅·十月之交》,《左传》昭公三十二年引)就会对他产生影响;但主要的,还是针对周代礼乐文化的。可以肯定,老子提出"反者道之动",揭示了时代的重大变局,一方面,对于充满生机和不可阻挡的新生力量或新生事物,表现出极大的惊异;另一方面,对于所有弱小者——无论是新生但还稚嫩的弱小者,还是曾经强大却已衰朽的弱小者——都寄予了深切的同情。这恰恰说明,这个思想的确是有惩于春秋中后期社会历史条件应运而生的。

(四)"反"在道家内部何以成为文化批判的利器?

"反者道之动"毫无疑问具有哲学意义,不过,在老子那里,它却是在层层文化思想包裹中的,时时处处受到文化的制约。到了战国时代,在所谓的道家阵营内,老子提出的"反者道之动",似乎并没有什么人刻意要使它成为意识形态意义上的纲领。但是,在《庄子》那里,却产生了强烈的反响,在文化的反思和批判上得到了极大的发挥。

司马迁认为庄子之学的"要本归于老子之言",《庄子》书中的《渔父》《盗跖》《胠箧》等篇都是为了"明老子之术"而作[①]。据我看来,《庄子》晚于《老子》,成书大概在战国中晚期。书中多有关于老聃的记载,虽说有的是寓言故事,但总体上是奉老聃为宗师的。

---

① 司马迁:《史记·老子韩非列传》,第2143—2144页。

《庄子》说过"穷则反，终则始，此物之所有"（《则阳》）①这样的话，这是对"反"的返还之义的体认，可以感觉到这与"反者道之动"是相通的。不过，在理论建设上，庄子终究没有在老子的发现的基础上做出新的贡献，他只是在文化批判和文化反思的意义上，对"反"所具有的反对和返回的意义做了痛快淋漓的发挥。

我们知道，天在周人那里是指主宰世间道德伦常和政治原则的最高根据，到了老子那里，天却放下身段，成为与地和人平列的一个客观存在物了，比它们更根本的，是自然而然的道。可是到了庄子这里，天似乎又回到了最高原则的起点上。不过，此时的天，已经不再是周代的宗法原则，也不仅仅是老子的自然天体，而是一种自然而然的生命状态和精神境界，是老子的"道法自然"的另一种表述。这是天—道—天的一次循环。庄子的天，虽然和周代一样，是针对着人的，但已经不是决定人的主宰，恰恰相反，是与"人为"相反对的一种态度。它在形式上似乎是第一个阶段即周代的天的回归，其实却是第二阶段——老子的"道法自然"的一种否定和升华：庄子是在与"人为"相反对的意义上使用"天"这个概念的。他说："天之小人，人之君子；人之君子，天之小人也。"（《大宗师》）②把天与人做了决然的区分。他还说："其嗜欲深者，其天机浅"。郭象注释说："深根宁极然后反一，无欲也。"成玄英疏："夫耽嗜诸尘而情欲深重者，其天然机神浅钝故也。"

---

① 郭庆藩：《庄子集释》，《诸子集成》第3册，第394页。
② 郭庆藩：《庄子集释》，《诸子集成》第3册，第124页。

（《大宗师》）①他所谓的"天而不人"（《列御寇》）②，其实也可以做如是的解释。荀子评论说"庄子蔽于天而不知人"（《解蔽》）③，恰恰从儒家的角度指出了庄子思想的要害。

在《马蹄》《胠箧》等篇中，庄子创造性地描绘了一个理想的世界——至德之世，在那里，人人平等，人类与大自然共生，与动物界混同，他是在用自然的世界来反对周代文化以及儒家思想中保留的仁义礼乐的世界。在《秋水》篇中他甚至发出"无以人灭天"④的呼吁，甚至表示要守住这个天而不要丢失，就可以"反其真"⑤，也就是返回自然——本性的世界。

在这种思想驱动之下，庄子一定要说出许多愤世嫉俗的话语，好像不制造点振聋发聩的效果决不罢休似的。例如：

爱民，害民之始也。为义偃兵，造兵之本也。（《徐无鬼》）⑥

夫尧知贤人之利天下也，而不知其贼天下也。（《徐无鬼》）⑦

圣人已死，则大盗不起……圣人不死，大盗不止。虽重圣人而治天下，则是重利盗跖也。……彼窃钩者诛，窃国者为诸侯，

---

① 郭庆藩：《庄子集释》，《诸子集成》第3册，第103页。
② 郭庆藩：《庄子集释》，《诸子集成》第3册，第453页。
③ 王先谦：《荀子集解》，《诸子集成》第2册，上海：上海书店出版社，1986年版，第262页。
④ 郭庆藩：《庄子集释》，《诸子集成》第3册，第260页。
⑤ 郭庆藩：《庄子集释》，《诸子集成》第3册，第261页。
⑥ 郭庆藩：《庄子集释》，《诸子集成》第3册，第358页。
⑦ 郭庆藩：《庄子集释》，《诸子集成》第3册，地373页。

诸侯之门而仁义存焉。……此重利盗跖而使不可禁者，是乃圣人之过也。(《胠箧》)[1]

在庄子看来，儒家只知道倡导爱民，却不知道所谓爱民是一种文化的矫情之举，人人为了爱人，就会形成虚伪和浇薄的风尚；墨家只知道为了义而止息兵戈，却不知道为义而止息兵戈恰恰是导致竞为义举的争夺，而这种争夺同样会成为导致战争的根源。

尧只知道贤人是为造福天下而来，却不知道贤人其实是祸害天下的罪魁。

世人只知道圣人是善良的，大盗是邪恶的，却不知道，圣人恰恰是导致争夺的根源，是与大盗同样的窃国者，是号称仁义的大盗啊。

这些激烈的言辞，闪烁着辩证法的光芒，表现了他的批判现实的智慧，我们从中可以清晰地看到庄子对反的敏锐洞察力。他的文章之所以洸洋自恣，他的文思之所以驰骋无穷，他的想象之所以富有创造性，他的批判之所以犀利无比，的确与他对"反"的悉心揣摩和深刻领悟相关。

春秋后期，作为周代意识形态和学术文化曾经的最高代表，老子提出了"反者道之动"的命题，把现实中的矛盾赤裸裸地揭露出来，理论意义是巨大的。不过，面对现实的矛盾，除了在字里行间偶尔流露出"盗竽"的咒骂和"民不畏死，奈何以死惧之"的愤激之词，老子大体上还能够保持矜持和优雅的风度。这样反倒维护了

---

[1] 郭庆藩：《庄子集释》，《诸子集成》第3册，第158—160页。

"反者道之动"的辩证性质，也维护了他作为大哲学家的尊严①。道理很清楚，既然认识到在矛盾运动中正和反同样要向对方运动，那么，反对一方维护另一方反倒是不协调的了。可是到了战国时期的庄子，情况就有了较大的改变。庄子是地方上的下级小吏，他的确洞穿了现实生活中的矛盾，虽然有时对命运表现出无可奈何的安顺，更多的时候则是按捺不住满腔的愤嫉之情。他看到了事物背后的矛盾，就忍不住要揭露出来加以抨击和批判；他看到了"爱人"背后隐藏着的"害人"的另一面，就一定要把"爱人"说成是"害人"；他看到了圣人崇拜鼓励竞争给人带来文化的副作用，就干脆宣布圣人就是导致盗贼猖獗的根源，必欲去之而后快。庄子的所思所想一方面表明作为哲学家他有时欠缺沉稳，另一方面却也说明，"反者道之动"的命题本身就包含着极大的文化意义，在文化领域拥有广阔的发挥余地。在这方面，庄子所极力诋毁的儒家同样拥有着创造的天才。

二、"反经而合道"：儒家在伦理发展观念上的理论性探索

孔子与老子生活在同一个时代，但时间略晚，两人生活的背景略有差别。老子以天下最高学术领袖的身份长期处在周王室的

---

① 在卡尔·雅斯贝尔斯的《大哲学家》一书中，老子作为"原创性形而上学家"位居"大哲学家"的行列。在这个行列中，中国思想家还有孔子一人，被认为是思想范式的创造者之一。见《大哲学家》，李雪涛等译，北京：社会科学文献出版社，2012年版。

统治核心，他拥有高深的知识修养，又目睹了周代统治者的腐朽和衰败，在骨子里应该有一种孤傲和卓尔不群的特质。司马迁说他"居周久之，见周之衰，乃遂去"①，也就是说，他也乘着王官失守的潮流，脱离了周王室。这样的人，做出这样的选择，是可以理解的。这个经历是孔子所没有的。孔子祖上是宋国贵族，遭难后逃到鲁国。到他这一代，已经下降为平民了。他自称"我少也贱，故多能鄙事"②；司马迁也说"孔子贫且贱"，"孔子布衣"③，可见他的出身是卑微的。孔子的一生，有一个突出的特点，那就是努力学习，到了六十余岁还在不断做着向上的社会流动。孔子代表了儒者的一般情况，尽管儒家里面也有贵族出身的人，但主体还是平民。这个阶级地位决定了这个群体的基本政治态度和社会角色与老子会有很大的不同。老子主动放弃官方的地位，而这个地位却是许多儒者梦寐以求的；老子提出"反者道之动"，表现了理论的彻底性，也说明他有足够从容的人生态度，可以冷静地看待一切现象；儒者则不同，他们以入仕为目标，以服务政治为己任，这就决定了他们对于体制一定要有所保留又要有所革新，否则他们就没有存在的价值，就没有立足的余地。拥有这样的社会地位和立场，对待精神觉醒会有怎样的态度，也就可以预期了。

过去有人认为儒者是一个职业群体，即助祭的相，通俗地说类似红白喜事中的司仪或吹鼓手之类，所以他们特别看重礼的训练，

---

① 《史记·老子韩非列传》，北京：中华书局，1959年版，第2141页。
② 朱熹：《论语集注·子罕》，《四书章句集注》，北京：中华书局，1983年版，第110页。
③ 《史记·孔子世家》，第1909、1947页。

这似乎可以说明为什么古代文化具有"伦理动物"的特点。这种说法有多少根据，值得怀疑。儒者以"学而优则仕"相标榜，他们的思想一定要以国家事务为对象和内容，而国家事务一定要以当时的社会状况为对象和内容。在春秋战国的社会变革中，宗法社会遭到破坏，这是事实，但当新的郡县制和官僚科层制确立后，却与分封制和世卿世禄制达成了某种妥协，汉代就是郡国并行的。在这种情况下，遭到破坏的宗法社会组织依然保留了下来，这样的社会既是国家机器的统治基础，也是它的治理对象。当时的统治集团从来也没有放弃过宗法制度，秦朝的情况有些晦暗不明，汉代很清楚，皇亲称宗室，姻亲称外戚，一直是按宗法制度来组织和管理的；官僚选任也是"察举""孝廉"和"庇荫"并行的。为这样的统治集团服务，由这样的职业人群来管理，以这样的社会组织为治理对象，不考虑伦理怎么行呢。

由此可见，老子开创的"反者道之动"的辩证思维，到了儒者这里，必然要朝着宗法伦理的方向转轨；以儒家为代表的精神觉醒也就一定要表现出"伦理动物"的特点。

文献证明，道儒两家都承认孔子曾受教于老聃；在《史记》《汉书》中可以看到《老子》是西汉时期最为流行的著作。比老子稍晚些时候，儒者也在政治和伦理文化发展的问题上看到了"反"的作用，"反经而合道"就是后世儒者的理论概括，这个发现与老子的"反者道之动"一样，具有划时代的意义，只不过它是老子开创的哲学发展观念在伦理文化领域的生动再现或具体发挥。说起这个再现或发挥，其实是经历了艰难而曲折的发展过程的，这个过程长达四百年之久。

（一）"中庸"：孔子首开行权以发展传统的先河

孔子推崇中庸，他说："中庸之为德也其至矣乎，民鲜久矣。"（《雍也》）①孔子的中庸究竟是什么意思？《论语·先进》记载孔子曾在评价学生时说过"过犹不及"的话，学者据此认为所谓中庸应该是"无过无不及"的意思。此外，《论语》再无记载，我们只好通过其他资料加以推测。

传说孔子的孙子子思作《中庸》，其文曰："君子之中庸也，君子而时中；小人之[反]中庸也，小人而无忌惮也。"②朱熹注"时中"曰："随时以处中也。……盖中无定体，随时而在，是乃平常之理也。君子知其在我，故能戒谨不睹，恐惧不闻，而无时不中。"③

《中庸》说："舜……执其两端，用其中于民。"郑玄注："两端，过与不及也。"④朱熹注曰："盖凡物皆有两端，如小大厚薄之类，于善之中又执其两端，而量度以取中，然后用之，则其择之审而行之至矣。……此知之所以无过不及，而道之所以行也。"⑤

可见，所谓中庸就是根据形势的变化，寻找并掌握事物发展的两端之中。这个中是变化的，移动的。要把握这个中，就需要随

---

① 刘宝楠：《论语正义》，《诸子集成》第1册，第132页。
② 孔颖达：《礼记正义·中庸》，《十三经注疏》下册，北京：中华书局，1980年版，第1625页。
③ 朱熹：《中庸章句》，《四书章句集注》，第19页。
④ 孔颖达：《礼记正义·中庸》，《十三经注疏》下册，第1626页。
⑤ 朱熹：《中庸章句》，《四书章句集注》，第20页。

时根据形势变化而调整策略，就像称秤时根据重量随时移动秤砣一样。秤砣古代叫权，所以中庸又叫作权。若说"权"，《论语》中倒可以找到现成的资料。"子曰：'可与共学，未可与适道；可与适道，未可与立；可与立，未可与权。'"(《子罕》)朱熹引程子曰："权，秤锤也，所以称物而知轻重也。可与权，谓能权轻重，使合义也。"又引杨氏曰："知时措之宜，然后可与权。"①

古希腊哲学家亚里士多德也谈论过一种叫作ἀρετή（中译"德性"）的伦理观点。在他看来，所谓"温和"是"麻木"与"愠怒"的居中状态；"勇敢"是"怯懦"与"鲁莽"的居中状态；"节制"是"冷漠"与"放纵"的居中状态；"慷慨"是"吝啬"与"挥霍"的居中状态，如此等等②。这个观点在西方被称作mean（中译"中道"），听起来与"执其两端而用其中"极其相似。但亚里士多德究竟没有强调如何在运动中把握两端的中间状态，没有发现可以随时移动的标准"权"，他的"中"是固定两端的中间状态，这个状态是稳定不变的，不能因人而异，也不能因时因地而变化，这就与中庸有了本质的差别。

中庸强调在运动中把握矛盾双方之间的合适的度，同一事物，在此情境下合适的度与在彼情境下合适的度可能是不同的，在新情况下合适的度与旧情况下合适的度可能是不同的，相对于权威的规定（经）来，这个不同就是反。可见，这已经是一种矛盾的发展观了。对此，唐人有这样的理解：

---

① 朱熹：《论语集注》，《四书章句集注》，第116页。
② 亚里士多德：《尼各马可伦理学》，廖申白译，北京：商务印书馆，2003年版，第336页。

遭时制宜，质文迭用，应之以通变，通变之以中庸。中庸则可久，通变则可大，其教有适，其用无穷，实仁义之陶钧，诚道德之橐籥也。其为用大矣，随时之义深矣，言无得而称焉。故曰："不疾而速，不行而至。"今之所以知古，后之所以知今，其斯之谓也。①

中庸是因时制宜，通变是循环，古往今来莫不如此。这样看来，中庸是一种历史观，也是一种发展观。它包含着矛盾，包含着反的因素。唐人的理解是有道理的。

关于权，孔子的言论极少，但从后来儒家的思想来看，孔子的中庸观念确确实实为儒家伦理发展观的进步开启了先河。

（二）"行权"：孟子对传统礼法的突破

上面提到，孔子已经用权来解释中庸，权向着"反"的目标更加前进了一步，孟子在权的问题上进行了深刻的反思，为"反"的发展观做出了重大贡献，值得认真总结。

"权"本指秤砣，秤若没有秤砣，就无法称量物体的轻重。用秤砣来做比喻，会有两种含义：一个是标准，另一个是称量。前者是名词，强调的是固定的标准和规则；后者变成动名词，强调的是移动、调整、适应这回事。

《孟子》曰："权，然后知轻重；度，然后知长短。物皆然，

---

① 魏徵等：《隋书·经籍一》，北京：中华书局，1973年版，第903页。

心为甚。"①显然，孟子是知道权的标准之义的，不过，他要强调的却是权的移动、调整和适应。这个移动，有时甚至是反，最典型的例证是《离娄上》孟子与淳于髡关于"男女授受不亲"的对话。

> 淳于髡曰："男女授受不亲，礼与？"
> 孟子曰："礼也。"
> 曰："嫂溺则援之以手乎？"
> 曰："嫂溺不援，是豺狼也。男女授受不亲，礼也；嫂溺援之以手，权也。"②

按照当时的规定，男女传递东西不能亲手交接，这是礼；但假如嫂子溺水，可不可以伸手施救呢？这是一个非常尖锐而又现实的问题。提出这个问题的是当时滑稽善辩的著名齐国人物淳于髡。"嫂子"是没有血缘关系的女性，以手相触，更有暧昧嫌疑，如此说来，似乎不应施以援手；另一方面，嫂子又有礼法上的亲人地位，按当时的血缘伦理，若不施救，那就狠如豺狼，不齿于人类（具体的宗法的人）。这种设局是巧妙的，符合当时的习俗。可见淳于髡的确是提问题的高手。正因为有这样的问题设计，才逼得孟子做出了具有理论创造性的回答，开创了古代中国经权思想的范畴。

按照礼法，男女授受不亲，嫂子是无血缘关系的异性，自然

---

① 朱熹：《孟子章句集注·梁惠王上》，《四书章句集注》，第210页。
② 朱熹：《孟子章句集注·离娄上》，《四书章句集注》，第284页。

不应该亲手交接东西；可是同样按照礼法，宗亲之间有互助的义务，嫂子是宗法关系中的亲人，不救怎么说得过去？可见，礼的内部存在着矛盾。尽管有矛盾，孟子还是认为必须采取与"男女授受不亲"这条礼法规定相反的做法，施以援手，这叫作"权"。礼是固定不变的，权与礼所认可的做法相反，却是可以做的。权与经是矛盾的。不过，以嫂子为例来说明问题，只表示礼的内部存在着矛盾，伸手施援，违反了"男女授受不亲"这条礼法，但却合乎"宗亲互助"的礼法。这样的"权"表现的还是具体的礼法内部的矛盾，而不是礼与普遍人性的外部冲突，在今人看来，论证的意义和效果不免会有所减损。

　　朱熹注释："权，秤锤也，称物轻重而往来以取中者也。权而得中，是乃礼也。"[①]朱熹认为，援手救嫂虽然叫作"权"，但因为符合"中"的标准，所以也是礼。朱子是否也看到了宗亲互助也是礼，我不敢说，但他的看法有没有根据，我认为回答应该是肯定的。权与礼看起来是相反的，但两者有一个根本的相同点。孟子曾对梁惠王说："王欲行之，则盍反其本矣。"[②]要做到权，就必须要回复到"本"。什么是"本"？"本"就是仁政，就是治民之产。仁是权的根本，仁也是礼的根本。两者不是一致的吗？由此可见，礼原本植根于仁；但随着时间的推移，形势的发展，新情况的出现，就需要做出新的与既存的礼不同，有时甚至是相反的选择，那就是权。权是根据新情况、新形势而采取的措施和做法。礼在当

---

① 朱熹：《孟子章句集注·离娄上》，《四书章句集注》，第284页。
② 朱熹：《孟子章句集注·离娄上》，《四书章句集注》，第211—212页。

初无非也是这样来的啊。朱熹说的"得中",就是得善。在得善这一点上,权与礼有相通处。

孟子关于权的思想包含着重要的理论意义。如前所说,老子开创的辩证思维符合A+(-A)=1的概念辩证法。作为A的礼所肯定的行为是具体的、历史的,具有很大的局限性,这样的礼是无法覆盖一切现象的,更不要说不断发展着的、活生生的现实生活了。按着这样的理解,每一个新的发展,都必然要超出原来礼的有效性所覆盖的范围,可见,"权"就潜藏在历史性的礼的背后或下面,它随时可以浮现,作为与礼相反对的另一面,与礼的部分内容相对,构成新的矛盾关系。用辩证法的公式,就是作为礼的A,在发展中必然会与之相反的发展趋势-A1、-A2、-A3……潜藏着,它(们)随时可以因缘际会,得以浮现,以"权"的姿态否定礼,这种否定从反面与礼的相应内容(对方)构成矛盾关系。反过来说,作为反面的权也不全然是被动的、惰性的,它们也有能动的、创造性的属性。作为礼的A,由于诸多反面的-A1、-A2、-A3……的否定(规定),必然要分化为A1、A2、A3……的正面因素。例如,"男女授受不亲"(A)被"嫂溺援之以手"(-A1)否定(规定)后就应该变为(发展出或分化出)"叔嫂授受不亲"(A1),这样,后面的两者才构成真正意义上的矛盾关系——A1+(-A1)=1。同理,作为A的"男女授受不亲"还可以继续在-A2、-A3……的否定(规定)下,发展出(或分化出)新的具体的A2、A3……正面对方,由此构成A2+(-A2)=1、A3+(-A3)=1……甚至发展或分化出更多新的矛盾关系。可见,孟子关于权的思想,恰恰是"反者道之动"所内含的辩证原理在社会伦理舞台上的一次精彩演出,它展现出范畴化发展的广阔前景。

这是我们从孟子权的思想中看到的普遍意义。这种普遍意义，在其他文化中也会有类似的表现。按伊斯兰教的宗教戒律：女性不能触碰陌生男子的身体。新近获得奥斯卡金像奖的伊朗电影《一次别离》有这样一个情节：信仰虔诚的女工瑞茨打电话询问宗教顾问：替雇主患有老年痴呆症的父亲换洗尿湿了的内裤算不算罪过？征得顾问的同意，瑞茨才排除顾虑，替老人换了裤子。这看似小事一件，性质却是相同的。按照孟子权的思想中蕴含的一般意义，瑞茨的行为合乎人的善的标准，虽然违背经典的规定，却属于行权，所以得到宗教顾问的允许。

总之，礼是普遍认可的（established）规范，权则是尚未规定（un-established）但有善的做法。不过，随着社会和思想的进步，权所表示的有些行为逐渐会被认可（established），成为新的礼。因为礼本来就是某种特定场合下合适的做法，权的做法其实也是适合某种特定场合的，所以也应该算是礼（董仲舒用"变礼"来补充"经礼"，见《春秋繁露·玉英》）。当然，有些适合特定场合的临时做法恐怕永远也不能成为常礼，但这并不妨碍权的成立，像"嫂溺援之以手"之于"男女授受不亲"，"将在外君命有所不受"之于"大夫不得专封、专讨等"即是。

在《孟子》中，还有许多思想和言论符合权的精神，《万章》上下篇关于古代圣人的故事就是典型的例证。《万章下》云：

孟子曰："伯夷，圣之清者也；伊尹，圣之任者也；柳下惠，圣之和者也；孔子，圣之时者也。孔子之谓集大成。"朱熹注释:"愚谓孔子仕、止、久、速,各当其可,盖兼三子之所以圣者而时出之,非如三子之可以一德名也。"①

孟子曰:"居下位,不以贤事不肖者,伯夷也;五就汤,五就桀者,伊尹也;不恶污君,不辞小官者,柳下惠也。三子者不同道,其趋一也。一者何也?曰:仁也。君子亦仁而已矣,何必同?"②

在孟子看来,伯夷、伊尹、柳下惠三者的具体做法虽然不同,但本质上都是行仁,仁就是道③。循此而论,孔子的圣之时者,当然也是行仁。行仁就是权的根本。权就是中庸。对此他有明确的认识:

孟子曰:"杨子取为我,拔一毛而利天下,不为也;墨子兼爱,摩顶放踵利天下,为之。子莫执中,执中近之,执中无权,犹执一也。所恶执一者,为其贼道也,举一而废百也。"④

"执中"虽然在形式上接近中庸,但如果没有权,不知变通,不知应时,那就是执一,就是拘守某种固定的原则,那就与杨朱和墨翟一样,也是妨害道的行为。凡事只知道一点,其他的都被败坏

---

① 朱熹:《孟子章句集注》,《四书章句集注》,第315页。
② 朱熹:《孟子章句集注》,《四书章句集注》,第342页。
③ 孟子曰:"仁也者,人也。合而言之,道也。"《孟子·尽心下》,《四书章句集注》,第357页。
④ 朱熹:《孟子章句集注》,《四书章句集注》,第357页。

了，这是很可怕的。

由此可见，对于已有的伦理规范，孟子不会像后世某些板起面孔来充当道学家的人们那样，不问情由，一味地捍卫。相反，他会想着人的需要，人的处境，随时准备采取变通的策略。这说明他是以仁爱为怀，以人为本的。有了这种精神，对待礼法，就能抱有一种超越的态度，就会保持突破和创新的姿态。这是可贵的人性自觉。

（三）"虚壹而静"和"隆礼重法"：荀子对发展的矛盾态度

当然，即使在儒家内部，关于反的思考也不会是一帆风顺的。对于"反者道之动"，荀子的态度似乎有些矛盾。

在哲学思考方面，他有着深刻的理解，并做出了富有个性的发挥。他发现人的认识往往因为有所见而形成遮蔽，结果不能全面地看问题。为了解除这种遮蔽，他发明了"虚壹而静"的方法，要求做到"不以所已藏害所将受"，这叫作"虚"；"不以夫（彼）一害此一"，这叫作"壹"；"不以梦剧乱知"，这叫作"静"（《解蔽》）[①]。这就是著名的解蔽思想。它的核心意义是要求人们不但要看到问题的正面，还要看到反面，要两面兼顾，才能做到"备视""备听"。"备"即全，全面地看，全面地听，也就是全面认识。这个方法有点类似 A+（−A）=1，是一种不太严格的辩证方法，对正和反的关系有所体会，应该是受到老子道论影响后的个人揣摩。

此外，在个别重大的政治原则问题上，荀子也有一定的反的思

[①] 王先谦：《荀子集解》，《诸子集成》第2册，第264页。

想。例如在讲到周公践祚居摄，他虽不予认同，但却肯定在安定周室上是有必要的，称为"大儒之效"，对于与周代宗法礼制相反对的这一做法，给予某种程度的肯定①。

不过，情况稍微复杂一些的是下面这段文字：

> 从道不从君，从义不从父，人之大行也。……孝子所以不从命有三：从命则亲危，不从命则亲安，孝子不从命，乃衷（衷：善也）；从命则亲辱，不从命则亲荣，孝子不从命，乃义；从命则禽兽，不从命则修饰，孝子不从命，乃敬。故可以从而不从，是不子也；未可以从而从，是不衷也。明于从不从之义，而能致恭敬忠信端悫以慎行之，则可谓大孝矣。《传》曰："从道不从君，从义不从父。"此之谓也。②

这大概是荀子思想中最能体现出具有"反"的意义的话了。臣子服从君主，儿子服从父亲，这是礼的要求，在当时被认为是天经地义的。荀子承认，在特殊情况下，臣子可以不听君主的，儿子可以不听父亲的，这的确应该算作是对礼的一种反动，属于权的范畴。不过，孟子的反礼，更多地考虑了普通人民的利益（例如普通人家的叔嫂和作为儿子和哥哥的大舜，即使假设他作为天子，在分封弟弟象的问题上，还援引战国的封君制度，尽量减少可能对人民的祸害）；荀子的反礼，好像不是为了保护人民的利益，而是要臣

---

① 王先谦：《荀子集解·儒效》，《诸子集成》第2册，第73页。
② 王先谦：《荀子集解·子道》，《诸子集成》第2册，第347页。

子和儿子主动去捍卫君权和父权,尽管荀子所说的"道义"肯定会有普世的善良德性,但这句话总感觉是为了讨好主子,更好地做奴才设计出来的。这样的反礼,在某种意义上,比正面地捍卫君权和父权还更容易造成对人性的压制。

除此之外,就很少再见到荀子思想中有"反"的内容了。

关于中庸,荀子似乎并未看到动态的意义。他说:"先王之道,仁之隆也,比中而行之。曷谓中?曰:礼义是也。"[1]礼义是具体的,相对固定的,以固定的具体之物作为中,按照孟子所言,显然有"执一"之嫌。

与此相关,在他最为推崇的礼上,荀子不允许有权变。他说:"凡言不合先王,不顺礼义,谓之奸言,虽辩,君子不听。……鄙夫反是,好其实不恤其文。"[2]这段话非常重要。"先王"的"礼义"是最高原则,再有理由也不容许违背。而不以"文"(礼义)为意,反倒重视"实"的,则被他骂作是"鄙夫"。这样的鄙夫,突破礼法、主张权变的孟子首先要算一个;而赞扬木讷朴拙,贬抑虚矫,主张"无可无不可"的孔子也大有嫌疑。从这段话,就可看出,荀子是想把权变的路子给堵死的。[3]

荀子讲"道",他说:"道也者何也?曰:礼让忠信是也。"[4]显然,荀子的道被他具体化为"礼""让""忠""信",与孟子仅用一个"仁"字来规定相比,它的应变能力自然就减弱了许多。

---

[1] 王先谦:《荀子集解·儒效》,《诸子集成》第2册,第77页。
[2] 王先谦:《荀子集解·非相》,《诸子集成》第2册,第53页。
[3] 孟子的确有以人为本而轻视礼法的倾向;荀子反之,则有重视礼法而轻视人文的倾向。
[4] 王先谦:《荀子集解·强国》,《诸子集成》第2册,第199页。

礼、让、忠、信中，礼是最为根本的，在《荀子》中，礼被抬举到无上的高度，成为治国为政的根本大法，是不容许反对的。对于礼的权威性，"权利不能倾也，群众不能移也，天下不能荡也，生乎由是，死乎由是，夫是之谓德操"。①

荀子也用"权"字。他的"权"常常与"衡"联系在一起，叫作"权衡"。衡是秤杆，权衡加起来，说的就是秤，即标准或规范。他忽视"权"的调试和移动的特性，却更强调它作为标准和法则的另一面。在他看来，"权衡"就是法。相比而言，这样的"权衡"要凝固得多，这与他主张"隆礼""重法"是一致的，为韩非、李斯的法治思想提供了理论前提。他提倡的"少事长，贱事贵，不肖事贤，是天下之通义也"②，这样的"三事"，直接催生了后来韩非的"三顺"，直到董仲舒的"三纲"，都可看到荀子"三事"说的影响。

对于敦厚和刻薄、朴实和浮华，老子明确表示"去彼取此"，即"处其厚不居其薄，处其实不居其华"（三十八章）③，由此开创了注重敦厚朴实的文化传统。这个传统在儒家那里也产生了共鸣。从孔子开始，儒家就关注文质两者的关系，向往文质彬彬的理想境界，但如不得已，两者相较，宁可选择质。孔子虽然有"言之无文，行而不远"（《左传·襄公二十五年》）④的主张，但更有"礼云礼云，玉帛云乎哉"（《阳货》）⑤，"讷于言而敏于行"

---

① 王先谦：《荀子集解·劝学》，《诸子集成》第2册，第11—12页。
② 王先谦：《荀子集解·仲尼》，《诸子集成》第2册，第71页。
③ 王弼：《老子道德经》，《诸子集成》第3册，第23页。
④ 孔颖达：《春秋左传正义》，《十三经注疏》下册，第1985页。
⑤ 刘宝楠：《论语正义》，《诸子集成》第1册，第375页。

（《里仁》）①，"巧言令色鲜矣仁"（《学而》《阳货》）②等偏重敦厚、诚实、甚至木讷的倾向。孟子以仁为本，实际是以人为本，权就是人性对于礼和文的突破。西汉公羊家有所谓三统循环论，认为人类社会文化的发展是按照忠、敬、文这样三个阶段或质、文相复的方式进行的③。按照这个思想，荀子生当战国后期文敝时代，他公开号召"隆礼重法"，主张王霸一体，即从礼向法扩展，这适合了时代发展的潮流，但的确矫情的倾向更为严重了。大史学家司马迁曾明确指出，夏、商、周的文化特征是忠、敬、文，周代到了末期，也就是春秋战国时期，文已经到了"敝"的状态，历史需要重新返回到忠的状态，才可顺利发展。可是，秦国的政治不但没有这样做，反倒更加注重法治，走向灭亡就是指日可待了④。荀子主张"隆礼重法"，恰恰是加重文敝的一种思想，虽然有利于加强集权，武力统一的政治策略，也符合信奉社会发展史的某些现代人的观点，但按照三统循环的看法，特别是在那些知道汉代历史的人们看来，显然是有问题的。

深受公羊学影响的清末维新志士谭嗣同敏锐地指出，后世名教、道学的虚伪和矫情，不能不说与荀子的礼教思想有关。谭嗣同有著名的《仁学》一书传世，他在对古代中国思想发展历程做了一番总结后，提出要冲决传统礼教的"网罗"。他不无悲愤地控诉

---

① 刘宝楠：《论语正义》，《诸子集成》第1册，第85页。
② 刘宝楠：《论语正义》，《诸子集成》第1册，第5页；朱熹：《论语集注》，《四书章句集注》本第48、180页。
③ 董仲舒在《春秋繁露·三代改制质文》中论"三而复""三统""三正"，见苏舆：《春秋繁露义证》，北京：中华书局，1992年版，第185—197页。
④ 司马迁：《史记·高祖本纪》太史公曰，第393—394页。

道:"悲夫,悲夫!民生之厄,宁有已时耶?故常以为二千年来之政,秦政也,皆大盗也;二千年来之学,荀学也,皆乡愿也。惟大盗利用乡愿;惟乡愿工媚大盗。"①因为"为荀学者""反授君主以莫大无限之权,使得挟持一孔教以制天下"②。

目前我国通行的哲学史、思想史著作大多用社会发展史的标准来看问题,对于荀子,往往评价很高,有的全面表扬,在他们的评价中几乎看不到任何缺点。在这些著作中,读者很难看到谭嗣同所看到的东西,即使看到,也总要曲意回护,不承认那是荀子的思想。《仁学》批评荀学"尊君卑臣愚黔首",论者则认为这不是荀卿的意见,而是韩非、李斯的主张,是将韩非、李斯等法家的思想与荀子混为一谈;《仁学》批评荀学"授君主以莫大无限之权",论者则断定这是将法家李斯等人的思想归罪于荀子;《仁学》批评荀学"妄益之以三纲",论者坚信这仍是对荀子思想的误解。平心而论,谭嗣同的的确确在《荀子》中看到了常人看不到的东西,他要反对礼教,就会发现荀子思想有痴迷礼教的偏颇,他的言辞犀利,思想深刻。

不过,承认《荀子》中有拥护君主集权的思想,并不表示这部书在政治思想上一无是处。荀子的"权衡"观,具有重视规范的特征,他主张君主要光明正大,表现了不善变通的特点,但同时也说明,他还没有走到赞成阴谋诡计的地步,他甚至明确反对"权谋"(见《王制》《王霸》《君道》《臣道》《强国》),这是难能可

---

① 谭嗣同:《仁学》之"仁学二"(第二十九节),姚彬彬导读、注释,北京:高等教育出版社,2010年版,第167页。
② 谭嗣同:《仁学》之"仁学二"(第三十节),第169页。

贵的。他的学生韩非则不同，他一方面继承老师的"权衡"思想，提倡法治；另一方面，却转而从申不害那里学习术治学说，在正规的法制之外，为君主实施阴谋、耍弄手腕大开方便之门。像申、韩之术那样的无法无天，像李斯之流那样的无所不为，是注重规范的荀子所禁止的①，更是服膺"权变"的孟子所绝对不齿的。

（四）"反复"为吉：《周易》卦爻演绎出的发展理念

《周易》是古代中国的一部奇特的著作，有着幽深的哲学思想和处世智慧，传说孔子曾经编订整理过，汉代文献学家在目录学中把它编入儒家著作。《庄子·天下》说"易以道阴阳"②，阴阳之间当然具有相反相成的关系。不过，《周易》并没有在文字上过多地谈论"反"，《系辞下》曾指出："神农氏没，黄帝、尧、舜氏作，通其变，使民不倦，神而化之，使民宜之。《易》穷则变，变则通，通则久。"并引孔子的话说："日往则月来，月往则日来，日月相推，而明生焉；寒往则暑来，暑往则寒来，寒暑相推而岁成焉。往者，屈也；来者，信也。屈信相感，而利生焉。"③可见，《周易》把黄帝、尧、舜的历史解释为通变民宜，作为穷变通久

---

① 朱熹把荀子等同于申韩，他说："荀卿则全是申韩，观《成相》一篇可见……其要，卒归于明法制，执赏罚而已。"（见《朱子语类》卷一三七，黎靖德编、王星贤点校，北京：中华书局，1986年版，第3255页）单说韩非，"明法制"当然是他的思想的要害所在，这是沿着荀子的思路发展出来的；但若将申韩连在一起，其要害则在于无法无天的权术和阴谋，这一点是荀子所无且明确反对的。朱熹对荀子的批评有偏颇之处，这似乎对谭嗣同有所影响。
② 郭庆藩：《庄子集释》，《诸子集成》第3册，第462页。
③ 孔颖达：《周易正义》，《十三经注疏》上册，北京：中华书局，1980年版，第86—87页。

的例证。并且明确提到变通就像是日月寒暑一样"屈信相感",其实就是矛盾运动。这是以形象的文字表达了矛盾相反相成、运动发展的道理。在卦象和卦爻辞中,《周易》则更加表现出对反的深刻理解。

乾卦是《周易》第一卦,也是吉卦。九三爻辞:"终日乾乾",《象》:"终日乾乾,反复道也。"王弼注曰:"以上言之则不骄,以下言之则不忧,反覆皆道也。"《校勘记》:"岳本、闽、监、毛本同古本、足利本'皆'下有'合'字。"是此句均作"反复皆合道也"。《疏》正义曰:"此亦以人事言之,君子终日乾乾,自强不息,故反之与覆皆合其道。反谓进,反在上也。处下卦之上,能不骄逸,是反能合道也。覆谓从上倒覆而下,居上卦之下,能不忧惧,是覆能合道也。"① "反"是下卦向上运动。"终日乾乾"作为九三爻辞,正体现了向上进步的倾向,向上运动叫作"反",即返回原本在上的位置。《文言》:"故乾乾因其时而惕,虽危,无咎矣。……终日乾乾,与时偕行。……故乾乾,因其时而惕,虽危无咎矣。"②九三爻是事物发展过程的中间阶段,这个阶段能积极努力,谨慎戒惧,就会与时俱进,返回自己原本的位置,也就是处事顺遂。这就是"反"的道理。

像这种反复为吉的倾向在《周易》卦象中随处可以看到。例如泰卦,乾下坤上,九三爻辞:"无平不陂,无往不复。"王弼注:"乾本上也,坤本下也,而得泰者,降与升也。而三处天地之际,

---

① 孔颖达:《周易正义》,《十三经注疏》上册,第15—22页。
② 孔颖达:《周易正义》,《十三经注疏》上册,第16—17页。

将复其所处，复其所处，则上守其尊，下守其卑，是故无往而不复也。"《疏》正义曰："九三处天地相交之际，将各分复其所处。乾体初虽在下，今将复归于上；坤体初虽在上，今欲复归于下。是初始平者，必将有险陂也；初始往者，必将有反复也。将复其所处者，以泰卦乾体在下，此九三将弃三而向四，是将复其乾之上体所处也。泰卦坤体在上，此六四将去四而归向初，复其坤体所处也。"[①]乾为天，本在上；坤为地，本在下。但《周易》卦象的吉是要在运动中实现的，乾处下，要向上运动；坤处上要向下运动，两者相向，形成相互反对的运动和交流，这种运动是向各自原来所处的位置的复归，作为复归的反，就是吉的。与泰卦相反的否卦则正相反，坤下乾上，两者分离，不会形成相向的复归和交流，所以是否的。

不只泰卦，复、大畜、咸等卦也因复归而吉。

反复源于反对，但更强调回归和循环，这是《周易》更为重视的辩证发展。

（五）公羊家的"反经然后有善"：与经义相反相成的伦理发展观

汉兴七十年以黄老之学为国家意识形态，主张清静无为，与民休息，对人民的生活和生产采取放任政策，蕴藏在民间的巨大生产力得到释放，促成了武帝初年的繁荣。不过，汉初的政治和思想界一直存在着一个根本的矛盾，一方面是"汉承秦制"，举凡国家

[①] 孔颖达：《周易正义》，《十三经注疏》上册，第28页。

体制、政治文化无可避免地显露出法家思想和文化的本色；另一方面，在思想界和政治体制内，又存在着强大的"过秦"（批评秦政之失）的社会力量和社会思潮，具有儒家思想的士人成为这个思潮的主体人群。就在维护现实体制和批判秦朝暴政的矛盾中，一个新的学术思想悄然成形，那就是以《春秋公羊传》为经典的公羊学派。

战国后期，儒家著作形成了诸多传授系统，开始了经典化的过程。在传授《春秋》的诸多学派中，有一家叫作公羊学的。它的创始人据说是齐人公羊高，到了汉初文景之间，这派的春秋传才著于竹帛。《公羊传》以阐释《春秋》的微言大义为己任，用自己的一套标准解说《春秋》二百四十二年史事记载。这些标准就成了公羊家的理论。其中最为醒目的，就是以"反经"为"权"的思想内容，这个思想在文化发展观念上具有极为重要的意义，需要认真总结。

《公羊传》的现有文字中只有一处明确阐发经权思想：桓公十一年，《春秋》有这样一条经文：

> 九月，宋人执郑祭仲。

《公羊传》曰：

> 祭仲者何？郑相也。何以不名？贤也。何贤乎祭仲？以为知权也。其为知权奈何？古者郑国处于留。先郑伯有善于邻公者，通乎夫人，以取其国，而迁郑焉，而野留。庄公死，已葬，祭仲

将往省于留，涂出于宋，宋人执之。谓之曰："为我出忽而立突。"祭仲不从其言，则君必死、国必亡；从其言，则君可以生易死，国可以存易亡。少辽缓之，则突可故出，而忽可故反，是不可得则病，然后有郑国。古人之有权者，祭仲之权是也。权者何？权者反于经，然后有善者也。权之所设，舍死亡无所设。行权有道，自贬损以行权，不害人以行权。杀人以自生，亡人以自存，君子不为也。①

郑庄公死后，太子忽即位。宋襄公抓住祭仲，要挟他废黜忽，立郑庶公子突为君。祭仲被迫同意。关于祭仲的所作所为是否行权，历代经学家有不同意见。这里暂且不论。我们知道，诚如东汉经学家何休所言，《公羊传》"多非常异义可怪之论"，因为《春秋》"本据乱而作"②，乱世之史，自然会有许多生活在平常时期的人们所难以理解的矛盾现象了。《公羊传》这段传文最为重要的是提出了公羊家关于权的理解，即"权者反于经然后有善者也"③。

---

① 《春秋三传》，见宋元人注《四书五经》下册，北京：北京市中国书店，1985年版，第81页。
② 何休：《公羊解诂序》，《春秋公羊传注疏》，《十三经注疏》下册，第2190页。
③ 此处的"反"，有人认为有"类推"和"回归"之义。其实，"反于"的"于"字起语助作用，本身无义，只有"相连及之意"，"为由此达彼之词"，《孝经》的"通于神明""光于四海"中的"于"都是如此，两句意思分别是"通神明""达四海"（见宗福邦、陈世铙、肖海波主编：《故训汇纂》上册，方部，北京：商务印书馆，2007年版，第1852—1853页）。准此，"反于经"即"反经"，上引韩康伯注《易经》就把汉儒的"反于经而有善"精练为"反经而合道"，"反于经"简化为"反经"。从汉儒到清儒都是如此理解的。见陈立：《公羊义疏》十五，《皇清经解续编》卷千百八十九，台北：艺文印书馆，1986年版《续经解春秋类汇编》（四），第3984—3985页。

"权"有两个要件,一是"反经";二是"有善"。不但提出这个观点,还进一步为"权"的道德底线做了严格的限定:"权之所设,舍死亡无所设。行权有道,自贬损以行权,不害人以行权。杀人以自生,亡人以自存,君子不为也。"无关乎生死,不能行权。即使关乎生死,但结果若是杀人以求自生,也不能行权。

其实,如果不做如此严格的限定,凡与经义相违反又能带来福祉的行为都给予肯定的话,显然也应该称为权。这种做法在今本《公羊传》中可谓俯拾即是。比如,"实与而文不与",学者有认为是和稀泥者,其实却体现了与权性质相同的思想。

宣公十一年《春秋》经曰:

冬十月,楚人杀陈夏征舒。

《公羊传》曰:

此楚子也。其称人何?贬。曷为贬?不与外讨也。不与外讨者,因其讨乎外而不与也,虽内讨亦不与也。曷为不与?实与而文不与。文曷为不与?诸侯之义不得专讨也。诸侯之义不得专讨,则其曰实与之何?上无天子,下无方伯,天下诸侯有为无道者,臣弑君,子弑父,力能讨之,则讨之可也。[1]

据《左传》,陈国贵族夏征舒的母亲夏姬与陈国君主和贵族

---

[1] 《春秋三传》,见宋元人注《四书五经》下册,第272页。

淫乱，夏征舒不堪忍受屈辱而弑君，引起公室内乱。楚国率领诸侯之师讨伐陈国，诛灭夏征舒。对于此事怎样评价这是另外一回事，但《公羊传》借此提出"实与文不与"的评价标准。所谓实与，就是根据当时天子式微，诸侯力政的形势，对楚国维护邦国秩序的做法给予肯定；但又提出"文不与"，在礼法上不能给予肯定，因为天下有道，应该"礼乐征伐自天子出"才对。所谓"实与"，与"文"相反，即与礼或经相反对，但结果却是"有善"的，所以才给予肯定。这个思想显然符合权的内涵。

如果说这条传文以诸侯挺身而出维护封建秩序，与荀子"从道不从君"的君权性质相同的话，那么，下一条传文则明确表达了如孟子一般的人民性。

宣公十五年《春秋》经文曰：

夏五月，宋人及楚人平。

《公羊传》曰：

外平不书。此何以书？大其平乎已也。何大乎其平乎已？庄王围宋，军有七日之粮尔，尽此不胜，将去而归尔。于是使司马子反乘堙而窥宋城，宋华元亦乘堙而出见之。司马子反曰："子之国何如？"华元曰："惫矣。"曰："何如？"曰："易子而食之，析骸而炊之。"司马子反曰："嘻！甚矣惫！虽然，吾闻之也，围者柑马而秣之，使肥者应客，是何子之情也。"华元曰："吾闻之，君子见人之厄则矜之，小人见人之厄则幸之。

吾见子之君子也，是以告情于子也。"司马子反曰："诺，勉之矣！吾军亦有七日之粮尔，尽此不胜，将去而归尔。"揖而去之，反于庄王。庄王曰："何如？"司马子反曰："惫矣！"曰："何如？"曰："易子而食之，析骸而炊之。"庄王曰："嘻！甚矣惫！虽然，吾今取此然后而归尔。"司马子反曰："不可。臣已告之矣，军有七日之粮尔。"庄王怒曰："吾使子往视之，子曷为告之？"司马子反曰："以区区之宋，犹有不欺人之臣，可以楚而无乎？是以告之也。"庄王曰："诺。舍而止。虽然，吾犹取此然后归尔。"司马子反曰："然则君请处于此，臣请归尔。"庄王曰："子去我而归，吾孰与处于此？吾亦从子而归尔。"引师而去之。［故君子大其平乎己也。］此皆大夫也，其称人何？贬。曷为贬？平者在下也。[1]

《公羊传》的叙述，不管怎样读都会深深地为之感动。

不过，关于史实，三传本身就大不相同。《左传》的记载更偏于历史，故事曲折，每个细节都充满了实实在在的历史必然性：楚军原本就想撤退，只因庄王听从了申叔时的建议，坚持围困，引起宋人恐惧，这才有华元夜闯楚师，威胁到司马子反个人的安全，这才订立和平协议。不错，华元的确说了"易子而食，析骸以炊"的话，但那显然不是为了引起子反的怜悯和同情，而是向子反表达宋人已经到了狗急跳墙、哀兵必胜的境地了。导致和平协议达成的，

---

[1] 《春秋三传》，见宋元人注《四书五经》下册，第281页；方括号内为《春秋公羊传注疏》原文，见《十三经注疏》下册，北京：中华书局，1980年版，第2286页。

主要不是双方统帅的仁慈和恻隐，而是力量的角斗，利害的权衡。

《穀梁传》只有评论：

> 平者，成也。善其量力而反义也。人者，众辞也。平称众，上下欲之也。外平不道，以吾人之存焉，道之也。①

《穀梁传》的评论似乎综合了《左传》的历史记述和《公羊传》的道义评判。所谓"量力"，所谓"上下欲之"，说的就是《左传》所描述的双方都有停战的愿望；所谓"不道"而又"道之"，就是《公羊传》的既要批评大夫决定停战（"贬其平者在下"），又要表扬和平的协议的完成（"大其平乎已"）。

公羊家对这个史实的解释强调实与，因为子反的所作所为符合"反于经然后有善"的权的精神，所以要给予大大的褒奖。这个观点体现了一种仁爱精神，它把人民的生命权摆在高于统治者的利益，甚至高于当时的制度设计的位置上。有了这样的精神，就会保持变革的态势，就会为了人民的利益而突破礼法和传统，就会随时投入为民造福的改革和创新事业中去。这是孟子关于权的思想的进一步发挥和发展，是公羊家在伦理发展观上具有重要理论意义的贡献。它告诉人们，对人的关怀是辩证伦理观的内在动力。公羊学是古代中国最具革新精神和民主精神的学说，其根据就在于它对人的命运和生命的关怀。

---

① 《春秋三传》，宋元人注《四书五经》下册，第281—282页。

（六）迈向"反经而合道"：董仲舒的《春秋》决狱及权的理论新高度

董仲舒是西汉前期的公羊学大师，他继承了孟子和《公羊传》的人道精神，悉心揣摩"反"所蕴藏的生命力，在权的思想上做了多方面的阐释和发挥，把儒家公羊学的辩证伦理观提升到一个新的高度。具体言之，对于《公羊传》权的思想有以下四点突破：

第一，"权"在《春秋》决狱中的实践。

董仲舒不但在权的学说上大有建树，在具体的社会实践中也做出了特殊的贡献。他主张在司法实践中，要根据对《春秋》的理解，发挥权的精义，来分析案情，决定案件处理。据古代目录记载，他曾著有《春秋决事比》十卷、《春秋决狱》二百三十二事，可惜都已散佚，现在只能从其他典籍征引中见到若干片段。以下两节，颇能说明所谓《春秋》决狱所体现的权的精神：

其一，误伤己父。

董仲舒决狱曰："甲父乙与丙争言相斗，丙以佩刀刺乙，甲即以杖击丙，误伤乙，甲当何论？"或曰："殴父也。当枭首。"论曰："臣愚以父子至亲也，闻其斗，莫不有怵怅之心，扶（持）杖而救之，非所以欲诟（殴）父也。《春秋》之义，许止父病，进药于其父而卒。君子原心，赦而不诛。甲非律所谓殴父，不当坐。"①

---

① 《九朝律考》，北京：中华书局，2006年版，第164页。另见李昉等：《太平御览》第3册，卷六百四十刑法部六决狱，北京：中华书局，1960年版，第2868页。后书用上海涵芬楼影印宋本复制重印，校勘未精，字有脱、误、异体等，下条注释情况相同。

父亲与人争斗，遭人用刀击刺，儿子用木棍击打与父争斗之人，误伤到父亲。按法律，殴打父亲是重罪，有人主张处以枭首。董仲舒认为，春秋时许国太子止为治父病，进药致父死亡，《公羊传》认定止的行为"不成于弑"，《春秋》于当年书"冬葬许悼公"，就是赦免止之罪的书法①。他宣称："君子原心"，君子断案要看有没有主观动机，许止是为了救治父亲，虽进药导致父亲死亡，但出发点是好的，所以君子才赦免其罪。同理，这个儿子的所为是出于帮助父亲，并无害父之心，并非法律所说的殴父行为，所以不应判罪。

其二，私为人妻。

又曰："甲夫乙将船，会海风盛，船没，溺流死亡，不得葬。四月，甲母丙即嫁甲。欲皆何论？"或曰："甲夫死未葬，法无许嫁，以私为人妻，当弃市。"议曰："臣愚以为：《春秋》之义，言'夫人归于齐'。言夫死无男，有更嫁之道也。妇人无专制擅恣之行，听从为顺。嫁之者归也，甲又尊者所嫁，无淫行之心，非私为人妻也，明于决事，皆无罪名，不当坐。"②

---

① 昭公十九年《春秋》经文："夏五月，戊辰，许世子止弑其君买。"许悼公吃了太子止所进之药而身亡。《左传》记载事后太子止逃亡晋国。《穀梁传》记载太子止深深自责，主动放弃继承权，让弟弟虺即位，不到一年自己就去世了。《公羊传》认为止未尽道，有过错，但实无弑君动机，史官书"葬许悼公"，就已经赦免其罪。见《春秋三传》，《四书五经》下册，第456—457页。
② 《九朝律考》，第164—165页。

一位妇女的丈夫出海遇难，四个月后，母亲把她改嫁出去。有人认为，夫死未葬，法律不许改嫁，若私自嫁人，应判在市场上处死。董仲舒援引《春秋》"夫人归于齐"的经文[①]，认为丈夫去世而又没有儿子，按理可以再嫁。这位妇人没有专断放肆的行为，应该听从她的选择。况且她的再嫁是母亲的决定，而非出于个人的淫逸之行，不应判罪。

这就是董仲舒的《春秋》决狱！

从前读书，遇到有关董仲舒用《春秋》判案的文字，不觉哑然失笑，以为天方夜谭。可是从"反经然后有善"的公羊义法来看，其中还真有深意。我们很轻易地相信，作为执法人员，只要严格按照法律断案就行了。读了董仲舒的《春秋》决狱方才猛醒，单纯地严格执法，是远远不够的。真正的执法者，要认认真真地研究案情，了解社会，体察人性，更重要的，是要有一颗炽热的仁爱之心！如果没有这些条件，那么，所谓殴打父亲的儿子，亡夫未葬而改嫁的妻子，都会按照法律规定而受到严厉处罚，公正和人道，就会受到压抑而无法伸张。以上几个例子，说的都是与法律常规相反但却符合人性的故事，细细品味，才体会到儒家"权"的真正意义所在。由此可见，董仲舒的《春秋》决狱，应该成为法官的一面镜子，透过它，可以看到自己的所作所为是否合格，可以看到自己未

[①] 《春秋》文公十八年有经文"夫人姜氏归于齐"。何休解诂："归者，大归也。夫死子杀，贼人立，无所归留，故去也。有去道，书者重绝不复反。"徐彦疏："凡言大归，一出不反之辞。"《春秋公羊传注疏》，《十三经注疏》下册，第2275页。陈立曰："董生特以夫人姜氏可以如齐，以例夫死无子者可以更嫁，非谓夫人姜氏更嫁也。"《公羊义疏》四十三，《皇清经解续编》卷千二百三十一，《续经解春秋类汇编》（四），第4276页。

来努力的方向。

第二，以重民、爱人为《春秋》反经思想的最高标准。

在《春秋繁露》中，可以读到这样的文字：

> 《春秋》之常辞也，不予夷狄而予中国为礼，至邲之战，偏然反之，何也？曰：《春秋》无通辞，从变而移。今晋变而为夷狄，楚变而为君子，故移其辞以从其事。夫庄王之舍郑，有可贵之美，晋人不知其善，而欲击之。所救已解，如挑与之战（"如""而"古通用），此无善善之心，而轻救民之意也，是以贱之。（《竹林》）①

宣公十二年，晋荀林父率师与楚庄王战于邲，晋师大败，传曰："大夫不敌君。此其称名氏以敌楚子，何不与晋而与楚子为礼也？"公羊家认为，《春秋》记载邲之战时称晋国荀林父之名，说荀林父率领军队与楚子（楚王的正式称谓）交战，这是对晋军的贬损，对楚军的肯定。晋国是华夏诸侯的领袖之邦（霸主），楚国是"蛮夷"之邦，按照当时礼制，华夏的史书应该毫无保留地支持作为华夏的晋国，而贬损作为夷狄的楚国才是，可为什么偏偏相反，却贬损晋国，表扬楚国呢？董仲舒认为，《春秋》对人物和史事的评价没有通行不变的，而是随形势的变化而转移的。楚庄王能够中止对郑国的军事行动，这是可贵的君子行为，应该表扬；郑国的危险已经解除，晋军却仍然要攻击楚军，这就是没有对善的善待之

---

① 苏舆：《春秋繁露义证》，第46—47页。

心，轻视救民的意义，无异于夷狄的行径，所以要给予贬斥。这种对"不予夷狄而予中国为礼"的反对，就是一种权。

董仲舒宣称，《春秋》以重民和爱人为最高标准，符合的则表扬，违反的则谴责。按照《春秋》的规则，有灾害的年份君主不能维修旧宅，建造新邑，《春秋》所痛恨的就是不靠德政，而靠武力，驱赶民众，而导致他们受到伤害。《春秋》所好的，就是有法律而勿用，仁义以服之。至于"德不足以亲近，而文不足以来远，而断断以战伐为之者"，这本是《春秋》最为痛恨的。正是因为《春秋》坚持重民和爱人标准，所以才会因为发动战争或不遵守作战规则而把诸夏视为"外"，反之，则把夷狄视为"内"。这与"内诸夏而外夷狄"的礼制显然是相反的，但却合乎仁爱和重民的标准，所以应该属于"反经然后有善"的权。

第三，以"合义"为行权的底线。

关于权的内涵，董仲舒有自己的理解，把问题又向纵深推进了一步。最典型的，要数他对"齐晋鞌之战"的释义。在这场战役中，齐顷公与随身武士逢丑父被晋军俘获。但因两人相貌接近，事先又在战车上调换了位置，假冒齐顷公的逢丑父命装扮成逢丑父的齐顷公下车去取饮用水，这才让齐顷公趁机逃回齐军。《左传》对逢丑父舍身救主的义举做了精彩描述，令人感动。身为公羊家的董仲舒却不以为然，他评论道：

> 逢丑父杀其身以生其君，何以不得为知权？丑父欺晋，祭仲许宋，俱枉正以存其君。然而丑父之所为，难于祭仲，祭仲见贤而丑父犹见非，何也？曰：是非难别者在此。此其嫌疑相似而不

同理者，不可不察。夫去位而避兄弟者，君子之所甚贵；获虏逃遁者，君子之所甚贱。祭仲措其君于人所甚贵以生其君，故《春秋》以为知权而贤之。丑父措其君于人所甚贱以生其君，《春秋》以为不知权而简之。其俱枉正以存君，相似也；其使君荣之与使君辱，不同理。故凡人之有为也，前枉而后义者，谓之中权，虽不能成，《春秋》善之，鲁隐公、郑祭仲是也。前正而后有枉者，谓之邪道，虽能成之，《春秋》不爱，齐顷公、逢丑父是也。……丑父大义，宜言于顷公曰："君慢侮而怒诸侯，是失礼大矣。今被大辱而弗能死，是无耻也，而复重罪。请俱死，无辱宗庙，无羞社稷。"如此，虽陷其身，尚有廉名。当此之时，死贤于生。故君子生以辱，不如死以荣，正是之谓也。……曾子曰："辱若可避，避之而已。及其不可避，君子视死如归。"谓如顷公者也。（《竹林》）[1]

董仲舒首先把逢丑父与祭仲做了比较，一个假扮国君蒙骗晋国，一个以国家听命于楚，两人都是为了保存君主而违反了"正道"（"枉正"，即"反经"），而且逢丑父的所作所为比祭仲还要难，可是祭仲得到肯定，而逢丑父却受到非议，这是为什么呢？董仲舒认为，按照祭仲的做法，忽去位而让与兄弟（突），这样做可以受到君子的称赞；可按照逢丑父的做法，君主被俘后逃脱，这是被君子所轻贱的事情。祭仲救了君主，还使他得到尊荣；逢丑父救了君主，却使他蒙受耻辱。所以《春秋》认为祭仲知权，而逢丑

---

[1] 苏舆：《春秋繁露义证》，第59—63页。

父不知权。董仲舒把其中原因概括为两人的所为在"枉"和"正"的关系上结果不同。祭仲的所为是"前枉而后义","枉"即反经;"义"即宜,应该之义。在董仲舒看来,"前枉而后义"的,即使失败,也符合权的标准。逢丑父的所为却相反,是"前正而后有枉者",即使成功,也是邪道,当然不能受到《春秋》的肯定。那么,逢丑父怎样做才对呢?董仲舒认为,逢丑父应该这样对齐顷公说:"君因傲慢而触怒了诸侯,这样做失礼大了;如今蒙受大辱却不能赴死,这又是无耻之行。我请求与君俱死,免得辱没了祖先,让国家蒙羞。"这样做,即使身陷险境,还可保留个正直的名声。在这种情况下,死比活更有价值。与其羞辱地活着,不如光荣地死去。

董仲舒以结果是否合"义"来判断行权与否,这的确把问题引向更高的层次。《公羊传》已经有"反经然后有善",董仲舒认为,对于善要做辨析。善不是有利于自己的一般性的结果,那样会给为所欲为或无所不为的无赖之徒打开方便之门,是要不得的。所谓善要符合"前枉而后义"的原则,反经在前,结果却要符合"义"的要求。义者宜也。宜即应该。什么是"应该"?这要看是什么人。不同的人,身份地位不同,"应该"也不同。对于君主,保住性命当然也算应该,但还不够,还要保住尊严和荣耀。身为君主,保住了性命,丢掉了尊严,那就不符合"应该"的全部含义,也就是违背了"前枉而后义"的原则,就不能说是善了。反经而无善,那还叫权么?董仲舒用"义"来制约权,把权牢牢地限定在行权主体的本质属性上,这就堵住了假"权"之名而为所欲为或无所不为的"邪路",当然也就堵住了阴谋权术的路子。这是儒家思想在新时期的重大发展。这种思想在《玉英》和《王道》等篇中也有精彩说明。

第四，攀登"反经而合道"的理论高度。

关于宋华元与楚司马子反的故事在公羊家内部是有争论的，董仲舒对此尤为重视。《春秋繁露》中保留了这样的内容：

问者曰：司马子反作为楚庄王的使者，不执行君命，同情敌人的处境，与宋国讲和。对内来说，这是独揽了国君的权力；对外来说，这是盗取了国君的美名。这种蔑视君主的不臣行径，《春秋》却给予表扬，道理何在？

答者曰：因为他有悲悯之心，不忍心看到宋国国都中的民众饥饿到人相食的境地啊。

难者曰：按照《春秋》之法，卿大夫不应该考虑诸侯的职责。作为臣子，子反怜悯宋国民众而与敌人讲和，这是以君主的身份在考虑政治问题，夺取了君主的尊严，《春秋》给予表扬，这是经典的疏漏啊。按《春秋》之义，盗取名声就是臣子的恶行。所以，忠臣并不公开地谏诤，而是给君主做出正确的决定留出余地。这才是做臣子的正当做法啊，古代的良大夫都是这样做的。可子反并未远离君主却不复命，庄王可以看到实情却不告知，人们却以为子反解两国之难是出于不得已，这种夺取君主声名的做法应该怎样看呢？

对于这个挑战，董仲舒给予了严肃的回应：

曰：《春秋》之道，固有常有变，变用于变，常用于常，各止其科，非相妨也。今诸子所称，皆天下之常，雷同之义也。子反之行，一曲之变，独修之意也。夫目惊而体失其容，心惊而事有所忘，人之情也。通于惊之情者，取其一美，不尽其失。《诗》云："采葑采菲，无以下体。"此之谓也。今子反往视宋，闻人相食，大惊而哀之，不意之至于此也（钱云"不意"之下当有"宋"字），是以心骇目动而违常礼。礼者，庶（《释名》："庶，犹摭也。"摭合之意。）于仁、文，质而成体者也。今使人相食，大失其仁，安著其礼？方救其质，奚恤其文？故曰："当仁不让"，此之谓也。《春秋》之辞，有所谓贱者，有贱乎贱者。夫有贱乎贱者，则亦有贵乎贵者矣。今让者《春秋》之所贵。虽然见人相食，惊人相爨，救之忘其让，君子之道有贵于让者也。故说《春秋》者，无以平定之常义，疑变故之大则，义几可谕矣。（《竹林》）①

"常"就是"经"，即升平稳定时期通行的"常礼""常义"。礼本于仁。人相食，哪还有仁可言？没有了仁，礼还有什么根据？此时，救其质还来不及呢，哪里还顾得上礼文？子反的所作所为，则是"变"，即"变故之大则"。"常"和"变"都是合乎"仁"的，但"常用于常""变用于变"，当此"人相食""人相爨"的非常时刻，作为"变故之大则"的"变"就要高于"常礼""常义"。这就是权！读到这里，可以发现，相对于《公羊传》"反经然后有善"来，"《春秋》之道，固有常有变"的说法显然朝着理论化的方向更前进了一步，"反经而合道"的命题已经呼之欲出了。

---

① 苏舆：《春秋繁露义证》，第53—55页。

《系辞下》有"巽以行权"。东晋人韩康伯注曰:"权,反经而合道。必合乎巽顺,而后可以行权也。"孔颖达正义:"巽顺,以既能顺时合宜,故可以权行也①。若不顺时制变,不可以行权也。"②今人金景芳、吕绍刚先生认为:"巽是掌握制命的,为了使制命更切合,在发布命令时可以行权,有与实际情况不一致之处,应该灵活处理。所以说'巽以行权'。"③韩康伯把"权"解释为"反经而合道"这是一个大的进步,是汉儒对权的认识在晋代的又一次飞跃。

本来,我想绘制一个图例,希望能够帮助理解"反经然后有善"和"反经合道"的精义。可是试了几个方案,却发现,经和权其实都在做着螺旋式的运动。经在符合人性的时候是善的;当人性有所发展,超出了它的限度,经就成了压制和束缚人性的东西,就变成不善。为适应人性的新发展,经就必须自我否定,自我创新,采取新的办法,来适应人性的发展。于是,权就应运而生了。权是反经的,但与从前的经一样,是符合人性的,是善的,在这个意义上,它就成了新的经。可见,经就是这样,在善与不善之间循环往复。权何尝不是如此呢?当它顺应人性需要,反对经的不善,在特殊条件下代替经的时候,它是善的;可当它越出自己的限度,又会成为不善;而当它成为经的时候,又必然在善与不善之间循环往复啊。至此我才恍然醒悟,很难再有比太极图更合适的图示来展现

---

① 《校勘记》:"闽、监、毛本同。钱本、宋本'权行'倒。"《十三经注疏》上册,第92页。
② 孔颖达:《周易正义》,《十三经注疏》上册,第89页。
③ 金景芳、吕绍刚著,吕绍刚修订:《周易全解》,上海:上海古籍出版社,2005年版,第593页。

"反经然后有善"和"反经合道"的精义的了，所以就放弃了重新绘制图示的想法。总之，按照公羊家的思想，权是反经，即与经相反对的新的发展；权本身也要变为经，面临着新的权的否定。在这个过程中，不论是经还是权，都要经历反对和反复的矛盾运动。经自身经历着由善而不善，再由不善而善的螺旋式发展；权的自身也会有自己的由善而不善，再由不善而善的新的螺旋式发展。我们从公羊家特别是董仲舒关于权的思想中，可以挖掘出这样的辩证发展观。

通过以上所述，我们了解到董仲舒对权的思想所做的贡献。他把重民和爱人当作最高标准；他反对战争，反对战争中的残酷行径；他主张对人性施以保护[①]；他随时准备为了这些目的而反对常规和传统。所有这些都闪耀着人道主义的光辉。可遗憾的是，多年来，在我们的教科书中，董仲舒基本上是一个反面形象，他往往被描绘成一个替专制君主加强思想统治而制造舆论的精神帮凶，鼓吹天人感应的神学家，迷信三统三正的江湖术士，坚持"天不变道亦不变"的宿命论者，宣扬三纲五常的封建卫道士。我想说的是，西汉前期，是古代中国文化融合、消化、创新的一个重要阶段，作为这个阶段思想和文化的代表人物，董仲舒毫无疑问是复杂的。他不会那样浅薄，也不会那样片面。重要的是，我们应该老老实实、认认真真地读懂他，读懂他的时代。

[①] 董仲舒是当时的激进人士。他反对土地兼并，主张"限民名田"；反对奴隶制度，主张"去奴婢"。后代常用"富者田连阡陌，贫者无立锥之地"来形容土地兼并的严重，这个话就是董仲舒的名言（原作"富者田连仟伯，贫者亡立锥之地"）。见《汉书·食货志》，第1137页。

三、结语：为什么是一次觉醒？一次怎样的觉醒？

以上，我们对道儒两家围绕着反这个主题而展开的辩证思想做了历史的考察。战国时期的法家倡导一种非此即彼的决裂式的发展观，以更加激烈的态度反对传统，严重缺乏辩证性，结果，导致对于文化传统的彻底否定，成为压制人性的善，纵容人性的恶的势力。这些不在本文论述之列。

回到本文论列的道儒两家。如果以老子提出"反者道之动"为界，那么，前后两个时段里在发展的理解上究竟有哪些不同？或者说，老子的发现究竟给古代发展观带来了哪些变化？给后来的人们带来了哪些新鲜的东西？这是我们想要知道的。

西周初年，文王、武王、周公倡导天命论，以为天命是上天意志的表示，不过，他们还认识到，"天命靡常"（《大雅·文王》）[①]，天命并不固定；"《康诰》曰：'惟命不于常。道善则得之，不善则失之矣。'"所谓"惟命不于常"意即"不专佑一家也"（郑玄注）[②]，它要看统治者能否遵循善的原则。"有命自天，命此文王"（《大雅·大明》）[③]，文王得到上天之命，这当然是说文王是遵循从善的原则的，所以才会得到天命。这种观点对

[①] 孔颖达：《毛诗正义》，《十三经注疏》上册，第505页。
[②] 孔颖达：《礼记正义·大学》，《十三经注疏》下册，第1675页。
[③] 孔颖达：《毛诗正义》，《十三经注疏》上册，第508页。

于殷纣王"我生不有命在天"(《西伯戡黎》)[1]的僵化的天命思想,实在是根本性的否定。殷纣王的天似乎还处在族群神的阶段,在他心目中,天命是特许给某一个族群的,似乎是永世长存的。在这个思想支配下,血缘就是一切。生为贵胄,永远就是贵胄。文武周公明确宣布天命并非一成不变,它要看谁有德,谁无德,有德的,才可获得天命而保有天下;无德的,自然不会获得天命的庇佑,即使有天下,也会因为无德而终将不保。这是发生在殷周之际思想领域里的一场深刻变革。经过这场变革,天突破了族群神的界限,成为天下所有人共同信仰的最高存在;有德的,就会得到天命而获得发展的机会;无德的,就要失去天命从而失去发展的机会。族群在政治和文化上的发展系于有德无德。按照这个说法,居于统治地位的,自然就是有德的,处于被统治地位的,不言而喻,就是无德的。如此而已。这就是周代的发展观。

这里有一个问题,需要提出来。按照我们现在读到的传世文献,如《甘誓》《汤誓》,早在夏商两代,王朝更替时,新王朝的代表者夏启和商汤就宣称自己的行为是奉行上天的意志(命),是有德取代无德。周公的天命论无非是重复了夏商两代统治者的话,并无新意可言啊。怎么理解这种现象呢?我以为,目前我们读到的《甘誓》《汤誓》,学界通行的看法认为都是经过战国时人润色的,难免羼杂有战国时人的想象成分。这固然是一种解释。但据现有资料,夏商周三代在信仰上的确有其共同性,即都把天(或"帝""上帝")当作最高的依据,也的确都把德当作天命的根

---

[1] 孔颖达:《尚书正义》,《十三经注疏》上册,第177页。

据。按理，新朝代的创立者，自然会强调天命的变动性因素，比如新统治者的有德，旧统治者的无德，以为取代旧王朝服务；而守成的君主也会不断地神化天命的稳定性因素以及与本族的天然联系，以便制造族群神的效果，比如，居于统治者地位这本身就是有德因而得到天命庇佑的明证，以维护王朝统治的长治久安。殷纣王是守成的统治者，他自信生而有命在天，他的观点能否作为整个商朝统治者的共识？从殷人对神的虔敬来看，是有可能的。

但是，三代意识形态的不同也是存在的，那就是对于德的理解有所不同。据《礼记》记载，孔子曾说过："夏道尊命，事鬼敬神而远之"；"殷人尊神，率民以事神，先鬼而后礼"；"周人尊礼尚施，事鬼敬神而远之"（《表记》）[1]。按照公羊家的说法，夏、商、周三代分别以忠、敬、文为德的主要特征。夏朝还不好说，商（殷）、周两朝则有大量考古资料为证，说明商朝迷信神灵，而周朝重视宗法。如此看来，商汤取代夏桀，是敬神的取代粗鄙的；武王伐纣，是人文的取代神秘的。这就在看似相同的天命有德的思想模式内，展开了忠、敬、文的更替。殷纣王自信生而有命在天，这在一个神权王朝里应该是很自然的事情，无须奇怪。当然，这并不是说在殷朝内部就没有一个人还有些许理性精神。按《尚书》记载，就在殷纣王说这句话之前，大臣祖伊来报，说西伯（文王）攻打黎国，这是上天已经断绝我殷朝天命的迹象（"天既讫我殷命"），原因是大王您行为过于懈怠，所以上天放弃了我

---

[1] 孔颖达：《礼记正义》，《十三经注疏》下册，第1641—1642页。

们("惟王淫戏用自绝,故天弃我")[①]。记载这个故事的《西伯戡黎》虽然是《商书》的一章,但整部《尚书》却是经过周人编定的,应该是符合周人意识形态的,所以祖伊的说法是否属实,也是一个问题;即使属实,那也只能说明他是商朝统治者中较有理性的一位,如此而已。《牧誓》是《尚书》中较为古朴的一篇,较比后代那些关于殷周更迭的记载可信得多。据《牧誓》记载,牧野战前,武王誓师,声讨纣王,列举的罪状共有四条:信任美女、废弛祭祀、疏远兄弟、重用逋逃。美女和逋逃都是异族人,祖先(祭祀的对象)和兄弟却是本族人,纣王信任异族人,疏远本族人,这在信奉宗法精神的氏族看来,是无法容忍的。武王恰恰是利用宗法精神号令天下,声讨殷纣的,这与以"文"代"敬"的说法是一致的。

由此再来看周公的天命论,它的创新之处,可能也要在德之中来理解。在《尚书》诸诰中,周公与亲近大臣的对话就表达了他对德的理解。从中可以看到,周公的德,主要内容当然还是宗法精神,号召氏族(同姓)和部落(甥舅)团结起来,共同把控天下政局。同时对本族以外的其他族也要根据远近亲疏分别采取相应手法来对待,让普天之下成为一个以周族为核心的宗法大家族,这叫作"天下一家"。这种精神在春秋时期仍然作为官方意识形态支配着一些人的头脑,他们仍然相信"同姓则同德,同德则同心,同心则同志"(《晋语四》)。[②]

---

① 孔颖达:《尚书正义》,《十三经注疏》上册,第177页。
② 《国语》下册,上海:上海古籍出版社,1988年版,第356页。

按照学界的一般见解，春秋时期，社会结构发生了很大变化，传统的分封制难以为继，宗法制也趋向于解体，族群的交往和融合越来越频繁和深入，氏族与氏族，民族与民族之间的界限越来越模糊，亲不亲，已经不一定要看血缘是否相近，可能更要看利益是否一致了。再加上天子式微，诸侯力政，大夫专权，陪臣执国命，弑君亡国，屡屡发生，宗法道德既不能解释矛盾复杂的社会现实，更不能用来维系宗法秩序，还有什么用呢？还有谁相信呢？以宗法为德的观念已经到了破产的边缘，拿着这种观念，已经无法看清复杂严峻的社会现实了，更不要说给复杂的社会现实以清晰的说明和解释，并指出一条切实可行的出路了。可以这样说，生活在春秋后期，相信这种宗法观念，就像一个人处在昏睡状态中一样。

恰恰在这个时候，老子提出"反者道之动"，告诉世人，世界并非"有德""无德"那么简单，正反善恶并非固定不变的，有德的，也许会变成无德；无德的也许会变成有德。正和反的循环往复，才是世界的发展方式！这是一种认识矛盾的理性方法，具有一定的辩证精神。从春秋后期到西汉前期，宗法血缘制度进一步解体，新的平民社会进一步壮大，礼制和传统经义随时处于被反对和突破的境地。可吊诡的是，某些被视为洪水猛兽的反对和破坏力量，经过一段时间的检验，似乎更能够给人带来利益和福祉；那些反对礼制和传统经义的行为，结果似乎又返回到那些礼制和传统经义曾经赖以生存的仁爱世界。或者说，换一个角度看，那些反对仁爱的所作所为又仿佛返回到仁爱一样。正是在这个形势下，继起的儒家则以反为主题，对与经义相反对却又能带来有益人类的发展方式进行了深入研究，为人性的发展创造了更加友好的伦理精神和文化环境。这样,"反者道之动"的基本原理,经过"反经然后有善"的具体发挥,就完成了哲学发展观向文化和伦理发展观的转型。

黑格尔说过:"个人进入对立面,即是人本身意识的觉醒。"[①]虽然说的是亚当夏娃偷吃禁果而获得善恶知识的故事,但对于任何进入对立状态的社会都是适用的。与前一个时代相比,春秋时代的人们显然更深一步地"进入对立面",这就是为什么他们能够更深切地体会到对立面的矛盾运动,从而提出"反者道之动"的哲学命题的原因。到了战国时代,古代中国社会结构的变革大体完成,再到西汉中期,这场变革的所有成果都经过消化,成为后来中国社会的重要因素而重新组合起来。值得注意的是,这场变革走的仍然是妥协式的道路,这就决定了古代的儒家必定要在传统礼制的辩证发展方式上狠下功夫,"反经然后有善"就是这场思想讨论结下的一个硕果。

与春秋中期以前不同,春秋后期以来,人们越来越多地把个人的命运、个人的荣辱得失放在重要位置加以考虑;把个人利益的计算、把个人智慧的运用、把个人品德的展现当作立身处世的方法。在制度设计上也从注重宗法原则逐渐向尊重个体生命的方向推进。尽管这个时代,人们仍然相信天命有德的口号,但德的内容已经从单纯的宗法血缘观念,扩展到对复杂的现实矛盾进行理性思考和实际应对的领域了。这种变化,尽管可能带来更为尖锐的矛盾,但毫无疑问是人类精神的进一步自觉,是人类奔向自由和解放的一个巨

---

① 黑格尔:《小逻辑》,第90页。

大的进步！正是在这个意义上，我认为，道儒两家对于"反"的理论探索是一次深刻的哲学反思，它使得中国的新的轴心文化实现了真正意义上的突破[①]，就像一支清醒剂，让原本昏睡于宗法迷梦中的古代中国人，在新的、尖锐的现实矛盾面前获得了一次意义深远的觉醒。

当然，由于古代中国社会变革仍然采取了妥协的方式，新与旧并未截然断裂：齐民制产生了，宗法制在家庭中还有影响；郡县制确立了，还需要分封制做补充；官僚科层制形成了，还有血缘势力的渗透和支配。整个社会还处在"以旧为体，以新为用"的结构中。在这种情况下，作为社会管理总规则的礼，就更要采取新旧衔接和渗透的办法来实现自己的更新。这就是为什么儒者要以与礼相反相成的方式寻求文化发展的原因了。这也是为什么古代中国的精神觉醒最终要走向"伦理动物"的原因了。而从"反者道之动"到"反经然后有善"的过程，恰恰清晰地显露出发展的这条轨迹。

[①] 卡尔·雅斯贝斯：《历史的起源与目标》，第64页。

战国法家在道论本体化发展中的理论贡献

  法家有没有理论？这本来不算个问题，法家讲了许多道理，宣扬法治，韩非还有法、术、势相结合的学说，这在关于中国政治思想史的任何一本教科书上都有记载，怎么不是理论呢？不过，我说的不是这个意思。法家在阐述法治主张时的确研究了很多社会现象、政治现象，也的确讲了很多政治上的道理，这些在历史学、社会学、政治学的意义上，都不能说不是理论。可是，法家又确确实实搞学术和文化的大批判，确确实实主张愚民，甚至主张焚书坑儒，拥有这样主张的派别可能真心实意地搞理论吗？当然不能。不过，历史上又的的确确存在一些吊诡的现象。反对理论最为激烈的派别，有时对于所要反对的理论却不得不从理论上加以反对。不仅从理论上反对，而且在申明反对的理由的时候，又很有可能会不经意地推动了理论的发展。法家在本体思想上的表现可以看作是一个典型。

过去，人们从情感上就倾向于否定法家，贬低法家，不愿意承认他们在理论上有什么贡献，这是可以理解的，特别是在带有具体的现实内容和实际价值的学说上，法家的思想也的确很难做出什么有普遍意义的贡献。不过，对于有些纯理论问题，情况则略有不同。因为所谓纯理论问题，往往在感觉上脱离具体的社会内容和实际价值，对于维护君主一己私利的法家派别来说，在这样的理论上赢得胜利并不表明对于理论、学术、文化的重视和支持，也不表明对君主以外其他社会势力的利益的承认和肯定，所以，在纯理论上展开学术性的讨论，法家反倒没有什么顾忌。本体思想大概就属于这种纯理论的范畴。

本体论是一个不好界定的概念，本文不打算做详细的学术性考证，只取其通行含义，即关于世界本原和事物本质的思考。我认为，凡是称得上理论家的，即使是在艺术、文化、政治、社会领域中，只要想做深层次的理解，就一定要上升到理论层次，到最后，就一定要在本体论上确立自己的根据，好像只有这样才可表明自己的研究是具有了普遍的意义。不可否认，古代中国人在思想文化上有寻求普遍意义的传统。比如，在诗歌上，赋，就需要有比、兴为衬托和辅助，以显示抒写的情景是有普遍意义的。在论说上也相类似，具体的论点往往需要用有普遍意义的说法来帮衬，以彰显有效性，这就是为什么在古代中国人的文章中譬喻方法大行其道的原因所在。世界的本原或事物的本质，就是能够起到这种作用的思想资源。法家要把自己对于法治的主张说透，也必然要在这种本体论的意义上找到根据。

在古代世界，不论是重视科学和艺术表现的希腊哲学，还是重视政治和社会治理的中国思想,都有一个本体化的发展过程。这个过程,在古代希腊是以研究τò ὄν(是、在)和oὐσιά(本质)等概念而展开的,在古代中国则是以讨论道和理等概念而进行的。在古代中国的道论本体化发展过程中,法家究竟扮演了什么角色?做出了哪些理论贡献?这些贡献又有着怎样的限度?这几个问题显然还有继续研究的必要。过去,我的研究在梳理从道到理的总体发展脉络上用力较多,对于道理论本身的理论特点及其创新意义和限度,还未能做细致而具体的分析,本文将就此展开讨论,敬请方家批评指正。

一、道论本体化的理论贡献

战国中后期,道论的发展中出现了新的转机,"理"字越来越受到学者的重视,《管子》《慎子》《黄帝四经》《商君书》《荀子》《孙子兵法》《孙膑兵法》《司马法》等许多作品中有大量的证据。这些书在后世目录学著作中大多著录在法家和兵家。据说古者兵刑不分,理与法、与刑是相通的。而在《荀子》《慎子》等著作中,道理连称也不稀奇了。在《管子》和《黄帝四经》中,理字最有哲学意味。《管子·心术上》有"心之在体,君之位也。九窍之有职,官之分也。心处其道,九窍循理"[1]的说法,认为道和理之间有与君和官的关系相同的关系,也就是有总要和具体、支

---

[1] 黎翔凤撰:《管子校注》,梁运华整理,北京:中华书局,2004年版,第759页。

配和被支配的关系。《黄帝四经·四度》认为："执道循理，必从本始，顺为经纪，禁伐当罪，必中天理。……极而反，盛而衰，天地之道也，人之李（理）也。逆顺同道而异理，审知逆顺，始胃（谓）道纪。"①《黄帝四经·论》则有"物有不合于道者，胃（谓）之失理。失理之所在，胃（谓）之逆"②。这些作品大概都是韩非同时代的，从中可以看出，道和理已经具有总体和个别、普遍和特殊的含义了，这些思想应该是韩非思想的重要资源。

韩非的道理论，集中保留在《韩非子·解老》篇中。过去，因为目录学传统的影响，我们有些哲学史、思想史学者对于学术流派上的家的理解过于拘泥，对于身为法家的韩非为什么可以为《老子》做注大感不解，往往倾向于否定《解老》为韩非所作。时至今日，人们对于古代学术发展有了更切实际的了解，认识到所谓诸子百家，是后人根据某些标准做的文献分类，被划分的诸子百家自己倒没有那么自觉，因为他们本来就可互相接纳，也可互相排斥，作为思想，它们更是互相渗透、互相批判、互相学习、互相影响、互相补足的，所以从思想本身的逻辑发展上来看理论特点，要比分家式的研究更可靠，更真实。

关于《解老》究竟是否韩非所作，文献学家有过肯定的结论，比否定的说法更可信[3]，所以我采信肯定说。

在《解老》篇中，韩非对道理论做了古代中国最富理论性的说

---

① 马王堆汉墓帛书整理小组编：《经法》，北京：文物出版社，1976年版，第23页。
② 马王堆汉墓帛书整理小组编：《经法》，第28页。
③ 张觉：《韩非子校注》，长沙：岳麓书社，2006年版，第176—178页。

明。有两段文字最为重要,其一曰:

> 道者,万物之所然也,万理之所稽也。理者,成物之文也;道者,万物之所以成也。故曰:道,理之者也。物有理,不可以相薄;物有理不可以相薄,故理之为物之制。万物各异理,而道尽稽万物之理,故不得不化;不得不化,故无常操;无常操,是以死生气禀焉,万智斟酌焉,万事废兴焉。天得之以高,地得之以藏,维斗得之以成其威,日月得之以恒其光,无常得之以常其位,列星得之以端其行,四时得之以御其变气,轩辕得之以擅四方,赤松得之与天地统,圣人得之以成文章。道,与尧舜俱智,与接舆俱狂,与桀纣俱灭,与汤武俱昌。以为近乎,游于四极;以为远乎,常在吾侧;以为暗乎,其光昭昭;以为明乎,其物冥冥。而功成天地,和化雷霆;宇内之物,恃之以成。凡道之情:不制不形,柔弱随时,与理相应。万物得之以死,得之以生;万事得之以败,得之以成。道,譬诸若水,溺者多饮之即死,渴者适饮之即生;譬之若剑戟,愚人以行忿则祸生,圣人以诛暴则福成。故得之以死,得之以生;得之以败,得之以成。[1]

首先看什么是道。道是"万物之所然也",也就是使万物成为万物的那个东西。道是"万物之所以成也",也就是用来成为万物的那个东西。单纯这样看,很可能把道看作本原论,或者理解为经验性实体,不过,结合全文,恐怕不能这样理解。

---

[1] 张觉:《韩非子校注》,第201页。

理是什么呢？理者，"成物之文也"。理就是看上去使某物成为某物的外表上的纹理，也就是使某物区别于他物的特征。"物有理，不可以相薄；物有理不可以相薄，故理之为物之制。"物因为各有自己的纹理，所以不能相互混淆（薄，通迫，靠近），所以，理就是物的边界（制）。

道与理有什么关系？按韩非的说法，道是"万理之所稽也"。"稽"这个字很特别。从前我读《解老》，每到这里，都因为没有满意的注释而感到不好理解。后来，自己下了一番功夫，才了解到，"稽"在战国文献中经常见到，特别是在被许多学者认为是伪书的《鹖冠子》中有着很有哲理的解说①。因此我推断，韩非在《解老》中使用"稽"这个字绝不是随意的，应该是有所为的。他的用意何在？我查阅了清人的训诂成果，了解到，"稽"与"至""止""积""纪""计"等字相通，有到达、停顿、积滞、原则和考核之义。在《解老》篇中，韩非提出"定理"的观点，认为理乃事物的形，具有相对静止的属性，所以才可观察和稽考。

在韩非看来，道是指万物存在本身，就此而言，万物皆同。可是，如果没有具体的规定，道就成了无差别的存在。世界若是无差别的存在，那就是说它的内涵是〇。内涵是〇，也就是说它

---

① 《博选第一》："道凡四稽：一曰天，二曰地，三曰人，四曰命……所谓天者，物理情者也；所谓地者，常弗去者也；所谓人者，恶死乐生者也；所谓命者，靡不在君者也。"（黄怀信：《鹖冠子汇校集注》，北京：中华书局，2004年版，第10页）道所体现的是天、地、人和命中的根本属性，稽说的应该是道在具体之物中的体现，显然，这里的"稽"是指有形世界中的事物法则，已显露出追求事物本质的哲学倾向。

不是什么东西，也就是无。世界如果是无，那还怎么认识呢？还有什么必要去认识呢？可见，这样的思想与法治改革的功利目标是背道而驰的。法家要研究具体问题，制定具体的战略策略，就一定要突破这种无差别的同，就一定要进入有差别的真实世界。要做到这一点，就一定要对道做出具体的规定。"道，理之者也"，道是万物之所同，又是万物各有其理的过程。万物各有其理，所以又各不相同。这样看来，凡物皆是有同有异。同者是其道，有道就有理；异者即其理，有理才是道。道和理是同和异的对立统一。凡物都一样，怎么一样呢？都是从无差别的状态（无，本原）发展到有差别的状态（有，事物），这就是"道，理之者也"！稽字所有的含义与韩非的这些观点相吻合，所以才被用来指代道理关系。也就是说，道和理说的都是事物的存在和发展方式，也就是说，凡物都是以"至""止""积""纪""计"等方式存在和发展着的，由此，道和理就为存在的普遍性与特殊性的同一关系提供了实实在在的具体根据。关于"稽"字，《说文解字·稽部》段玉裁注云："稽，计也。稽考则求其同异。故说《尚书》'稽古'为'同天'。稽，同也。"[①]稽就是同。"万物各异理，而道尽稽万物之理"，"道者万理之所稽也"，道和理就是因为稽才具有对立统一的辩证关系。

道和理具有同一关系，要说明这一点其实有两种论证策略，一是逻辑的，一是历史的。所谓逻辑的，说的是概念的。比如，我们说，道是事物总体，表示事物的共性；理是事物个体，表示事物的

---

① 段玉裁：《说文解字注》，上海：上海古籍出版社，1988年版，第275页下。

差异。事物总体与事物个体一定是相等的，不论是数量上，还是性质上。有什么样的事物个体，就有什么样的事物总体。个体事物有差异，这说明事物总体本身就应该是包含着差异在自身内的，事物总体本身就是自相矛盾的。事物个体虽然各不相同，但在共性的意义上都是存在，因此，个体就是总体。由此可见，道与理作为普遍与特殊，就应该具有同一关系。这就是逻辑的说明。另一种是经验上的说明。就是找到道之所以成为理的具体的途径和方法，由此，道才可以发展成为理，理才能够实现道。

在上段引文中，韩非采用的是理论的论证策略。首先以近乎定义的方式来说明道是什么，理是什么，道和理各有什么特点；然后，重点论证道和理因而具有怎样的关系。最后，得出结论："万物各异理，而道尽稽万物之理"；"道者万理之所稽也"。不过，韩非借用稽字，似乎又暗示着他企图从发展的意义上来说明道理之所以具有同一关系的历史根源。按稽有至的含义，意指事物发展必然要达到某个点；稽还有止的含义，表明事物一定要有所停留；积的含义，表明事物各自成形而固定；纪的含义，表明事物各有其原则或根据；计的含义，则表明事物是可以用理性方法加以考察和把握的。这样，道就通过稽而发展为理，有了这样的理，法治就有了切实的基础和根据。果真如此，那么，道和理具有普遍与特殊的同一关系就有了另一种可能，如果说发展是历史的本质属性，那显然，这是一种历史的论证。

按韩非的结论，道就是理，只不过，道是比理更高一层的概念，两者具有种属关系，道是总体的理，理是具体的道，两者是一而多的，又是多而一的。

不过，按照韩非的理解，比较起来，两者毕竟有所不同，从异的方面看，理有边界，而道却是没有边界、没有形状的（"不制不形"），所以道不得不变化，那些看起来矛盾、相反的诸多现象，其实都是道的表现。这里，韩非的说法是片面的，未脱离经验的羁绊，很不逻辑。按照"规定即否定"的原理应该这样说：从理的角度看，既然是事物的边界，那就在肯定的同时又是自己的否定，边界以内是自己，边界以外是他者，事物永远处于矛盾和否定之中。从道的角度看，既然是种种事物的边界，而种种事物各有不同，所以，道既是因为与理不同而须变化，其实更是因为与理相同（相应），所以才是矛盾的，才须变化！道和理因为同一因而矛盾，因为矛盾而同一，这才是它们之间的内在（辩证）逻辑。

韩非关于道理论的第二段论述如下：

> 凡理者，方圆、短长、粗靡、坚脆之分也，故理定而后可得道也。故定理有存亡，有死生，有盛衰。夫物之一存一亡、乍死乍生、初盛而后衰者，不可谓常。唯夫与天地剖判也具生，至天地之消散也不死不衰者谓常。而常者无攸易，无定理。无定理，非在于常所，是以不可道也。圣人观其玄虚，用其周行，强字之曰道，然而可论也。故曰："道之可道，非常道也。"①

这里应该是对《老子》第一章的解释，仍然是从理的角度做出的。理是什么？理就是对事物矛盾的划分，对事物做了理的划分

---

① 张觉：《韩非子校注》，第203页。

后，就可得到道。可见道与理是同一的。但理毕竟是具体之物的界限，是矛盾的，是具体的。具体之物是有限的，所以它们不是常。只有那从天地初分就存在，到天地寂灭后仍然存在的东西，才可叫作常。常是不变的，无限的，所以不可道说，只是因为圣人勉强称之为"道"，这才可以言说，因此才有不可道的常道与可以言说的非常道的区分。此处关于常道和非常道的分析有理论性，发展了老子的思想。不过，仍然不能说是完满的。比如，韩非说道和理有同一关系，这是对的。可是他随后又说有理的具体事物随时可以生灭，所以理不是常，这就不对了。具体事物可以生灭，但具体事物的生灭之理却不会随之消灭，它也是"与天地之剖判也俱生，至天地之消散也不死不衰者"呀，为什么不能"谓常"呢？如果不承认理与道同样具有常的属性，那道的常也就成了无源之水，无本之木，何以成立呢？看来，韩非的论证在理论思维上还是有欠火候的。

不管怎样，韩非用理来解释老子的道，用稽来表示道和理具有普遍和特殊的同一关系，反映了他那个时代中国人关于事物本质的认识水平，是本体思想在古代中国的一次理论性的突破，值得大书特书。

二、对老庄道论的本体论突破

法家在本体论上有什么贡献？我想，最大的贡献是把道从抽象的世界总体的存在，改造为具体事物本身的存在。这个贡献，是对道家思想的突破，事实上，更是道家思想的继承和发展。

按道家的学说，道乃万物本原和本体，天地万物皆由道而产生，而存在，在这个意义上，道可说是万物的共性。也就是说，作为道的体现这一点上，万物是相同的。因此，道就是一个最高的概念。它的内涵最小，事实上等于0；它的外延最大，事实上等于万物。道仅仅指万物在最高本体上相同，却并未说明它们在具体层次上情况如何。对于具体的社会、政治生活来说，这样的道有什么实际的意义呢？没有。因为具体的事物都是有同有异的，在同和异的辩证关系和结构中形成了丰富多样的真实世界。要想认识这样的具体的、多样性的事物构成的真实世界，就需要创造出一个新的概念来，把道具体化为可以用来指导实践的理论。哪个概念可以表示同和异的辩证关系所构成的真实世界呢？理是一个可供选择的语词。事实上，用理来发展道，把道的基本精神具体化为生活的辩证法则，法家做出了重要贡献。

从历史上看，法家的本体论与道家有很深的渊源。老子用道来取代春秋后期流行已久的天、帝等神灵，从而创立了自己的本原论。不过，不可否认，这个道占据了原来属于神的位置，所以它的作用与神不会完全不同。《老子》中有许多论述道的本原性的文字恰恰表现了神秘性的一面。

道的本义是道路，引申后而有由来的含义，此外还有言说、方法等含义。显然，用它做万物本原，取代西周时代的"天""帝"，这至少可以减弱人格的意义，提升自然的意义。可是，它毕竟占着"天"和"帝"的位置，用来说明万物由来，神秘性就很难消除。所谓"无，名天地之始；有，名万物之母"。

（《老子》一章）①"始"和"母"都是有生命的，用来做道的譬喻，这就使道又在一定程度上给人格色彩留下了余地。"道冲，而用之或不盈，渊兮，似万物之宗。……吾不知谁之子，象帝之先。"（《老子》四章）②"谷神不死，是谓玄牝，玄牝之门，是谓天地根，绵绵若存，用之不勤。"（《老子》六章）③所谓"似万物之宗""象帝之先"，所谓"谷神""玄牝"之类，更使人感到这似乎是一个以女性为信仰对象的宗教。这些譬喻的表达方式使人感到这个宗教又具有生殖的特点，生成性是它的根本属性。这些情况在理论上必然产生重要的影响。比如，道既然能生物成物，当然就不会等同于物，因为它是最初的那个生育者，它本身不能是被生的。道不同于物，还怎么成为事物本体呢？由此可见，老子的道与本体论存在着一定的矛盾。

不过，这只是问题的一个方面。另一方面，道还的确有着本体化的因素。刚才说的道是生育者，而不可能是被生者，如果这是一个隐喻，那就是说，道作为主词是独立自存的，而不是说明别人的，这恰恰是本体所具有的特点（亚里士多德意义上的）。前面引述，老子第一章的道可用无和有来命名，第二十五章还有"字之曰道"的说法。可见，道又的确是有名的，是概念的。

昔之得一者：天得一以清，地得一以宁，神得一以灵，谷得

---

① 王弼注：《老子道德经》，《诸子集成》第3册，上海：上海书店出版社，1986年版，第1页。
② 王弼注：《老子道德经》，《诸子集成》第3册，第3页。
③ 王弼注：《老子道德经》，《诸子集成》第3册，第4页。

一以盈，万物得一以生，侯王得一以为天下贞。（三十九章）[1]

这里的"一"应该是道。万物得道而成为自己，道就是万物成为自己的那个东西。不过，道是一，是没有差别的一个总的存在，这是把万物的存在做了抽象的理解，让它们脱离开林林总总的具体万物，成为一个悬在空灵中的最高本体。老子还说：

有物混成，先天地生，寂兮寥兮，独立不改，周行而不殆，可以为天下母。吾不知其名，字之曰道，强为之名曰大。大曰逝，逝曰远，远曰反。故道大，天大，地大，王亦大。域中有四大，而王居其一焉。人法地，地法天，天法道，道法自然。（《老子》二十五章）[2]

这里又明确地把道说成是"物"，而且"法自然"，即以自己为法，显然有本体的意义。

由此可见，老子的道的内部存在着生成性和本体性的矛盾情况。

韩非继承了老子的本体思想，但老子对于道的本体意义的理解，韩非应该是不满意的。在老子那里，道的内部可分为无和有，"无，名天地之始"；"有，名万物之母"。无和有似乎分别代表着世界总体和事物具体。可是老子又说"天下万物生于有，有生于无"。又把这种本体论的意义转换为本原论（宇宙论意义上的）

---

[1] 王弼注：《老子道德经》，《诸子集成》第3册，第24—25页。
[2] 王弼注：《老子道德经》，《诸子集成》第3册，第14页。帛书本无"周行而不殆"句，"先天下生"作"先天地生"。

了。这样，道就成了高高在上的，脱离具体事物的抽象存在了。学习了老子的道，固然可以掌握认识事物一般的辩证方法；可毕竟不能直接用来认识和解决具体事物的具体问题。韩非用理把道具体化了，让它成为具体事物的本体，从而回到活生生的世界当中，回到火热的生活现场。这就为研究和解决具体事物的具体问题，完成现实的改革任务，解放了思想，开辟了通道。总之，道因为有理而成为法治的直接前提。这就是韩非从老子道的本体意义中得到的启示，也是他对老子的道所做的否定性的发展。不过，从另一方面说，韩非的做法，又使道从纯粹的思想，转变成在场形而上学，这个做法本身又有可能形成桎梏，把思想限制在有限的具体事物上。这又是十分可怕的了。

对于老子的本原论和宗教思想，韩非也没有弃之不顾，而是取其基本的外壳，内里却做了理性的、本体化的改造。《主道》云：

> 道者，万物之始，是非之纪。是以明君守始以知万物之源，治纪以知善败之端。[①]

从这句话，可知韩非从老子本体论中学到的，是直接为政治策略服务的某种理论意义。为了了解事物的道理，成功从事政治活动，韩非主张君主要学习道，因为道是事物的本原，是事物之所以如此的根源和来历，要想做好政治治理工作，就必须抓住政治的根本，明确政治与哲学本体论的关系。《主道》还说：

---

① 张觉：《韩非子校注》，第33页。

道在不可见,用在不可知。①

这是在政治实践的意义上对老子本体思想的体会,即用君主施展权术的神秘性来理解道的神秘性。

人主之道,静退以为宝。②

这也是从老子那里移植过来的,讲君主要仿效道的静退为宝的特点,来保卫权位。

《扬权》有云:

夫道者,弘大而无形;德者,核理而普至。至于群生,斟酌用之,万物皆盛,而不与其宁。道者,下周于事,因稽而命,与时生死。参名异事,通一同情。故曰:道不同于万物,德不同于阴阳,衡不同于轻重,绳不同于出入,和不同于燥湿,君不同于群臣。凡此六者,道之出也。道无双,故曰一。是故明君贵独道之容。君臣不同道,下以名祷,君操其名,臣效其形,形名参同,上下合调也。③

这一段是韩非根据本体思想对君主政治做的最为透彻的说明。

---

① 张觉:《韩非子校注》,第40页。
② 张觉:《韩非子校注》,第42页。
③ 张觉:《韩非子校注》,第68页。

篇幅所限，注解从简，只略说大意。在韩非看来，道是本原，它弘大而无形；德则是事物因得道而具有理的过程（"夫道者，弘大而无形；德者，核理而普至。"）。万物因得道而有理，因有理而成物〔"至于群生，斟酌用之，万物皆盛（成），而不与其宁。"〕。所以，道遍及具体事物，凡具体事物的属性，不论正反，皆因道而存在。比较名位，分别事务，都要用道来体察实情〔"道者，下周于事，因稽而（其）命，与时生死。参名异事，通一同情。"〕。道与具体事物不同，而能统摄具体事物。君主也要像道一样，只要掌握名分，臣下就可恪尽职守，这样，形名吻合，就可上下谐调。（"道不同于万物，德不同于阴阳，衡不同于轻重，绳不同于出入，和不同于燥湿，君不同于群臣。凡此六者，道之出也。道无双，故曰一。是故明君贵独道之容。君臣不同道，下以名祷，君操其名，臣效其形，形名参同，上下合调也。"）

可见，韩非往往是从政治实践的角度来理解和发挥老子的本原论，后世学者把老子思想说成是"君人南面之术"，大概与此有关。不管事实如何，法家与道家在本原论思想上有一致之处，则是肯定的。

老子的道以本原为主，虽有内容可适用于物，但关于物本身却没有发明专门的概念。从上面的论述中也可看出，老子和韩非之间，其实是有断档的。到了庄子，道已经用来指称事物本体，庄子后学甚至采用了"理"字，反映了战国中后期的思想状况。很有可能像《庄子》这样的著作，才成为《韩非子》思想的直接的重要渊源。或者不妨说，像《庄子》这类著作才成为了韩非改造《老子》或对《老子》本原思想做出本体理解的根据吧。

庄子的道论当然有本原论的内容，《大宗师》：

> 夫道有情有信，无为无形；可传而不可受，可得而不可见；自本自根，未有天地，自古以故存；在太极之先而不为高。在六极之下而不为深，先天地生而不为久，长于上古而不为老。狶韦氏得之，以挈天地；伏戏氏得之，以袭气母；维斗得之，终古不忒；日月得之，终古不息；堪坏得之，以袭昆仑；冯夷得之，以游大川；肩吾得之，以处大山；黄帝得之，以登云天；颛顼得之，以处玄宫；禺强得之，立乎北极；西王母得之，坐乎少广，莫知其始，莫知其终；彭祖得之，上及有虞，下及五伯；傅说得之，以相武丁，奄有天下，乘东维，骑箕尾，而比于列星。①

这里的道显然是本原论意义上的（"自本自根，未有天地，自古以故存。在太极之先，而不为高。在六极之下而不为深，先天地生，而不为久。长于上古而不为老。"）；它有非同寻常的能量，用之者即可成为圣人（"狶韦氏得之以挈天地，伏戏氏以袭气母，维斗得之，终古不忒，日月得之，终古不息，堪坏得之，以袭昆仑，冯夷得之，以游大川，肩吾得之，以处大山，黄帝得之，以登云天，颛顼得之，以处玄宫，禺强得之，立乎北极，西王母得之，坐乎少广，莫知其始，莫知其终。彭祖得之，上及有虞，下及五伯，傅说得之，以相武丁，奄有天下，乘东维，骑箕尾，而比御列星。"）；它又神秘而不可捉摸（"夫道有情有信，

---

① 郭庆藩：《庄子集释》，《诸子集成》第3册，上海：上海书店出版社，1986年版，第111—113页。

无为无形,可传而不可受,可得而不可见。")。像这样的描述在道家文献中比比皆是。不过,对于韩非而言,更重要的,是庄子已经对道做了本体化的发挥,这为韩非子提供了新的发展契机。据《知北游》讲述:

> 东郭子问于庄子曰:"所谓道,恶乎在?"庄子曰:"无所不在。"东郭子曰:"期而后可。"庄子曰:"在蝼蚁。"曰:"何其下邪?"曰:"在稊稗。"曰:"何其愈下邪?"曰:"在瓦甓。"曰:"何其愈甚邪?"曰:"在屎溺。"东郭子不应。①

这是道家关于道的最具本体论意义的说明。道是个好词,从春秋后期进入最高领域,成为万物本体,可是道总是带有情感色彩,带有价值因素,有时甚至还非常的浓厚。老子一方面把道当作事物本体,另一方面,却又总是强调道与物的不同,物总是自以为是,道却永远是谦虚谨慎,虚怀若谷,安静退让的,若是这样,道不就成了价值本体、道德本体了吗?偏偏儒家也是如此。孔子"志于道",把道当作奋斗目标和理想愿景,把一切希望都寄托在道上面,这也是价值本体论、道德本体论啊。可见,当春秋乱世,老子和孔子用道来弥补西周"天命"和"德治"的不足的时候,又总是进一步退半步,自己的道也不免带有西周的"天命"和"德治"的泛道德化特征。不同的是,道的本体化趋势较"天命"和"德治"要明显得多。到了战国中后期,随着人性的内在矛盾和社会复杂性

---

① 郭庆藩:《庄子集释》,《诸子集成》本,第326—327页。

的进一步呈现，思想家也在逐步地剔除道论中的道德因素，增强它的普遍意义。庄子的这段话是以极端的方式表现了这个趋势。习惯于泛道德主义的人喜欢把道做高雅的理解，可这却是违背本体论原则的，为了澄清这个问题，庄子借与东郭子的对话，来阐明道不仅可以用来指代高雅的一面，其实还可以用来指代相反的另一面，它甚至就在蝼蚁、稊稗、瓦甓、屎溺这些渺小、卑微、低贱、肮脏之物中，因为道本来就是"无所不在"的。只有无所不在，才是真正意义上的本体！只有本体意义上的存在，才可以真正地瓦解贵族的秩序，消灭传统的文化。由此可以看到它的反面，儒家和早期道家之所以维护道的本原性，不敢放手把道的本体意义推向极致，就是因为拥有这种思想的那部分人虽然已经失去了贵族的身份（有的虽然没有这个身份，却是以获得这个身份为理想的），却仍然放不下贵族的身段，舍不得传统的文化。这些，在庄子和韩非之流看来，又是何必呢？庄子从天地自然的角度早就看穿了贵族的虚伪和传统的局限、狭隘和脆弱。韩非呢？他则从君主的利益和权力的角度，把贵族和传统认作眼中钉肉中刺，必欲去除而后快。

韩非的思想与《黄帝四经》很相像。《经法》中的《道法》篇有云：

> 虚无刑（形），其裻（督）冥冥，万物之所从生。生有害，曰欲，曰不知足。生必动，动有害，曰不时，曰时而□。动有事，事有害，曰逆，曰不称，不知所为用。事必有言，言有害，曰不信，曰不知畏人，曰自诬，曰虚夸，以不足为有余。故同出冥冥，

或以死，或以生；或以败，或以成。祸福同道，莫知其所从生。①

道从生育万物的本原发展为事物根本属性的本体。与《韩非子·主道》篇的论述相同。

《四度》篇说：

> 执道循理，必从本始，顺为经纪，禁伐当罪，必中天理。……极而反，盛而衰，天地之道也，人之李（理）也。逆顺同道而异理，审知逆顺，始胃（谓）道纪。②

《论》云：

> 物有不合于道者，胃（谓）之失理。失理之所在，胃（谓）之逆。③

道理同一，为君主政治服务，这恰恰是《韩非子》的《主道》《扬权》《解老》等篇中的基本思想。作为道法家，韩非应该是从《黄帝四经》这样的作品中汲取了思想营养才发展起来的。

法家主张法治，强调上下贵贱皆从法，就一定要在理论上强调道的普遍性，不容许有差别和不同。把法与道联系起来，就必然要走向彻底的本体论。马王堆出土文献《四度》有"逆顺同道而异

---

① 《经法》，第1页。
② 《经法》，第23页。
③ 《经法》，第28页。

理"[1]这样的话,已经可以做道理同一的理解了。《道法》甚至喊出了"道生法"这样的口号。道为什么能生法?"逆顺同道而异理"还能否做更理论化的表述?韩非用"理"来解释道在具体之物中的体现,把道做了本体意义上的转向,目的就是为了君主的法治。《饰邪》篇主张要"以道为常,以法为本",相信"道法万全"[2],这些都表明法治改革对于道论本体化的现实需求。世传《尹文子》有"圣法者自理出也"(《尹文子·大道下》)一句,同样表达了这个精神。中国的本体论要等到贵族社会和传统文化崩溃后,等到君主势力强大到足以摧毁旧文化的地步时,才会实现。这是历史的启示!法家在本体论上的创新在价值上、在道德上竟然会是如此的不堪,如此的残酷,这也是历史辩证法要告诉我们的真理!

不过,《庄子》书中出现了理这个字,《知北游》中所说的道的"无所不在",已经从两个方面透露出道的本体化已经进入了一个新的时代,但却仍然没有用理来指代道,并对道理关系做出理论性的贡献。这个使命历史地落在了韩非的肩上,而韩非也不辱使命,他顺应了时代的潮流,出色地完成了这个理论任务。

三、对荀学和名学的偏废

法家经过韩非,用道理所内含的普遍与特殊的辩证关系来代

---

[1] 《经法》,第23页。
[2] 张觉:《韩非子校注》,第170页。

表对世界本体的看法，突破了道家单纯用道来看待本体的认识方法，不但使抽象的普遍本质切实地落到具体的事物上，还突出了事物所具有的普遍与特殊的辩证关系，看到了事物之间的联系与分别，看到了世界的丰富和多样。可是，这却提出了一个新的问题，韩非认为理是事物的纹理，这使人多少觉得理只是某一事物的外部特征，以相区别于他物，如此而已。也就是说，道虽然从抽象回到了具体，但却以对象化的方式停留在了一物一理的状态。可实际情况却是，事物，哪怕是个体事物，其本身的情况也是复杂多样的；扩而大之，作为存在的道，其本身的情况也决不会像一物一理那么简单。怎样认识事物本质的复杂性呢？怎样认识存在本身的复杂性呢？在这个问题上，我们究竟应该怎样走下去呢？

韩非注意到了事物本身的根据，这显然是法治改革的现实需要使然；可问题是，如果仅仅把目光局限在对象化的具体事物上面，忽视对存在本身的思考，不能对作为认识者的自己进行理论的反省，那就很有可能使已经取得的理论成就降低价值，这对于一个理论家来说是一个严峻的考验。那么，怎样才不会停下脚步，把从抽象的道到具体的理的本体化发展继续推向健康发展的理论前途？法家意识到这个问题了吗？似乎没有。那历史给法家提供机会了吗？应该有。

我们知道，作为法家思想的集大成者，韩非生活在战国末年，这个时候，百家争鸣这场思想活剧已经演完了尾声，大幕正在下落，要想有什么人还能就韩非思想中的问题提出意见，肯定是来不及了。因为很快，秦就统一了六国，紧接着又是楚汉战争，西汉初年仍然是平定内乱、整顿朝纲，学术文化事业未遑顾及。到了汉兴七十年大一统到来时，思想主题已经转换，人们关心的已不再是如何认识事物本体，以推动改革，而是改正朔、易服色，建设维护天下一统的新儒学的大问题了。如果期望从后来思想发展的历史来反观法家本体思想的特点，已经不可能了。怎么办呢？

我想，能不能从当时，或者早些时候其他学派的思想认识入手，看看他们是怎样思考这些问题的，由此来看法家的观点有怎样的特点，或许可以有所发现呢？很自然的，我们就会想到韩非的老师荀况和同时代略早的名家。

荀子曾经用类这个词来说明道是如何向具体事物分化的。这个思想与韩非用理来解释道的方法在逻辑上有一致之处，可以断定，师徒之间在这一点上似乎有一定的传承关系。下面这一段话比较有代表性：

> 故由用谓之，道尽利矣；由俗（欲）谓之，道尽嗛矣；由法谓之，道尽数矣；由执（势）谓之，道尽便矣；由辞谓之，道尽论矣；由天谓之，道尽因矣。此数具者，皆道之一隅也。夫道者，体常而尽变，一隅不足以举之。曲知之人，观于道之一隅，而未之能识也。故以为足而饰之，内以自乱，外以惑人，上以蔽下，下一蔽上，此蔽塞之祸也。（《解蔽》）[1]

按荀子的理解，道可以通过"功用""欲望""法则""形势""言辞""天然"等管道（approaches, perspectives）加以认

---

[1] 王先谦：《荀子集解》，《诸子集成》第2册，上海：上海书店出版社，1986年版，第262—263页。

识，如果是这样，道就可以转变为"利益""满足""定数""便利""论说""因循"等等状况。如果说后面"利益"这六者是事物的状态的话，那么，前面"功用"等六者则是使这些状态得以成就的途径或框架，道正是通过这六个途径或被分别放入这六个框架中，才成为后面的六种状态的。用时下的理论术语，这六种途径或框架可以叫作范畴（categories），而后面六种状态就是韩非所谓的理。韩非用道理论来解释老子的道，应该是受到了老师这个观点的启发。不过，两人的方法还不完全相同。老师是用范畴化的方法分解了道；学生则是用概念定义的方法直接论证道和理的区别和联系，还企图用稽字暗示道和理有发展变化的历史根据。大概是由于这个缘故，韩非才未能把老师的方法运用到理上面去，所以未能找到如何进一步认识理的复杂性的方法。可见，在道和理的关系这个理论问题上，韩非并没有完全继承老师的思想，或者可以说基本上没有继承老师的思想，这不能不说是一个遗憾！

从另一个方面看，荀子在阐述他的名学思想时，对事物采取了分析的态度。事物何以有名（概念）？事物何以因概念的不同而有所不同？荀子主张"缘天官"，就是以感觉经验作为概念的基础。他说：

> 然则何缘而以同异？曰：缘天官。凡同类同情者，其天官之意物也同……形体、色、理，以目异；声音清浊，调竽奇声以耳异；甘、苦、咸、淡、辛、酸、奇味以口异；香、臭、芬、郁、腥、臊、洒、酸、奇臭以鼻异；疾、养、沧、热、滑、铍、轻、重以形体异；说、故、喜、怒、哀、乐、爱、恶、欲以心异。

心有征知。征知则缘耳而知声可也,缘目而知形可也,然而征知必将待天官之当簿其类然后可也。五官簿之而不知,心征之而无说,则人莫不然谓之不知,此所缘而以同异也。(《正名》)[①]

据郝懿行考证,"天官"当为"五官"。这段说的是:要认识事物的同异,就要根据感觉器官。用眼睛,只能看到形体、颜色和纹理的差异;用耳朵,只能听到声音清浊、乐器演奏的差异;用口舌,只能知道味道的差异;用鼻子只能闻到气味的差异;用身体只能知道疾病轻重等的差异。心有征知的功能,根据耳朵而知道声音,根据眼睛而知道形体。五官为第一性的,心为第二性的。两者合一,可以了解事物的同异。有了感觉经验对事物的分辨作用,有了心的征知作用,两者结合起来,就可以对事物进行命名了。荀子通过阐述"制名"思想,构建了他的概念范畴体系。这个方法其实也可用到道理论上,如果韩非学到了这个方法,也许会对理的复杂性做出更为深入细致的解释。韩非没有学到老师的这个方法,这不能不说是另一个遗憾!

荀子的感觉经验论与名学思想,对于认识事物的复杂性,认识事物的多重本质会有积极的意义,可惜韩非没有认真对待。这种情况同样发生在韩非对待名家的态度上。

名家的正名实、定名分的思想与法家有共鸣。名学的鼻祖墨子就重视普遍意义上的法,即法则。《墨子·法仪》:"子墨子曰:'天下从事者,不可以无法仪。无法仪而其事能成者无有也。

[①] 王先谦:《荀子集解》,《诸子集成》第2册,第276—278页。

虽至士之为将相者,皆有法。虽至百工从事者,亦皆有法。百工为方以矩,为圆以规,直以绳,正以悬,无巧工不巧工,皆以此五者为法。……故百工从事,皆有法所度。今大者治天下,其次治大国,而无法所度,此不若百工辩也。'"①后期墨家同样重视"法"。《经上》:"法,所若而然也。"②《经说上》:"法,意、规、员三也俱,可以为法。"③《经下》:"一法者之相与也尽类。"④《小取》:"效者为之法也,所效者所以为之法也。故中效则是也,不中效则非也。"⑤这些法字,说的都是法则的意思。《小取》甚至还有"夫辩者,将以明是非之分,审治乱之际,明同异之处,察名实之理"⑥。可见后期墨家也是重视理的,这里的理与分际、同异的含义相近,是用来考察名实关系的,与韩非所说的理含义相近。不过,韩非对墨学是有偏见的,他在《显学》中批评后期墨家三派尽做无谓的争辩,有违君主政治统一的要求,主张像对待儒者一样加以取缔。

受墨学影响较深的尹文不但有法,还有理。他曾有言:"政者,名法是也。以名法治国,万物所不能乱。""圣法者自理出也。"⑦可见,尹文子有名法思想。其实,他还有法术势的思想,

---

① 孙诒让:《墨子间诂》,《诸子集成》第4册,上海:上海书店出版社,1986年版,第11—12页。
② 孙诒让:《墨子间诂》,《诸子集成》第4册,第193页。
③ 孙诒让:《墨子间诂》,《诸子集成》第4册,第209页。
④ 孙诒让:《墨子间诂》,《诸子集成》第4册,第200页,据校勘补"类"字。
⑤ 孙诒让:《墨子间诂》,《诸子集成》第4册,第251页。
⑥ 孙诒让:《墨子间诂》,《诸子集成》第4册,第250页。
⑦ 《尹文子·大道下》,《诸子集成》第6册,上海:上海书店出版社,1986年版,第9页。

韩非肯定从中得到过启迪。不过，关于名家的名相思想，却为以韩非为代表的法家所不齿。可恰恰是这些思想，可以为认识现象世界提供另一个角度，从这个角度，反倒可以看清楚法家本体思想的特点和局限。

据钱宾四先生研究，名家大都从墨学衍生而来。惠施、宋钘、尹文、公孙龙，几乎都有兼爱、非攻思想，宋、尹之流的"见侮不辱，救民之斗"，以及"禁攻、寝兵"的主张，在当时的朝野曾产生过不同寻常的反响。战国末年，当学者在为百家学术思想做总结时，也不得不因为它们影响巨大而保留在古典文献中，成为我们民族文化的珍贵遗产。在众多名家学者中，惠施、公孙龙的思想代表了两种倾向，也最为著名，我们不妨看看他们的思想对于理解道论本体化有怎样的意义。

惠施，宋国人，长期担任魏相，也长期活跃在各诸侯国间，声名远播，他的生活时间是在战国中期，与庄子有过深度交往，著名的濠梁之辩就是他们交往的证明，从中可以看出，庄子诙谐、圆滑，惠子则明晰、严谨。《庄子·天下》保留的"历物之意"十事，表现了惠施思想的精髓，其文曰：

至大无外，谓之大一；至小无内，谓之小一。无厚不可积也，其大千里。天与地卑，山与泽平。日方中方睨，物方生方死。大同而与小同异，此之谓小同异；万物毕同毕异，此之谓大同异。南方无穷而有穷。今日适越而昔来。连环可解也。我知天下之中央，燕之北，越之南是也。泛爱万物，天地一体也。①

此历物十事，诸家注释都不太好理解。有的不可确解，有的似乎可以说明。今按自己的理解给予说明。第一条，"大一"和"小一"，两者在"至"（极致）上是相同的，在"一"上是相同的，这样的表述，总让人感到两者没有高低贵贱之分。第二条，"无厚""千里"。不好理解。老子有"无有入无间"（《老子》四十三章），因为"无厚"，且"不可积"，所以才会漫衍千里而不止。第三条，天与地是相对的，平原的天空，显然可在高原的地面下；低地的山顶，也会有与高地的水泽处于同样高度的情况。第四条，以目测说明时间的流动。太阳到了中午，可中午只是一个点，一刹那都不用，就须侧视了。生命也是一样，方字有并存之义，一旦出生，马上就趋向于死亡，生死是共存的。第五条，讲的是两个问题，其一，"毕同毕异"，没有任何两个事物是完全相同的，这就是"毕异"；事物虽然全不相同，但都是事物，仅就这一点它们又是完全相同的了，这就是"毕同"。其二，事物可以分成大小不同的类，每类各有其同，所以有"大同"和"小同"。事物无非是以这两种方式存在着的。

以上几条，钱宾四先生认为乃是"历说物之本体"②。这些事物本体，因为标准的非一，而具有多重的属性，它们之间的关系是

---

① 郭庆藩：《庄子集释》，《诸子集成》第3册，第476—477页。
② 钱穆：《钱穆先生全集［新校本］·墨子惠施公孙龙》，北京：九州出版社，2011年版，《惠施公孙龙》第16页。钱先生在书中所用的"本体"一词常与"名相"相对（见第74页论公孙龙坚白论），系指事物的实体存在，与亚里士多德《范畴篇》中"第一本体"的用法相近。

相对的。大小、厚薄、高低、中睨、生死、同异，如此等等，变换标准，皆可作等量齐观，同一事物由于标准的不同，而可作不同的看待，或者说，同一事物皆可由标准的多元而具有多重属性。

第六条，"南方无穷而有穷"，陈鼓应认为"这也是从空间的相对性而言的"[①]。第七条，"今日适越"，到达总需时日，所以到达目的地的时候，不就成了"昔来"了么？第八条，"连环可解也"，不知确解。第九条，"天下之中央"何在？关键要看从哪个方位看。从比燕之北更北的地方看，燕之北未始不可以为天下之中央；从比越之南更南的地方看，越之南又何尝不可以为天下之中央呢？第十条，"泛爱万物，天地一体也"，这是对以上的总结。

这几条，钱宾四先生认为说的是"历说物之变相"[②]。之所以有"变相"，其实还是标准多元或者变换角度的问题。看问题的标准多了、角度多了，事物的属性就会增多，事物就不是一成不变的了。对于韩非所思考的理，就不一定非要一物一理不可了。惠施的思想被认为是相对主义。一般而言，相对性的认识对人的启示就是要时刻想到，看某个事物不一定只有一个角度，一个标准，因而一物不一定只有一个属性。当然，相对性的认识有时经常变换标准，转变态度，如果没有切实的根据，很可能会堕入相对主义的泥淖，相对主义这种忽视标准的客观性的做法，的确应该有所警惕。

本文的任务不是专门研究名家思想，而是从名家思想中看到

---

① 陈鼓应：《庄子今注今译》下册，北京：商务印书馆，2007年版，第1024页。
② 钱穆：《钱穆先生全集［新校本］·墨子惠施公孙龙》，《惠施公孙龙》，第17页。

进一步认识事物多重本质的方法,以反观韩非本体思想的特点。所以,我们只能点到为止。下面关于公孙龙的论述也是如此。

公孙龙,赵人,生当战国后期,得到平原君的礼遇,经常在平原君主持下,与往来邯郸的各国学者交流学术。也曾游走于燕赵两国间,向最高统治者宣扬他的偃兵和兼爱主张。有著作传世,不过已不完整。他的思想影响很大,最著名的有"指物论""通变论""白马论""坚白论"等,从中可以看出他的名相思想,对于我们理解韩非本体论思想的局限有重要参照价值。

白马论是公孙龙思想的代表。今本《公孙龙子》有《白马论》一篇,以问答方式记录了作者的相关思想。

> 曰:"'白马非马',可乎?"
> 曰:"可。"
> 曰:"何哉?"
> 曰:"马者所以命形也;白者所以命色也。命色形非命形也。故曰:'白马非马'。"①

公孙龙这里所说的完全是另一回事,与经验意义上我们熟悉的马这种家畜关系不大。按他的理解,"马"是某种形象的命名;"白"是某种颜色的命名,从概念上看,形象的命名加上颜色的命名怎么还会等于形象的命名呢?换成代数式,就是:$A+B \neq A$,或者是:形+色≠形。由此看来,"白马非马"也可以说成是"马白

---

① 谭戒甫:《公孙龙子形名发微》,北京:中华书局,1963年版,第24页。原文"名色者非命形也"据谭校改为"命色形非命形也"。

非马""白马非白",这几种表达式意义相同。大概因为用"白马非马"最贴近经验生活,因而最具迷惑性,一旦经过批判获得真知,效果也会最好。所以他选择"白马非马"这个表达式,应该是经过深思熟虑的。

本篇经过多个回合,反复讨论"白马非马"的道理,力图使人从经验的以马这种家畜为经验实体的思想中摆脱出来。因篇幅所限,兹不具。

第二篇《指物论》,提出自己的论辩的基本观点:"物莫非指,而指非指。"在公孙龙看来,所谓"物"在常人眼里是经验意义上的某种客观存在的东西;而在他看来,却不过是指谓某种客观存在的名相;"指"本身就是物在名相上的实现,它本身无须再做名相上的实现了。

天下无指,物无可以谓物。非指者,天下无物,可谓指乎?①

钱宾四先生指出:"'指''物'对待之名。无名相则无以喻物,无物亦无名相可立也。"②天下如果没有指(指称名相这回事),那物就无法成为物(名相就无法成为名相),因为"物莫非指"嘛;反过来,天下如果没有物(名相的呈现),哪还有什么指(指称名相这回事)呢?不论是指,还是物,说的都不是在场形而上学所理解的客观存在物和认识的二元对立,而是认识主体的现象

---

① 谭戒甫:《公孙龙子形名发微》,第19页。
② 钱穆:《钱穆先生全集[新校本]·墨子惠施公孙龙》,《惠施公孙龙》,第55页。

的呈现方式。世界的多样性，不在世界本身，而在认识主体的现象呈现中。如此而已。

公孙龙的《通变论》也较好地反映了他的这一名学思想。此篇关于分类问题的思考极有价值。请看如下原文：

> 羊牛有角，马无角；马有尾，羊牛无尾。故曰：羊合牛非马也。非马者，无马也。无马者，羊不二，牛不二，而羊牛二。是而羊、而牛，非马，可也。若举而以是，犹类之不同，若左右。
>
> 犹是举：牛羊有毛，鸡有羽。谓鸡足一，数足二，二而一，故三。谓牛羊足一，数足四，四而一，故五。牛羊足五，鸡足三，故曰：牛合羊非鸡。①

"二"，共名，相当于大概念，种概念（genus，或译"属"）；"一"，私名，相当于小概念，属概念（species，或译"种"），羊和牛各自无法构成共名，加起来就可以了。它们因为有角而无尾（如发状长尾）而合为一类，以区别于马。牛羊因为有毛、足五而合为一类，以区别于鸡（有羽、足三）。可见，物指的分类是按照感官上的分类标准来决定的。这就是名学的要害。由此可以看出物指——名相是可以根据感觉分类来做多重划分的，事物

---

① 谭戒甫：《公孙龙子形名发微》，第36—38页。

的属性也可因此而可做多重的理解①。

更能说明问题的是《坚白论》：

"坚、白、石，三，可乎？"

曰："不可。"

曰："二，可乎？"

曰："可。"

曰："何哉？"

曰："无坚得白，其举也二；无白得坚，其举也二。"②

坚硬、白色、石头，本来是三个词，说它们是独立自存的三个东西可不可以呢？回答不可以。那说它们是两个东西可不可以呢？回答可以。为什么呢？理由大概如下：我们看石头时，会发现石头的形状和白色，而无坚硬，所以只有二，而没有三；我们摸石头的时候，会感觉到石头的形状和它的坚硬，而没有白色，所以也只有二，而没有三。因此，没有理由说坚、白、石是三，而只能说是二。这里有一个重要前提，那就是感觉，名相来源于感觉，名相

---

① 后期墨学认为："用'牛有角'，'马无角'，是类不同也；若举'牛有角''马无角'以是为'类之不同也'，是狂举也"。即是说牛有角马无角这的确反映了牛马异类的实际情况，但用牛有角马无角作为两者分类的标准，这个做法是"狂举"，即举了人所习知的差异作为差异，对于辩者来说，太不专业了，未能反映出两者的本质区别，所以他叫作"狂举"，而"狂举不可以知异。"（参见谭戒甫：《墨辩发微·下经校释第四》，北京：中华书局，1964年版，第325—327页）。这个说法，大有超越公孙龙用感觉区分事物类别的做法，显示了墨家要向分类的更为本质的纵深前进的趋向。不过，墨家却没有给出牛马更为本质的区别究竟何在的答案来。所以，目前看，公孙龙的论证在理论上仍然是立得住的。

② 谭戒甫：《公孙龙子形名发微》，第45—46页。

不同完全是由感觉不同决定的，不同的感觉又来自不同的感官，所以，名相是绝对不能混淆的。

公孙龙名学的可贵之处，不仅仅在于他发现了不同感官会有不同的感觉，不同感觉会产生不同的名相，不同名相之间不许随意混淆，单凭这一点，与西方哲学的经验论、分析哲学和现象学有相似的精神旨趣。其可贵之处更在于它的彻底性，它把感觉决定名相的理论贯彻到底，这是理论之所以为理论的最为首要的一着。"白马非马"的最大启示，就是我们常识中的某一个事物，从理论上看，未必就如我们习惯的那样，重要的是要有根据/前提，要有标准，有了根据/前提，有了标准，就要坚持下去，贯彻到底。公孙龙的白马论、坚白论，容或有其粗浅之虞，可是它能坚持感觉标准，且贯彻到底，这种精神是理论研究者应该尊重的。

总之，名家惠施、公孙龙都根据感觉理解事物，找到了认识事物的多个标准，发现了事物具有多重属性，这个发现，早于韩非。以当时知识传播的效率和受教育的程度，韩非应该能够读到。可是，他却忽视了名家的这些贡献。韩非的法、术、势三者都讲究名，法叫刑名，术讲正名，势依名分，法家之学其实也是正名之学，可为什么偏偏对名家的辩学却未能给予足够的重视呢？这大概与法家过于实际，过于追求实效有关。《韩非子》讲了这样一则故事，对名家"白马非马"之说极尽嘲讽之能事。其文曰：

儿说，宋人善辩者也，持"白马非马"也服齐稷下之辩者。乘白马而过关，则顾白马之赋。故籍之虚辞，则能胜一国；考实按形，不能谩于一人。①

这则故事收在《外储说左上》的说二中，系对经二"人主之听言也，不以功用为的"的解说。韩非是不是懂得形名家的论题，不得而知，其实，更可怕的，他是从政治实用主义的立场出发来表明对名家的态度。他讲述这则故事，是为了告诫统治者不要听信"白马非马"这类"虚辞"，而应时刻抓牢自己的"功用"。他的所谓"功用"就是君主政治的目标。由此可见，他的本体思想之所以裹足不前，原来是由他的政治功利目的决定的！

四、结语：法家本体思想的历史地位

本文不是按照自然时间，而是按照逻辑顺序来讨论从道到理，从理又到名的思想理路，从而对古代中国本体思想发展的过程做了一个简略梳理。与古希腊本体思想发展相比，古代中国本体思想也大体上经历了一个由抽象到具体的过程。这是人类思想发展的共同道路，但在两个文化中，具体的走法是略有不同的。

古希腊本体思想的发展：首先是米利都哲学家，他们习惯于以某一具体之物作为本原，其理论性显然有限，经不住实践的检验，理论上也很难做严密的论证。到了爱利亚学派，情况发生了根本转变。巴门尼德以το ὄν（Being）作本原，超越了具体之物的本

---

① 张觉：《韩非子校注》，第382页。

原说，克服了具体物本原说的理论局限。中国的老子用道来指代万物本原和世界本体，与以上希腊诸子大体相当。到了雅典哲学家苏格拉底，以寻求概念定义的方法，为德性做理论的说明，开辟了科学认识的新天地。在这个天地里，柏拉图用范型（ιδέα，form）来说明类的本质，作为认识事物类型的榜样，有点像墨子的法仪和荀子的类。到了他的弟子亚里士多德，用οὐσιά作为认识对象，即具体事物的本体，他曾叫作"第一本体"。这就等于把柏拉图的范型发展为具体事物的本体或本质。对于具体事物的本质或本体，还要继续认识下去，怎么认识呢？他采用了κατηγορία（范畴）这个概念，通过一物可以有多重范畴，来说明事物本身的多重属性。这就为认识事物的复杂性提供了一个有效的途径，也为建立一个科学认知的大厦奠定了坚实的理论基础。亚里士多德在希腊思想史上的位置与韩非在古代中国思想史上的位置约略相当。

古代希腊和古代中国虽然兴趣重点不同，论证方法不同，一个重科学艺术，一个重社会政治，但在本体化问题上却有相类似的趋势和阶段，由此可见人类思想发展是有一般规律可循的。

古代中国思想精英大体上走了一条与希腊思想家相似的道路，即，先从具体的世界看到了抽象的存在，然后，又从抽象的存在逐渐向具体的世界回归。这个过程就是本体化过程。从老子，经庄子，到韩非，走的就是这条路径。可是，这样一来，就出现了新的问题。思想家越来越关注具体事物，对存在本身反倒越来越疏远，对认识主体的反思能力也越来越弱。与老子相比，韩非在道本身上面的思考明显不足。如果秦汉以后，学术界以韩非的思想为最高标准，那后果是不堪设想的。

在韩非的时代，推动本体思想进一步发展的条件是存在的。荀子在范畴思想上的贡献，墨家、名家和荀子在感觉经验和逻辑实证方面的思考，都可以为从认识主体上重新思考本体问题寻找到转机和出路。可作为战国百家争鸣最后一位大师的韩非却偏偏不为所动。他坚守君主政治的实用功利原则，主张对这些思想进行残酷的压制。这就堵住了本体思想进一步发展的出路，实在可惜！

法家虽然讨论了道理这些概念，与亚里士多德的本体论相近，不过，由于韩非未能通过感觉经验的分析作用来认识事物的多样性和复杂性，未能发现范畴思想和方法的重要意义，所以，他的本体理论只能停留在一物一理的状态，未能对理再做进一步的分析，未能把事物的世界建设成一个理的结构性的世界，未能把世界建成一座概念体系的大厦。这是我们要从法家本体思想中吸取的一个教训。不过，这个教训有它的历史必然性，我们不能因为自己看到了这一点，就苛责古人，那样，反倒显得我们太不厚道了。

《大学》思想体系的中国特质
——基于元典和古代诠释传统的本体论透视

一、解题

说起《大学》,我们一定要把它和它的诠释传统联系在一起。道理很清楚,《大学》篇幅短小,言简意赅,它的意义很多是靠着后人的诠释才得以阐发的。从阅读效果上说,没有这些诠释,《大学》的文字是很难读懂的;从历史发展上看,后来的中国人都是通过前人的诠释来理解《大学》的,这些诠释和理解,对历史发展本身也产生了巨大的作用和影响,没有这些传统,不但《大学》思想的理解是不可能的,上千年的历史发展本身也将是不可能的。所以,要想读懂《大学》,理解它的精神,了解它对两千年中国历史发展的作用和影响,就必须同时研读它的诠释传统。

那么,究竟哪些著作才可以纳入《大学》的诠释传统呢?我以为，只有那些以理解、发扬、传播《大学》精神为己任的才可算是。当代各个学科对《大学》展开解剖式分析的著作，则不能算作《大学》诠释传统中的成果，它们或许有助于理解和评判，却不是以发扬和传播《大学》精神为己任的，有的甚至是价值观上的否定和贬损，所以不应算在《大学》的诠释传统中。这样看来，所谓《大学》的诠释传统，其实就是诠释《大学》的儒学著作。因为我的专业领域在古代史，所以本文讨论的《大学》诠释传统也只能以古代为限，即从汉到清中期以前。由于时间的原因，我们主要选取朱熹、王阳明作为代表，有时也兼及汉代郑玄、唐代孔颖达和清代的刘沅。

那为什么要通过本体论来透视《大学》及其诠释传统呢？我的目的只有一个：那就是要看一看，以"三纲领""八条目"实现人类福祉为目标的古代中国思想究竟是在怎样的终极根据之上运思和发挥的，这种思想及其言说方式对于今天投身建设时代精神伟大工程中的我们有怎样的启发意义，对未来文化和思想的发展有怎样的价值。

本体是本文的一个重要概念，它的哲学意义有一些是来自西文的，本文用来检查《大学》相关思想的就是这些来自西文的含义。追根溯源，这个意义最初来自一个古希腊动词，根据古代雅典一带的阿提卡方言发音拼写作εἶναι[①]，翻译成汉语意思是"是"，它可以根据不同情况发生各种格变，它的中性分词拼写作τὸ ὄν（being）；而它的阴性单数分词则拼写为οὐσία。两者都可用汉语"本体"来翻译，只不过τὸ ὄν可指在本身，而οὐσία则指事物个体

[①] 海德格尔：《形而上学导论》，熊伟、王庆节译，北京：商务印书馆，1996年版，第68页。

或类的在，或曰在者的在，如此而已[①]。

本文的本原一词情况相同，用的也是来自西文的含义。最初的词源可追溯到古希腊文的άρχη，今人有译作"始基"的[②]；拉丁文则用principle来代替，指的是事物由来的那个原点，起点，开始的点。万物来源于一个原点，这固然有一定的历史性，但万物形成后总与这个本原相关，总带有这个本原的内容在自身内，要说明事物总离不开这个本原，所以，本原又总是被当作另一种意义的本体来对待。

作为宇宙终极根据的本体和本原有一个共同点：那就是时间上的单向性，空间上的外向性，发展过程中的不可逆性，它们只能作为别人的开端，不能以别人为开端。基督教宣称耶稣来到世间是"非以役人，乃役于人"，就体现了这种本体精神，也显示出神所拥有的崇高的品格。

所谓透视，是借用了身体检查中的X射线原理。我们知道，X射线可以穿透肌体，然后显示到相应的屏幕上，医生可据以判断检查者的健康状况。我们用本体这个概念对《大学》通篇做一个分析和比较，就像X射线透视肌体一样，然后比较和判断《大学》中相应内容有怎样的状况。

归纳一下：西方词源的本体或本原应该有两个含义，一是万事

[①] 尼古拉斯·布宁、余纪元：《西方哲学英汉对照辞典》，北京：人民出版社，2001年版，第717—718页。这里提到的"本体""是""在"是同一个希腊原文的不同的汉语翻译，基本含义是相通的，即都是"是"，之所以用不同的三个汉字，是因为其内部的确有这三种细微的区别。

[②] 尼古拉斯·布宁、余纪元：《西方哲学英汉对照辞典》，北京：人民出版社，2001年版，第68页。

万物总体的根据和开端；一是具体事物的根据和开端。拿着这个观点，我们来审视一下中国古代的思想，就会发现，说中国有具体事务的本原和本体，这大概不会有什么问题；若说有万事万物的最初的本原和本体，则似乎要打折扣。前者具有历史性，此物不同于彼物，此本原不同于彼本原，此本体不同于彼本体，因而表现了历史性的特征。这一点的确是中国思想所拥有。后者则不论万事万物有何差异，都是同一个本体的表现，都来源于同一个本原，都要遵循同一个本体和本原的规则。这一点，在中国思想中则略显复杂。

  过去我们往往把道说成是宇宙本原，如果从始基的意义上看，就不对了。道并不强调原点或开端，它是无始无终的生成。道者，迪也，由也，说的是万物由来，这是古代思想家站在时间的立场上追溯万物在历史的长河中之所以如此的一种说法。至于说万事万物各有其道，这个时候的道是可以分析其内部结构的，因为它已经通过停留（"稽"）或安住（"舍"）的过程，沉静下来，成为事物的本体了，这个本体应该是具体事物的本体，相当于亚里士多德的 οὐσία，用海德格尔的话说，就是"在者的在"，而不是宇宙最初的那个本体或本原。中国人说的"始"大多不能做宇宙的开端解，《说文》："始，女之初。"[①] 一个小女孩，一定有她的父母，怎么可能是宇宙的开端呢？《公羊传》的"五始"（指元年、春、王、正月、公即位五事），哪一个也不是宇宙的开端，却都是具体物的开端，都有别的东西在先的。

  中国的道家和法家都承认万事万物皆来源于道，这个意义上

[①] 段玉裁：《说文解字注》十二篇下，女部，上海：上海古籍出版社，1981年版，第617页下。

的道是不可捉摸的，只有有和无、可道和不可道、有名和无名的初始分别，其他的一概说不清，所以叫作"恍惚"。被后人当作儒家经典的《系辞》承认万事万物皆有道，所谓"形而上者谓之道"（《系辞上》），但这个道同样不是一，而是两，即阴阳，或曰矛盾。物只要分为两，就无法判断哪个在先，就无法确定最初的起点是哪一个。由此可见，真正的本原一定是一。可道却偏偏是两，所以道不能是本原。不过，从具体之物各有其道（由来），各有其理（此物区别于彼物的特征）来看，每一具体之物，或每一具体之物的类，又都有各自的一个理，不管内部构成如何，相对于这个物或这个类来说，这个理总是个一，因而也就成为决定这个具体事物或具体事物之类之所以如此的根据，相当于在者的在。古代中国有"执一御众"的说法①，这与柏拉图的"一在多上"②的观点是一致的。早期儒家怎样认识这个问题？孔子"不语怪力乱神"（《述而》），"夫子之言性与天道，不可得而闻也"（《公冶长》），由此孔子被认为"罕言天道"，只是在人伦日用中阐述具体的道德教导，务求体现出仁和礼的精神。孟子动辄讲天命，但他的天命只是一个仁爱而已，没有什么哲学含义。荀子主张

---

① 王弼：《周易略例·明象》："治众者，至寡者也"；"物无妄然，必由其理"；"故繁而不乱，众而不惑"；"故六爻相错，可举一以明也"；"物虽众，则知可以执一御也"；"义虽博，则知可以一名举也"；"夫少者，多之所贵也；寡者，众之所宗也"。见程荣纂辑：《汉魏丛书》，长春：吉林大学出版社据明万历新安程氏刊本影印并用他本补缺，1992年版，第14页。韩康伯注《系辞下》曰："夫少者多之所宗，一者众之所归。"见《重刊宋本周易注疏》，《十三经注疏》（用文选楼藏本校定），台北：艺文印书馆印行，2007年影印本，第168页。
② 尼古拉斯·布宁、余纪元：《西方哲学英汉对照辞典》，第704—705页。另参见"One Over Many Principle," Simon Blackburn, *Oxford Dictionary of Philosophy*, Shanghai Foreign Language Education Press, 2000, p.268.

"天人相分"，天人各有其道，互不干涉，显然对他而言，总的本体不在关心范围内。

道家老子、庄子的道虽然是生成性的，但在具体事物中毕竟是形成了较为固定的模式了的，老子叫作"稽式"，事物由稽式决定着，所以稽式与事物本体或本质是相近的。法家要在具体事务中实施法治，建设法制，当然要根据事物本身的内在结构来进行，这个内在结构叫作"理"，理就是通过"稽"（《韩非子》）或"舍"（《管子》）的方式停留在事物中的道，也就是事物的内在根据。理与事物本体或本质也是一致的。可见，在道家和法家那里，事物都是有内在的规则可寻的，所以才能由之而健身养生，才能循着而实施法治。儒家讲求礼制，也要承认事物具有内在规则，否则礼制缘何而生、而在呢？《管子·心术上》对这个问题有过理论性的说明："礼者，因人之情，缘义之理，而为之节文者也"；"故礼者，谓有理也"；"故礼出乎义，义出乎理"[①]。《管子》成书时间大概在战国中后期。曾在齐国稷下学宫"三为祭酒"而又称为大师的儒者荀况竭力标榜礼治，主张"隆礼重法"，他对"理"尤其重视，这说明他是承认具体事物的本体或本原的。

作为早期儒家经典，《大学》有怎样的表现呢？这是我现在关心的问题之一。

《大学》，有人认为是曾子所作，有人认为是子思所作。钱宾四先生认为成篇较晚，大概在战国末世，作者显然就不能是曾子或

---

① 黎祥凤撰：《管子校注》中，梁运华整理，北京：中华书局，2004年版，第770页。

子思。不过，他认为，成篇虽晚，但不妨碍它的价值①。从宋朝开始，《大学》对中国文化发展产生了巨大的影响，它的内容被朱熹概括为"三纲领""八条目"，这个"体系"成为后来中国人关于修身和治国相统一的思想的权威表述，一直影响到当代。所以，要想了解中国传统伦理思想和政治哲学，研究《大学》就是非常必要的了。

从比较的意义上说，《大学》也能显示传统中国文化的特质。本文标题所用的"中国特质"，指的就是"中国文化所特有的本质"。不论是以古代希腊，还是以古代希伯来思想作为渊源，西方的政治和伦理思想都有非常鲜明的宇宙本体论的影响。也就是说，他们的政治思想和伦理观念的基本原则都与永恒的正义、上帝、自然法相联系，仿佛是从永恒正义、上帝或自然法那里直接推衍出来的。中国呢？道家和法家虽然都认为事物本身是有规则的，但这些规则却是经过"稽"或"舍"的方式得到的，在这之前，道却是恍惚不定的，除了矛盾性之外，没有其他明确而具体的规则。后代儒家，像《荀子》和《管子》中的某些内容，承认礼的根据是"理"。到了宋代，"理"甚至成了儒家学说的总代表，因而才被称为"理学"。可是"理学"就是本体之学吗？就是规则之学吗？就与永恒的正义相联系吗？宋代以后又是怎样一番情况呢？

近些年来，我从本体论的视角对道家、法家和儒家后辈的一些著作做了初步的梳理，现在，我想继续努力，沿着这条路数尝试着对《大学》及其诠释传统略做分析，希望能够把这项研究再向前推动一下，敬请读者朋友批评指正。

---

① 钱穆：《钱穆先生全集［新校本］·四书释义·大学中庸释义·例言》，北京：九州出版社，2011年版，第277—280页。

二、"止于至善"：追寻至善"本体"？

《大学》文章不长，只有一千五百多个汉字，朱熹把它的思想做了系统的概括，即明明德、新民、止于至善这"三纲领"，和格物、致知、正心、诚意、修身、齐家、治国、平天下这"八条目"，并认为后八条是前三者得以实现的具体步骤。这样看来，《大学》似乎是非常有体系的作品了。如果是这样，那么三纲领和八条目之间所提到的"物有本末，事有终始"就应该是一个理论性的提示，它表明纲领和条目之间是有某种必然联系的。由此不得不让人联想到，这里所说的本始是不是有本体论的意味呢？我们的目的是要对《大学》做本体论透视，面对这样的文字，当然不能放过。

《大学》的相关原文是这样的：

> 大学之道，在明明德，在亲民，在止于至善。知止而后有定，定而后能静，静而后能安，安而后能虑，虑而后能得。物有本末，事有终始，知所先后，则近道矣。古之欲明明德于天下者，先治其国；欲治其国者，先齐其家；欲齐其家者，先修其身；欲修其身者，先正其心；欲正其心者，先诚其意；欲诚其意者，先致其知；致知在格物。①

---

① 郑玄注、孔颖达疏：《重刊宋本礼记注疏附校勘记》，《十三经注疏》（用文选楼藏本校定），台北：艺文印书馆印行，2007年影印本，第983页。

我们要说的是"物有本末，事有终始，知所先后，则近道矣"。直观看上去，本指树根，末指树梢；终指结束，始指开端。一般理解，一棵树，树根是生长的根据，枝叶是生长的表现。本是积极的，它决定着末的生长；末是消极的，它是由本决定的。在时间上始当然在先，终只能在后。从行文习惯上看，作者显然认为"本末"和"始终"是同义的，都是指的"先后"。作者把"知所先后"说成"近道"，这表明他认为道说的是由先而后的过程，这恰恰与道有"由"的含义是一致的。张岱年先生曾用"本根论"这个词来指"道"的生成属性①，看来，中国人的确是把道理解为时间中的，理解为历史的。同时也说明，在《大学》作者心目中，知止、定、静、安、虑、得就是一种先后关系，知道了这个先后关系，就接近于道了。那么对此，后世儒者是怎么理解的呢？

查东汉郑玄注，未见解释。

唐人孔颖达有说明：

> "物有本末，事有终始"者，若于事得宜而天下万物有本有末，经营百事有终有始也。"知所先后"者，既能如此，天下百事万物皆识知其先后也。"则近道矣"者，若能行此诸事，则附近于大道矣。②

---

① 张岱年：《中国哲学大纲》，北京：生活·读书·新知三联书店，2005年版，第47—53页。
② 郑玄注、孔颖达疏：《礼记正义》，《十三经注疏》（用文选楼藏本校定），台北：艺文印书馆印行，2007年影印本，第984页。

"物有本末"孔颖达解释为"天下万物有本有末";"事有终始"则解说为"经营百事有终有始",大概看到"事"乃人所从事者,所以加了"经营"二字。不过,他认为"百事万物皆识知其先后",表明他承认"本末"和"终始"指的都是"先后",知道了先后关系,也就接近于大道了。此外,再没有其他解说。

宋儒朱熹则这样解释:

> 明德为本,新民为末。知止为始,能得为终。本始所先,末终所后。此结上文两节之意。①

朱熹的解释针对性明显地增强了。一是把本末分别与明德和新民挂上钩;二是把始终分别与知止和能得挂上钩。然后断定本始和末终具有先后关系。这样,这一节的三层意思就构成了一个具有先后顺序关系的整体。真德秀更进一步,认为"自格物、致知、诚意、正心、修身、齐家至于治国、平天下,其本末有序,其先后有伦。"②把八条目也纳入先后顺序,这样,整段文字就在先后顺序的意义上联为一个整体。

到了明代,王阳明极为重视《大学》,他之所以能把自己与

---

① 朱熹:《大学章句》,《四书章句集注》,北京:中华书局,1983年版,第3页。
② 真德秀:《大学衍义序》,朱人求校点,《大学衍义》,上海:华东师范大学出版社,2010年版,第2页。

朱子思想严格区分开来，就是在《大学》上做足了工夫①。这种情况，即使在"物有本末，事有终始"这句话上也没有放松，他指出：

> 不当分本末为两物耳。夫木之干谓之本，木之梢谓之末：惟其一物也，是以谓之本末。若曰两物，则既为两物矣，又何可以言本末乎？新民之意，既与亲民不同，则明德之功，自与新民为二。若知明明德以亲其民，而亲民以明其明德，则明德、亲民，焉可析而为两乎？先儒之说，是盖不知明德、亲民之本为一事，而认以为两事：是以虽知本末之当为一物，而亦不得不分为两物也。②

王阳明好生厉害！他以心为"本体"（中国的"本体-工夫"意义上的本体），认为具有本末关系的"明明德"与"亲民"不应一分为两，从而揭露朱熹把"亲民"改为"新民"进而造成"新民"无法与"明明德"构成本末一体关系在逻辑上的疏漏，简直是目光如炬！当然，他并未把本末的本当作本体来对待，终始的始，他也没有会错意。

清儒也有解释，川中大儒刘沅的文字较有代表性：

---

① 蒋国保教授认为："王阳明哲学……是源自《大学》……阳明对'《大学》古本'的重视，可以说贯彻其哲学创造生涯的始终。"见蒋国保：《王阳明"〈大学〉古本"说生成考》，《阳明学研究新论》第1辑，南昌：江西教育出版社，2016年版，第3页。
② 《王守仁大学问》，见钱穆：《钱穆先生全集［新校本］·四书释义·大学中庸释义·大学古本》，第310—311页。

……天下事物虽无穷，然物必有本末，事必有始终，一一循序实践，自然易企于成。大学之道岂必凡物凡事皆尽为之，但以本末始终详察之。本始在，所当先；末终在，所当后。知所先后次第程功，则近道矣。至善为本，止至善为始，能知止则本始已得。凡事物之理，虑而得之不难。此节紧承上节，教人勿泛泛求知，但力行知止之功，充其定静安之量，则"清明在躬，志气如神"，圣人亦不过如此。下文特就大学功效次第而言，从天下说到致知格物，格去物欲非有他法，只是知止时持志养气，到了定静安景象，则物欲去矣。是夫子之言仍归根在知止上，以此为致知之本。其动而穷究事物，不外博学审问慎思明辨，"虑而能得"句已包得此等功夫在内。先儒不知夫子立言之密，沿僧流静心之学，不知至善之地与知止之法，疑事物之理甚多，必一一穷究。故此二节书旨不明而又另补格物之传，所谓一错都错矣。①

他把"物有本末，事有终始"与三纲领和八条目都联系起来考虑，是有见地的。他认为本始应理解为所先，应是时间上在先，与本体无涉。可是，在这段文字中，我们倒发现了一个重要思想，那就是"至善为本，止至善为始，能知止则本始已得"。本和始是不同的，本是根，是一切的根据，近乎本体；始是开端，是起步，是行动的起点。他把至善和止于至善统一起来，显然是王学的观点。像王阳明一样，他批评朱熹不知道明明德和亲民原本是一体的，还

---

① 刘沅：《大学古本质言》，尚会强点校，上海：华东师范大学出版社，2012年版，第17页。

企图到众物中一一寻求其理。他认为朱熹对这段文字没有理解，又造作补传，所以是"一错都错"。

总之，从唐到清，《大学》诠释者一般是把本末和终始理解为时间上的先后，而且是具体事物范围内的先后。

我们知道，以本为喻并非中国所独有。国外学术界也不罕见。英文root这个词就有根本、原因的含义。不过，西方人的以"本"为喻容或有本体论意义。我们大家都很熟悉的马克思的一段话较为典型：

> 理论只要说服人［ad hominem］，就能掌握群众；而理论只要彻底，就能说服人［ad hominem］。所谓彻底，就是抓住事物的根本。但是，人的根本就是人本身。①

这里的"彻底"一词，马克思用的是德文词radikal，英文作radical。查英文词典可知，这个词是14世纪时从拉丁文移用过来的，拉丁词作rādīcālis，本义是having roots，拉丁词根rādīc-的意思就是树根，引申为根本，可做抽象词使用②。马克思使用的"根本"一词，德文作Wurzel，就是树根（root）的意思③。

德文"彻底"一词本身就有抓住根本的意思。而"人的根本

---

① 马克思：《〈黑格尔法哲学批判〉导言》，《马克思恩格斯选集》第1卷，北京：人民出版社，1995年版，第9页。
② *Random House Webster's College Dictionary*, New York, 1999, p. 1087.
③ 叶本度主编：《朗氏德汉双解大词典》，外语教学与研究出版社、德国Langenscheidt出版公司，2000年版，第1990页。*The Minster German Dictionary*, Minster Books, London, 1992, p.132.

在人本身"，说的正是人的根本不在别处，不应到人以外去寻，只能在人本身来找。可见，"根本"就在事物内部，是事物之所以为事物的内在根据。这不就是本质么？这不就是本体么？逻辑思维中第一定律是"A是A"（同一律），顺着推下去就是"A不是-A"（矛盾律），然后再推一定是"A不能既是A又是-A"（排中律）。"人的根本在人本身"表现了理论的彻底性，也更加说明了这一点。

《大学》的本末之喻除了时间上的先后，是可以做具体事物的本体来理解的。不过，尽管如此，《大学》的论证并未缘此而逻辑地展开，这一点，似乎大出《大学》英译者理雅各的预料：

> 达到预期的伟大目标的方法包括七个步骤：格物、致知、诚意、正心、修身、齐家、治国。这些构成了达到平天下的最高目标的步骤。波提埃把它们所在的段落称作连环推理，或简洁的三段论。不过，我认为它们只能属于修辞（rhetoric），不能归诸逻辑（logic）。①

什么是"修辞"（ρητορεία）？修辞是古希腊盛行的一种论辩

---

① 原文如下：The method which is laid down for the attainment of the great object proposed, consists of seven steps: the investigation of things; the completion of knowledge; the sincerity of the thoughts; the rectifying of the heart; the cultivation of the person; the regulation of the family; and the government of the State. These form the steps of a climax, the end of which is the kingdom tranquillized. Pauthier calls the paragraphs where they occur instances of the sorites, or abridged syllogism. But they belong to *rhetoric*, and not to *logic*. James Legge, Prolegomena, *The Great Learning*, the Chinese Classics, Volume 1, SMC Publishing Inc., Taipei, 1998, p.29.

术（oratory），目的是发挥自己的主张，批评对方的意见，而博得更多人的信服。它当然可以含有逻辑，但绝不以逻辑规则为遵循的原则。它往往以各种包装来烘托和渲染自己的观点，观点和结论的关系往往是或然的。理雅各认为《大学》八条目之间的关系就是修辞的，而非逻辑的。《大学》的三纲领虽然隐含着"至善为本"的本体论意义，但它所说的"物有本末，事有终始"更多的是时间上的先后，"本始"就是所先，有的只是历史意义，而不是逻辑意义。历史意义说的是经验事物在时间上的先后关系；而本体意义说的却是与经验事物相反的超越境界。一个经验性的事物如果是另一个经验性的事物的原因或结果，那两者就构成历史关系；一个经验性的事物如果与另一个非经验的事物构成必然联系，那么两者就可能具有现象与本质的关系，就可能进入逻辑或本体论领域。从《大学》及其诠释传统来看，八条目都是现实的经验性事物，它们之间更容易构成历史关系，尽管可能在某些地方会与某些逻辑规则相合。

由此可见，"本始"要想成为本体或本原，还必须超越历史这道藩篱。在古希腊，亚里士多德对"先于"做过研究，他认为所谓"先于"可以分辨出多重含义：比如时间的在先、次序的在先、原因的在先、依赖性的在先，等等[①]。其中时间的在先是否就一定会成为某事的原因？这在希腊人那里是受到怀疑的。亚里士多德提出这么多的"先于"，对于单纯用历史性来解释一切的做法具有针砭意义。他之所以能这样关注和分析"先于"这个问题，应该与他

---

① 亚里士多德：《范畴篇》，方书春译，北京：商务印书馆，1997年版，第45页。

对事物原因的观点有必然联系。我们知道，他曾把"原因"分解为"质料因""形式因""目的因"和"动力因"[①]，其中的"形式因"和"目的因"显然是超越经验的，只能是精神性的存在，所谓本体，恰恰就是这种精神性的存在。《大学》所谓的"物有本末，事有终始"更多地解释为"知所先后"，即当作行为的先后次第，显然是在时间内的，是历史性的。历史性的思维很难形成概念，概念一定是经验事物的超越和否定。理雅各说《大学》八条目的关系是"修辞的"而非"逻辑的"，恰恰指出了它们之间的这种历史性的、经验性的或然关系。

其实，用本末终始之喻来说明事物的本体或本原，在道理上是很难说得通的。我们说同在经验领域中的"本始"并非本体，而同一类事物之间也不应该有本质和现象的关系。假如有人问水的本体是什么，我们将如何回答呢？我们很可能会转换一个提问的方式和角度：水是怎么来的？水是怎么来的呢？在科学不发达的情况下，我们往往不得不把这个问题具体化，或者说我们只能诉诸经验事实。我们会说，池塘里的水是老天下雨积存的；长江黄河的水是青藏高原积雪融化流淌下来的；谷中的溪水是山泉形成的。如果要我们用一句话概括，那就只能说"水是有源的"。同样道理，如果有人问"树是怎么来的"？那也就一定会回答"树是有根的"。可是这样回答并没有解决任何问题。青藏高原的积雪是怎么来的？山泉是怎么来的？雨水是怎么来的？树根是怎么来的？水源和树根还有经验上的其他物为其前身，怎么能是本原或本体呢？如果不能

[①] 亚里士多德：《形而上学》，吴寿彭译，北京：商务印书馆，1959年版，第8页。

超越出来，那就只能在经验事实间打转转、玩循环了。古人习惯于用本末和终始来说明道理，就是还没有超越出来。王阳明的门人徐爱记录了王阳明的话："譬之树木，这诚孝的心便是根，许多条件便是枝叶。须先有根，然后有枝叶。不是先寻了枝叶，然后去种根。"[①]本就一定决定末吗？有些植物刚刚生长时根系和苗身几乎是同时从种子生出的，一个在土壤中生长蔓延，一个破土而出在空中展开，入土的吸收土壤中的水分养料，升空的接受阳光雨露。没有根，枝叶可能会枯萎死亡；没有枝叶，根也可能会枯萎死亡。还有更特别的。有的植物截取一段枝叶插到土里，就会生长；有的斩去枝叶，根部又会生发出新的枝叶来。可见，本和末是一体的，你中有我，我中有你，它们可以互动，可以转化，可以替代，但是，恰恰不能断定本就一定决定末，因而也不可以作为终极本体的代名词，因为终极的本体和本原是单向性的，发散性的，不可逆的，而经验意义上的树根和水源却不是这样。

在《大学》中，找不到西方意义上的万事万物的终极本体或本原，那是不是说《大学》就没有统帅全篇的本体性的思想了呢？我觉得倒也不能这样说。细读全篇，感到朱熹和王阳明使用的"本体"一词倒很有价值。朱熹《大学章句》和王阳明《大学古本》都有"本体"一词。朱熹在解释"明明德"时这样说："明德者，人之所得乎天，而虚灵不昧，以具众理而应万事者也。但为气禀所拘，人欲所蔽，则有时而昏；然其本体之明，则有未尝息者。故学

[①] 王守仁著：《王阳明全集》[壹]卷二，徐枫等点校，语录二传习录中答顾东桥书，天津：天津社会科学院出版社，2015年版，第14页。

者当因其所发而遂明之,以复其初也。"①可见朱熹的本体就是明德,它是人得自天,叫作虚灵不昧,它具备众多之理,而能应付万事。王阳明则认为:"至善者,心之本体。尽其心之本体,谓之止至善。"②王阳明的本体则是至善,它发自本心。两人的共同点在于,明德就是本体,不管它们来源有何不同,但都在人心,都有灵明至善的属性。

围绕着灵明至善的本体,"知止"这个词就显得极为重要。前面引用刘沅的话中就有这个思想,其实,从宋明理学家那里也是可以读出来的。

《大学》三纲领中有"在止于至善"一句,朱熹解释说:"止者,必至于是而不迁之意。""止者,所当止之地,即至善之所在也。"③"自新新民,皆欲止于至善也。"④"止,居也。言物各有所当止之处。""敬止,言其无不敬而安所止也。……言圣人之止,无非至善……学者于此,究其精微之蕴,而又推类以尽其余,则于天下之事,皆有以知其所止而无疑矣。"⑤朱熹还是相信物各有其当止之地,人要知其所止,即遵守事物本身的内在本质或本体,这就叫作"知止"。《大学》的三纲领是"知止"的内容,

---

① 朱熹:《大学章句》,《四书章句集注》,北京:中华书局,1983年版,第3页。
② 钱穆:《钱穆先生全集[新校本]·四书释义·大学中庸释义·大学古本》,第300页。
③ 朱熹:《大学章句》,《四书章句集注》,北京:中华书局,1983年版,第3页。
④ 朱熹:《大学章句》,《四书章句集注》,北京:中华书局,1983年版,第5页。
⑤ 朱熹:《大学章句》,《四书章句集注》,北京:中华书局,1983年版,第5页。

八条目则是落实"知止"的步骤。

"止"所具有的这种意义在王阳明那里受到了同样的重视。他在解释"止于至善"时是这样说的："止于至善，岂有他哉？惟求之吾身而已。"① 至善自在人心，因此，他批评朱熹："人惟不知至善之在吾心，而求之于其外，以为事事物物皆有定理也，而求至善于事事物物之中；是以支离决裂，错杂纷纭，而莫知有一定之向。今焉，既知至善之在吾心，而不假于外求，则志有定向，而物支离决裂错杂纷纭之患矣。无支离决裂错杂纷纭之患，则心不妄动而能静矣。心不妄动而能静，则其日用之间，从容闲暇而能安矣。能安，则凡一念之发，一事之感，其为至善乎？其非至善乎？吾心之良知，自有以详审精察之，而能虑矣。能虑，则择之无不精，处之无不当，而至善于是乎可得矣。"② "是非之心，不待虑而知，不待学而能，是故谓之良知。是乃天命之性，吾心之本体，自然灵昭明觉者也。"③

王阳明的良知之说的最大优势，就在于找到了至善的来源，因而也就解决了物我无法同一的问题。他说：

> 明明德者，立其天地万物一体之体也。亲民者，达其天地万物一体之用也。故明明德必在于亲民，而亲民乃所以明其明德

---

① 钱穆：《钱穆先生全集［新校本］·四书释义·大学中庸释义·大学古本》，第302页。
② 钱穆：《钱穆先生全集［新校本］·四书释义·大学中庸释义·大学古本》，第310页。
③ 钱穆：《钱穆先生全集［新校本］·四书释义·大学中庸释义·大学古本》，第312页。

也。是故亲吾之父以及人之父，以及天下人之父，而后吾之仁实与吾之父、人之父与天下人之父而为一体矣。实与之为一体，而后孝之明德始明矣。亲吾之兄以及人之兄，以及天下人之兄，而后吾之仁实与吾之兄、人之兄与天下人之兄而为一体矣。实与之为一体，而后弟之明德始明矣。君臣也，夫妇也，朋友也，以至于山川、鬼神、鸟兽、草木也，莫不实有以亲之，以达吾一体之仁，然后吾之明德始无不明，而真能以天地万物为一体矣。夫是之谓明明德于天下，是之谓家齐国治而天下平，是之谓尽性。①

明明德和亲民为本末一体关系，是止于至善的体现。由此可见，看起来不像是本体的"本""始"在"止"的意义上却可以发挥着具体事物本体的作用。三纲领和八条目内部因为"止"的引领，而相互形成了本末、终始的关系，其内部有着隐而不显的结构。

由此可见，清儒刘沅所谓"至善为本""止至善为始"较好地概括了朱熹和王阳明关于本体（中国意义上的）的思想。

因此：《大学》中的本始没有宇宙本原和万物本体的意义，本末之间和终始之间也只有历史关系，而无法成为具体之物的本体。倒是至善，规定着三纲领和八条目的精神归宿，对止于至善的活动具有精神性的决定意义，可以说是儒家伦理和政治的最高原则，在这个意义上，也只有在这个意义上，才可以把它称作本体，具体物

---

① 钱穆：《钱穆先生全集［新校本］·四书释义·大学中庸释义·大学古本》，第309页。

的本体[①]。

三、"格物致知":怎样把握至善"本体"?

"格物致知"究竟有怎样的含义?近代以来,中国人曾经用"格致之学"来理解西方传入的科学知识特别是物理学。即使到了今天,恐怕仍会有人把科学探索理解为"格物致知"。

那么,《大学》及其诠释史究竟是怎样解说的呢?

先看汉代。

《大学》原本是编在《小戴礼记》中的一篇,今天所见《十三经注疏》中的《礼记》是宋代的本子,有东汉郑玄注。在解释"致知在格物"时,郑玄这样说:

> 知谓知善恶吉凶之所终始也。
>
> 格,来也。物,犹事也。其知于善深,则来善物;其知于恶深,则来恶物。言事缘人所好来也。此致或为至。[②]

可见,汉代经师是把"格物致知"当作价值观("人所好")

[①] 陈来根据当下本体概念的多元理解,认为儒家的仁具有本体的属性,参见氏著:《仁学本体论》,北京:生活·读书·新知三联书店,2014年版;《仁学本体论》,载《文史哲》2014年第4期。

[②] 郑玄注、孔颖达疏:《重刊宋本礼记注疏附校勘记》,《十三经注疏》(用文选楼藏本校定),台北:艺文印书馆印行,2007年影印本,第983页。

来解释的，"知"并非一般的获取知识的认知活动，而是对于善恶吉凶之先后关系的体认。"格物"即"来物"；"致"可作"至"，那么"致知"就是"至知"。这样，"格物致知"就是"来物至知"，也就是"物来就知"。很自然地，就会得出"知善就会来善物；知恶就会来恶物"的结论来。但是为什么知善就会来善物呢？为什么知恶就会来恶物呢？郑玄认为事情往往是由人所喜好而来的。如果是这样，那么知的活动就自然要以求善为目的了。可见，"致知"是有具体所指的，不是一般的求知，而是"知善""知恶"，也就是"好善""好恶"，这是价值，而不是知识。

到了唐代，孔颖达是这样解释格物致知的。

"欲诚其意者先致其知"者，言欲精诚其己意，先须招致其所知之事，言初始必须学习，然后乃能有所知晓其成败，故云"先致其知"也。

"致知在格物"，此经明初以致知积渐而大至明德，前经从盛以本初，此经从初以至盛，上下相结也。"致知在格物"者，言若能学习，招致所知。格，来也。已有所知，则能在于来物，若知善深，则来善物；知恶深则来恶物。言善事随人行善而来应之；恶事随人行恶亦来应之，言善恶之来，缘人所好也。

"物格而后知至"者，物既来则知其善恶所至，善事来则知其至于善，若恶事来则知其至于恶，既能知至，则行善不行恶也。

"致知而后意诚",既能知至,则意念精诚也。[1]

孔颖达沿着郑玄的思路,继续前行。他把"知"解说成"学习",学习之后就有可能知晓成败,可见,他所说的这种学习应该是一种与历史经验相关的活动。不论如何,这是一个进步。但从他后面的说解中,可以看出,他的知,一方面仍蜷缩在好善还是好恶的价值范围内,另一方面,他并没有告诉我们他的知究竟有怎样的一种方法,所以,还不能说他的知是一般意义上的探求真理的知识活动。知识,在古希腊人那里有特定的含义,是指对永恒不变的本体的认识,而且有认识的规则和方法。知识可以用于认识善恶,但能否把善恶当作永恒不变的本质来认识呢?有没有什么系统而正规的方法来加以认识呢?孔颖达似乎并未做出具体的说明。总的来说,郑玄、孔颖达的解经,属于同一个学术方法的范畴,大体上停留在"知善则来善物""知恶则来恶物"的阶段,他们的"知"更多地是指价值观,虽然也包含着一定的学习的因素,需要掌握了解和训练的方法,但还不能说像希腊人那样的学习知识、探求真理。

直到唐代,《大学》仍是《礼记》中的一篇,不过,陆德明说:"郑云:'《大学》者,以其记博学可以为政也。'"孔颖达正义曰:"案郑《目录》云:'名曰《大学》者,以其记博学可以为政也。此于《别录》属通论,此《大学》之篇论学成之事,能治

---

[1] 郑玄注、孔颖达疏:《重刊宋本礼记注疏附校勘记》,《十三经注疏》(用文选楼藏本校定),台北:艺文印书馆印行,2007年影印本,第984页。

其国，章明其德于天下，却本明德所由，先从诚意为始。'"①孔颖达根据刘向《别录》的分类法，把《大学》和《中庸》确定为通论之作，这说明它们与《礼记》中其他记载礼节仪式的篇章在文体风格和行文方式上有所不同，唐人重提这个问题，似乎有意要把它们抽出来单独阅读。

从宋代开始，情况有了重大变化。学者发现《礼记》中的《大学》《中庸》与记载琐屑礼仪的其他篇章不太一样，侧重在阐发义理。于是引起重视。到了二程，发现《大学》中应该有更系统的思想，特别是在知识修养上有更深层次的思考才对。南宋朱熹更进一步，作《大学章句》《中庸章句》《论语集注》《孟子集注》，加以合刊，得《四书章句集注》。到了元朝，四书被钦定为代表国家意识形态的经典著作，科举考试从中出题，并以朱注为标准答案，直到1901年清廷宣布废除八股，改为策论为止。受宋以后学术风气的影响，《大学》的注疏解经活动也发生了重大转变。这在"格物致知"这个主题上也有了明显的变化。

宋儒一改汉唐学者"先从诚意为始"的传统，转而强调"知识"的重要性，把关注的重点转向"格物致知"。朱熹继承程颐的做法，不但根据三纲领、八条目对注解前六章的位置和结构做了调整，甚至还增补了"格物致知"一章，这是引起后世学者争议的惊世之举。

朱熹在解释八条目时这样说明"格物致知"：

---

① 郑玄注、孔颖达疏：《重刊宋本礼记注疏附校勘记》，《十三经注疏》（用文选楼藏本校定），台北：艺文印书馆印行，2007年影印本，第983页。

> 致，推极也。知，犹识也。推极吾之知识，欲其所知无不尽也。格，至也。物，犹事也。穷至事物之理，欲其极处无不到也。
>
> 物格者，物理之极处无不到也。知至者，吾心之所知无不尽也。知既尽，则意可得而实矣，意既实，则心可得而正矣。修身以上，明明德之事也。齐家以下，新民之事也。物格知至，则知所止矣。意诚以下，则皆得所止之序也。①

这就从根本上扭转了汉唐解经的方向。汉唐释"格"为"来"，"格物"为"来物"；朱子则训"格"为"至"，"格物"不是"来物"或"物来"，而是"至物"或"即物"。汉唐是让物来就己，所以主张加强个人修养，培养良好的情趣和价值观，以便所来的善物多多益善。朱熹则主张"穷至事物之理，欲其极处无不到也"，这样才能"推极吾之知识，欲其所知无不尽也"。值得重视的是朱熹使用"知识"一词，含义显然是对"事物之理"的把握，而且是"穷至""其极处"式的把握，这在中国历史上的确是石破天惊之语，足以振聋发聩的！假如有人说这与希腊哲学家、德国哲学家的"知识"概念毫无共同之处，我是决不相信的。

再看朱熹的格物补传：

> 右传之五章，盖释格物、致知之义，而今亡矣。间尝窃取程子之意以补之曰："所谓致知在格物者，言欲致吾之知，在即物

---

① 朱熹：《大学章句》，《四书章句集注》，北京：中华书局，1983年版，第4页。

而穷其理也。盖人心之灵莫不有知，而天下之物莫不有理，惟于理有未穷，故其知有不尽也。是以《大学》始教，必使学者即凡天下之物，莫不因其已知之理而益穷之，以求至乎其极。至于用力之久，而一旦豁然贯通焉，则众物之表里精粗无不到，而吾心之全体大用无不明矣。此谓物格，此谓知之至也。"①

我觉得这是一篇精彩的哲理短文！它明确了主体的能知和客体的可知之间所具有的同一性，还指出了认识的方法在于"即物穷理"即因"已知之理"而求"未知之理"，知的标准是"至乎其极"。所谓"极"，从感觉上说是"豁然贯通"，从结构上看是"表里精粗无不到"。朱熹的这个思想明显的具有知识论的特点，再加上它与理——伦理规范相一致，说古代中国的确有知识与德行关系问题，也不是毫无根据的。像这样的理性思维，在古代中国真有如空谷足音，万分难得！从这个意义上，我觉得近代中国人把来自西方的科技知识翻译为"格致之学"，不为无理；《大学》在近代中国的某种复兴，也不是空穴来风②。

不过，历史总会捉弄人，宋代有了理学，到近代西方科学传

---

① 朱熹：《大学章句》，《四书章句集注》，北京：中华书局，1983年版，第6—7页。
② 对于朱熹的"格物"说，熊十力给予了极大的表扬："朱子以致知之知为知识，虽不合《大学》本义，却极重视知识，而于魏晋谈玄者扬老庄反知之说及佛家偏重宗教精神，皆力矫其弊，且下启近世重科学知识之风"；"程朱说理在物，故不能不向外寻理，由其道，将有产生科学方法之可能"；"格物之说，唯朱子实得其旨，断乎不容疑也"。见《熊十力全集》第3卷，转引自胡治洪《〈大学〉朱王之争与熊十力的评论》，载《阳明学研究新论》第2辑，蒙秋明、毛有碧主编，南昌：江西教育出版社，2017年版，第176页。

入，也有七百年了，可是，并未发展出自己的科学来。我知道，科学不会因为一篇理性论文就发展出来，它还需要有其他相应条件才可以。我当然不会认为朱熹就完全正确，无可辩驳。朱熹的理学，主要还是在纲常伦理之学上。在这种氛围内，读朱子书的人是很难把这些哲学思考迁移到自然科学上面去的。

朱熹"格物致知"的思想在南宋曾得到许多学者的倾力拥护，真德秀是较有代表性的一位，他认为："首之以格物致知，示穷理乃正心之本，推之于齐家、治国，见修己为及物之原。"[①]可到了明代，却遭遇到王阳明的猛烈攻击。

《答顾东桥书》是王阳明手著，比讲课后的学生记录更能反映他的真实想法。王阳明毫不掩饰自己与朱熹的观点相反：

> ……朱子以"尽心、知性、知天"为"物格"、"知致"，以"存心"、"养性"、"事天"为诚意、正心、修身，以"夭寿不贰、修身以俟"为知至、仁尽，圣人之事。若鄙人之见，则与朱子正相反矣。……[②]

接下来，对朱熹关于"格物致知"的观点展开了批评。

> 朱子所谓"格物"云者，在"即物而穷其理"也。"即物穷

---

① 真德秀撰：《大学衍义》，朱人求校点，上海：华东师范大学出版社，2010年版，第4页。
② 王守仁著：《王阳明全集》[壹]卷二，徐枫等点校，语录二传习录中答顾东桥书，天津：天津社会科学院出版社，2015年版，第45页。

理"，是就事事物物上求其所谓定理者也，是以吾心而求理于事事物物之中，析"心"与"理"为二矣。夫求理于事事物物者，如求孝之理于其亲之谓也。求孝之理于其亲，则孝之理其果在于吾之心邪？抑果在于亲之身邪？假而果在于亲之身，则亲没之后，吾心遂无孝之理欤？见孺子之入井，必有恻隐之理，是恻隐之理果在于孺子之身欤？抑在于吾心之良知欤？其或不可以从之于井欤？其或可以手而援之欤？是皆所谓"理"也。是果在于孺子之身欤？抑果出于吾心之良知欤？以是例之，万事万物之理莫不皆然。是可以知析"心"与"理"为二之非矣。夫析"心"与"理"而为二，此告子"义外"之说，孟子之所深辟也。①

我以为王阳明的分析有其合理之处。他敏锐地指出，朱熹的"即物穷理"就是"求理于事事物物"，这分明是把心与物分隔开来，即把它们当作两个东西。古代哲学的确有把认识主体与认识客体分割开来的倾向。接下来，他就对主客二分的做法发起攻击。他认为，如果即物穷理就是到事事物物那里去寻求道理，那孝悌的道理就不在心灵，而在被孝敬的亲人那里了？如果是这样，那么，如果亲人不在了，我心就没有对他们的孝顺之理了？如果见到孺子掉到井里，必然会有恻隐之理，那究竟是说恻隐之理在孺子身上呢？还是在我的心里的良知？如果在孺子那里，我心就没有恻隐之理，那就会任他掉到井里；如果恻隐之理在我心里良知，那就会援之以手，给予施救。究竟在哪里呢？王阳明的分析的确犀利，指出了古

---

① 王守仁著：《王阳明全集》[壹] 卷二，徐枫等点校，语录二传习录中答顾东桥书，天津：天津社会科学院出版社，2015年版，第46页。

代理性主义认识方法的弊窦，理如果在外物，我心无理，凭什么会去寻它呢？不过，他的分析也不能说是圆满无缺的，不经意间也露出了逻辑上的破绽：他把孝亲之理假设在亲之身上，就有强加于人的倾向。发自我心作用于对象的孝亲之理怎么就不可以作为认识的对象而存在呢？可见，王氏有偷换概念之嫌。

再接下来，他就直接阐述了自己的观点：

> 若鄙人所谓"致知"、"格物"者，致吾心之"良知"于事事物物也。吾心之"良知"，即所谓"天理"也。致吾心"良知"之"天理"于事事物物，则事事物物皆得其理矣。致吾心之"良知"者，"致知"也。事事物物皆得其理者，"格物"也。是合"心"与"理"而为一者也。合"心"与"理"而为一，则凡区区前之所云，与朱子晚年之论，皆可以不言而喻矣。[1]

在此，王阳明阐述了自己的理解。他与朱熹相同，也是把"格物致知"看作是人的外向活动，这点不同于汉唐经学家的内向型思维。但不同的是，朱熹是用心寻理于外物，心与物为二；王阳明是把心中自有的良知（即天理）附加给外物，让外物因此而有理，心和物于是而合一。从以上文字，我们好像看到黑格尔和康德的两种思维倾向。就像黑格尔一样，朱熹的思想也可以建设一个客观理性的大厦，但他说不清这个大厦的图纸或设计方案是从哪里来的，只能说是客观的天理使然，在没有上帝信仰的中国文化氛围中留下了

---

[1] 王守仁著：《王阳明全集》[壹]卷二，徐枫等点校，语录二传习录中答顾东桥书，天津：天津社会科学院出版社，2015年版，第46页。

一个理论上的漏洞,等着有人来揭露。王阳明则机智地把世界的理性说成是心中的良知所加,是心所赋予的,就像康德宣布人类运用范畴为自然立法一样,但却有把心与物的同一性简单化,把外部世界拟人化的倾向。

下面的论述更有哲学意味,引人关注:

> 夫万事万物之理不外于吾心,而必曰穷天下之理,是殆以吾心之良知为未足,而必外求于天下之广以裨补增益之,是犹析"心"与"理"而为二也。……今欲去此之蔽,不知致力于此,而欲以外求,是犹目之不明者,不务服药调理以治其目,而徒伥伥然求明于其外,明岂可以自外而得哉?①

这里用的一个比喻很有意思。有眼疾的要想看到外物,当然要通过治眼疾来实现,道理很简单,谁都明白;但论说方法却发人深思。我们要感知外物,最根本的不在于外物,而在于我们所拥有的感知外物的感觉器官,感知能力。很显然,这与西方经验主义的路子颇为接近。可见,即使在古代中国,思想发展中居然也有类似于西方哲学史上理性主义与经验主义的分野。这说明,人类认识世界本来就有相通、相近、相同的地方。我们真的不能过于自恋,以为中国永远是天下无双、与众不同的;我们也不必过于自卑,以为这样的哲学分野我们没有,只有西方人才配发明。

不过,对于"格物致知",王阳明还有另一种理解,值得注意。

---

① 王守仁著:《王阳明全集》[壹]卷二,徐枫等点校,语录二传习录中答顾东桥书,天津:天津社会科学院出版社,2015年版,第47页。

《大学》思想体系的中国特质——基于元典和古代诠释传统的本体论透视

门人徐爱录：

先生又曰："格物"，如《孟子》"大人格君心"之"格"，是去其心之不正，以全其本体之正。

门人陆澄录：

……"格物"、"致知"者即"诚意"之功，去得"人欲"，便识"天理"。

门人薛侃录：

曰：尝闻先生教：学是学存"天理"。心之本体即是天理，体认天理，只要自心地无私意。（32页）

曰：如此则只须克去私意便是。

先生曰：学是学"去人欲""存天理"[①]。

"格物"的"格"是扞格，是格杀，是除掉。"格物"就是除掉心中有损良知的东西，以达于本然状态，这本然状态就是正。所以，"格物"就是去其不正，以达于正。这就是诚意，就是去人欲存天理。

卷三语录三传习录下

门人陈九川录（一）：

（陈九川）……疑先生以"意之所在为物"，"物"字未明。

---

① 王守仁著：《王阳明全集》［壹］卷二，徐枫等点校，语录二传习录中答顾东桥书，天津：天津社会科学院出版社，2015年版，第17、22、30、32、32、36页。

先生曰：耳、目、口、鼻、四肢，"身"也，非"心"安能视、听、言、动？"心"欲视、听、言、动，无耳、目、口、鼻、四肢亦不能。故无"心"则无"身"，无"身"则无"心"。但指其充塞处言之谓之"身"，指其主宰处言之谓之"心"，指"心"之发动处谓之"意"，指"意"之灵明处谓之"知"，指"意"之涉着处谓之"物"：只是一件。"意"未有悬空的，必着事物。故欲"诚意"，则随意所在某事而"格"之，去其"人欲"而归于"理"，则"良知"之在此事者，无蔽而得"致"矣。此便是"诚意"的功夫。[①]

这段文字有两点应该注意：其一，从主宰感觉的思维功能上论证心为万物本体。其二，因为"意之所在为物"，所以，修身的全部功夫就在于"诚意"。朱熹曾把汉唐经学家向内知善的修养功夫，扭转为向外探求物理的行动；至此，王阳明把朱熹向外探求物理的行动又扭回到向内的诚意功夫。历史好像经过了一个由内而外，又由外而内的循环，回到了原点。不过，这一次的"回归"不是真的回到了原点，而是走了一个圆圈式的道路，不过，它不是一个封闭的圆环，王阳明的诚意不是重复汉唐经学家的"知善来善"或"知恶来恶"，而是否定朱熹"即物穷理"后的诚意，不是只向内心求善，而是心与外物同一且互动后的诚意，是正、反、合的过

[①] 王守仁著：《王阳明全集》[壹]卷二，徐枫等点校，语录二传习录中答顾东桥书，天津：天津社会科学院出版社，2015年版，第78—79页。

程，是否定之否定的一次螺旋式上升①。

迄至清代，一方面是官方把朱子学当作意识形态的代表，另一方面，批评朱学，表扬王学，竟然成为一种时尚，在高层学者圈里流行。许多学者喜欢贬低朱学，以显示自己的学问高深、品德独特②。清儒刘沅也有这种倾向。他在解释"致知在格物"句时训"格"为扞，"物"为物欲，去除物欲，便是回复本心良知③，显然是沿着王学的路数向内心修养深入进去，以此作为"格物致知"的途径，这就离"即物穷理"越来越远了。不仅如此，刘沅还对朱熹展开了不点名的激烈批判：指出"先儒（朱熹）改为'物物而穷其理'"，"至物至事岂成文理邪"？"增一字解之曰'穷至事物之理'，已觉牵强，况事物之理既不胜穷，穷之亦多无用。"他还用孔子"一以贯之""博文约礼"，质问道："何尝教人物物

---

① 对于王阳明的致知说，熊十力这样评论："阳明尝曰：为学须得个头脑。致良知是学问大头脑。如不能致良知，而言即物穷理，则是徇事知识而失却头脑，谓之支离可也。今已识得良知本体，而有致之之功，则头脑已得，于是而依本体之明去量度事物，悉得其理，则一切知识即是良知之发用，何至有支离之患哉？良知无知而无不知……此格物也，即良知之发用也。入科学试验室而量度物象所起变化是否合于吾之所设臆，此格物也，即良知之发用也。"见《熊十力全集》第3卷，转引自胡治洪《〈大学〉朱王之争与熊十力的评论》，载《阳明学研究新论》第2辑，第178页。熊先生自称是把朱王作了一个"会通"（见《熊十力全集》第4卷，转引自同上书第180页）。这个观点对我有重要启发。

② 《四库全书总目》卷三五卷三六"四书类"共著录六十二部，七百二十九卷，标准大抵以符合朱熹四书基本原则和有学术价值为准；卷三七为"四书类"存目，最能反映学术的实际情况，其中与《大学》相关者明清两朝共有二十余部，站在王学立场攻击朱学者过半（见《四库全书总目》上册，北京：中华书局，1965年版，第289—320页），可见，王学在明清两代势力强劲。对此，李纪祥教授有见在先，见所作《〈四书〉本〈大学〉与〈礼记·大学〉：两种文本的比较》，载《文史哲》2016年第4期，第25页。这种情况似乎一直延续到今天。

③ 刘沅：《大学古本质言》，尚会强点校，上海：华东师范大学出版社，2012年版，第30—31页。

而穷究？"在他看来："故知者知身心性命之理、日用伦常之道而已。""若必物物而穷究，逐逐于事为，忽忽于方寸，日用伦常当知者不知，名物技术不必知者求知，'道在迩而求诸远，事在易而求诸难'，大学之道不将至如画饼乎？"①

朱熹和王阳明哪个更接近科学？这本来不好说。只在实物中寻求天理，能否导致科学？这也不好说。在实物中开展研究，以探求天理，这与科学研究有一致之处，但这只是科学发展的必要条件之一，远不是充分条件，除此之外，还要有逻辑思维，还要有其他相应的条件。这些朱熹思想中是否具备？还需研究。据我所知，朱熹的天理主要指的是人伦日用，而非一般的自然规律。王阳明批评朱熹，但他并不反对接触实物，他的致知即致良知，也是要以实物为对象的，否则良知就没有对象可致，没有对象可致，还成什么良知呢？而且，王阳明的"去其不正"，"以存其正"，这样的心性涵养功夫同样可能破除迷信，有利于科学思想的发展②。在与王阳明的比较中，还很难看出朱熹"格物致知"思想的科学性，但是，通过刘沅对朱熹的批评，我们反倒发现朱熹思想中的确隐含着科学性的因素。刘氏批评朱熹训"格"为至，认为"至物""至事"的表达方式不合文理；还用孔子"一以贯之""君子多乎哉"的话，说

---

① 刘沅：《大学古本质言》，尚会强点校，上海：华东师范大学出版社，2012年版，第31—32页。刘沅在该书赘言中点名批评了程朱等人："程朱表章圣人，为之注释，原是欲人学圣人，其心岂不甚美？无如未遇明师，将此书功夫一一践行，但知养知觉之心，穷事物之理，终身不能正心，安能443明德？德既不明，成己成人又何能尽善？……朱子发明孔曾，必窜改其言以就己意。……《大学》一书，二程兄弟首倡窜改，朱子继之……西山（真德秀）未得明师，全不明大学始终之事，只以朱子为是，故其议论虽多，实未尝切《大学》本文一一剖析。"见该书第75—76页。
② 见《答顾东桥书》中对封禅说的批判。

明儒者只需举一反三，知事物之礼，而无须"物物而穷其理"。在他看来，致知的知只是"知身心性命之理、日用伦常之道而已"。知之即行之，这便是诚意功夫。何必"道在近而求诸远，事在易而求诸难"呢？如果一定要"物物而穷究，逐逐于事为，忽忽于方寸，日用伦常当知者不知，名物技术不必知者求知"，那大学之道不就成了画饼么？可见，刘沅的观点显然受了王学的影响。过去我们批判朱子"存天理，灭人欲"，其实，在存天理灭人欲上更为勇猛而精进的倒是王学。刘沅拥护王学主张的除人欲，以复天理，它还主张"名物技术"本来就不必知，只要知道"日用伦常"就够了。由此反观，朱熹的"即物穷理"倒真的非常值得珍视了。

后世儒者讨论"格物致知"，这与本体论有何干系？我的体会是，个中关系甚大。郑玄和孔颖达的解释停留在价值观上，未能涉及本体问题。朱熹主张"即物穷理"，是从认识论上证明理在物中，事事物物各有道理，显然，是承认具体事物是有其各自的本体的。王阳明反对朱熹的观点，主张心为本体，格物致知是心的发用，这时的物不过是纳入心之本体观照中的对象，在他看来，世界无非是由心统摄的精神世界。王阳明的观点弥补了朱熹论证主客之间同一性不足的问题，但却取消了客观世界的独立性。

此外，另一个重要问题就是他们有没有思考过知识与美德的关系问题。单从字面上看似乎是有的。可是，具体到不同时期的经学传统，情况又显得复杂了。这关键要看"格物致知"有没有知识论的性质。郑玄和孔颖达把"格物致知"训解为"知善则来善物"，"知恶则来恶物"，显然，这里面没有讨论知识问题的余地，所以说不上有知识与美德的同一性问题。

到了朱熹情况不同了。他明确地用"即物穷理"来解释"格物致知",不管他所说的理在事实上有多少是属于纲常名教,穷尽事物之理,以扩充人类知识,这无论如何是可以纳入知识论的范畴内的。这样看来,在朱熹那里,的确是把知识与美德视为具有必然联系的。当然,古希腊人的知识概念有特定的含义,那就是,只有对永恒真理的把握才可算得上是"知识"($\epsilon\pi\iota\sigma\tau\acute{\eta}\mu\eta$),对于变动不居的对象,则只能形成"意见"($\delta\acute{o}\xi\alpha$)。希腊理性主义思想家所认为的美德(例如柏拉图《理想国》中反复讨论的"正义"概念),是一种稳定的存在,它不会随着情势的变动而改变,因此具有永恒性,应该与知识同属一个范畴。朱熹所说的知识,是对事物之理的认识,而事物之理就是事物之所以然的根据,有什么事物,就有什么道理,这一点是确定无疑的,不可更改的,所以,我认为,朱熹的知识概念与希腊人的知识概念是比较接近的。

朱熹在《朱子语类》中的论述更能说明问题:

> 致知,则理在物,而推吾之知以知之也;知至,则理在物,而吾心之知已得其极也。

> 理固自有表里精粗,人见得亦自有高低浅深。有人只理会得下面许多,都不见得上面一截,这唤作知得表,知得粗。又有人合下便看得大体,都不就中间细下工夫,这唤作知得里,知得精。二者都是偏,故《大学》必欲格物、致知。到物格、知至,则表里精粗无不尽。

> 表者，人物之所共由；里者，吾心之所独得。①

从认识论的表述中，证明理在物中，这个理还是有表里精粗的差别的，人对物的认识，也相应地有高低浅深不同。这样的认识，具有主客同一性的深刻理解，即使放到今天，也要佩服他在道理上的严谨和赅备。

王阳明批评朱熹心物二元论，主张物也要包括在心的观照之中，正因为如此，他把"格物致知"解释成"去其不正，以求其正"，好像又回到了重内轻外的汉唐传统，其实不然。王阳明明确指出："格物致知"的目的是涵养心性，让认识主体能够更加有效地、如实地把握对象（物）。王学"格物致知"的结果，就是让心能够更真实地认识对象。由此可见，王学并没有因为把"格物致知"折返回内心而放弃对事实的认识，恰恰相反，正是因为强调对内心的涵养功夫，才更加可能如实地认识对象。王阳明对古代封禅传统的批评，就说明了这一点②。这个思想与朱熹的不同，不在于一个向外，一个向内，一个讲知识，一个不讲知识，而在于一个要到外物中去寻道理以完善知识，一个强调要涵养好内心才可能赋予事物以道理，并通过对事物的研究而更好地把握本心。两者都属于知识论，都为正心、诚意、修身的美德提供知识论的基础，但不同

---

① 黎靖德编：《朱子语类》（二），北京：中华书局，1986年版，第324—325页。
② 王守仁："'封禅'之说尤为不经，是乃后世佞人谀士所以求媚于其上，倡为夸侈，以荡君心，而糜国费。盖欺天罔人无耻之大者，君子之所不道，司马相如之所以见讥于天下后世也。"（《答顾东桥书》）见王守仁著：《王阳明全集》［壹］卷二，徐枫等点校，语录二传习录中答顾东桥书，天津：天津社会科学院出版社，2015年版，第52页。

的是，王阳明的观点更强调心与外物的本末一体或张力关系。

朱熹和王阳明在格物致知上虽有差异，但两者都把格物致知定位在"止于至善"上，从而使自己的知识论牢牢地与美德统一起来。如果从与"止"的关系的角度，似乎更可以看出朱熹和王阳明"格物致知"观点的异同及其特点。

朱熹的格物致知就有止的含义。"物格者，物理之极处无不到也。知至者，吾心之所知无不尽也。""物格知至，则知所止矣。"①所谓"知所止"，即知所止之处也。可见，"知"与"止"是相对应的。"理有未穷，故其知有不尽也。是以大学始教，必使学者即凡天下之物，莫不因其已知之理而益穷之，以求至乎其极。至于用力之久，而一旦豁然贯通焉，则众物之表里精粗无不到，而吾心之全体大用无不明矣。此谓物格，此谓知之至也。"对物而言，"表里精粗无不到"就是极处；对于人而言，"心之全体大用无不明"就是极处。两个极处相统一，就是知所应"止"之处。这里，把事物内部结构作为知的最高目标，是极有见地的。不仅如此，朱熹还注意到认识的任务是要使主体的全体大用无不明，知的活动不是凭空进行的，一定要站在原有的基础上扩展和增益，从而使原来的知更加的完善和赅备，这些都是极为宝贵的思想。

王阳明认为"至善者，心之本体。尽其心之本体，谓之止至善"。具体做法就是格物致知。

前文说到，王阳明的格物致知有两重含义，一是把吾心之良知推及万事万物；另一是去掉物欲，才能使我心本然之善性呈

---

① 朱熹：《大学章句》，《四书章句集注》，北京：中华书局，1983年版，第4页。

现出来，推广到万事万物。"止于至善，岂有他哉？惟求之吾身而已。""致知必在于格物。物者，事也。凡意之所发，必有其事。意所在之事，谓之物。格者，正也，正其不正以归于正之谓也。正其不正者，去恶之谓也；归于正者，为善之谓也。夫是之谓格。"①

可见，不论是朱熹还是王阳明，格物致知都是他们心目中"止"的目标的实现。

清儒刘沅著《古本大学质言》，他的本体思想有如下表述：

夫道止天理，天理散于万事万物而起于心，心不正不诚则万事皆非，欲心之正且诚，必静存天理、动克人欲，除却止至善无从入手。②

刘沅显然是综合了朱熹的万物天理说和王阳明的良知天理说，而"止至善"就是必由之路。

今人钱宾四先生这样理解"格物致知"：

格物，即止于至善也。为人君止于仁，为人臣止于敬，此即君与臣之至善。在未能致知以前，尚未能真知其为至善之义，则变其辞曰格物。必待知之既至，然后知万物之皆备于我，然后知

---

① 钱穆：《钱穆先生全集[新校本]·四书释义·大学中庸释义·大学古本》，第302、312页。
② 刘沅：《大学古本质言》，尚会强点校，上海：华东师范大学出版社，2012年版，第76页。

亲民即我固有之明德，而止于至善之意始诚。故曰：知止而后能定、能静、能安、能虑、能得也。[①]

他首先把格物定位在"止于至善"，前提是致知，只有致知，然后才能真正地格物，有了知止，即止于至善，才能定、能静、能安、能虑、能得，才知道亲民和明德本为一事。

行文至此，我们可以说，在具体之物或具体物类的根据和本原上，《大学》与西方思想有其相似之处。但《大学》却没有西方意义上的宇宙本体论，没有明确的宇宙起点和普遍存在的概念。不过，《大学》有中国自己的本体，这个本体，朱熹和王阳明都把它叫作天理，只不过，一个认为它存在于万事万物；一个认为它原本是内心的良知。这个天理不是纯然无知的宇宙万物的是或所是（西方意义上的），而是具有浓郁的伦理道德色彩的汉语语词，它的含义就是至善，它是明德和亲民的共同宗旨。格物、致知、正心、诚意、修身和齐家、治国、平天下就是明德和亲民即达到至善的具体步骤。这就是我们从格物致知的诠释传统中体会到的。

四、"絜矩之道"：没有宇宙本体社会秩序将植根于何处？

这个问题来自不同文化的比较。唐代，有基督教聂斯托利派（中国称为"景教"）来华传教，动机无非是要向不信神的中国人

[①] 钱穆：《钱穆先生全集［新校本］·四书释义·大学中庸释义·大学古本》，第300页。

宣传基督福音。近代西方基督教人士相信，世界上有千百万人过着暗无天日的生活，沉溺在偶像崇拜、迷信、堕落和腐败之中，人类需要救世主，所以他们自认有责任向世界传布基督福音[①]。

可是，在大批基督教传教士来华之前，中国已经走过了数千年的文明历程，中国人的社会秩序曾经维持了长期的稳定，虽然有周期性的震荡，但两个震荡期之间，仍能大体维持两百年到四百年的稳定期，中国文明就是在克服震荡后没有间断地延续下来的，这在世界上已经是举世无双的了。

按理说，一个社会，特别是一个人口众多的社会，要保持稳定，特别是要保持长期稳定，就一定要把它的制度和文化建立在一套深厚而扎实的信仰系统之上，而且要让它的成员对这套信仰系统形成最广泛的认同。没有一个深厚扎实的信仰系统，没有社会成员的最广泛的认同，要想维持一个社会的长期稳定，是不可能的。

在西方社会，基督教文化曾经作为深厚扎实的信仰系统，取得了社会成员最广泛的认同。其他几个大的文化圈，也都具有相似的情况。比较而言，在中国，没有宗教信仰的人口所占比例应该是最高的了，2015年底，美国皮尤研究中心一项统计显示，以"宗教信仰在个人生活中非常重要"为主题的调查中，中国人给予肯定回答的人口比例全球最低，只有3%！以当今对宗教概念的理解，古代

[①] John R. Mott：The need of the non-Christian world is indescribably great. Hundreds of millions are today living in ignorance and darkness, steeped in idolatry, superstition, degradation and corruption. It is our duty to evangelize the world because all men need Christ. See Bob Whyte, *Unfinished Encounter: China and Christianity*, Collins Fount Paperbacks, London, 1988, p. 79. John R. Mott是20世纪美国最著名的基督教社会活动家之一，诺贝尔和平奖获得者，通过他的话，可以看到基督教人士对非基督教文化的基本态度。

中国的情况不会有太大的不同。据此可以说中国是一个没有宗教信仰的国度。另一方面，在中国，各个宗教又都有生存空间，形成了西方有识之士由衷赞叹的宗教多元和宗教宽容传统，据此又可以说中国是一个多宗教的国度。中国文明恰恰就是在这种非宗教的或多宗教的状态下相对稳定地延续了几千年。在许多有宗教信仰的西方人士看来，这简直是不可思议的。在与这些人士交往时，你一定会为他们的惊怪而留下印象。现在，我就模仿他们的口吻提出这个问题：没有上帝，没有最高的宇宙本体，中国人的文化和社会秩序将植根于何处？

要回答这个问题，我们可以研读《大学》，来看一看中国文化和社会秩序建立在怎样的信念基础之上。

我们知道，一个社会，要维系它的稳定，少不了要有自己的文化和思想系统。中国的文化和思想系统以儒家为主干，这是毫无疑问的。在儒家思想中，社会秩序植根于怎样的信仰之上呢？说起来是天和天命，可是在古代中国圣人的眼里，天不是人格神，它不能讲话，没有任何实际的作为，只是冥冥之中的一种潜在力量，这个力量是什么？他们别有会心：那是人心，是民心！在漫长的历史上，中国文化形成了一种以人为本和以民为本的传统。《大学》就是这样，它绝没有以上天的主宰为前提来展开议论[①]，上文中我们已经看到，它讨论的是明德亲民以达成至善：明明德要从格物致知

[①] 《大学》只出现两次"帝"字，一次是《帝典》，即《尧典》，是《尚书》的篇名；另一次是"殷之未丧师，克配上帝"，是《大雅·文王》中的诗句。引这句话是为了说明"得众则得国，失众则失国"的道理，而不是说明上帝如何的有威力。此外，篇中再无任何神灵的痕迹了。

开始，经过正心、诚意、修身才能进入社会领域；而亲民要从齐家开始，然后实现治国平天下。格物致知的效验怎样见得？明德亲民的内容是什么？社会秩序稳定的根据何在？《大学》的传第十章提出了"絜矩之道"，给出了足以表现中国文化特质的回答：

> 诗云："桃之夭夭，其叶蓁蓁。之子于归，宜其家人。"宜其家人，而后可以教国人。诗云："宜兄宜弟。"宜兄宜弟，而后可以教国人。诗云："其仪不忒，正是四国。"其为父子兄弟足法，而后民法之也。此谓治国在齐其家。所谓平天下在治其国者：上老老，而民兴孝；上长长，而民兴弟；上恤孤，而民不倍。是以君子有絜矩之道也。所恶于上，毋以使下；所恶于下，毋以事上；所恶于前，毋以先后；所恶于后，毋以从前；所恶于右，毋以交于左；所恶于左，毋以交于右。此之谓絜矩之道。

这段文字有三层意思。其一，引《诗经》，说明宜其家人，可以教国人，治国在齐其家。其二，在上者尊老敬长恤孤，就能得到民的拥护和服从，国这样来治，天下就会平。可见，齐家、治国、平天下用的是相同的一套办法，即在上者要尊敬和慈惠，在下者才会孝悌和服从。把这套办法上升到理论的高度，那就是其三絜矩之道。所谓絜矩之道，那是君子所应奉行的，它的基本原则是，你不愿意接受跟你有某种关系的人怎样对待你的，你也绝不以这种方式对待你与之有同样关系的对方，这种关系，包括上下、下上、前后、后前、右左、左右。这六种关系可以包括一个人将要遇到的所有对方。这才叫作絜矩之道。

絜矩之道具有怎样的特质呢？

郑玄注云："絜，犹结也，挈也。矩，法也。君子有挈法之道。谓当执而行之，动作不失之。"[①]孔颖达正义："絜，犹结也。矩，法也。言君子有执结持矩法之道，动而无失，以此加物，物皆从之也。"[②]郑玄、孔颖达把絜矩之道当作一种灵活的尺度，用它来处理人与人的关系，就可以动作不失，左右逢源。可见，这种认识还处在实用的阶段。

在解释"所谓平天下在治其国者：上老老而民兴孝，上长长而民兴弟，上恤孤而民不倍，是以君子有絜矩之道也"句时，朱熹云："絜，度也。矩，所以为方也。言此三者（指"上老老""上长长""上恤孤"），上行下效，捷于影响，所谓家齐而国治也。亦可以见人心之所同，而不可使有一夫之不获矣。是以君子必当因其所同，推以度物，使彼我之间各得分愿，则上下四旁均齐方正，而天下平矣。"[③]在总结传第十章"释治国平天下"时，朱熹说："此章之义，务在与民同好恶而不专其利，皆推广絜矩之意也。"[④]朱熹处处以絜矩之道来理解本章之义。例如，解释《大学》"《诗》云：'乐只君子，民之父母。'民之所好好之，民之

[①] 郑玄注、孔颖达疏：《重刊宋本礼记注疏附校勘记》，《十三经注疏》（用文选楼藏本校定），台北：艺文印书馆印行，2007年影印本，第987页。
[②] 郑玄注、孔颖达疏：《重刊宋本礼记注疏附校勘记》，《十三经注疏》（用文选楼藏本校定），台北：艺文印书馆印行，2007年影印本，第990页。
[③] 朱熹：《大学章句》，《四书章句集注》，北京：中华书局，1983年版，第10页。
[④] 朱熹：《大学章句》，《四书章句集注》，北京：中华书局，1983年版，第13页。

所恶恶之，此之谓民之父母"曰："言能絜矩而以民心为己心，则是爱民如子，而民爱之如父母矣。"①在解释"德者本也，财者末也。外本内末，争民施夺"时说："财者人之所同欲，不能絜矩而欲专之，则民亦起而争夺矣。"②在他看来，统治者能以民心为己心、不要与民争利就是絜矩之道，它是适用于齐家、治国和平天下的大道理。

王阳明更明确指出："絜矩之道"就是"亲民""爱民"，就是"明明德"，就是"恕"。他说："'所恶于上'是知，'毋以使下'是致知。"③可见絜矩之道就是格物致知。这样，"絜矩之道"就把"格物致知"和"止于至善"联系到一起，成为一个系统。

经过朱熹和王阳明的思考，《大学》从"止于至善"，经"格物致知"最后到"絜矩之道"，就成为一个有内在结构的思想体系！

不过，《论语》中提出"恕道"，《大学》为什么偏偏提出"絜矩之道"呢？刘沅是这样解说的：

"絜矩"二字只是一"恕"字……盖"恕"字士庶行之易，有天下者行之难，自父母而外皆其臣仆，分谊相悬，则情状不能

---

① 朱熹：《大学章句》，《四书章句集注》，北京：中华书局，1983年版，第10页。
② 朱熹：《大学章句》，《四书章句集注》，北京：中华书局，1983年版，第11页。
③ 钱穆：《钱穆先生全集［新校本］·四书释义·大学中庸释义·大学古本》，第303、305页。

周知也。普天之下仰一人之生成,养教稍缺则海隅必多愁怨也。风气异齐,民生异俗,有不可不革之者,有不可骤革之者,合贤愚贵贱、殊方异域而一例整齐之,非仁同覆载,精义入神,岂能奏效?故设为上下四旁以喻其状。……絜矩之义即随时处中之义,即父兄之至尊亲者以思其义,则当絜矩者何穷?能絜矩而尽善者岂易?孔子曰:"知为人子,然后可以为人父;知为人臣,然后可以为人君;知为人弟,然后可以为人兄;知事人,然后能使人。"圣人以忠恕望人,未尝谓君父可以自恕。……时解云上下四旁均齐方正,不知此喻时中二字,无一定而有一定之意,不是甚么物件,须令方方正正始得。果然,则子莫执中之见耳。……①

刘沅的解释的确有见!他认为,"絜矩"就是"恕",只是因为有天下者位置特殊,责任重大,几乎所有人作为自己的臣仆,情况不能周知,无法像普通人那样践行恕道。所以设计了上下四方六种关系,它的基本精神是"随时处中",即根据不同的时机情势选择相应的合适做法,它不是固定的,而是"无一定而有一定"的,绝非如朱熹所谓的"均齐方正",那样就是"执一"而非"执中"了。

《大学》传第十章系统阐述了保证社会秩序稳定的基本原则,分析起来,大概有以下几条,体现了絜矩之道的基本精神,非常重要:

---

① 刘沅:《大学古本质言》,尚会强点校,上海:华东师范大学出版社,2012年版,第68—69页。

第一，"民之所好好之，民之所恶恶之"。这里说的应该是政治决策要以民为本。原文为"诗云：'乐只君子，民之父母。'民之所好好之，民之所恶恶之，此之谓民之父母。"郑玄曰："言治民之道无他，取于己而已。"①"取于己"应该是发自内心的爱的意思。孔颖达正义云："'民之所好好之'者，谓善政恩惠是民之愿好，己亦好之，以施于民。若发仓廪，赐贫穷，赈乏绝是也。'民之所恶恶之'者，谓苛政重赋，是人之所恶，己亦恶之而不行也。"②孔颖达做了非常具体的说明。朱熹的解释最有理论性，最精要："言能絜矩而以民心为己心，则是爱民如子，而民爱之如父母矣。"③这段话道尽了中国传统政治观念的最核心的思想：民本。有天下者，绝不能以自己之心为心，而要以百姓之心为心！

第二，"道得众则得国，失众则失国"。这里说出了古代民本思想的深层原因，追求天下长治久安的目的在于保持政权的稳固。原文作："诗云：'殷之未丧师，克配上帝，仪鉴于殷，峻命不易，道得众则得国，失众则失国，是故君子先慎乎德。'"郑玄注云："师，众也；克，能也；峻，大也。言殷王帝乙以上，未失其民之时，德亦有能配天者。谓天享其祭祀也。及纣为恶，而民怨神怒，以失天下。监视殷时之事，天之大命得之诚不易也。

---

① 郑玄注、孔颖达疏：《重刊宋本礼记注疏附校勘记》，《十三经注疏》（用文选楼藏本校定），台北：艺文印书馆印行，2007年影印本，第987页。
② 郑玄注、孔颖达疏：《重刊宋本礼记注疏附校勘记》，《十三经注疏》（用文选楼藏本校定），台北：艺文印书馆印行，2007年影印本，第990页。
③ 朱熹：《大学章句》，《四书章句集注》，北京：中华书局，1983年版，第10页。

道犹言也。"①孔颖达正义:"道犹言也。《诗》所云者,言帝乙以上得众则得国,言殷纣失众则失国也。"②朱熹:"《诗文王篇》。师,众也。配,对也。配上帝,言其为天下君,而对乎上帝也。监,视也。峻,大也。不易,言难保也。道,言也。……有天下者,能存此心而不失,则所以絜矩而与民同欲者,自不能已矣。"③

第三,"有德此有人,有人此有土,有土此有财,有财此有用。德者,本也;财者,末也。"这里说的是怎样才能做到民本,那就是统治者要有德,而非谋财。郑玄注云:"用谓国用也。施夺,施其劫夺之情也。"④此处孔颖达的解说中有新意的是本末:"德能致财,财由德有,故德为本,财为末也。"⑤朱熹解释道:"德,即所谓明德。有人,谓得众。有土,谓得国。有国则不患无财用矣。……人君以德为外,以财为内,则是争斗其民,而施之以劫夺之教也。盖财者人之所同欲,不能絜矩而欲夺之,则民亦起而

---

① 郑玄注、孔颖达疏:《重刊宋本礼记注疏附校勘记》,《十三经注疏》(用文选楼藏本校定),台北:艺文印书馆印行,2007年影印本,第987页。
② 郑玄注、孔颖达疏:《重刊宋本礼记注疏附校勘记》,《十三经注疏》(用文选楼藏本校定),台北:艺文印书馆印行,2007年影印本,第990页。
③ 朱熹:《大学章句》,《四书章句集注》,北京:中华书局,1983年版,第11页。
④ 郑玄注、孔颖达疏:《重刊宋本礼记注疏附校勘记》,《十三经注疏》(用文选楼藏本校定),台北:艺文印书馆印行,2007年影印本,第987页。
⑤ 郑玄注、孔颖达疏:《重刊宋本礼记注疏附校勘记》,《十三经注疏》(用文选楼藏本校定),台北:艺文印书馆印行,2007年影印本,第990页。

争夺矣。"①

第四，"'惟命不于常。'道善则得之，不善则失之矣。"这里说的是古代的天命论，其实质就是政权的合法性和统治的稳定性的问题，《大学》政治哲学的最高信念似乎就在这句话上面。好像是天命决定着政权的归属，有天命的得到政权，无天命的失去政权。更为重要的是，古代中国人认识到，天命是无常的，它不是一劳永逸地庇佑某一个家族、某一个人，它要以德为归，要以民为本，没有人民的认可，没有德行，它迟早要离开，政权也迟早要丢掉。这是自周公以来，古代中国政治思想的最为核心的观念，也是中国政治哲学的最深刻的基础。

通过以上这四条，可以看出古代中国政治的民本精神和人本精神。这样的政治不会以超越的宗教之神为自己的根据，也不会以某种哲学上的宇宙本体为出发点，这些都太过玄远，不切实际。统治者要的是江山稳固。为了这个目标，就一定要保住天命，而要保住天命，就一定要保住民心。"保民"是周公开创的重要的政治传统②。要达到这个目标，就需要一整套的做法。《大学》所设计的"止于至善""格物致知""絜矩之道"就是达到这个目标的一套做法。

《大学》作者认为，社会秩序稳定的根本还在于全社会不同阶层的修养，明确各自的权利和义务，以此修身，不论天子还是庶人，都要以"修身为本"。"本"就是根，就是根基，社会秩序的

---

① 朱熹：《大学章句》，《四书章句集注》，北京：中华书局，1983年版，第11页。
② 见《书·梓材》："欲至于万年，惟王子子孙孙永保民。"

稳定在于修身。怎么修身呢？《大学》有言：

> 诗云："邦畿千里，惟民所止。"诗云："缗蛮黄鸟，止于丘隅。"子曰："于止，知其所止，可以人而不如鸟乎？"诗云："穆穆文王，于缉熙敬止。"为人君，止于仁；为人臣，止于敬；为人子，止于孝；为人父，止于慈；与国人交，止于信。

所谓修身就是止于至善！它是一个良好政治的基础，它不以绝对的知识为准，不讲求政治的正确，它只追求实现一个基本精神，那就是仁爱。仁爱是儒家的根本思想。什么是仁爱呢？"己欲立而立人，己欲达而达人"，自己认为好的，就一定要让别人也同样享有。这与基督教的博爱精神有相通之处。这就够了吗？这就能够保证社会秩序的稳定和民生的幸福了吗？基督教是这样认为的。中国儒家圣人们却并不这样认为。他们虽然没有宇宙本体思想，没有上帝观念，但他们的确有更深层次的忧虑，有更长远的思考。基督徒认为上帝是没有错的，是不会错的，上帝的爱，基督教的律法和戒条是永远正确的，需要的只有努力去传播。儒家并不这样看待"仁爱"。"仁爱"不是没有副作用的，单纯的仁爱隐含着强加于人的倾向，一有机会就会爆发出来，狠狠地发作一番，造成灾难。怎样的道德才能避免这种灾难呢？絜矩之道或可当之。《大学》最有价值的思想恐怕就要数"絜矩之道"了。

不过，对于絜矩之道，近代以来还有一些误解，国外学者尤其如此。理雅各把絜矩之道与基督教的金规则相提并论。《马太福音》："无论何事，你们愿意人怎样待你们，你们也要怎样待人，因为这就是律法和先知的道理。"①我们愿意人家怎样待我们，就可用同样方式待人家吗？"我们愿意"能够成为"人家也愿意"的根据和理由吗？可见，这种以"我们愿意"为准的思维方式，具有很强的主观任意性，隐藏着对他人造成伤害的危险。理雅各写道："絜矩之道，即相互原则，尽管在这里，正像在其他处一样，它被做了否定性的表述，但其本义却是：正如我们愿意人家怎样对待我们一样，我们也如此地对待人家。"②这就把絜矩之道说成了基督教的金规则。看来，他还是没有理解絜矩之道的真义。

无独有偶。《世界宗教大会宣言》第四条把"己所不欲，勿施于人"（What you do not wish to be done to yourself, do not do to others.）列为人类伦理的一项基本原则。这里的英文翻译本不错，但孔汉斯同样把它解说成了基督教的金规则："我们愿意人怎样待我们，我们就怎样待人。"（We must treat others as we wish others to treat us.）这种肯定式的表达隐含着两个问题：一个是在认识上以"我们愿意"为标准；一个是在行动上主动施加于人。孔汉斯相信，只要是相互原则，不论肯定否定，意义都是一样的③。由此可见，某些西方人士虽然承认恕道是一个良好的道德信条，但却没有

---

① 简化字现代标点和合本《圣经》，《马太福音》第七章，第12节。
② "絜矩之道, the principle of reciprocity, the doing to others as we would that they should do to us, though here, as elsewhere, it is put forth negatively." James Legge, *The Great Learning*, the Chinese Classics, Volume 1, SMC Publishing Inc., Taipei, 1998, p. 373.
③ There is a principle which is found and has persisted in many religious and ethical traditions of humankind for thousands of years: What you do not wish done to yourself, do not do to others! Or in positive terms: What you wish done to yourself, do to others! Hans Küng and Helmut Schmidt, *A Global Ethic and Global Responsibilities: Two Declarations*, SCM Press LTD., 1998, pp. 5, 14-15.

真正地理解它的深刻用意。

"絜矩之道"是一种相互原则，但却不是肯定式的，只能是否定式的。它的目的是避免任何妨碍和破坏相互尊重的情况出现。所以，它要具有内敛性、限制性，只有这样，才能用来促进相互同情和相互尊重的原则真正得以贯彻，才能用来减少和消除人类之间的争斗和仇恨。这是古代中国人对人类精神文明做出的一项最伟大的贡献！

五、结语：以仁为本——相互同情和相互尊重是中国文化之根

爱丁堡大学历史学教授尼古拉斯·菲利普森在《亚当·斯密：开明的生活》一书中说，斯密真正的问题不是经济学家的问题——我们怎么会变富或变穷？甚至也不是哲学家的问题——一个人该怎样生活？它是现代的问题，即达尔文的问题：在没有上帝的情况下，如何在世界上发现和创造秩序[①]？这种提问方式很有启发意义，拿来研究《大学》尤其合适。

《大学》没有绝对意义上的宇宙本体，或曰它没有一个终极存在，套用西方话语，那就是说它没有永恒正义，没有上帝，也没有自然法。它所宣扬的一套伦理和政治体系一不是劝导人们皈依上帝，二不是描绘出美妙的社会愿景，三不是规定人们必须遵守的自

[①] 薛巍：《亚当·斯密的理论体系》，见《三联生活周刊》，2010年第44期，第148—149页。Nicholas Phillipson. *Adam Smith: An Enlightened Life*, Publisher: Allen Lane（August 1, 2010）。该文指出："斯密跟休谟一样，都把同情心看作是道德的基础。"

然法则，在这种情况下，它的这套说法究竟以什么作为自己的根据，从而令人信服的呢？对于习惯了西方思维的人士来说，这的确是一个很难理解又无法放下的大问题。

诚然，《大学》有"至善"，不过，这个"至善"并不是不变的永恒正义，也不是高高在上的上帝，更不是现实法必须遵循的自然法，而是从未离开过人类社会的人人原则。《大学》没有终极本原，但它有具体的事物本体。在这种情况下，它必须，或者说它只能从人类社会内部寻找社会秩序得以稳定的根据。这个根据不是别的，就是人类的相互原则（肯定否定双重性的），就是具体的人与人的相互尊重和相互同情，就是仁爱！

仁爱不是要求人们去皈依哪一个教门，不是劝导人们选择哪一条实现理想的具体道路，也不是说服人们拥护哪一个政治派别的具体方略，它只是让人们懂得如何得体地对待生活交往中的每一个对方。这就是中国人的"至善"，这就是中国文化赖以建立的根基，这就是看起来似乎不太高远的信条。

按照《大学》的思想，"以人为本"应该是"以仁为本"。仁爱就是"至善"。《大学》把它当作为人为学为政的终极目标，而且把"知止"即实现"至善"作为全篇的核心！"明明德"和"亲/新民"一内一外，构筑了"止于至善"的通衢大道。"格物致知"是在"明明德"的范畴内"止于至善"的第一步；而"絜矩之道"则是在"亲民/新民"的范畴里"止于至善"的根本一着。这三者由"止于至善"紧紧地联系起来，形成一个整体，这就是《大学》的体系——一个没有终极存在作为宇宙本体，只以否定性的相互原则为底线道德的政治理想，表现了鲜明的中国特质。

方法篇

关于《韩非子》中三组概念的矛盾
——例说传统学术思想的批判性研究

一、关于批判方法的简要说明

近些年来，研究中国传统学术思想再次成为时尚。究竟怎样看待中国的传统学术思想？怎样估量它的价值和影响？怎样认识当代中国人的文化状况和发展前景？怎样确定未来的文化发展战略？怎样推动中国当代文化的建设和发展？对于这些问题，每一个传统学术思想的研究者都应该认真思考。是把古代的思想家奉为偶像，一味地顶礼膜拜？还是对他们的思想学说认真地加以分析和研究，找到其准确的定位和特点？我觉得，对于学者来说，后者是必然的选择。

说到后一种研究方法，我不禁想起马克思在《黑格尔法哲学批判导言》中的一段话："理论只要说服人（ad hominem），就能掌握群众；而理论只要彻底，就能说服人。所谓彻底，就是抓住事物的根本。但是，人的根本就是人本身。"[1]什么是"彻底"？这个词马克思用的德文是"radikal"，它来源于拉丁文rādīculs，词根的意思就是"根"，这个词本身的意思是追根溯源。马克思认为："所谓彻底，就是抓住事物的根本"。在这段话的后面，所说的彻底的研究就是不同于宗教神学的研究，就是把人作为人本身的理性的研究。要做这样的研究，批判方法就更为合适了。

什么是批判？

中文"批"即"批郤导窾"之"批"，意思是发现对象的空隙；"判"，是评判、判断、评价。合起来就是分析和评判某个对象。

英文有critique一词，德文做kritik，与中文"批判"一词意思相近，指讨论和判断某对象优劣的活动。这个词来自古希腊文，它的本义恰恰也具有"分开"和"判断"的意思，与中文"批判"一词的含义十分地吻合。

德国哲学家康德有《纯粹理性批判》《实践理性批判》和《判断力批判》，一般称为"三大批判"，采用的就是这种"批判性研究"的方法。按他的说法，所谓批判性研究，具有周密的特点，以防止和免除理性的自相矛盾为根本，以正确而非臆断以及逻辑和例证的明晰为标准，来评判历史上哲学著作的是非得失[2]。而在《导

---

[1] 马克思：《黑格尔法哲学批判》导言，《马克思恩格斯选集》第1卷，北京：人民出版社，1995年版，第9页。
[2] 康德：《纯粹理性批判》，蓝公武译，北京：商务印书馆，1960年版，第一版序言，第6—8页。

言》中他说得更明确：批判研究的目的乃在于校正知识，并提供一种评衡古今著作有无价值的标准[①]。

那么，怎样才能做好批判性研究呢？我认为矛盾分析是可行的一种方法。近些年来我在学习和研究《韩非子》的过程中，慢慢地体会到，要想真正地取得进步，就一定要深入到韩非思想的内部，分析它的矛盾，只有这样，才能把握他的思想的实质。

其实，关于矛盾分析的批判方法，古人早有所见。

据说汉代许慎就用过类似的读书法。不过，当时不叫矛盾，而叫"间"。晚清孙诒让作《墨子间诂》时讲道："昔许叔重注淮南王书，题曰《鸿烈间诂》。间者，发其疑忤，诂者，正其训释。"[②]可见，汉儒把"间"作为读书发现"疑忤"的途径。

宋儒朱熹则用更为通俗的说法，指出："读书，须是看着他那缝罅处，方寻得道理透彻。若不见得缝罅，无由入得。看见缝罅时，脉络自开。"[③]

"读书得间"甚至成了晚近的一种流行说法[④]。

其实，不只中国，英语世界的人也知道，读书只有到 read between the lines（读到字里行间），才能体会到作者的深意。

那么，怎样才能"读书得间"呢？

荀子有"虚壹而静"的方法，所谓"不以所已藏害所将受谓

---

① 康德：《纯粹理性批判》，《导言》，第44—45页。
② 孙诒让：《墨子间诂》第4册，上海：上海书店出版社，1986年版，《序》，第5页。
③ 朱熹：《读书法上》，《朱子语类》卷十，北京：中华书局，1986年版，第162页。
④ 例如："飑翁！你真可谓读书得间了！你说的一点不错。"李宝嘉：《官场现形记》第五十四回，略有不同。

之虚","不以夫(彼)一害此一谓之壹","不以梦剧乱知谓之静"(《荀子·解蔽》)。只有放下我的先入之见,客观地了解对方,才有望发现对方的罅漏。朱熹的所谓"虚心"也是这个意思。不过,这只是说的一种前提条件,还不是具体方法本身。

我们学习马克思主义,都知道列宁说过的话:"具体地分析具体的情况",这是"马克思主义的最本质的东西",是"马克思主义的活的灵魂"[①]。有研究经验的人都知道,研究的问题越是具体,研究的深度就越大,难度也就越大。为什么呢?因为"凡有限之物都是自相矛盾的,并且由于自相矛盾而自己扬弃自己"[②]。有限之物也就是具体之物,它的外部有规定与否定相交的界限,它的内部有自己的构成。不过,它的外部界限和内部构成是处在变化之中的,而变化就是矛盾运动,所以对具体之物的认识也就一定要处在矛盾之中了。

具体之物是自相矛盾的,人类的思想也是具体的事物,所以也应该是自相矛盾的。如此看来,矛盾分析法理所当然地就成为具体地分析具体的情况(包括人和思想)的根本方法了。因为只有分析事物的矛盾,才能真正了解它的本质。

这就是我对矛盾分析感兴趣的理由。

学者认为,韩非是中国古代最有哲理性和逻辑性的思想家之一(《难一》篇最为典型)。韩非的文字往往能够符合形式逻辑的某些规则,例如他很喜欢运用一种类似矛盾律的方法揭露论敌或流俗

[①] 《列宁全集》第31卷,144页;《列宁选集》第4卷,290页。
[②] 黑格尔:《小逻辑》,贺麟译,北京:商务印书馆,1982年版,第177页。

观点的漏洞（此类例证颇多，恕不一一列举），表现了具体地分析具体的情况的精神。可是，今本《韩非子》中同样不能避免矛盾，而出现矛盾的地方往往又具有非常重大的理论意义，这就促使我不得不关注这些矛盾。以下三组概念及其矛盾比较典型，请允许我试做分析。

二、法、术、势的矛盾：古代政治在法权冲突中蹒跚行进

《韩非子》的政治思想以法、术、势的结合为核心内容。这是他综合从前法家各派思想的集大成的成果，是他成就学术声誉的根据所在，其贡献自不待言。不过，在我看来，其中矛盾颇多。且看他关于法和术的论述：

> 术者，因任（能）而授官，循名而责实，操杀生之柄，课群臣之能者也，此人主之所执也。法者，宪令著于官府，刑罚必于民心，赏存乎慎法，而罚加乎奸令者也，此臣之所师也。君无术则弊于上，臣无法则乱于下，此不可一无，皆帝王之具也。（《定法》）

在这里，关于"法""术"，做了比较具体的说明，但还不是严格意义上的定义，没有种概念和属差；也未做外延的划分，没有标准和分类，只能看作是关于"法""术"某些特性的有选择的描述。这样的"论述"很是危险。例如，关于"法"，说的是由官

府制定的，载有符合赏罚规定的行为条款的法律文献，它要求公布出去，让百姓知道且遵守；而"术"，则是根据能力授予官职，按照职务考核政绩的方法。关于"术"，说"此人主之所执也"，而"法"，则说"此臣之所师也"，感觉好像"术"只为君主所有，而不许别人知道；"法"只要求臣下学习，而不需君主掌握似的。这个说法是不合规范的。下文说"法""术"两者"皆帝王之具也"，都是帝王的工具，都需要帝王掌握，可见上面的论述是多么的不严密。

按照上述韩非的说明，"术"可以纳入"法"的范畴中去，因为下文有解：韩非提到善于用"术"的申不害的历史："申不害，韩昭侯之佐也。韩者，晋之别国也。晋之故法未息，而韩之新法又生；先君之令未收，而后君之令又下。申不害不擅其法，不一其宪令则奸多。故利在故法前令则道之，利在新法后令则道之，利在故新相反，前后相悖。则申不害虽十使昭侯用术，而奸臣犹有所谲其辞矣。故托万乘之劲韩，七十年（一说"十七年"）而不至于霸王者，虽用术于上，法不勤饰于官之患也。"可见，术家所用的恰恰也是"法"，只不过没有由君主统一（擅）而已。而在批评商鞅时说："商君虽十饰其法，人臣反用其资。故乘强秦之资，数十年而不至于帝王者，法不勤饰于官，主无术于上之患也。"把"法"用在治理官员上就是"术"。可见，"法"与"术"本来是相通的。可是被韩非那样一说，反倒成了绝缘的两个东西了。其实，"术"即"形名"，其中的官职岗位以及职责要求（例如秦孝公的《求贤令》）都是公开的，按照我们的理解，完全可以纳入"法"的范畴，类似于今天的人力资源法规或行政管理法规的一种。

再看韩非的另一段论述：

> 人主之大物，非法则术也。法者，编著之图籍，设之于官府，而布之于百姓者也。术者，藏之于胸中，以偶众端，而潜御群臣者也。故法莫如显，而术不欲见。是以明主言法，则境内卑贱莫不闻知也，不独满于堂；用术，则亲爱近习莫之得闻也，不得满室。（《难三》）

这里，关于"法"的表述与《定法》的说法相同，而关于"术"的表述含义更加狭窄，只突出阴谋权术的另一面，忘了它还有制度化的一面，这样的片面性，应该是学术写作中的大忌。

单从字面上，可知作者不懂形式逻辑，不符合定义的基本规则。这虽然不能苛求，可结果却是严重的。把法、术、势三个概念限定过窄，导致外延划分的混乱。这样的解释当然是有道理的。不过，恐怕还有更深刻的原因，值得进一步分析。

学术界公认，在韩非思想中，法、术、势是统一的。可为什么统一的三个东西会有如此深刻的矛盾呢？

这就要了解什么是"统一"。所谓"统一"，即统合而为一。假使两物完全相同，那还有一点不同，即它们还是两物，而不是一物。更何况世上原本就没有完全相同的两物。所以，"统一"这个词所说的不会是事物的完全相同，彻头彻尾的相同，方方面面的相同，而只能是根据某个或某些方面的相同（共性、属性相同），把两个以上的事物划归同类。静态地看，统一只能是属性的相同，性质的相同，而不会全同，更不会成为个体上的一个。完全意义上的全同，那就是纯有，既不是一，也不会是多。而纯有除了空泛的名称之外，没有任何规定性，因而也就是无，事实上是不存在的。俗语所说两物完全相同，其实际义涵不外乎两物属性相同表现在尽可能多的方面，如此而已。这样看来，"统一"的内部，统一诸物之间，就可能包含着矛盾。即它们在某些方面是相同的，而在另一些方面却不同，有差异，有时甚至是矛盾的。

法、术、势统一的根据是名——法即刑名，术乃形名，势为名分。法、术、势在名（法）上具有统一的性质（分类的特性，即共性），但不等于它们全部都是法治的。它们都有法治的属性，也都有另外的属性，其中就有非法的属性。不但有非法的属性，而且巧了，它们居然还在非法的属性上也统一起来了。按韩非的说法，法和术都是君主的工具（《定法》："皆帝王之具也。"）；势是君主凭依的优越于他人的政治条件，韩非把它比喻为驾车的马（《外储说右上说一》："国者，君之车也；势者，君之马也。"）。驾车的马也可划归工具范畴。这些都与法的公平、客观、稳定等属性相矛盾。三者的这种属性，一言以蔽之，就是"君权"，就是君权所具有的至高无上的属性，就是人治的至高无上的属性。这样，所谓法、术、势的统一，就有两方面的根据，一个是法治的根据，一个是非法治（人治）的根据。换句话说，法、术、势之所以能够统一起来，一方面是因为它们三者都是法，另一方面是因为它们三者又都是君权，都是非法。这是法、术、势中法的内部矛盾；反过来，也是法、术、势中权的内部矛盾：法是君主的意志，它一方面表现了客观、公平、稳定等属性，另一方面，又具有随意、隐秘、以强凌弱的属性，这不分明是矛盾的吗？

其实，法、术、势三者，每一个的内部也包含着这样的矛盾。我们说法、术、势三者之间有矛盾，并不是说三者全面矛盾、完全排斥、不相兼容，没有调和的余地，而是说三者各自内部矛盾在三者之间的具体表现。比如，法讲有名，要求公开，术讲无名，要求隐秘，是矛盾的；术讲形名，要求因能授官，势讲定分，有因生得位，靠血统得官的内容，这也是矛盾的；势讲定分，要求稳定，法讲因时制宜，随时变动，同样是矛盾的。如此等等，都是矛盾的。概括起来说，如果我们用A代表法治，用B代表人治，那么，法、术、势三者都包含着A和B，也就是说都法、术、势每一个的内部，都有A与B的对立；每一个的A与另两个的B也是对立的，反之亦然。（说对立，是说两方面不完全是周延密合的，像矛盾关系那样，其间容或存在余地，所以说对立更准确些。）总之，法、术、势各自内部及三者之间的矛盾对立不是笼统的，而是具体的，相互对应的，这才符合事物本质的规定。按照黑格尔的说法，本质中的各个规定都是相互对应的[①]。

法、术、势各自内部都有法（A）与权（B）的矛盾或对立关系，结构相同，但侧重不同；韩非在某篇（《定法》《难三》）中界定法术目标不同，是强调它们各自不同的设计初衷，但这个定义无法涵盖全书关于法术的内容。比如，法也被用来治官，术的因能授官、循名责实也是要用公开的法制的，如此等等。

此外，三者针对的对象不同，但方法有相同之处："治国"虽用法，但法出于君主，其实质是非法；"治官"虽有阴谋，是非

---

① 参见黑格尔：《小逻辑》，第242页。

法的，但毕竟也有法治的内容；"势"讲以势压人，但也要根据名分，而名分则可由法规定。所以，"法""术""势"的内涵有重合处，甚至可以说它们本质上是相同的，即都是法与权之间的特殊关系。仅仅因为它们目标不同，就忽视它们内涵的相同，必然要犯逻辑错误。商鞅法治，申不害术治，慎到势治，目标虽有不同，但实质上是相同的，那就是以法为用。他们的差异是政治斗争的侧重点的差异，而不是方法的本质的矛盾。韩非自以为论述得天衣无缝，周到圆满，可是，在行文中，他的法、术、势各自的外延都超过了他自己给出的含义（《定法》），所以，论证结果是不周密的。本来，法、术、势三者的来源和目标有差异，可韩非却强调它们各自外延的不同，按照形式逻辑，这是偷换概念。

根据上述可知，韩非不懂得形式逻辑，他在阐述法、术、势相统一这个思想时肆意地干着偷换概念的勾当。不过，从他的论述中，我们却清晰地看到三者之间以及各自内部法与非法的矛盾。这个矛盾不是韩非犯的逻辑错误，而是古代中国政治的固有矛盾在法、术、势这三个概念上的真实表现。

三、忠、贤、仁的矛盾：古代伦理在新旧纷乱中定于一尊

《韩非子》中还有另一种看似矛盾的现象也引起我的注意。

在先秦诸子中，韩非被认为是最有逻辑性的思想家，他发明了"矛盾"这个词，并把矛盾不可两立确定为一个写作原则，与形式逻辑中的矛盾律相合；他善于揭露写作中的矛盾，这一做法常使论

敌在两难之中进退维谷；他还善于发现事物中的矛盾，而且能够采用取此去彼的方法，做出断然的抉择，以达到消除矛盾的目的。不过，在他的文字中仍然可以发现矛盾。例如忠、贤、仁，有的地方否认它们的存在，而另外的地方却又有肯定的表述；有的地方明确地反对，有的地方又明确地主张，表现了明显的矛盾性。这是不是某种有意义的现象呢？

（一）忠——"以爱为我"与"不得不爱我"

《初见秦》[①]开篇即批评"其谋臣皆不尽其忠也"，结尾处又说"大王诚听其说，一举而天下之从（纵）不破，赵不举，韩不亡，荆、魏不臣，齐、燕不亲，霸王之名不成，四邻诸侯不朝，大王斩臣以徇国，以为王谋不忠者也"。《功名》篇则谓："人臣守所长，尽所能，故忠。以尊主御忠臣，则长乐生而功名成。"可见韩非是承认有忠的，也承认有忠臣存在。不过，《内储说下》经二则有："君臣之利异，故人臣莫忠，故臣利立而主利灭。"《外储说右下》经二："治强生于法，弱乱生于阿，君明于此，则正赏罚而非仁下也。爵禄生于功，诛罚生于罪，臣明于此，则尽死力而非忠君也。君通于不仁，臣通于不忠，则可以王矣。"《难四》则断言"群臣皆有阳虎之心（指谋反之心）"；《六反》也宣称"君不

[①] 关于《初见秦》的作者，学术界有争论，我以为韩非所作的可能性最大。详见拙著《韩非子的政治思想》绪论，北京：北京师范大学出版社，2000年版。本文所引《韩非子》只注篇名，白文据陈奇猷：《韩非子集释》，上海：上海人民出版社，1974年版；个别校勘未尽处，则据《韩非子》校注组《韩非子校注》（南京：江苏人民出版社，1982年版）的校勘记予以订正。

仁，臣不忠，则可以霸王矣"。由此看来，韩非又不承认有忠的存在，也不承认有忠臣的存在了。同样是一个忠字，为什么会有这样矛盾的认识呢？

有一个故事在《韩非子》中讲述了多次：管仲老病，齐桓公前往问政，管仲建议桓公远离竖刁、易牙、开方三人，说竖刁管理膳食，烹自己儿子之首进献给桓公；易牙为了接近桓公，自残形体变成宦官；开方贪恋权势，十五年不回家探视母亲。这三人连自己的身体和亲人都不爱惜，怎么会真的爱君呢？桓公不听。后来，桓公死，三人果然为乱，桓公尸体无人收敛，蛆虫爬出户外，成为天下的笑柄。对于这则故事，《韩非子》的不同篇章，看法略有不同。《十过》篇分析君主的十种过失，指出第八个是"过而不听于忠臣，而独行其意，则灭高名为人笑之始也"，指的就是这件事。这是把管仲当作"忠臣"，显然也是把管仲所说的话当作忠臣之言，"忠"指的应该就是像爱自己爱亲人那样真心爱君的行为。管仲批评易牙、竖刁、开方用心不善，可见是动机论者。可是，在《难一》篇中韩非又指出，从爱出发来论忠，将导致观念的混乱。他以为，凡臣子都应该尽死力为君主服务，这就是忠臣，这是制度和伦理要求的，与爱无关。如果照管仲的说法，爱君胜过爱己的才会这样做，爱己胜过爱君的就不能这样做，那么就不会有忠臣。这是从效果来看问题的，是效果论者。在韩非看来，动机论是没有根据的，世上不会有那样的忠臣；效果论才是可靠的，对待臣子，不必问动机，只要能带来有利于君主的效果，就是忠臣。可见，在《韩非子》中，同样的一个忠字，既可指因爱而服从君主，又可指没有爱而服从君主。显然，这两个含义是矛盾的。

由于含义的相反，那么在价值上，对于忠也就必然会产生矛盾的态度。《奸劫弑臣》篇几次从人性入手说明问题，颇有深刻之处：仁爱不足用，严刑重罚可以治国；君主统治不应建立在臣下"以爱为我"的基础上，而只能建立在臣下"不得不爱我"的基础上；忠臣即以法治国者，也就是法术之士。重用忠臣，可以达到富国强兵的目标。《难四》篇说得更极端："臣之忠诈，在君所行也。君明而严则群臣忠，君懦而暗则群臣诈。"忠与不忠不在臣子，而在君主，君主严厉的，臣子就忠顺，君主暗懦的，臣子就奸诈。《忠孝》说得也很明确："尽力守法，专心于事主者为忠臣。"《饰邪》篇说得更具体："彼法明，则忠臣劝；罚必，则邪臣止。"忠臣与法治（刑赏）是一致的。由此可见，在人性良善的意义上，韩非不承认有忠臣；但如果换一个角度，从遵君守法的意义上，他又承认有忠臣。

不过，忠这个字本来有发自内心的含义[①]，"以爱为我"大概与之相符；而"不得不爱我"，则把它说成是被迫的，这就走向了反面。

（二）贤——"所爱""所贤"与"论之于任，试之于事，课之于功"

关于贤，也有类似的矛盾看法，而且不止一个层面。

第一，从德才上看。一方面反对用贤，理由有三个：一是君主不应表现自己的贤能，那样容易给大臣留下觊觎和篡夺的机会。

[①]《说文》："尽心曰忠。"段玉裁：《说文解字注》，上海：上海古籍出版社，1988年版，第502页下。

《主道》就明确提出君主"有智而不以虑""有贤而不以行""有勇而不以怒"。二是大臣往往假借贤名实施篡逆，危险更大。《二柄》指出："人主有二患：任贤，则臣将乘于贤以劫其君；妄举，则事沮不胜。故人主好贤，则群臣饰行以要群（君）欲，则是群臣之情不效；群臣之情不效，则人主无以异（分辨）其臣矣。"《忠孝》则指出齐国田氏夺取吕氏（姜姓）、宋国戴氏夺取子氏，都是在贤的名义下进行的。因此提出"废常、上贤则乱，舍法、任智则危"，所以主张"上法而不上贤"。三是防止民众争名夺利，也防止他们私相交往，有不利君上之行。《有度》："无私贤哲之臣，无私事能之士。故民不越乡而交，无百里之感。贵贱不相逾，愚智提衡而立，治之至也。"

另一方面又的确有主张任用贤能的文字：韩非在《孤愤》中对"无能之士""愚污之吏"得以任用的局面表示强烈不满，主张任用"清洁""修智"之士，称包括他自己在内的法术之士为"智术之士"，又叫作"智士""贤士"，认为"智士者远见""贤士者修廉"。

第二，从岗位职责上看。也是一方面反对任贤：《主道》《扬权》等认为，在法术之下，官员只需按照岗位职责行事，不许超过要求，贡献更多的才智。另一方面，又主张用贤：《难二》指出："官职所以任贤也"；《八奸》指出，"明主之为官职爵禄也，所以进贤材劝有功也"。可见，从官员选用的角度看，还是要求能够胜任本职工作的人才的。

总之，从以上两个方面来看，反对贤能，又主张任用贤能，的确是有矛盾的。不过，稍加分析，就可了解，韩非的尚贤，说的是任用尊君守法而有行政能力的官员；他的不尚贤，则是反对违背法制、靠宗法名分地位和名望声誉任用大臣的做法。

值得注意的是，除了以上所述，韩非的《难三》《难四》两篇有重要论述，颇有理论意义：

《难三》篇是这样讨论的：叶公子高、鲁哀公和齐景公问政于仲尼，仲尼分别给予了回答，给鲁哀公的建议是"政在选贤。"子贡不解，问为什么。仲尼答曰：鲁哀公有大臣三人，对外拒绝诸侯四邻之士，对内勾结起来蒙蔽君主，对国家造成危害的，一定是这三人，因此，才建议他选用贤才。对于这个说法，韩非做了严厉的批评，指出：鲁哀公不知选贤，选其心之所谓贤者，所以才造成大臣三人对外拒绝诸侯四邻之士，对内勾结起来蒙蔽君主的现象。燕王哙以子之为贤，而舍弃荀子，结果身死为辱；吴王夫差以太宰嚭为贤，而不用伍子胥，结果，被越国所灭。哀公不一定知贤，而建议他选贤，这是让他与燕王哙、吴王夫差有同样的祸患啊。英明的君主不自举臣，靠臣子相互推荐；也不自认为贤能，功劳就会自然而生。按照法的程序，"论之于任，试之于事，课之于功"，即通过所任之职来衡量、所做之事来考察、所得之功来检验，这样，群臣就会公正而无私，不隐蔽贤者，不推荐不肖，贤自然就会出现，君主也就不必劳心费神去选贤了。同样是"选贤"，一个是"选其心之所谓贤者"（即选"所贤"），一个是"论之于任，试之于事，课之于功"，换个说法，一个是心之好恶，一个是行政实践。韩非的看法使问题更加清晰，办法也更加具体可行！

《难四》篇继续讨论这个问题：卫灵公时，弥子瑕得宠，有侏儒用隐语暗示灵公，使灵公醒悟，结果辞退了弥子瑕，而用司空狗

（贤吏名狗者）。一种观点认为，灵公并未真的了解用贤的本质，只是"去所爱而用所贤"而已。去所爱而用所贤，并未改变被蒙蔽的局面。被不肖者蒙蔽，倒不足以害明，若浑然不知而被贤者蒙蔽，那就真的很危险了！另一种观点则认为，"所贤"即君主所认为的贤未必就是贤者，或可是贤，或可是不贤。如果不是贤者而以为是贤者而用之，那就与爱而用之是相同的；如果是真的贤者而举之，那就与用所爱不同了。例如楚庄王举孙叔敖而霸，殷纣王用费仲而灭。同样是用"所贤"，结果却完全相反。这样看来，卫灵公辞退弥子瑕而用司空狗未必就与用所爱相同，只要知道被壅蔽而又能解除壅蔽，就不一定会有危险的。

这段文字的意义值得玩味：按照第一个观点，"所贤"与"所爱"一样，都是君主个人好恶，只有"五十步"和"百步"的不同，去"所爱"，用"所贤"，那只是换了个说法，本质上并没有什么不同。而按照第二个观点，任用"所爱"，只会出现一种结果，那就是无法选出贤才；而任用"所贤"，却可有两种结果，或者真的是贤者，或者不是贤者。其实，"所爱"与"所贤"都是主观性的东西，不同的是"所爱"更强调"爱"的意义，传统色彩更浓一些，但说它完全不能选出贤才，似乎也偏于绝对。从理论上说，它的结果也可以是两种。先不管这两种观点有怎样的理论缺陷，我们还是可以从中读出这样的意味："所爱"是无法选出贤才的，"所贤"也是主观的，能否选出贤才，也值得怀疑。要选出真正的贤才，关键并不在于选"所爱"，还是选"所贤"，而是要突破君主的主观好恶，把注意力投放到现实的行政工作中去，按照因能授官、循名责实的原则，落实形名之术，只有这个方法才能够真正做到选用贤才！韩非有这样一个理想："故明主之吏，宰相必起于州部，猛将必发于卒伍"（《显学》），这是使官吏诠选从主观的"所爱"和"所贤"转变为客观的选举制度的精彩表述。

（三）仁——"宽惠慈爱"与"忧天下之害，趋一国之患"

什么是"仁"？韩非有明确的定义："仁者，谓其中心欣然爱人也；其喜人之有福，而恶人之有祸也；生心之所不能已也，非求其报也。"（《解老》）仁是发自内心地爱别人，希望看到人家有福，不愿意看到人家有祸，这样做是不能抑制的，且不要求回报，这就是仁。还有更简单的表述："宽惠行德谓之仁。"（《诡使》）宽厚慈爱做好事就叫仁。在《韩非子》中，仁又叫作"仁义"。那么，他究竟如何看待仁义呢？

一方面，他明确地反对实行仁义。《六反》篇所谓"君不仁，臣不忠，则可以霸王矣"。他之所以有这种观点，是从效果的角度说的，例如："夫慕仁义而弱乱者，三晋也；不慕而治强者，秦也。"（《外储说左上》说二）这说的是仁义无益于国家的治强。再例如，"魏惠王谓卜皮曰：'子闻寡人之声闻亦何如焉？'对曰：'臣闻王之慈惠也。'王欣然喜曰：'然则功且安至？'对曰：'王之功至于亡。'王曰：'慈惠，行善也。行之而亡，何也？'卜皮对曰：'夫慈者不忍，而惠者好与也。不忍则不诛有过，好予则不待有功而赏。有过不罪，无功受赏，虽亡，不亦可乎？'"（《内储说上》说二）。实行仁义可以亡国。今本《韩非子》有大量文字，指出君臣和臣僚之间实行仁义会引起危害君主权威甚至身家性命的后果。当然，对于仁义，韩非并不是一般地给予否定，他认为"仁义用于古而不用于今"（《五蠹》），他的否定是具体的、历史的。

可是，另一方面，他又承认，君主和臣下之间是可以亲、也可以结恩的（《用人》）。这似乎又说明，他对仁爱还是有所保留的。韩非曾明确指出："故人行事施予，以利之为心，则越人易和；以害之为心，则父子离且怨。"（《外储说左上》说三）"危道：……三曰，利人之所害；四曰，乐人之所祸；五曰，危人于所安。""废尧、舜而立桀、纣，则人不得乐所长而忧所短。失所长则国家无功，守所短则民不乐生。以无功御不乐生，不可行于齐民。如此，则上无以使下，下无以事上。"（《安危》）"得人心，则不趣而自劝。"（《功名》）可见，韩非主张互利，讲求与人（包括民）同利害、共祸福、并安危，甚至主张"得人（民）心"的。我们知道，孟子主张利民，认为君主要与民同乐，而且把"治民之产"当作仁政的重要措施；老子有"圣人恒无心，以百姓心为心"的主张，与韩非的上述见解不能说一点相通之处都没有吧。

过去，我们总以为法家反对仁义，是鼓励残暴统治的，韩非是法家，当然也不例外。其实，认真阅读《韩非子》就会发现，这个看法有失偏颇。韩非是君主主义者，这不假，不过，他还是民本主义者。与旧时代不同的是，他所说的民是小民，是齐民。除了以上所引的《安危》，《备内》篇有更为激进的说法："上古之传言，《春秋》所记，犯法为逆以成大奸者，未尝不从尊贵之臣也。然而法令之所以备，刑罚之所以诛，常于卑贱，是以其民绝望，无所告愬。"《南面》篇也说："人主不能明法而以制大臣之威，无道

(由)得小人之信矣。"在讲述故事中他甚至还批评了像范雎、虞庆这样高贵人物的愚蠢刚愎,赞扬了版筑讴者、为屋工匠、造弩工人的实践知识和聪明智慧(《外储说左上》说二)。这就告诉我们一个严峻的现实:强硬的集权式君主制往往是建立在拥有并对大量下层民众实施统治的基础上的;而温和的分权式君主制则往往是建立在与贵族平民相妥协的基础上的。虽然两者都有民本的倾向,可民的类别、构成和地位却是迥然不同的。韩非同样崇敬尧舜,鄙薄桀纣(《安危》);他反对仁义,认为它无益于治;也反对暴政。他曾说过:"仁暴者,皆亡国者也。"(《八说》)他所服膺的法就是针对暴的。《韩非子》中常见"暴乱""以众暴寡"等词,在他看来,法之所以必要,就是为了制止这种现象。可见,他是主张用君主的暴力(不一定是残暴)来制止国家和社会上的暴乱。

与此相一致,他对仁义的看法,也表现出新的精神趋向。《难一》篇有一段文字值得注意:"夫仁义者,忧天下之害,趋一国之患,不避卑辱,谓之仁义。故伊尹以中国为乱,道为宰于汤;百里奚以秦为乱,道为虏于穆公。皆忧天下之害,趋一国之患,不辞卑辱,故谓之仁义。"这种强调天下、国家之大利的仁义观,毫无疑问是包含着人类之间应该相互慈惠亲爱的内容的,只不过,较之一切由亲亲出发的传统仁道来[1],侧重点已经发生了明显的移位。

对于忠、贤、仁,韩非的观点看起来是有矛盾的。过去,有人读到类似的矛盾,出于习惯,便会疑惑,是不是文献有问题?某些

---

[1] 《说文》:"仁,亲也。"段玉裁:《说文解字注》,第365页上。可见,到了东汉时期,仁所具有的宗法血缘关系在语言上仍然留下了清晰的印迹。

篇章出自他人之手？有的真，有的假？平心而论，这种可能性的确存在。不过，在没有确凿证据表明某某篇章为伪作的情况下，还应考虑到另一种可能性。

我们知道，汉字以象形为基础，到了春秋战国时期已经有一千多年的历史了，再造新字的确不易。可是随着时代的进步，社会生活的愈加丰富多彩，精神成果的不断增多，怎样在文字上有所体现，就成了一个大问题。特别是在社会大变革时期，更是如此。除了另造新字，最常用的办法，就是在旧字中注入新的含义，以此满足时代的需求。于是就出现了同一个词包含着不同时代的内容的情况。

"忠"字的"以爱为我"、"贤"字的"名誉"和"所爱""所贤"、"仁"字的"孝悌慈惠"等，都散发着浓郁的脉脉温情，究其实质，是把政治关系建立在维系情感的传统道德之上，更多地表现了旧时代宗法政治的血缘关系①。而"不得不爱我"，"论之于任，试之于事，课之于功"，"忧天下之害，趋一国之患"云云，则分别对应于君臣之间的利益交换关系、因能授官和循名责实的官吏选用和考核制度、以地域国家为原则的行政伦理。忠、贤、仁的这些新含义，反映了君主集权和官僚政治的必然要求，焕发着新时代新型国家的法治精神。词语中不同时代的内容有如此之大的差异，文章中出现矛盾也就不足为奇了。如果理解到这

---

① 《诡使》："法令所以为治也，而不从法令为私善者，世谓之忠。"《忠孝》："天下皆以孝悌忠顺之道为是也，而莫知察孝悌忠顺之道而审行之，是以天下乱。"所谓"私善"，所谓"孝悌忠顺"，都是旧时代的社会和政治观念，到了韩非生活的战国末期仍然流行。

一层，那么非但不能被迷惑，反而会拨开重重雾障，在词语的不同内含中真切地体会到古代政治的深刻变革！

如此看来，《韩非子》对于忠、贤、仁的矛盾态度就不是对同一内含的相反的看法，而是对不同的内含，相应地有不同的看法；不是逻辑的混乱，而是宗法封建制向集权官僚制转变的过程在思想上的真实反映，是历史的矛盾或矛盾的历史在文字上的寄居或复活！

四、道、理、稽的矛盾：古代哲学在动静相反中把握真理

有这样的问题："道"为什么会生"法"？（《经法》："道生法。"）在老庄所奠定的"道"的观念背景下，"法"何以可能？理性思维、语言逻辑和规律性何以可能？道家之外，法家也在思考这个问题，韩非最有成就。

韩非对于哲学思想的最大贡献是发明了道理论。道理论也有深刻的矛盾。他把老子的道做了进一步的发挥和发展，认为"道，理之者也"（《解老》）。"道者，宏大而无形；德者，核理而普至。"（《扬权》）道本是无形的，可是体现道的理却是事物的形象，道通过理又成为有形的了；道本来指万物之自然，是花开花落、云卷云舒，是雷霆暴雨，有摧枯拉朽之力，也是和风细雨，有润物无声之功。它变动不居，永无停歇。可是体现道的理却是静止的、稳定的。道无形、无定，无法命名，无法言说；可是，体现道的理却是有形、有定，可以命名，可以言说的。总之，从道到理，

发生了矛盾性的转变。

"道"怎样才可以发展到"理"呢?韩非想到了一个词"稽"。他说:

> 道者,万物之所然也,万理之所稽也。理者,成物之文也;道者,万物之所以成也。故曰:"道,理之者也。"物有理,不可以相薄;物有理不可以相薄,故理之为物之制。万物各异理,而道尽稽万物之理。故不得不化。(《解老》)

这段话极为重要,表现了韩非整个的哲学体系。"道"是事物本然的样子("万物之所然也"),也是事物成为自己的那个东西("万物之所以成也")。它的具体情况是如何的呢?这不是道本身能够说清楚的,必须把它具体化,才能过渡到具体事物上去。而标志具体事物的就只有理了。"理"是纹理,即事物的形象("成物之文也")。事物有了理,才不至于相互混淆("不可以相薄"),所以理是事物的边界("物之制"),万物各有各的理,但道却"稽"所有的理("道尽稽万物之理"),反过来,这也就是前面说的万物都"稽"于道("道者……万物之所稽也")。

那么,什么是"稽"呢?道和理具有怎样的"稽"的关系呢?《说文解字·稽部》:"稽,留止也,从禾,从尤,旨声,凡稽之属皆从稽。"段玉裁注:

> 《玄应书》引"留止"曰稽。高注《战国策》曰:"留其日,稽留其日也。"凡稽留则有审慎求详之意,故为稽考。禹会

诸侯于会稽，稽，计也，稽考则求其同异，故说《尚书》"稽古"为同天。"稽"，同也。如"流，求也"之例。古兮切，十五部。①

桂馥《说文解字义证》：

留止也者，《字林》："稽，留也，止也。"《魏氏春秋》："御史中丞与洛阳令相遇则分路而行，不欲稽留。"《左传》正义《孙子兵书》曰："誓稽之，使失其先后，谓稽留；彼敌不时与战，使先后失其次第。"《寻阳记》："稽亭北瞰大江，南望高岳，淹留远客，因以为名。"②

以上两家着重说明《说文》所谓"稽"有留止之义的解释。段玉裁则更强调"稽留"具有"审慎求详"或反复玩味之义，所以才能作"稽考""计算"来用。

朱骏声：

《周礼》司稽注：司稽，察，留连不时去者。《管子·君臣》"令出而不稽"注：留也。《水地》"秦之水泔最而稽"注：停也。《汉书·食货志》"稽市物"注：贮滞也。《后汉·段颎传》"稽固颎军"注：犹停留也。［假借］为计。《水

---

① 段玉裁：《说文解字注》，上海：上海古籍出版社，1988年版，第275页下。
② 桂馥：《说文解字义证》上，北京：中华书局，1987年版，第531页。

经·河水》注：禹合诸侯大计，东治之山，因名会稽。《周礼·大司马》"简稽乡民"注：犹计也。《宫正》"稽其功绪"注：犹考也、计也。《质人》"掌稽市之书契"注：犹考也、治也。《礼记·缁衣》"行必稽其所敝"，注：犹考也，议也。《小尔雅·广言》：稽，考也，又为卟。《广雅·释诂》二"稽，问也。"《书·洪范》七稽疑。《史记·樗里甘茂传》正义"稽，疑也。"……《荀子·大略》"至地曰稽颡，下衡曰稽首。"《礼记·射义》：再拜稽首。……《檀弓》拜而后稽颡，释文：稽颡触地无容。《左传五传》"士蔿稽首"疏：稽首，头至地，头缓下至地也。又为榮，《吴语》"癉铎拱稽"注：稽，唐尚书云：榮，戟也，又为齐，《广雅·释诂》二：稽，合也；三、当也；四、同也。《书·尧典》"曰若稽古帝尧"郑注：同也。《礼记·儒行》"古人与稽"注：犹合也。《史记·三王世家》"维稽古，稽者，当也"。又《庄子·逍遥游》"大浸稽天而不溺"，司马注："至也。"又为楷：《老子》"亦稽厥式"……①

朱骏声的解释最为详细系统。以他的解说为基础，可以梳理出"稽"有以下几种含义：其一，至于、到达；其二，停留、积滞；其三，合、当、同；其四，楷式、法式；其五，上计、考核。

其实，"稽"（见母脂部）还可与"至""止""积""纪""计"古音相通。按"至"，古音照母质部。照母字和见母字一为

---

① 朱骏声：《说文通训定声》，北京：中华书局，1984年版，第590页。

舌面音，一为舌根音，古代或可相通；脂、质、真一组，脂、质阴入对转。"止"，古音照母之部。之、脂旁转。"止"即"至"。"积"，精母锡部。精、见一为舌尖音，一为舌根音，古代发音或相通；支、锡、耕一组，锡阴入对转可通支部，与脂可通转。《解老》："道有积，而德有功。德者道之功。"顾广圻校注云："（第一个）德当作积。"①"德"即"道积"，"道积"即"道稽"，"稽"有"积滞"之义。"纪"，古音见母之部。《老子》十四章有"道纪"，"纪"即一根丝的头，"道纪"指以"道"为一物之本原。顾广圻云："纪，理也。"张松如据《礼记》郑注认为"纪"乃"总要而裁制"的意思②。"计"，见母质部。"会稽"可直接换写成"会计"。综上说明，朱骏声所总结的"稽"字有五种含义，不但在文献上可以得到印证，在音韵学上也是有根据的③。总之，"稽"有至、止、积、纪、计的含义。

"稽"在古代是一个常用语词，春秋时期，开始向哲学术语发展。《老子》六十五章有"稽式"以词，古音通"楷式"，意思是"形式"。有哲学意味。战国时期，更接近事物本质。《荀子·正名》有"稽实定数"，杨倞注云："稽考其实而定一二之数也。"即考察事实，根据抽象与具体的原理，确定本质，加以命名。这是荀子关于概念形成的思想。《儒效》还有"与时迁徙，与世偃仰，

---

① 王先慎：《韩非子集解·解老》，《诸子集成》第5册，第97页。
② 张松如：《老子说解》，第86页。
③ 此段文字得到恩师刘家和先生指导，谨表衷心感谢！另参见王力主编：《古代汉语》上册（第二分册），北京：中华书局，1962年版，第六单元"古汉语通论"（十五）（十六），第492—510页；王力：《汉语音韵》，北京：中华书局，2003年新一版。

千举万变,其道一也。是大儒之稽也",《君道》有"此道也,偏立而乱,俱立而治,其足以稽矣",所谓大儒的"稽",就是考察并把握大"道"。《解蔽》篇中甚至有"疏观万物而知其情,参稽治乱而通其度"这样的句子,杨倞注:"疏,通;参,验;稽,考;度,制也。"行"稽"的结果是通达事物的"制"(《韩非子·解老》有"理之为物之制")。除了一处地名"会稽"以外,《鹖冠子》还有13个"稽"字。《博选》中的"道凡四稽",指天、地、人、命,皆在六合之内。显然,这里的"稽"是指有形世界中的事物法则,已显露出追求事物本质的哲学倾向。《著希》中的"道有稽",明确提出"道"是可以稽考的,同样限定了"道"是有形世界之内的事物法则。《道端》中所谓"上合其符,下稽其实",指"道"符合具体实际事物,更加表明"道"是有形世界的规则之义。《度万》的"取稽于身"、其他的几个"稽"字,都是事物法则的意思,难怪《泰录》中径直说出"以为物稽",即作为事物的法则,表现了强烈的事物本质的特征。

但用"稽"字来表现道和理之关系的,是从韩非开始的。

在韩非看来,"道"生成万物,万物得"道"而成,但万物之所以成为自己,以区别于他者,恰恰在于它们各有自己的"理","理"成了物的边界(制),所以相互不能混淆,不能侵入。这样的理解说明,表示万物生成发展的"道"已经出了问题,它对万物的一视同仁已经不能承担区分万物、认识万物、把握万物的使命,而必须要由另外一个概念来否定自己,这样才能向前发展。"理"就是这个概念。也就是说,无形的"道"必须要由有形的"理"来加以否定,才能与万物相接。从逻辑上说,"道"和"理"就有无形与有形、发展与停顿、运动与静止的辩证关系。不过,"道"表示生成和发展,"理"标志万物的特征和界限,让两者直接合一,总觉得有点突兀,若有另一个含义恰切的词来把二者自然而然地联系起来,那该多好啊!这个词终究出现了。那就是"稽"。无论如何,韩非用具有"合""同"等含义的"稽"这个词来表示"道""理"所具有的抽象与具体、一般与个别、普遍与特殊的同一关系是恰切的。他说:

> 凡理者,方圆、短长、粗靡、坚脆之分也,故理定而后可得道也。故定理有存亡,有死生,有盛衰。夫物之一存一亡,乍死乍生,初盛而后衰者,不可谓常。唯夫与天地之剖判也具生,至天地之消散也不死不衰者谓"常"。而常者,无攸易,无定理。无定理,非在于常所,是以不可道也。圣人观其玄虚,用其周行,强字之曰:"道",然而可论。故曰:"道之可道,非常道也。"①

"道"虽无形,不可闻见,但既然是万有的存在,人们就可以根据标志万有形象的"理"来把握。凡物之有形象,必定因为它是相对静止的、稳定的,"理"之所以标志万物各自的边界,必定是因为它具有相对静止的、稳定的特性,因此,"理"必定是"道"

---

① 《韩非子·解老》,《韩非子校注》(修订本),第164—165页。

所表示的生成过程的停顿或中止，所以韩非把它叫作"定理"①。按理，具体之物只有停留下来，才会形成"定理"；因为"理"的定，才彰显出"道"的动。段玉裁把"稽"的留止的含义解释为"少驻"，这个含义使"稽"这个词可以一头连接着表示运动的"道"，另一头连接着标识停歇和稽留的"理"，完全有资格来表现"道"和"理"所具有的辩证发展观。当然，它的字面含义明显地偏向于"理"，这不仅是由法治学说的功利目的决定的，更是由"理"的静止属性和"稽"本身含义的一致性决定的。至此，韩非的"道"和"理"还是同一的，还可以相互转换。

然而说到"道"的恒常属性，韩非又提出了一个割裂"道"与"理"的观点："理"标志着有形的具体之物，所以才有"一存一亡，乍死乍生，初盛而后衰"的表现；"道"则具有恒常性，所以才会超越这种局限，无所变（"无攸易"，也就无所不变），无所固定（"无定理"），无所不在（"非在于常所"），所以无可遵循！他用这种理解来注释老子的"道之可道，非常道也"。可见，在韩非眼里，在天地之内的有形世界，"道"和"理"是同一的，一旦超出了天地的有形世界，"理"就失去了它的存在意义，而"道"却仍然"不死不衰"。或者说，挣脱了"理"的形貌限制，"道"反倒焕发了活力，更加出神入化，当然也就成为不可言说、不可遵循、不可捉摸的神秘存在了。可见，只有在有形世界里，"道"和"理"才具有同一关系，才可用具有"留

---

① "理"主静，《解老》云："以理观之，事大众而数摇之，则少成功；藏大器而数徙之，则多败伤；烹小鲜而数挠之，则贼其泽；治大国而数变法，则民苦。"可见，在社会和政治生活中，"理"也是讲求稳定的。

止""合""当""同"等含义的"稽"来指代。

> 凡物之有形者易裁也,易割也。何以论之?有形,则有短长;有短长,则有小大;有小大,则有方圆;有方圆,则有坚脆;有坚脆,则有轻重;有轻重,则有白黑。短长、大小、方圆、坚脆、轻重、白黑之谓理。理定而物易割也。故议于大庭而后言则立,权议之士知之矣。故欲成方圆而随其规矩,则万事之功形矣。而万物莫不有规矩,议言之士,计会规矩也。圣人尽随于万物之规矩,故曰"不敢为天下先。"不敢为天下先,则事无不事,功无不功,而议必盖世,欲无处大官,其可得乎?处大官之谓为成事长。是以故曰:"不敢为天下先,故能为成事长。"①

有形之物皆有"理","理定而物易割",有了固定的"理",事物才容易把握。"稽"有"留止"之义,所以"理定"可用"稽"来表示。按照韩非的理解,万物都有"理",即都有"稽"。要做成方圆之物,必须依从事物的"稽"即"规矩"②,这样就会得到事功。万物有"理"——"稽",其实就是都有"规矩",所以才可"计会",才须"计会"。《韩非子》校注组:"计会,计算,考虑。"翻译为:"出谋献策的人,

---

① 《韩非子·解老》,《韩非子校注》(修订本),第168—169页。
② "稽"的这一用法在今本《韩非子》中不乏旁证。例如,《外储说左上第三十二》说三:"请无以此为稽也",稽即例、法。

就是考虑如何合于规矩。"①张觉引尹桐阳："计，谋也。会，合也。"②"计"是考虑，本义是计算。规矩、理法不是一般的对象，所以也不能做一般的考虑，自然包含计算在内。这样的考虑，即对规矩的考虑，也叫作"稽"（前文已指出"计"与"稽"通假）。总之，按照韩非的逻辑，事物固定地看才会有"理"，"理定"了也就有了"规矩"，有了"规矩"才可"计会"。"理定""规矩""计会"这三者可以用同一个词来表示，那就是"稽"！

　　黑格尔认为，在某种意义上，的确有不可知的东西存在，这个意义就是："如果知是指理解一对象的具体规定性而言"，那么，对于"毫无规定性的东西，当然是不可知"③。不过，黑格尔本人的信念却是相反的，他坚信"凡是现实的东西都是合乎理性的"④，"理性"就是规定性，所以"现实的东西"就是可知的。当今的哲学史家也认识到，"存在"唯有"规定"了才"可知"⑤。柏拉图的"范型论"（旧译"理念论"）强调普遍形式的真理性，但却否认它是有形世界中具体之物的内在形式，这样，它就缺乏具体的规定，要想从具体事物中了解它，那是不可能的。针对这个缺点，亚里士多德提出批评，认为所谓范型其实就是具体事物个体的内在形式，这样，通过探索具体事物的形式，就可以了

---

① 《韩非子·解老注》，《韩非子校注》（修订本），第168页。
② 张觉：《韩非子校注》，长沙：岳麓书社，2006年版，第209页。
③ 黑格尔：《小逻辑》，贺麟译，北京：商务印书馆，1980年版，第267页。
④ 黑格尔：《小逻辑》，贺麟译，第43页。
⑤ 叶秀山：《德国古典哲学的基本观念及其发展路线——在这种视野中关于"存在"的一些理解》，《世界哲学》2013年第1期，第6页。

解和把握具体事物的本质，从而也就可以了解和把握"形式"了。韩非用"理"来把"道"落实到具体事物上，使具体事物有了自己的本质，也就是给"道"提供了具体的规定性，"道"因为有了规定性（"理"）而成为可知的。"稽"就是他用来表示这种"道""理"关系的概念："稽"一方面表示"道"统合"理"，另一方面又表示"理"表现着"道"。也就是说"理"成为"道"的规定性。正是由于"理"有这样的中介作用，所以才会选择具有稽核、计算、考察、考索等含义的"稽"（"计会"）来表示对"道"的把握。也就是说，"道"是可知的，不但可知，而且是可以理性地知、逻辑地知。

道、理、稽的这种关系究竟是怎样发现的呢？其实是受到了前人的启发，这个前人不是别人，就是大名鼎鼎的德国哲学家海德格尔。海德格尔对希腊人关于存在（οὐσιά）的认识有独到的研究，他在《形而上学导论》中有这样的论述：

……这个正直的直立，它直向上而成此立，出现而立，常住而立，希腊人就把它领会为在。如此这般出现而立的东西，将常住而立，且从自身自由地搏入其πέρασ（边界）的必然性中。这个边界根本不是什么从外界才加给在者的东西。这个边界更加不是一种受起坏作用的限制这一意义上的匮乏。这个从边界那儿来自行抑制的留住，这个自有，常住者即留于其中，这就是在者的在，倒是这个在者的在才使在者成为一个这样的与非在者有别的在者。据此则出现而立，意指：自获其界，设界。因此在者的一个根本特性就是τὸ τέλοσ，这不是目标之意，不是目的之意，而乃是完之意。"完"在此绝不可从否定意义来理解，仿佛什么东西因此完而再也不行了，没用了，行不通了。此完是完成意义上的完。界和完二者就是在者赖以开始去在的那回事。从这个地方来就可以理解亚里士多德为在而用的这个最高名称，ἐντελέχεια，完满现实。后世的哲学以至生物学从"隐特来希"这个名称做出来的事情都表明从希腊哲学的整个衰落。这个把自身放入且充实其满界并即如此而立者就成形，μορφή。这个希腊人所理解的形之本质是从正在生起的把自身放入满界这回事中得出来的。①

海德格尔把希腊人的"存在"（οὐσιά）或事物的本质理解为"形象""满界"，这与韩非子把"理"理解为"定理"，理解为"不可以相薄"的"物之制"，几乎就是完全一致的。ἐντελέχεια（"隐特来希"）就是形象的完成，就是"理"的形成，就是"万理之所稽"的"稽"呀！

以下海德格尔关于希腊的"存在"的理解，使我们可以通过比较更加系统地把握韩非子"稽"的哲学含义：

这个"在"的确定性是通过对四种区分的解释而指出来的：
"在"在与形成的对比中就是停留。
"在"在与表象的对比中就是停留着的模式，就是总是同样者。

---

① 海德格尔：《形而上学导论》，熊伟、王庆节译，北京：商务印书馆，1996年版，第59—60页。

"在"在与思的对比中就是作为根据者,现成者。

"在"在与应该的对比中就是总是当前作为还没有实现或者已经实现的应该做出来者。

停留、总是同样、现成、当前——说的归根到底是同一回事:常住的在场:作为οὐσιά的ὄν。①

用来指代"道""理"关系的"稽"这个词,与海德格尔所理解的"在"同样具有停留("理定")、模式("物之制")、思维的根据("规矩")、当下在场("计会")的含义,因此可以毫不犹豫地归入本体论或形而上学的范畴。不同的是,"稽"所指代的运动与静止、普遍与特殊、一般与个别的同一关系,却是οὐσιά(今译为"本质""本体")这个词所没有做到的,这个差异,恰恰表现了中国和西方哲学思想从起根发源处就有的不同。顺便再说一句,法家学说是中国思想中最富理性精神,与西方哲学的理性传统也最为接近的一家,其中的这点不同,恰恰最能说明中西理性传统的差异。

由海德格尔的上述文字,追溯到亚里士多德。亚里士多德的《形而上学》有这样的文字:

> 本体只属于自己,不属于任何其他事物,只属于它的所有者,而这所有者原来就是本体。
> 由于形式,故物质得以成为某些确定的事物,而这就是事物

---

① 海德格尔:《形而上学导论》,第201页。

的本体。①

总之，凡认为世上一切事物皆变动不息，没有一刻能保持相同的情态，用这样的观念作为我们判断真理的基础，这是荒谬的。探索真理必须以保持常态而不受变改之事物始。

就算这地球上的事物于量上流动不息——这虽并不尽确，可姑作这样的假设——这又何须就认定事物在质上也不能保持常态？②

在亚里士多德看来，所谓本体就在事物内部，就是事物本身的形式，这形式一定有静止或稳定的性质，也就是说，事物一定有它的常态，这样才可以认识和把握。据上节分析，韩非的"理"就有形式的含义，它是一物区别于他物的内在根据，韩非称它为"定理"，正说明它具有停留、稳定的特点。万物变动不息，但万物毕竟也有少驻的那一刻，否则如何能够看清它的形象呢？这与亚里士多德关于事物本质、本体的认识有异曲同工之妙。

不过，亚里士多德为了批判柏拉图的"两个世界"的观点，过于强调经验世界的真实性，否定普遍理念的真实性，难免要在理论上割裂普遍与特殊、一般与个别之间的同一关系。韩非则不否定两个世界（在中国的语境中，就是"道"在万物形成之前和之后的两个阶段），他承认"道"具有生成属性，万物皆来源于"道"；但

---

① 亚里士多德：《形而上学》第七卷第十六章，吴寿彭译，北京：商务印书馆，1959年版，第159页。
② 亚里士多德：《形而上学》第十一卷第六章，吴寿彭译，北京：商务印书馆，1959年版，第219页。

他更重视有形世界中标志着万物本质的"理"。这是他的法家立场决定的。而且他居然认识到,"理"虽相互排斥,但它们却拥有共同的本质,那就是"道"!"稽"所表现的恰恰就是这种个别与一般、特殊与普遍的同一关系,尽管他的论证并不细腻,表述也不严密,带有很多想当然的成分。

道和理的矛盾已如上述。为什么会有这样的矛盾呢?我想,应该是人类认识世界的一般规律的表现。人类开始认识世界是通过经验,一旦上升到理论,就从具体的经验世界中提升出来,这样就脱离了具体的经验的世界。可是进入这个领域才发现,这样的抽象无法解决具体问题,还要回到具体去。于是,就要找到对抽象本体的规定,找到返回具体的途径。亚里士多德找到了这条路,在中国,韩非也找到了这条路。这就是《韩非子》中道理的矛盾所内含的深刻意义!

五、结语

为什么要研究古代思想家的矛盾?难道是出于专挑人错的癖好?还是为了炫技或游戏?都不是。我之所以这样做,大概是出于以下两点考虑。

其一,认识时代精神的本质。大思想家的思想为什么会有矛盾?为什么要违背矛盾律?我以为,大思想家思想深处的矛盾最能反映时代精神的本质,最能表现时代的特质——社会的内在矛盾。所谓大思想家,是指某个时代最有水平、最有能力反映时代精神的思想家，大思想家和时代精神是互相表里的。大思想家的思想来源于时代，时代精神只有通过大思想家才能得到充分的自我表现。大思想家为了反映时代的精神，就可能违背思维规律，出现矛盾。所以，要想了解一个时代，了解那个时代的精神，首先要了解那个时代的大思想家和他的思想。这就是为什么思想史研究大有价值的原因所在。我研究韩非，研究韩非思想的矛盾，其实是为了了解那个时代，那个时代的精神，以及那个时代的精神的内在本质。通过批判性研究，我发现，历史与逻辑在本质上是不一致的。决定历史发展的往往是利益，而逻辑的本质是思维的规律，或曰思维的真理。利益和这样的真理有时会交集，但并非总是一致的，在本质上却是不同的。大思想家总要如实地反映社会上某些人的利益，而利益往往不会按照逻辑的规则来实现，非但如此，有时甚至要违背逻辑规则。这就是为什么大思想家常常出现逻辑矛盾的原因了。

其二，恰如其分地评价思想家的理论水平。思想中的矛盾最能表现思想的水平。我们要恰如其分地评价一个思想家的理论成就，就应该分析它的矛盾，看看这些矛盾究竟是思想疏忽造成的低级错误，还是反映时代精神的伟大成果。根据我的研究，韩非是一个成功的大思想家，他的成功可以分为三种情况：一种是成功的矛盾分析理论，如上面所说的道理论的内在矛盾；一种是看似矛盾，其实有真实而具体的现实根据，如关于忠、贤、仁的论述；还有一种是真实存在而且根本无法弥缝的逻辑矛盾，如法、术、势思想中法与非法的深刻裂痕。这三种情况都表明，韩非思想中的矛盾，不是理论水平低下造成的，也不是一时疏漏造成的，而是时代精神的真实反映！韩非在政治理论上的不能自洽，在伦理问题上的周密恰切，以及在哲学问题上的深刻见解，都是可以理解的。政治观点最受实际利益支配，而且往往受小集团利益的支配，对普遍性的要求较差，所以与逻辑规则发生交集的可能性也最小；伦理一般关乎更大社会群体的利益，多少会比政治更可能与逻辑规则发生交集；哲学思想理论性最强，战国七雄都在推行法制改革，这些集权大国的法治活动对普遍性、一致性和理性成果的需要远远超过了以往，抛开价值观点不说，单从形式上看，像韩非道理论这样较为纯正的理性思考在这样的历史条件下获得发展的有利空间，从而获得了与逻辑规则发生交集的最大可能性，当不会是无稽之谈。

本文尚有许多地方还是模糊的，比如关于批判方法与辩证法之间、逻辑矛盾与政治矛盾之间的关系究竟是怎样的？我还无法给出详细而精准的解释，这与我的理论水平不高有关。我所做的，只是把关于问题的个人理解告诉大家，希望我们一道来思考。至于演讲内容的对错优劣，我热切地期待着您的批判。

为什么可以用发源于西方的哲学来研究中国思想?[1]

一、问题的缘起

近有Paul D'Ambrosio氏为拙作《韩非子的政治思想》[2]撰写了书评,发表在英文杂志《道》2014年第13期[3]上。一位外国朋友,不辞辛苦,下力气阅读一部以中国文化为主要研究对象的中文学术著作,这种精神是令人钦佩的。在他的书评中,特别引起我注意的,是对当代中国学术界的中国思想和中国文化研究方法的评论,提出了颇为尖锐的问题,也透露出英语世界的某种根深蒂固的见

---

[1] 本文最初发表时标题是:《为什么可以用发源于西方的哲学来研究中国思想?——就思想史研究方法问题答D'Ambrosio氏》。
[2] 蒋重跃:《韩非子的政治思想》,北京:北京师范大学出版社,2000年初版,2010年再版。
[3] *Dao* (2014) 13:273–275, DOI 10.1007/s11712-014-9376-z, Published online: 16 April 2014, Springer Science+Business Media Dordrecht 2014,作者Paul D'Ambrosio,工作单位:华东师范大学哲学系。

解，值得提出来加以讨论。

书评以下两段最有代表性：

Jiang begins by criticizing claims by Donald Munro and Max Weber that classical Chinese thought lacks an appreciation for logic. Jiang maintains that these scholars are simply unaccustomed to the Chinese style of thinking and thereby fail to see its logical consistency. He explains that Chinese thinkers do not present logical analysis in the overt manner of their Western counterparts. This type of argument, quite common in Chinese scholarship, is unnecessary. It is precisely this difference in content and form that attracts contemporary Western philosophy professors to Chinese thought and allows the two cultures to learn from one another. Attempts to argue that classical Chinese philosophy is similar to Western philosophy shows a lack of confidence in the former, and often precludes the most important contributions it may make to broader understanding. Chinese and Western thought can and should have the same mutually complementary relationship that Jiang finds between laws, methods, and position. (273-274)

My only major reservation with Jiang's account is his insistence, in accord with most contemporary Chinese scholars, in measuring classical Chinese ideas against a Western philosophical standard. While we all know the concept and term "philosophy" was introduced to China from the West, Chinese thought did not develop within the Western tradition. Evaluating it on such terms is counterproductive. (275)

从以上引文中可以概括出下面两个主要观点：

其一，中国学者总是试图强调传统中国哲学与西方哲学具有相似性，这表现出对自己的哲学传统没有信心；这样做很容易抹杀中国哲学对人类思想可能做出的最主要贡献。

其二，不能用西方哲学标准来衡量传统中国思想，因为"哲学"概念是从西方传过去的，中国思想并非在西方传统中生长起来，所以，用西方哲学术语来评价中国思想会适得其反。

这两个观点已经突破了书评的范围，事实上成为有关中国传统思想或文化乃至任何一种思想和文化研究的理论和方法论的大问题了。这两个问题所包含的普遍意义完全可以用以下两种提问方式来替换：

第一，强调本文化的思想与其他文化的思想相似，是否意味着对自己的文化缺乏信心？

第二，本文化不在某种其他文化中生长，那还能否借用那种其他文化的概念和术语来加以认识和把握（以及评价）？

二、用来自西方的概念衡量本土思想=对本土文化缺乏信心？

关于D'Ambrosio氏提出的第一个问题，要做具体分析。

在有些情况下，的确如他所说。不过，同样是缺乏自信，还可以细分，不同情况下实践的效果也是不同的。有一种表现是拿自己的某些因素比附他者，以为你有的我也有，然后便获得某种暂时的满足和安慰，这是一种争面子的虚骄心理，这种不自信，在某种情况下会妨碍我们认识他者的文化，阻滞我们向他者学习，显然是要不得的。还有一种表现，就是当我们看到某文化在某方面有其优越性，我们会不自觉地从自己的文化中寻找相同的因素，加以比拟，甚至发扬。例如近代中国学者对所谓别墨、惠施、公孙龙、韩非等思想价值就有一个重新发现的过程，原因就是看到了西方文化在科学技术、逻辑思维、制度管理等方面取得巨大成绩，这才意识到中国传统文化中原本就有与之相似的东西，只不过它们的价值一直没有受到应有的重视而已。如果说这样的重新发现也是一种不自信，那么这种不自信并没有什么好羞愧的，它反倒表现出我们有一种承认他者优点的胸怀和勇气，比起为了维护某种虚幻的文化自尊而拒绝承认他者优点的做法来，不知要好多少倍。其实，出于不自信而以自己文化中的某些因素与其他文化中的某些因素做相同或相似的比拟、比附，相信在任何文化中都会找到不少的例证[①]，无须大惊小怪。这样的不自信，从另外的意义上或许可叫作"欣羡"或"好奇"，比起虚骄、自负和傲慢来，不但不应该祛除，反倒应该大大地发扬。

我说要做具体分析，意思是还有另外的情况需要提请注意。"强调本文化的思想与其他文化的思想相似"，这是一种求同的思

[①] 历史上外国文化中最典型的要数18世纪法国人对中国文化的崇拜。见朱谦之：《十八世纪中国哲学对欧洲哲学的影响》，《哲学研究》1957年第4期。

维。你的文化中某个概念或术语更适合于表现我的文化中的某种思想现象，我就采用它来表现我的文化中的这种思想，或者把我的文化中相似的思想用这个概念或术语来表示。历史上往往会有这样一种情况，那就是某个文化在某方面曾经做出过突出的贡献，其他文化在这方面的成就远远不及，如果有交往，结果就是后一种文化直接采用前者的成就，有时甚至导致自己曾经的做法被湮没了，甚至消失了，这是文化交往中极为平常的事。例如，亚里士多德开创的形式逻辑在西方已经形成体系，在实际应用中显示了强大的效力，其他文化在思维规则上虽然也有所进步，但相比来说，差距是明显的。文化交通后，其他文化直接采用亚里士多德的逻辑学，这是事实，也是合乎情理的选择，任何理性的文化都会这样做的。从实际发生过程来看，这样的做法是出于经济—效益的考虑，不过从事物本质上看，当然有对自己相关文化内容不自信的原因。可是换一个角度，这样做也可以说是对自己文化有信心的表现。人们之所以能够这样做，难道不是因为相信自己的文化不会因此而受到威胁或走向灭亡吗？相对而言，强调差异也未必就表明我们对自己文化具有强大的自信心，有时过分地突出或拔高本文化的独特性或特殊价值，反倒表明对自己文化缺乏信心，实实在在地是某种自卑心理在作祟。求同还是求异，属于认识方法的范畴；不自信或自信，则属于价值判断或心态的范畴。求同思维可以是不自信的表现，也可以是自信的表现；求异更是如此。说求同一定是不自信的表现，正如说求异一定是自信的表现一样，都是片面的、或然性的。而对于以下这种求同，就更不能说它一定与对自己文化失去信心有什么必然联系了。

我们知道，在比较研究的意义上，单纯的求同显然是不够的，还要能在相同中见出相异，更要见到同异之间的内在关系。如果是在这个意义上的求同，显然不必纳入到自信或不自信的范畴，因为此时的求同只不过是比较研究的一个必要阶段或环节。中国文化，其实任何文化也一样，都会有逻辑包含或渗透在其中，否则就无法交流。各个文化在表达方式上或有各自独具的色彩，但其中浸含着可以理解的共通的道理则是肯定的。对于这个道理，不同文化也会有不同的理解和表达，但基本内容具有共同性，这也是相通的，否则，不同文化中的人们之间怎么能够在许多事情上直接交流呢？怎么能够通过一介翻译就可在比较复杂的问题上相互理解呢？事实上，中国不但有与亚氏逻辑相似的思想，中国人在这样的思想上也对人类做出过自己的贡献，值得认真总结和研究。承认这一点，能否抹杀中国传统思想对人类的最重要的贡献呢？这就要看研究者的理论水平和胸怀了。承认中国古代思想中有与亚氏逻辑相似的内容与抹杀中国思想的最主要贡献这两者之间并不构成逻辑上的矛盾关系。

三、思想和思想之间有没有可公度性？

思想与思想之间，中文习惯说成"不同思想之间"，这种表述有一种先入为主的成见，既然已经声明是不同，那就很容易倾向于没有可公度性了。这或许是一个语言的陷阱。我用这个标题，就是为了躲开这个陷阱。

D'Ambrosio氏提出的第二个问题，又可分解为以下三种情况：其一，可不可以从一方的观念出发，用它的概念和术语来理解另一方的概念或术语？其二，某一文化中的概念和术语能不能用来表现或理解另一文化的思想？其三，某一文化的概念和术语能不能表现所有文化的思想？

为什么这样提问呢？因为，D'Ambrosio氏提出的问题涉及思想和思想之间有没有可公度性的问题，也就是各种文化有没有共性的问题。共性是个抽象的、精神性的语词，共性不会自己跑出来，赤裸裸地让我们辨认和赏玩，它只能外化为具体的物象，让我们运用思想透过这些具体的物象才能得到。所以，从表面上，我们看到的只能是用我们生活于其中的那个文化来认识其他文化，哲学也好，文学也罢，莫不如此，因为舍此别无他法。那么，是不是说我们就没有办法用同一种工具来衡量和比较各种文化和思想了呢？我的回答是：也是，也不是。说"也是"，是因为在具体文化之外并不存在另一个具体的承担公共标准的语言，即使像人造的世界语也无法承担这样的任务，它仍然不过是诸多语言中的一种而已。这样，在实际的学术交流中，我们就只能看到"以西释中""以中释西"或任何类似的现象。这似乎要让某些人士感到悲观了。说"也不是"，就是因为我们都知道，任何具体之中都内含着抽象，任何个性之中，都潜藏着共性。在认识和把握对象的真理性的活动中，各民族各文化都有贡献，各自的语言都包含着相应的内容。而对于研究者来说，不管什么文化，什么语言，只要有利于认识和把握对象的真理，或者说，只要能帮助人们有效地认识和把握对象，就可以用来作为认识和把握对象的公共性工具。如果有了这样的认识，那么，当我们在做"以西释中"或"以中释西"的工作时，就会随时自觉到中和西各自所包含的公共性因素，就会自觉选择中国或西方文化中最能表现公共性的语言来认识和把握对象。有人以为消除了"以西释中"或"以中释西"就可以得到客观认识对象的好办法，那实在是一个天真的幻想。我觉得，问题不在于让我们的研究者到中或西之外找到另一种"客观的"标准，而在于我们只能在中、西或其他任何一个具体文化之中学习如何选用具有客观性的语言和方法。学会了这样做的方法，那么，不管一个文化是否在另一个文化中生长，用那另一个文化中的概念或术语来理解或表现这个文化中的事物和思想就是可能的（possible）或许也是有效的（valid），反过来也是一样①。

可是对于各种思想是否享有或应该享有共通的东西，否定的观点最近一段时间在学术界似乎更强势一些。美国科学史家托马斯·库恩的观点在当下的中国比较流行，即，科学革命前后，科学家对待世界的态度是完全不同的两个范式，其间是不可通约的②。与库恩的观点略有不同，美籍学者朱新民在中国内地学术期刊曾发表《偶然性与可公度性》一文，提出一个观点，认为任何特定的哲学都是偶然的，要说明两个偶然的对象可否公度，关键要看两者之

---

① 中国古代用来帮助人们理解佛教教义的"格义"方法，就是用一个文化的概念术语代替另一个文化相似概念术语的方法；有人把近代以来学者用西方哲学概念术语理解中国思想的做法叫作"反向格义"，有一定道理。不过，古代的"格义"往往表现为不同文化的概念之间的直接等同或替代，可近代的情况却有很大的不同。从西方的角度看，是运用哲学概念术语进行分析和研究；从中国的角度看，则是吸收和融通后的分析和研究。关于这个问题容另外撰文详论。

② 托马斯·库恩：《科学革命的结构》，金吾伦、胡新和译，北京大学出版社，2003年版，第95页。

间有否"共享框架",如果有,就是可以公度的,否则就是不可公度的。以此衡量,他认为,法语哲学与英语哲学是可公度的,而中国哲学和希腊哲学就是不可公度的。文章还认为,希腊诸城邦虽然政体不同,但却是可以公度的,因为它们有共享框架,那就是"必须接受法律统治";古代中国的"国"与希腊的城邦却是不可公度的,因为中国传统的一个预设是"君主统治而臣民被统治",可见它们没有类似的共享框架。"中医完全不同于西医""中医和西医在概念上不可公度""因为我们没有一个共享的框架来使它们之间的比较得以进行"[1]。

朱新民用是否有"共享框架"来判断两个文化现象是否可公度,这没有什么理由不可以接受。但问题是两个事物之间是否只容许有一个"共享框架"?如果希腊诸城邦只有"必须接受法律统治"这一条共享原则,而古代中国的邦国只有"君主统治而臣民被统治"这一条共享原则,显然,双方各自内部可公度而两者之间不可公度的判断就是成立的。可是实际上哪有这么简单啊。我们都知道,"必须接受法律统治"代表着一种法治传统,而"君主统治臣民被统治"代表着一种人治传统,它们分别成为希腊和中国政治传统中的主要方面。但这不等于说希腊城邦中没有"君主统治而臣民被统治",中国的邦国中没有"必须接受法律统治"的因素。事实上,希腊城邦本来就有君主制,不管法律起何种作用,"君主统治臣民被统治"的政治现象总是存在的;在中国的邦国时代,法律也不是吃素的,臣子援引习惯法与君主抗争并取得胜利的故事也

---

[1] 朱新民:《偶然性与可公度性》,《社会科学》2008年第11期。

时有发生①，这与亚里士多德所谓习惯法比成文法更有权威、所涉及的事情也更加重要的思想是相符的②。生活在后代的人们往往容易根据自己的好恶来夸大或缩小古代某种传统的意义，其实，即使在希腊，法律实质上也是统治者实施治理的一种手段，只不过，相较而言，它在思想观念和文化传统上被认为具有更强一些的独立性罢了，但却改变不了它作为统治工具的性质。如果站在一个固定的角度和层次上，把所谓共享框架固定化，所看到的自然是许多的不可公度现象。如果能够同时看到某个所谓共享框架之上可能会有更大的框架，之下可能还有更小的框架，其中某一个框架其实不过是种属关系中某一层级的概念；如果再能看到某个共享框架之外，事物的其他方面还有别的共享框架，那就会发现，任何具体事物，都是既可公度，又不可公度的，关键要看站在什么角度、什么方面，以及哪个层次上，如此而已。朱新民虽然比托马斯·库恩前进了一步，承认同类事物拥有共享框架，但却未能看到事物分类的复杂性，未能看到事物的共享框架可以因为类别的不同划分而有多层级或多侧面的情况，他还是把自己所站的角度和层次当作唯一的、绝对的、权威的，这是他的根本问题所在。

关于事物的可公度性问题，古代中国哲人也有贡献。战国时代的惠施在著名的"历物十事"中就曾指出："大同而与小同异，

---

① 《左传》昭公七年芊尹无宇对楚灵王。见阮元校刻：《十三经注疏》下册，北京：中华书局，1980年版，第2047—2048页。
② 亚里士多德：《政治学》1287b5-6，见颜一、秦典华译本，北京：中国人民大学出版社，2003年版，第111页。

此之谓小同异；万物毕同毕异，此之谓大同异。"①所谓"小同异"，是说具体的事物是有"大同"和"小同"的差异的。也就是说，事物的"同"是有不同层级的。如果我们把"同"换成"共享框架"，那就是说，所谓"共享框架"也是有不同层级的。两个以上事物在某个层级上没有"共享框架"，不等于在其他层级上也没有"共享框架"，在某个层级上不可公度，不等于在其他层级也不可公度。任何事物都会因为有同而可以公度，哪怕是最小公约数；也会因为有异而不可公度，哪怕有再大的最大公约数。具体事物就处在可公度与不可公度的张力之间。如果只有同，或者只有异，那就会像朱新民所说的，有的事物之间有"共享框架"，所以是可公度的；有的事物之间没有"共享框架"，所以是不可公度的。这在惠施看来，就是"万物毕同毕异"，用康德的说法，那就是不可知的"物自体"了。在"物自体"中谈论是否可公度，还有什么意义呢？

黑格尔认为："一切事物莫不有'尺度'。"②这里的"尺度"一词，德文作"Das Maß"，英译用"measure"③，恰恰是所谓"可公度性"（commensurability）一词的核心部分，即"度"。按照黑格尔的观点，既然所有事物都有尺度，那就是说它们是可以互相比较和衡量的，也就是说它们是可以公度的。古往今来，不同

---

① 郭庆藩：《庄子集释·天下》，《诸子集成》第3册，上海书店出版社，1986年版，第476页。
② 黑格尔：《小逻辑》，贺麟译，北京：商务印书馆，1982年版，第188页。
③ G. W. F. Hegel, *The Logic of Hegel*, translated by William Wallace, China Social Science Publishing House, Chengcheng Books, reprinted from the English Edition by Oxford University Press, p.157.

民族文化中的人们可以通过翻译而互相交流，就说明了这一点。

从黑格尔的观点来看，在可认知的具体事物中，"共享框架"总会存在的；而按照惠施的"大同""小同"的区分，"共享框架"就有大小的不同。初等数学中两数的公约数有时不止一个，而是多个。例如，要问100和50可不可通约，回答自然是肯定的，但问题是它们的公约数不止一个，若以能被整除为准，从50到1，共有六个（50、25、10、5、2、1），在"整数"的范围内，1涉嫌"毕同"（因为所有的整数都含有1），有可能纳入"物自体"范畴，从而失去意义，其余五个都是两者的公约数，也就是说，100和50有五个有意义但却不在同一层级的"共享框架"，在这五个"共享框架"上，它们都是可公度的。

不过，用这样简单的数学知识来说明问题是不是容易造成误解呢？比如，4和2有几个公约数？在整数的范围内，有意义的只有一个，那就是2。如果是这样，那岂不是说两个东西之间有可能只有一个"共享框架"么？从而希腊诸城邦之间只要有"必须接受法律统治"这一条，就足以说明它们内部是可公度的，而与中国的邦国就不可公度了么？其实不必担心。即使是如此简单的数学知识，也完全可以说明两数之间既可能存在若干"共享框架"，也可能存在单一"共享框架"。规模小的两个文化之间，有意义的共享框架可以是一个，如果条件许可，也会发现更多。例如在整数范围内4和2的公约数只有一个，可按照古代中国"辩者二十一事"中"一尺之棰，日取其半，万事不竭"[①]的道理，4和2这两个数字可以无限地

---

① 郭庆藩：《庄子集释·天下》，《诸子集成》第3册，上海书店出版社，第479页。

二分，这类似于数学中的极限思想，从相反的角度看，就等当于把4和2按同样比例加以放大，这样，两数所拥有的公约数就会不断增加，所谓"共享框架"也就不断增加。这就启发我们，随着研究能力的增强，对象的内容也会增大，对象之间的共性或所谓"共享框架"的发现概率也就随之提高了。

照此看来，希腊城邦可能存在着诸多的"共享框架"就是有道理的了。"必须接受法律统治"毕竟只是一种，在可能存在的诸多"共享框架"中它究竟是哪一个呢？希腊城邦能否因为这一个"共享框架"而完全相同呢？显然不能。那中国呢？除了"君主统治而臣民被统治"之外，春秋时期的邦国之间还会有其他"共享框架"吗？而在希腊城邦和中国邦国各自拥有的诸多"共享框架"中难道就没有相同、相近从而可以比较、可以公度的吗？应该承认，双方不管有多少差异，都是人类共同体，都是发展到大体相当程度的人类共同体，在规模上、管理方式上、社会构成上、文化构成上，都会有相同或相似的情况存在，也一定会有"共享框架"的存在。可见，问题不在于双方有没有相同，有没有可公度的"共享框架"，而在于这些"共享框架"是在哪个层级上，在哪个侧面，具有多大的可公度性。

为什么会有这种情况呢？这是因为，所有"偶然对象"之间，其实都是既可公度，又不可公度的，也就是有同有异的。这才是问题的实质所在。

让我们再回到黑格尔。黑格尔用哲学史为例来说明自己的观点。他相信每一个有资格称作哲学的体系都是以理念为内容的，因而都是表示理念发展的一个特殊阶段或特殊环节，所以，"在哲学史上，逻辑理念的不同阶段是以前后相继的不同的哲学体系的姿态而出现，其中每一个体系皆基于对绝对的一个特殊的界说"。"故早期的哲学体系与后来的哲学体系的关系，大体上相当于前阶段的逻辑理念与后阶段的逻辑理念的关系，这就是说，早期的体系被后来的体系所扬弃，并被包括在自身之内。"①凡是历史上哲学体系被推翻，其实说的都是被扬弃。而所谓扬弃（Aufheben），就是有吸收，有舍弃②。这与孔子的三代损益、百世可知③的观点有其相通之处。所谓扬弃，所谓损益，就是说不同阶段都有相同的东西，当然也就有可以通约的东西，所以才有继承，才有包含和被包含的关系。对于我们来说，比起托马斯·库恩所说的一个代替一个的范式替换为特征的"科学革命"来，黑格尔的扬弃说和孔子的损益说与历史和文化发展的经验事实更为接近。

有了这样的理解，我们再来看上面的三个问题：

其一，在世界没有成为一个整体之前，人类共同体一般是用自己的概念和术语来认识和把握其他文化的，有时也会用其他文化的术语和概念来表现自己文化的某些内容。近代以来，世界历史的出现，使得各个文化使用同一种概念或术语来认识各自的文化成为普遍现象。

其二，这个问题其实就是两种文化有没有可比性的问题。两种

---

① 黑格尔：《小逻辑》，第190页。
② 黑格尔：《小逻辑》，第191页。
③ 《论语·为政》："子张问：'十世可知也？'子曰：'殷因于夏礼，所损益，可知也；周因于殷礼，所损益，可知也。其或继周者，虽百世可知也。'"朱熹：《论语集注》，《四书章句集注》，中华书局，1983年版，第59页。

文化有没有可比性，其理论上的根据就在于两者之间有没有同异关系。有，就可比；没有，就不可比。因为，所谓比较，就是比较同异。有了同异，所以两者中任何一个都会比较与另一个的同异。也就是用自己的同异来衡量另一个。我想，如果说文化之间有同也有异，这大概不错吧，没有同，我们怎么能理解其他文化中的人们？西方人吃西餐，中国人吃中餐，表面上看，这是异；可是，中国人吃西餐也并不是很难的事情啊，在中国，西餐馆和麦当劳、肯德基遍地开花，就说明了这一点；反过来也一样，西方人吃中餐又有何难呢？中餐馆早已开到了世界各地。面包与馒头显然不同，但都是面粉做的，都要发酵，只不过一个烘烤，一个笼蒸，异里面是包含着同的。不论中国人还是西方人，都要穿衣服，这是相同的，但衣服的材质和式样却又不同，可见，同中也是包含着异的。衣食住行哪一样不是如此呢？人都生活在家庭中和社会上，中国人讲究父慈子孝、兄友弟恭、夫唱妇随、朋友有信，它们的核心就是一个仁字，就是一个爱字。西方人就不讲爱？就不讲爱父母？就不讲爱兄弟？就不讲爱妻子？就不讲爱朋友？不论中西，都是讲爱的，只不过，讲的方式略有不同，这就是异。可见，所谓同不是纯粹的、没有差异的同，所谓异也不是纯粹的、没有相同的异，同和异永远是同在的，互相转化或互相过渡的。任何两种文化都会有同有异。那么，同异对于文化之间的理解又有怎样的作用呢？从历史上说，文化与文化之间是要交往的，交往的基础在于有同又有异。从同的方面说，因为大家都是人，都要生活，都有交往的需要，所以不同的人群之间就有了相互交流的可能性；因为大家都是文明时代的人，都有基本相同的生活方式，要生存，要满足衣食住行的需要，所以有理解其他文化的基本条件。从异的方面说，因为大家身处地方不同，物产不同，应对环境的方式方法不同，为了丰富自己的生活，改善自己的生活，就有了解、学习、联系其他人群的需要，这就是必要性。有了必要性，又有了可能性，所以文化之间的交流才会实现。

其三，某一文化的某些概念或术语能否表达所有文化的某些思想？也就是说各种文化中有没有共同的东西存在？可不可以公度？上面的论述对这个问题已经做了肯定的回答。

四、为什么philosophy可以用来衡量中国思想？

D'Ambrosio氏劝我，不要用西方的概念和术语来衡量中国思想，不要对中国文化失去信心，他不愿看到中国文化湮灭在西方文化之中。对于他的这番好意，我要表示感谢。可是，在感谢之余，我也要稍微说明一下，philosophy这个概念是西方发明的，这不假，但是，这个概念所表示的人类认识，即使是最具西方传统色彩的形而上学，也是具有普遍意义的一种理论活动，它不会局限于西方，更不会局限于英语世界，中国传统中不但有，而且还有很高的造诣[①]；当代中国哲学更要大力发展。

有两个问题需要注意，其一，philosophy所表示的人类认

---

① 德国哲学家雅斯贝尔斯在他的《大哲学家》一书中就把中国的老子定位为"原创性形而上学家"。见卡尔·雅斯贝尔斯：《大哲学家》，北京：社会科学文献出版社，2012年版。

识在其他文明中有没有存在？其二，其他文明虽然不是在发明philosophy这个概念的文明中生长，那里的人们还能使用philosophy的概念术语来研究、分析他们自己的思想吗？philosophy最核心的东西是人类的世界观和方法论，是关于世界和人类自身的反思性的认知活动。世界是什么样的？世界的本质是什么？人类的认识是什么？人类究竟应该怎样认识世界？认识自己？回答这些问题的客观标准是什么？如此等等。这样的思想各个文明都会有的。所以，使用philosophy来研究和分析自己的思想，就像使用中国的概念术语来研究和分析西方的相关思想一样，我想不出有什么不可以的理由。

那为什么要使用西方哲学概念和术语而不是其他文明的什么传统来表现中国思想呢？道理很简单，因为关于世界和人类自身的反思性的认知活动在西方发展得相对完备和系统，西方学者的贡献不应抹杀。特别是从古希腊开始，philosophy所代表的认识方法与科学方法较为接近，它们的共同之处就在于都以客观性为自己的原则，都以主观性之外的不变的真实性为研究目标，而且针对这些目标，形成了科学有效的学术方法。从产生之日起，philosophy就是人类共有的知识财富。特别是近代以来，作为教育体系中的一个学科，philosophy与mathematics（数学）、physics（物理）、chemistry（化学）一样，不断剔除渗透其中的种种非科学的文化杂质，生活在中国的我们没有理由因为philosophy发源于西方文明而不去使用，就像我们没有理由因为mathematics（数学）、physics（物理）、chemistry（化学）发源于西方文明而不去使用一样。Philosophy是西方发明的，是在西方得到了长足发展，但又不限于西方，因为它包含着普遍适用的道理，就像中国文化，虽然有自己的鲜明的特色，但也必定包含着人类共有的本质，本文用惠施的"大同""小同"表示形式逻辑的"种"（genus）和"属"（species），以及不同层级的"共享框架"（概念、范畴），道理就在于此。把"本土文化"和"西方文化"完全对立起来，否认它们都内含着普遍适用的道理，这种割裂特殊性与普遍性的做法缺少理性精神，实在是不可取的。

如果仅仅因为起源的原因，就把philosophy当作西方文化的专利，这势必会产生两个意想不到的后果：其一，西方学者要研究其他文化中生长的思想，就不能使用西方哲学概念和术语；因为其他文明中的思想没有生长在西方文化中，是不应该用西方哲学概念和术语来研究和分析的。也就是说，西方学者要想研究其他文化的哲学，首先要忘记自己的文化和语言，变成所要研究的那个思想所在的文化中的人。很显然，这是不可能的，也是不必要的。其二，因为其他思想没有在西方文化中生长，所以就没有必要从philosophical（哲学）乃至logical（逻辑）和scientific（科学）范畴来看待，而只能在他们自己的术语中寻找它可能做出的所谓贡献。这样的想法，在现实中，往往表现为先入为主地把其他文化视为是经验的、体验的、迷信的异类文化，即把它们排斥在哲学、科学、逻辑之外，根本不配进入这些范畴[1]。这样，原本从尊重他者文化出发，到头来却走到了反面，不但否定了文化具有共性，而且否定了他者文化的平等地位。我想这应该

---

[1] 其实，19世纪以来，在许多来华的基督教传教士创作的关于中国的作品中，不乏此类观点。

是D'Ambrosio氏所始料未及的吧。当然，我相信这个结果绝不是他所愿意看到的。不过，这种被冠以文化沙文主义（cultural chauvinism）的做法即使在西方的高层次学术研究中也不罕见。大约200年前，德国哲学家黑格尔在他的《历史哲学》一书中就曾不无风趣地对历史变化中有没有相同或相通的经验教训表示了轻佻的调侃和明确的否定[1]，而且还把包括中国思想在内的"东方"派定为人类理性发展的幼年阶段。在他看来中国文化是一种永远也不能长大成年的文化[2]，这与他自己所主张的辩证观点是相违背的。半个多世纪以前，英国学者汤因比在他的《历史研究》中强调，文明各有自己的挑战–应战模式，其间是不能融通的[3]。50年前，美国科学史家托马斯·库恩在他的《科学革命的结构》一书中坚持认为："科学革命中出现的新的常规科学传统，

---

[1] 黑格尔在他的《历史哲学》一书中评论历史教训那段话的真实含义，通行英译和汉译都未能充分呈现，恩师刘家和先生据德文原版并结合其他译本做了更加精准的翻译："但是经验和历史给了我们的教训却是，各民族和各政府从来就没有从历史学到任何东西，而且也没有依照那就算是从其中抽绎出来的教训行事。"见刘家和：《关于"以史为鉴"的对话》，《北京师范大学学报》（社会科学版）2010年第1期。

[2] 黑格尔：《世界史哲学讲演录（1822—1823）》，刘立群、沈真、张东辉、姚燕译，张慎、梁志学校，见《黑格尔全集》第27卷第1分册，北京：商务印书馆，2014年版，第113—145页。不过，在谈到哲学发展史的时候，黑格尔曾经有过非常辩证的观点："那在时间上最晚出的哲学体系，乃是前此一切体系的成果，因而必定包括前此各体系的原则在内；所以一个真正名副其实的哲学体系，必定是最渊博、最丰富和最具体的哲学体系。"（黑格尔：《小逻辑》，贺麟译，北京：商务印书馆，1980年版，第55页）这种包containing式、增长式发展，说明哲学体系之间是可以通约的。在谈到扬弃这个概念时，黑格尔甚至说："辩证法构成科学进展的推动的灵魂。只有通过辩证法原则，科学内容才达到内在联系和必然性。"（见黑格尔：《小逻辑》，第176页）这与下面所述的托马斯·库恩的科学革命前后范式不可通约的观点是恰恰相反的。

[3] 阿诺德·汤因比：《历史研究》，刘北成、郭小凌译，上海人民出版社，2005年版。

与以前的传统不仅在逻辑上不相容，而且实际上是不可通约的（incommensurable，又译为"不可公度的"）。"①同一文化纵向的不同发展阶段中，科学范式居然是不可通约的，作为拥有横向差异的不同文化之间，就更是难以通约的了。20多年前，另一位美国政治学者亨廷顿（Samuel P Huntington, 1927—2008）抛出他的"文明冲突论"②，它强调文明和文化的独特性，它们不具有普适性，其间不可融通，对立和冲突是它们的主要存在方式。可见，对于文明或文化的个性与共性采取割裂做法，否认其间具有辩证关系的，在西方学术界有着悠久的传统。

当然，D'Ambrosio氏担心我因为使用philosophy的概念和术语而失去对本土文化的信心，这是出于好意。不过，我也想请他放心，我虽然使用了在西方发展起来的philosophy属下的概念和术语来表现我对中国思想的理解，但我对我们中国传统并没有失去信心，非但没有失去信心，或许由于这些术语是融合在现代汉语中的，我所理解的哲学方法帮助我更清楚地了解了本土文化，反而使我对自己的文化更加增强了信心。表面上看，我们似乎是在使用他者的文化，可实际上，我们是在使用内含在其中的具有普遍意义的理论工具来做研究；换一个角度，也可以说，我们其实是在使用自己的语言和文化来做思考和研究，人们所说的西方文化的许多内容，早已作为具有公共性的思想方法融入我们的现代汉语中了，中西文化的这种相互融入呈现出越来越强劲的发展势头。正因为如

---

① 托马斯·库恩：《科学革命的结构》，第95页。
② 塞缪尔·亨廷顿：《文明的冲突与世界秩序的重建》（修订版），周琪等译，北京：新华出版社，2010年版。

此，我们才会更深刻地认识我们的对象，并由此增强对不断发展着的本土文化的信心。再次感谢D'Ambrosio氏，是他让我更加清醒地认识到了这一点！

怎样回应文化的不可公度性问题

一、问题的缘起

"不可公度性"一词译自英文incommensurability，也有译作"不可通约性"的，英文的这个词16世纪中叶来自拉丁文。这本是一个数学概念，意思是说两个以上的数不能被同一个有理数整除，则它们就是不可公度的。后泛指比较没有共同的基础、尺度和标准[①]。

1962年，美国科学史家托马斯·库恩出版了他的《科学革命的结构》一书，借用这个词来指称他所理解的科学革命。据他说，一场科学革命的前后，两个科学家群体各自拥有的"范式"

[①] *Random House Webster's College Dictionary*, New York, 1999, p.666. 中国专业词典把incommensurable翻译为"不可通约的、无公度的、不能比较的"，见张缵绪主编：《英汉数理化词典》，北京：中国标准出版社，1991年版，第538页。

（paradigms）之间是不可公度的。"范式改变的确使科学家对他们研究所及的世界的看法变了",科学家世界转变的基本原型类似于视觉格式塔①转换,"在革命之后,科学家们所面对的是一个不同的世界","革命之前科学家世界中的鸭子到革命之后就成了兔子"②。到2008年,库恩的这部著作已经有了27种语言的译本,发行逾百万册;他的这个观点在全世界产生了广泛而持久的影响,在西方学术界也曾引起强烈的质疑和争论③。20世纪90年代以来,在我国学术界也可看到一些回响,最明显的,就是有大量介绍性的文章出现在中国的学术期刊上,而"范式"这个概念也被广泛地使用。似乎顺理成章地,库恩关于范式转换的观点也被引入人文社科领域,当然也包括史学研究领域,有些论文就是在库恩的"范式"观点影响下撰写的④。2008年,美国安特罗庇谷学院教授朱新民在

---

① "格式塔"（Gestalt）,来自德文,本义是指外形、形状,是知觉（视觉）的产物。20世纪初,奥地利及德国的心理学家创立了格式塔理论,又称完形心理学。这"是一种感觉理论,它主张我们一开始就知道的是我们周围环境的组织化了的整体,而不是整体在理论上被分解成的不可还原的要素。根据这个说法,我们不能看见比图形更简单的东西……"（尼古拉斯·布宁、余纪元：《西方哲学英汉对照辞典》,北京：人民出版社,2001年版,第412页）库恩的理论即受此影响。
② 托马斯·库恩：《科学革命的结构》,金吾伦、胡新和译,北京：北京大学出版社,2003年版,第101页。本文引用此书内容较多,为减轻烦冗,下文一般在引文后面用圆括号标注页码数字,需说明的才在页下出注。
③ John Preston, *KUHN'S THE STRUCTURE OF SCIENTIFIC REVOLUTIONS A Reader's Guide*, London, New York: Continuum International Publishing Group, 2008, pp.7, 104-108.
④ 例如,朱汉国：《创建新范式：五四时期学术转型的特征及意义》,《北京师范大学学报》（社会科学版）1999年第2期;萧功秦：《从〈走向共和〉的人物形象看历史范式的转换》,《探索与争鸣》2003年第6期;丁钢：《叙事范式与历史感知：教育史研究的一种方法维度》,《教育研究》2009年第5期;陆杰荣、牛小侠：《"历史"范式的演进与人类"有限性"的研究》,《求是学刊》2012年第4期。

中国内地学术期刊发表了《偶然性与可公度性》一文，就文化之间是否可公度的问题提出一个说法，认为任何特定的文化都是偶然的，要说明两个偶然的对象可否公度，关键要看两者之间有否"共有框架"（或曰"共享框架"），如果有，那就是可以公度的，否则就是不可共度的。

从20世纪90年代到21世纪前15年，对于中国的学术界包括史学界来说，怎样对待"不可公度性"这个观点，已然成为一个问题，摆在了学者的面前。2004年，刘家和先生在一次史学学术会议上就不可公度性与历史比较研究方法问题做了专题发言，后来，又和陈新博士一起撰写了《历史比较初论：比较研究的一般逻辑》一文，提出"比较是不可公度性与可公度性的统一"，"比较研究中，比较对象的可公度性与不可公度性随着比较者设定的比较范围或概念层次而变化"[①]等观点，我们的研究工作就以此为基础。

在今天的学术界，随时随处可以看到"范式"概念被广泛地使用着，当然也有不少的滥用或炒作，在西方学术的冲击下，把不可公度性当作文化发展的根本属性的观点似乎得到了许多学者的默认。有鉴于此，本文将对托马斯·库恩和朱新民的观点略做分析，然后对文化是否只有不可公度性的问题提出个人的看法，以就教于高明。

---

① 刘家和、陈新：《历史比较初论：比较研究的一般逻辑》，《北京师范大学学报》（社会科学版）2005年第5期。

二、论文化只有不可公度性的理论困难

这里要讨论的问题是：文化之间只有不可公度性吗？这个问题来自托马斯·库恩关于"科学革命"的观点。库恩的论证路数是这样的。

科学革命前后，新旧学科共同体的"范式"之间发生了视觉格式塔式的转换，所以它们之间是不可公度的（或曰不可通约的）。用库恩的话说："科学革命中出现的新的常规科学传统，与以前的传统不仅在逻辑上不相容，而且实际上是不可通约的。"（95）为什么会是这样的呢？

首先，对于"范式"，库恩并没有下过严格的科学定义。库恩自己说："在我找不出更好的词汇的情况下，使用'paradigm'（范式）一词似颇合适。"（21）1969年他在为《科学革命的结构》一书所撰写的后记中又这样说："范式可能是什么。这是本书中遗留下的最不清晰也是最重要的问题。"（163）虽然如此，他在原书中还是试着做了一些类似定义的工作：

> "范式"一词有两种意义不同的使用方式。一方面，它代表着一个特定共同体的成员所共有的信念、价值、技术等等构成的整体。另一方面，它指谓着那个整体的一种元素，即具体的谜题解答；把它当作模型和范例，可以取代明确的规则以作为常规科学中其他谜题解答的基础。（157）

一个范式就是一个科学共同体的成员所共有的东西，而反过来，一个科学共同体由共有一个范式的人组成。（158）

一个科学共同体由同一个科学专业领域中的工作者组成。……在这种团体中，交流相当充分，专业判断也相当一致。（159）

所有科学共同体的成员，包括前范式时期的各学派，都共有那些我把它们集合起来称作"范式"的各种要素。（160）

一个范式支配的首先是一群研究者而不是一个学科领域。（161）

范式是共有的范例，这是我现在认为本书中最有新意而最不为人所理解的那些方面中的核心内容。（168）

这个共同体的成员究竟共有哪些东西，足以解释他们彼此间专业交流的比较充分和专业判断的颇为一致？……一个范式或一套范式。（163）

从上面的引述，可以大致看出，库恩的"范式"包含这样一些含义：某个学科从业者即所谓学科共同体所共同拥有的一个或一套范例，具体说，就是这个共同体所共同拥有的信念、价值、技术等构成的整体，这个整体可以作为具体的科学研究工作的模型和范例。

除了"范式"之外，库恩还使用了另外两个值得关注的词，表达相同的意思："概念网络"和"学科基质"。

科学革命就是科学家据以观察世界的概念网络的变更。①

在1969年序中,库恩写道:

> 为避免混淆我宁愿用另一个词。这个词我建议用"学科基质"(disciplinary matrix);用"学科"一词是因为它指称一个专门学科的工作者所共有的财产;用"基质"一词是因为它由各种各样的有序元素组成,每个元素都需要进一步界定。所有或大部分我在原书中当作范式、范式的一部分或具有范式性的团体的承诺对象,都是学科基质的组成部分,并因而形成一个整体而共同起作用。(163—164)

请注意,库恩使用了三个关键词:paradigm、conceptual network和disciplinary matrix,回头我们再做分析。

其次,更多的情况下,"范式"和"学科基质"只能靠列举构成部分来表示,结果,概念的外延较为驳杂。库恩自己承认,有人统计过,"(范式)这个词在本书中至少有二十二种用法"。(163)范式被认为是"科学成就",为共同体提供典型的问题和解答(序,4);有两个特征:其一,拥护者;其二,有待解决的问题;包括定律、理论、应用、仪器(9)。又是"选择问题的标准"(34)。库恩说过:"我认为,规则导源于范式,但即使没有

---

① 库恩:《科学革命的结构》,第94页。这里的"概念网络"一词,英文是conceptual network,见Thomas S. Kuhn, *The Structure of Scientific Revolutions*, Chicago: the University of Chicago Press, 1968, p. 101.

规则，范式仍能指导研究。"（39）这说明"规则"与范式相似，只不过要更小。有时范式又被说成是教科书、课堂演讲、实验室的实验中的实例（40）。"热质说"也被说成是一种范式（27）。"只有当实验和试探性理论相互连接在一起使之达成一致时，发现才会突现出来，理论才会变成范式。"（57）"一个科学理论，一旦达到范式的地位……"（71），可见范式又被说成是理论；"范式是一个成熟的科学共同体在某段时间内所接纳的研究方法、问题领域和解题调准的源头活水。"（95）"在学习范式时，科学家同时学到了理论、方法和标准，它们通常是彼此缠结、难分难解的。因此当范式变化时，通常决定问题和解答的正当性的标准，也会发生重大改变。"（100）"学科基质"有以下主要成分种类：符号概括、形而上学范式或范式的形而上学部分（共同体成员承诺的信念）、价值、范例〔"我所谓的范例……比起学科基质中的其他成分，各组范例之间的不同更能提供给共同体以科学的精细结构。"（168）〕

复次，构成较为松散，且处在变动中，随时可增减变化，具有严重的不确定性。库恩说："在科学中，一种范式是一种很少用以重复的对象。正相反，像惯例法中一个公认的判例一样，范式是一种在新的或更严格的条件下有待进一步澄清和明确的对象。"（21）"纵观整个科学领域，情况往往倒是，科学似乎是一个相当松散的结构，它的各个部分之间很少有连贯性。"（46）"在学习范式时，科学家同时学到了理论、方法和标准，它们通常是彼此缠结、难分难解的。因此当范式变化时，通常决定问题和解答的正当性的标准，也会发生重大改变。"（100）

按理，内涵越大，外延就越小，概念的所指就越接近事物个体，它们的可公度性也就越小。而决定概念内涵大小、外延数量的多少是至关重要的，同时，诸外延的结合方式更是首要的、前提性的。库恩为什么要使用paradigm、network和matrix这样三个词来具体说明他的著作标题中的structure呢？按，paradigm，今天译"样式""范例""范式"等，源于希腊文，作παράδειγμα，指工匠为建造房屋而设计的式样或模型①。Network指的是网眼编织物状的东西。Matrix这个词来源于拉丁文mātrīx，本来指留作育种用的雌性动物②，所以译作母体、母本、基质等。这三个词的共同处在于，它们都来源于具体之物，从一开始就是名词，他们的所指，都可做人工干预，有很大的发展潜质和变化可能。而structure则略有不同，这个词来自拉丁文structūra，词根struct是动词，意思是"放在一起"；关键是这个词的后缀-ura（英文作-ure），专门指行动、结果和手段、工具等抽象名词的后缀。相较而言，structure作为结构是稳定的；而paradigm、network和matrix则不具有那么严格的稳定性。所以，哲学上往往使用前者而非后者。库恩用structure作书名，来表现科学革命是paradigm、network和matrix的变化，这是固定的，符合西方学术传统。但他使用paradigm、network和matrix来指谓科学革命的主体，则是有所为的③。

---

① Henry George Liddell, Robert Scott, *A Greek-English Lexicon*, Clarendon Press, 1996, p.1307.
② *Random House Webster's College Dictionary*, New York, 1999, p.861.
③ 库恩自己明确说道："必须改变已经确立，且为大家所熟悉的概念的含义，这正是爱因斯坦理论的革命性影响的核心。"（《科学革命的结构》，第94页）可见，通过改变概念的含义来理解或呈现科学革命的本质，库恩早已会心。

我们知道，概念的内涵在数量和结构上越是不同，进行公度的可能性就越小。其中，如果结合方式是结构性的，如structure之类，那么，要素的数量再多，也不易随便改变内涵的性质。所以，外延要素的结合方式若用抽象的structure来表示，概念就倾向于封闭的、稳定的、不变的了，这样，可公度的概率就会大增。现在不同了，库恩使用paradigm、network和matrix这三个含义模糊、结构松散、易于变动的概念，把structure的含义做了别样的解释，无形中为学科共同体信仰的结构变化、体量增大提供了宽松的条件，也就是说，共同体信仰的个体化程度势必要更加提高，相应地，科学信念的不可公度性也就增大了。如果paradigm、network和matrix所代表的个体化的科学传统发生了革命，结果很可能是变成了内涵几乎完全不同的另一个个体化的科学传统，于是，革命前后的两个传统看上去自然就是格式塔式的整体替换，它们之间当然是不可公度的了。至此，我们终于明白了，库恩为什么坚持要使用paradigm、network和matrix这三个学术界并不熟悉、也不习惯的术语。正因为有如此的前提，库恩才敢宣称："就像格式塔转换一样，它要么必须立即整体地变（虽然不必在瞬间完成），要么就根本不变"（136）！

库恩的观点有启发意义。他使用"范式""学科基质""格式塔"等概念，强调感觉性、形象性和整体性，这就提醒我们要重视感觉在科学发展和科学史研究中的积极意义。而且在这三种属性的基础上，事物被个体化了，这种个体化的事物之间具有不可公度性是必然的结论，这是毋庸置疑的。从这个意义上说，库恩的论证是能够自圆其说的。不过，完全以感觉为标准来说明科学革命的结构，论证还是有问题的：其一，概念不清晰，内涵无明确定义，外延的要素驳杂且变动不居，用来描述尚可，用来论证，其有效性如何保证，令人担心。更严重的，是用paradigms、networks和matrices的不可公度性来说明科学革命的structure，不能说是偷换概念，但总令人感到科学革命是相同的，有常规可寻的，这样，在科学革命的意义上，不可公度性就走向了自己的反面。其二，以学科从业者为学术共同体的单位，不是问题导向，而是学科导向，这样，所谓"科学革命"说的主要不是科学原理和方法本身的进步，而是学科共同体的斗争和冲突，其中，有科学知识成分，更有团体利益的因素，这样的所谓科学革命，与其说是科学发展，不如说更像是一场社会运动、宗教改革、政治斗争、甚至是文化革命，其中不可避免地带有大量的人事纷争和意气用事[①]。其三，这种所谓"革命"与现代学科分化与综合并行的发展趋势并不吻合，对于交叉领域的科学发展尤其有严重的抑制作用，应该警惕。总之，库恩千方百计强调"范式""概念网络"和"学科基质"的偶然性和特殊性的一面，生怕它们归入某一个类别，目的无非就是要设法制造和保持它们的个体化的状态，因为只有这样，它们与其他同类才可能是不可公度的，科学革命才会以格式塔式转换的方式进行。

2008年，美国安特罗庇谷学院教授朱新民在中国内地学术期刊发表了《偶然性与可公度性》一文，就文化之间是否可公度的问题提出一个说法，认为任何特定的文化都是偶然的，要说明两个偶然

[①] 库恩："不同范式的倡导者之间总有误解存在。……各说各的……范式之间的竞争不是那种可以由证明来解决的战斗。""竞争着的范式的支持者之间，在观点上总难有完全的沟通……总起来说这些理由已被描述为革命前与革命后的常规科学传统间的不可通约性。"（《科学革命的结构》第12章，第133页）

的对象可否公度，关键要看两者之间有否"共有框架"（或曰"共享框架"），如果有，那就是可以公度的，否则就是不可公度的。以此衡量，他认为，法语哲学与英语哲学是可公度的，而中国哲学和希腊哲学则是不可公度的。文章还认为，希腊诸城邦虽然政体不同，但其政治文化之间是可以公度的，因为它们有共有框架，那就是"必须接受法律统治"；古代中国的"国"与希腊的城邦完全不同，政治文化也是不可公度的，因为中国政治传统的一个预设是"君主统治而臣民被统治"。他指出："中国的国和希腊的城邦是两种不同的生活形式。它们是偶然的。相关的哲学表述、问题和理论也是偶然的。我们已经表明，中国传统和希腊传统完全不同。我们可以说他们是不可公度的（incommensurable）。""在政治哲学方面，使中国传统和希腊传统可以比较的共享框架并不存在，因为这二者都是偶然的而且是不可公度的。因此，它们之间有意义的比较看起来也是不可能的。"[①]可见，朱新民的观点不但涉及历史文化领域，还关乎比较研究方法，值得认真对待。

什么叫"偶然的"？什么叫"共有框架"？我想，所谓"偶然的"，说的是独立的、非类别化的存在，也就是个体化的存在。所谓"共有框架"，用到"框架"这个词，就是要把文化传统当作一个形象化的整体来看待。尽管朱新民承认，以"共有框架"为前提，有的文化之间是可公度的，有的文化之间是不可公度的，但"偶然"和"框架"这两个词毫无疑问让我们看到了库恩的"范式""概念网络"和"学科基质"的影子。有了这两个词，文化的

---

① 朱新民：《偶然性与可公度性》，《社会科学》2008年第11期。

个体化程度就大大提高了,对文化做类似格式塔式的整体比较也就成了必然的选择。这样,朱新民就与库恩走到了一块。

我认为,库恩和朱新民的观点都面临着以下困难。

第一,把"不可公度性"当作"完全不同",这不符合"不可公度性"这个概念的本义。本来,incommensurability说的是两物有否相同的因素可以衡量。在库恩那里,科学传统之间虽然有相同的元素,但从格式塔意义上看,却是完全不同的,他把这叫作不可公度。朱新民用是否有"共有框架"来判断两个文化现象是否可公度,这的确是前进了一步,为避免把相等和可公度性混淆起来开辟了道路;可在具体论证中,他仍认为两种文化"不可公度"是因为它们"完全不同",这显然又受库恩的影响。

第二,两人都设法阻止问题上升到普遍性的层次上,所以不能真正解决可否公度的问题。库恩想方设法把科学传统说成是个体化的东西;朱新民同样反复申明文化是"偶然性"的。在他们看来,只要事物主体是个体化的、偶然性的,它们之间自然就是不可公度的了。可是这样一来,就连很一般的问题也无法回答了。打个比方:您有两个乒乓球,"乒乓球1"和"乒乓球2",您可以说"乒乓球1"和"乒乓球2"是不可公度的,因为任你怎么弄,也无法徒手让它们合二为一。这听起来似乎没错。可是如果有人请您告诉他/她什么是"乒乓球",您将如何回答呢?难道您会告诉他/她您只有"乒乓球1"和"乒乓球2"而没有"乒乓球"么?这和古代中国"白马非马"论所遭遇的理论困境是一样的。坚持科学革命前的"旧范式"和之后的"新范式"不可公度,其实面临着同样的困境。这个困境是拒绝理论思维造成的。既然都叫作"范式",为什么不能公度呢？如果不可公度，那为什么还要叫它们为"范式"呢？坚持希腊文化与中国文化不可公度，面临同样的困境。既然都叫作"文化"，为什么它们之间会没有可公度性呢？如果没有共同标准，那为什么又都叫作"文化"呢？

事物不可公度说的是事物之间的差异，事物之间难道只有差异么？就没有相同么？生活中我们常常会涉及事物的同和异，同是可公度的根据，有同，就证明事物是可公度的。那么为什么还非要说事物只有不可公度性呢？难道为了说明事物不可公度，就要永远把自己的思想限制在感觉的层次上？永远把对象限制在个体化的范围内，而不去勇敢地面对同异和矛盾？库恩和朱新民的共同问题在于他们都拒绝普遍性和必然性，都想方设法制造个体化和形象化效应，都试图把事物限制在特殊性和偶然性的范围内，以此维持"差异"和"不可公度性"的独立自存。其实，这是不可能的。斯宾诺莎早就有"规定即否定"①的说法，没有同，异何由而来？又何以自存？

从库恩和朱新民的观点中可以看出，要坚持文化间只有不可公度性的观点，就一定要抵制概念的要素分析，强调形象的整体描述；一定要防止它们进入普遍性的领域，限制在感觉的范围；一定要让它们尽可能地提高个体化和形象化的程度。而要做到这一点，

---

① 斯宾诺莎有句名言"一切规定都是否定"（Omnis determinatio est negatio），黑格尔发展为"一切规定性的基础都是否定"，见《小逻辑》第91页，贺麟译，北京：商务印书馆，1982年版，第203页。《小逻辑》中译者注曰："这句话见于斯宾诺莎：《通信集》第50封信。恩格斯在《反杜林论》中曾引证了这句话，见《马克思恩格斯选集》第3卷，第181—182页。"

很可能要通过概念的内涵中不断羼入更多杂质、增强诸内容结合方式的复杂性等办法，以降低概念的层级，直到回复其本身。这就是库恩和朱新民之所以采用那样的论证策略的内在动因。可是这样做的结果，就必然陷入"白马非马"和我所设置的"乒乓球之喻"的困境。

三、上升到普遍性才能找到解决问题的根本出路

如上节所论，不可公度性的论证是建立在感觉意义上的，是把对象当作个体化的、形象化的、整体化的存在的必然结论。可是，这样做，在感觉上似乎说得通了，却无法回答不可公度性来自何处的问题，无法说明离开了可公度性、不可公度性何以独立自存的问题，甚至无法解释为什么要使用具有普遍性的概念的问题。那么，究竟要怎样才能回答文化不可公度性的问题呢？我觉得，可否公度，包括文化的可否公度，其实是一个理论问题，要想理解这个问题，避免陷入上述的尴尬和困境，就必须上升到理论和概念的层次上，放宽视野，提升品级，有舍有得。在自在之物的意义上，世界上没有任何两物是完全相同的，这时还没有条件来谈可否公度问题，如果要谈，那只能是acommensurability，是没有意义的。Incommensurability和commensurability是相对而言的，没有后者，就没有前者，反之亦然。而要谈可公度性，就必须上升到普遍意义上，因为可公度性建立在"共性"的基础上，而"共性"已经脱离了自在之物的范畴，脱离了感觉范畴，不是我们用肉眼可以直接看

到的了，也就是说，它已经是理论性的东西了！而可公度性的存在恰恰由于有不可公度性作为它的否定和限度。可见，可公度性与不可公度性是对事物作理论把握的产物，停留在感觉层次，是没有希望解决问题的。所以，要想解决可否公度问题，就一定要进入普遍性的领域，上升到理论高度。

在理论层面，前人有许多成果可以借鉴，这些见解不会妨碍科学的进步，也不会阻止学科共同体的发展，倒可以帮助加深问题的理解。

（一）惠施"小同异"和韩非"道理稽"思想的启示

关于文化的可否公度问题，古代中国哲人的思想给我很大启发。

战国时代的惠施在著名的"历物十事"中就曾指出："大同而与小同异，此之谓小同异；万物毕同毕异，此之谓大同异。"[①]什么是"同"？《说文》："同，合会也。"段注："口皆在所覆之下，是同之意也。"[②]正因为"同"有"合会"之义，因而有"和""共""齐""等""皆""通"等近义词。可见，说"同"是"共性"（universal）比说是"等同"（the same, the similar, the likeness）要更根本些，因为决定"同"具有这些含义的应该是某种共同属性。那么什么是"异"呢？《说文》："异，分也。从草畀。畀，予也。""畀"即双手捧物之象。段玉裁云：

---

① 郭庆藩：《庄子集释·天下》，《诸子集成》第3册，上海：上海书店出版社，1986年版，第476页。
② 段玉裁：《说文解字注》，上海：上海古籍出版社，1988年版，第353页。

"竦手而予人则离异矣。"[1]准此,"同"是相合,"异"是相分。事物具有共性而合会;不具有共性而分离。俗语说"物以类聚,人以群分",所以聚合者其实就是分别;反之亦然。道理不难理解。具有共性的事物在量上总有其限度,这个限度既成就了分别,从而也就成就了聚合,"同"和"异"是相反相成的。所谓"大同",就应该是相对较大范围的"同";所谓"小同"就应该是相对较小范围的"同"。"大同"与"小同"相分,就叫作"小同异",这不恰恰是说事物的"同"是有不同层级的吗?"同"包含着事物的共有属性,就思维上的作用而言,相当于概念。具体的事物是有"大同"和"小同"的分别的,"大同"对"小同"具有包涵的关系,"小同"对"大同"具有归属的关系,就像大概念、小概念或种概念(genus)、属概念(species)的关系。如果我们可以把"同"当作若干事物的"共有框架",那就是说,所谓"共有框架"也是有不同层级的,也就是有大小的不同。准此,两个以上事物在某个层级上没有"共有框架",不等于在其他层级上也没有"共有框架";在某个层级上不可公度,不等于在其他层级上也不可公度。任何事物都会因为在某个层级上有"共有框架"而可以公度,哪怕是最小公约数;也会因为在某个层级上没有"共有框架"而不可公度。具体事物就处在可公度与不可公度的矛盾之间,就像"同"和"异"所具有的相反相成的关系一样。如果只有单纯的、唯一的、绝对意义上的同,或者只有单纯的、唯一的、绝对意义上的异,那就会像朱新民所说的,有些事物有"共有框

---

[1] 段玉裁:《说文解字注》,第105页。

架",所以是可公度的,有些事物没有"共有框架",所以是不可公度的。某些事物只有同,而另一些事物只有异,这听起来与惠施所说的"毕同毕异"有相似之处。若所有事物只有相合,那就是"毕同",它们的内涵就是○,外延是它们全体;若所有事物只有相分,那就是"毕异",每物的内涵只能是自己,外延同样是自己,结果就变成了所有物的内涵是相同的,这同样相当于○,而外延也就成了它们全体。这样,"毕异"就成了"毕同","毕同"也就是"毕异",都是纯粹的、没有任何规定性的"存在"(Being),用康德的说法,那就是不可知的"物自体"了。在"物自体"中谈论可否公度,那应该属于acommensurability,即无关乎可否公度问题,是毫无意义的了。

比惠施略晚,韩非在老子道论的基础上,发展出道理论,对于回答可否公度性问题具有同样的意义。韩非认为,在现象世界里,"道"是事物的普遍法则或总体本质;"理"则是具体事物的具体本质。"道"和"理"之间具有"稽"的关系,"道"强调合同,涵括所有的"理";"理"突出分别,把"道"表现在具体之物中。凡物存在皆有其"道",具体之物则各有其"理"。可见,"道""理"具有同一关系,两者是共存的,又是相互转换的,"道"可以叫作"大理","理"其实就是小"道"。凡具体之物都是"道"和"理"的统一[①],即都处在种属层级关系之中。

[①] 参见《韩非子·解老》;另见蒋重跃:《道的生成属性及其本体化发展——先秦道论初探》,《南京大学学报》2012年第4期;蒋重跃:《古代中国关于事物本体的发现——"稽"字的哲学之旅》,《南京大学学报》2013年第4期。

由此可见，惠施所说的"小同异"、韩非的"道理稽"，是古代中国哲人在概念的意义上认识现象世界的基本方法，这个成果有助于我们理解事物的可否公度问题。

（二）黑格尔关于个体性普遍性特殊性思想的理论指导意义

以上，我们从古代中国哲人的思想中看到了现象世界具有可公度性与不可公度性相统一的特点，也就是概念（"大同""小同""道""理"）合乎规则地在不同层级上转换的机制。这种情况在黑格尔那里同样得到了阐述。黑格尔关于个体性具有特殊性和普遍性相统一的观点有异曲同工的效果。

我们都知道普遍性（Allgemeinheit，英译the universal, universality）须寓于特殊性（Besonderheit, the particular, particularity）的道理。但是，只说普遍性与特殊性的统一，对于我这个历史工作者来说还嫌过于玄虚，不切实际。好在黑格尔有"个体性"（Einzelnheit, the individual, individuality）一词，他通过"个体性"，把个体事物提升到普遍性的高度上来，可以帮助我们更好地理解普遍与特殊的辩证关系，理解这个道理对于解决文化不可公度性问题的意义。

《小逻辑》的"概念论"中有这样一些段落，很值得玩味：

第164节：

概念是完全具体的东西。因为概念同它自身的否定的统一，作为自在自为的特定存在，这就是个体性，构成它（概念）的自身联系和普遍性。

"个体性"作为概念,具有"自身否定的统一",也就是概念的普遍性。

第164节的[说明]:

> 普遍性、特殊性、个体性,抽象地看来,也就相同于同、异和根据。但普遍性乃是自身同一的东西,不过须明白了解为,在普遍性里同时复包含有特殊的和个体的东西在内。再则,特殊的东西即是相异的东西或规定性,不过须了解为,它是自身普遍的并且是作为个体的东西。同样,个体事物也须了解为主体或基础,它包含有种和类于其自身,并且本身就是实体性的存在。这就表明了概念的各环节有其异中之同,有其差别中的确立的不可分离性(160节)。

"个体性"包含着种和类于其自身,那就是"普遍性"和"特殊性","普遍性"就包含着"特殊性",两者是统一的。

第167节:

> ……一切事物都是个体的,而个体事物又是具有普遍性或内在本性于其自身的;或者说是,个体化的普遍性。在这种个体化的普遍性中,普遍性与个体性是区别开了的,但同时又是同一的。

"个体性"与"普遍性"是同一的("普遍性"必然包含着"特殊性")。

第177节[附释]:

类是种的全体，种的全体就是类。这种普遍与特殊的统一就是概念。

"类"与"种"的关系就是普遍与特殊相统一的关系，这就是概念的内涵。

第181节［说明］：

现实事物乃是个体事物，个体事物通过特殊性提高其自身为普遍性，并且使自身与自身同一。

"个体事物"通过"特殊性"把自身提升为"普遍性"。

第181节［附释］：

在必然判断里，我们有一个体事物，通过它的特殊性，使它与它的普遍性即概念联系起来。在这里，特殊性表现为个体性与普遍性之间起中介作用的中项。这就是推论的基本形式。这种推论的进一步发展，就形式看来，即在于个体性和普遍性也可以取得这种中介的地位，这样一来，便形成了由主观性到客观性的过渡。

"个体性"因"特殊性"这个"中介"而与"普遍性"联系起来，成为"概念"。

第189节：

个体性同时可以被规定为普遍性。这种的中项便发展出反思的推论。[1]

总括起来，按照黑格尔的理解，普遍性说的是同，共相；特殊性说的是异，殊相；两者具有种和属的关系，即普遍性由特殊性构成；特殊性包含普遍性在自身内，又直接表现为个体性，所以被称为在普遍性和个体性之间起中介作用的中项，普遍性与特殊性两者统一于个体性。正是在这个意义上，黑格尔把个体性理解为概念（begriff，英译notion），它是普遍性和特殊性的合题或根据。这样就可以说，任何事物个体都以个体性的地位包含着普遍性和特殊性的统一在自身内。认识事物，就是在类和种的统一关系中来把握，也就是在概念的种和属的关系中来把握。

个体性（individuality）这个词来自拉丁文individuum，是希腊文ἄτομος（英译uncut, unmown，不可切割、不可分割）的翻译[2]。个体性所内含的特殊性和普遍性是可以转换的。从形式逻辑上说，在某个特定种属关系的范畴内，属（species，惠施所谓的"小同"）的确是不可分的，但这种不可分性是相对而言的，就是作为这个属的某个分子的个体性。可是超出这个范畴，又会发现，原来的属其实可以转变为包含若干下一个层级的属的种（genus，惠施

---

[1] 黑格尔：《小逻辑》，贺麟译，北京：商务印书馆，1982年版，第334、334—335、340、353、356、356—357、366页。
[2] 尼古拉斯·布宁、余纪元：《西方哲学英汉对照辞典》，第493页。希腊文注释见Henry George Liddell, Robert Scott, *A Greek-English Lexicon*, Clarendon Press, 1996, p.271.

所谓的"大同",韩非所谓的"道"),这个种毫无疑问是由属构成的。这样,它作为属时的个体性就成了这些构成自己的多个下级的属所共有的属性,即共性或普遍性(universality)了。其实,不论种属都可以是"物以类聚"的,关键看在哪个范畴内,而类形成的基础就在于诸多个别所分享的共性。相对于同类的个别来说,类属性就是它们的共性或曰普遍性了。

普遍性与特殊性(或种与属或"大同"与"小同")可以转换的情况对于理解事物可否公度问题同样具有重要的意义。具体地说,就是根据概念种属关系的变化来理解事物的可否公度问题。

四、余论:几个细节问题的说明

以上我们对不可公度性问题作了理论性的说明,现在,试对库恩和朱新民的若干具体观点略做分析,以申明本文的主旨。

(一)从发展方式上说:究竟是"替代"还是"扬弃"和"损益"?

托马斯·库恩的以下观点在当下的中国比较流行,即,科学革命前后,科学家对待世界的态度是完全不同的两个范式,其间是不可通约的[1]。或者说,同一文化内部前后不同的两种科学"范式"之间具有不可公度性。我觉得,用这个词作科学革命前后

---

[1] 托马斯·库恩:《科学革命的结构》,第95页。这是20世纪60年代的观点,到了80年代,库恩的观点有所调整,承认事物之间有部分的可公度性。

科学家世界观视觉格式塔式变换的譬喻是不恰当的。原其本义，incommensurability说的不仅仅是诸物之间不相等，而是说诸物之间没有用相同标准衡量的可能性。例如，5、10、35这三个数是不相等的，但却可以公度，因为它们拥有共同的除数（即公约数）5，从而可以得到整数的除商1、2和7，正因如此，我们说它们之间具有可公度性。按照这个道理，托勒密体系和哥白尼体系看起来不同，从前者到后者可以说是发生了视觉格式塔式的转换，但两者之间有没有相同要素可以用同一标准衡量而结果又不损毁两者整体的基本属性呢？我想应该会有的。这样看来，两者之间虽然不同，但应该是可公度的。库恩认为，范式变革前后，科学家的世界观发生了视觉格式塔式的变革，革命前的鸭子革命后变成了兔子。我以为，这个比喻仍然不能说明范式的不可公度性。鸭子当然不是兔子，两者不可混同，这毫无疑问是对的。可是，鸭子和兔子就一定不可公度么？按照可否公度概念的本义，鸭子和兔子虽然不同，但都属于动物，它们分享着作为动物的某些共有属性，这些共有属性可以用来衡量和比较鸭子和兔子在某个范畴内的差异，由此可见，鸭子和兔子显然是可以公度的。库恩借用"不可公度性"（incommensurability）这个概念来比喻科学革命前后两个范式之间具有不可混同、不可替换的关系，就是不恰当的了。

库恩在阐述不可公度性观点时使用的"范式""世界观""鸭子""兔子"等词汇似乎不具有概念意义上的理论性，而incommensurability却恰恰是一个数学概念，严格的含义是清晰的。说科学家的"范式""世界观"以及"鸭子"和"兔子"完全不同，一个替换另一个，不可混淆，这在感觉的意义上，在修辞上，未尝不可；可是在概念意义上，则显得有些轻佻，或过于随意了。因此，用含义清晰的数学概念"不可公度性"来表现科学革命先后科学家世界观"完全不同"的变化，很可能会造成思想的混乱。

替库恩着想，假如一定要用"不可公度性"这个概念，那就应该透过感觉和形象，深入事物的内在结构，看看那些"范式""世界观"以及"鸭子"和"兔子"等是否具有可用以衡量的共同标准。

让我们再回到黑格尔。黑格尔以哲学史为例来说明自己的观点。他相信每一个有资格称作哲学的体系都是以理念为内容的，因而都是表示理念发展的一个特殊阶段或特殊环节，所以，"在哲学史上，逻辑理念的不同阶段是以前后相继的不同的哲学体系的姿态而出现，其中每一个体系皆基于对绝对的一个特殊的界说"；"故早期的哲学体系与后来的哲学体系的关系，大体上相当于前阶段的逻辑理念与后阶段的逻辑理念的关系，这就是说，早期的体系被后来的体系所扬弃，并被包括在自身之内"[①]。凡是历史上哲学体系被推翻，其实说的都是被扬弃。而所谓扬弃（Aufheben），就是有吸收，有舍弃[②]。

黑格尔说的是哲学体系的发展，在古代中国，孔子曾就文化整体的发展问题谈过自己的看法。"子张问：'十世可知也？'子曰：'殷因于夏礼，所损益，可知也；周因于殷礼，所损益，可知

---

① 黑格尔：《小逻辑》，第190页。
② 黑格尔：《小逻辑》，第191页。

也。其或继周者，虽百世可知也'"（《论语·为政》）[1]。在孔子看来，文化的发展是以"损"和"益"的方式进行的，"损"就是革除，"益"就是发扬，他认为夏、商、周三代都是以"损益"的方式发展着自己的文化，即使未来"百世"，这种方式也仍然要延续下去。这种"损益"的观点，实在是辩证发展观在古代东方的杰出先驱或精彩预演。

由此可见，所谓扬弃，所谓损益，说的都是不同发展阶段上的哲学和文化是可以有继承关系的，有继承就说明有相同的东西，因而也就有可以通约的内容。从感觉和形象的意义上，科学革命的样式或许如托马斯·库恩所说，是完全不同的科学家世界观"范式"一个替代另一个的过程，对此我没有研究，不好详论，但黑格尔的哲学扬弃说和孔子的文化损益说与大量的哲学和文化发展的经验事实相一致，是可以肯定的。

（二）从理论上说："是否相等"还是"是否有共同标准"？

"共性"或"普遍性"（universality）并不简单地就是"相等"（the same）或"相似性"（likeness, similarity），它需要设定起来（postulated）才可作相等或相似性来用。也就是说，即使是相等或相似，也不会是两物完全的相同，而仅仅是两物在某种意义上或某范围内、某层次上、某侧面、某程度、某阶段的相等或相

---

[1] 朱熹：《论语集注》，见《四书章句集注》，北京：中华书局，1983年版，第59页。

似[1],如此而已。看似相等或相似的东西固然是有共性的,但那只是在某种意义上说的;其实,在同样的意义上,看似不同的东西也会有共性。例如,初看起来,有神论(theism)与无神论(atheism)不但是不同的,甚至是完全相反的。可是,如果把问题设定在排斥对方这一点上,两者就具有完全一致的属性了。这种完全一致几乎可以成为两者在某种意义上的本质属性。在历史研究中,不能因为从某一个角度看到某些历史现象是可公度的或不可共度的,就断定这些历史现象在任何意义上都是可公度的或不可公度的。我们要时刻想到判断时所设定的角度、范围、层次、程度、阶段及其限度。

与此相关,共性(universality)并不一般地排斥差异(difference)。共性说的是现象是否具有普遍性,或者说,某种现象是否必然地为某种(些)事物所共有,是者,当然就有共性了。某种差异有时也会为某些事物所共有,在这种情况下,共同拥有这种差异就成了这些事物的共性。比方,甲与乙在某方面有某种差异,乙与丙在相同方面也有相同或相似的差异,这种差异都是我们可以认识到的,那么,我们就会说,在甲和乙与乙和丙之间,这种差异的存在就具有普遍性,也就是某种意义上的共性。如果非要说共性就是相同,那么也只能说,这种差异设定在某种相同或相似的关系中时就成为了"同"。所以,当我们把共性当作"同"时,须知,这个"同"的内部是包含着差异的。也就是说,我们不能简单地用"同"来等同于"共性";"异"也可包含在"共性"这个概念之中。共性只有

---

[1] 黑格尔:"不要把真正的普遍性或共相与仅仅的共同之点混为一谈,实极其重要。"(《小逻辑》,第332页)"相等只是彼此不相同的,不同一的事物之间的同一。"(《小逻辑》,第253页)

在设定后才可叫作"同"①。

从黑格尔的观点看来，在可认知的具体事物中，"共有框架"总会存在的；而按照惠施的"大同""小同"、韩非的"道""理"的区分，"共有框架"就有大小的不同。初等数学中两数的公约数有时不止一个，而是多个。希腊城邦本来就有君主制，不管多少，"君主统治臣民被统治"的政治现象总是存在的；在中国的邦国时代，法律也不是吃素的，臣子援引习惯法与君主抗争并获得成功的故事也时有发生②，这种行事在古代中国的政治文化中也是受到赞扬的，与亚里士多德所谓习惯法比成文法更有权威、所涉及的事情也更加重要的思想是一致的③。生活在后代的人们往往容易根据自己的好恶来夸大或贬低古代某种传统的意义。其实，不论在希腊还是中国，法律实质上都是统治者实施统治和治理的一种手段或曰工具，只不过，相较而言，在希腊，它在思想观念和文化传统上被认为具有更强一些的独立性，而在中国，这种独立性相对要弱一些罢了，可这却改变不了它作为统治手段或工具的性质。从这个意义上说，古代希腊和古代中国的政治传统是可以公度的，因为他们共享了"事实上以法律为工具"的做法，因而才可以

---

① 上文提到，按照库恩的叙述，科学革命的结构显示了范式、概念网络和学科基质的不可公度性，可是如果每一次科学革命都是不可公度的，而且这种不可公度性还有相同的方式、相同的步骤、相同的阶段，那么，所谓科学革命的结构就应该具有普遍性，也就是说应该具有可公度性了。所以，论证范式等不可公度的结果，却反倒说明科学革命的可公度性，岂不是悖论？
② 《左传》昭公七年芊尹无宇对楚灵王。见阮元校刻：《十三经注疏》下册，北京：中华书局，1980年版，第2047—2048页。
③ 亚里士多德：《政治学》1287b5-6，见颜一、秦典华译本，北京：中国人民大学出版社，2003年版，第111页。

用这同一个"框架"来衡量其异同。可是如果只站在某一个角度和层次,就很难找到共有框架,反倒更容易看到具有不可公度性的情况了。如果承认某个所谓共有框架之上还有更大的框架,之下还有更小的框架,其中某一个框架不过是种属关系中某一层级的概念;如果还能承认某物的其他方面与某个共有框架同时存在着别的共有框架,那就会发现,任何具体事物(即如朱新民所谓的"偶然性事物")都是既可公度,又不可公度的,关键要看站在什么角度、什么方面,以及哪个层次上,不能把自己看到或希望看到的某一个方面某一个层次上的框架当作唯一的、绝对的、永恒的标准,这就是问题的根本所在[1]。

从康德以来,许多哲学家相信,现象世界中的"范畴",其实是人类为自然界"颁布"的"法则"[2]。要想认识现象世界,特别是要想从本质上认识现象世界,那就一定要根据范畴和概念的规则来进行。如果以为仅仅凭着我们的感觉,仅仅凭着我们的一厢情愿,不顾范畴和概念规则,随意抓住一些"现实世界"中的材料,就做"可公度"或"不可公度"的判断,那是很危险的。文化也在现象世界中,也需要颁布法则。研究、判断文化之间可否公度,就是在为文化现象创制和颁布法则,就应该遵守创制和颁布法则本身所要求的学术和理论规则。

---

[1] 2015年12月26日,刘家和先生在"中外古史比较研究的理论与实践学术研讨会"上做了题为《历史的比较研究与不可公度性问题》的发言,对概念的种属关系、层次、运行、可否公度、比较研究等问题做了系统阐释,对笔者具有重要的指导和启发意义。

[2] 康德:《纯粹理性批判》,邓晓芒译,杨祖陶校,北京:人民出版社,2004年版,第106、109页。

资料篇

齐国道论纲要

齐学以《管子》为代表，是一个博大完整的思想体系。然而，它的核心是什么？它统一于什么？这是个有争论的问题。我认为，齐学的核心在于"道"。以下从四个方面概述齐国道论的基本面貌。谨请批评指正。

一、道论的形而上学——德

齐学的道包含方向相反的两个逻辑趋势。向形而上延伸的一翼，就是"道德论"，它源自道家鼻祖老子。就单个范畴而论，"道德论"的重心并未落在道上面，而在于德，德制约着道。这一点首先可以从文献上直接感知到。1973年长沙马王堆三号汉墓出土的帛书《老子》甲乙本都是《德经》在前，《道经》在后；《韩非子》中的《解老》《喻老》也基本上是按照《德经》前、《道经》后的顺序展开的。这说明，在黄老之学大兴的时代，人们对德的关注要超过道。这种现象值得深思。

深入一步，从内部逻辑上分析，同样可以看出德代表着道论的形而上学。

齐国道论得以充分阐述的作品是《管子》中的《心术》《内业》等篇。据学者考证，这几篇约成于战国中期前后，早于孟子，略当齐国桓、威时代。其时，桓、威两代君主"高祖黄帝，迩嗣桓文"（《陈侯因资敦铭》），积极开展整饬吏治为主要任务的变法革新运动；著名改革家邹忌接连出任国相，广纳人才，筹划改革方略；国家在首都设立稷下学宫，招徕四方学者，不治而议论，为政治改革献计献策。凡此种种，都说明齐国地区文化所孕育的思想内核业已成熟，德论正是这场社会变革的必然结果。

齐国的学者们改造了老子的"道"，把表现"无为""虚静"和"柔弱"的"无物之象"的道重新界说为具有同样品格的"气"以及它的高级形态"精"，并指出它不仅是宇宙的本原，也是生命乃至智慧的源泉，所以有时又叫作"神"或曰"精神"。这种无形的物体尽管不同于老子那种无形的空虚，却同样是德的前提和对象。《管子》明确指出："德者，得也。"也就是获得。获得什么？当然是道。"无为之谓道，舍之之谓德，故道之与德无间。"（《管子·心术上》，以下凡引《管子》，只注篇名）精气的自然状态（无为）叫作道，一旦停留并聚集在某一处（舍之）便称为德了。就质地而言，道和德本为一回事，二者并无区别。但在道家看来，精气的自然状态没有多大意义，而德却不然，它一旦为人所摄取，进驻"心舍"，不仅会使人"理蒸毛泄，胸中无败"，"皮肤裕宽，耳目聪明，筋信而骨强"（《管子集校·内业》），而且还可以使人"抟气如神"，"精之所舍，而知之所生"，"昭知天下，通于四极"（《内业》《心术下》）。因此，研究与人密切相关的德自然要比探索缥缈不定的道实际得多。

在深入的讨论中，齐国"道德"学说又把老子的"积德"和"啬"的理论发展而为"正形摄德"的命题。它要求从"四体既正，血气既定"入手，运用"虚壹而静"的功夫，遵循"无以物乱官，毋以官乱心"的严格规范，把意念完全集聚于"抟气如神"的目标上，从而完成"内德"或者"中德"的修养任务。这种方法，齐人自称"心术""内业"，荀子叫它"治气养心（或"治气养生"）之术"（《荀子·修身》），颇中肯綮。

齐国的"道德论"是为桓、威时的政治改革服务的，因而当时的"谨修法律而督奸吏"（《史记·田敬仲完世家》）的政治功利目标制约着它的发展，这就是为什么它既来自老子，又发展了老子，最终又与老子分道扬镳的直接契机。齐学突破了"内德"或"中德"等"闭门修养"的局限，公开声明"洁其宫（心），开其门（耳目之官）"，面向实际政治，"诘形以形，以形侔名"（《管子集校·心术上》），这样的德论必然成为"督言正名"的形名之学的心术基础。

二、关于心术或内业的意义

《管子》有《心术》《内业》等篇，阐述德的具体方法，也就是研究如何做到"治气养心",可见,它属于形而上学的"道德论"范畴。然而对于它们的意义,却存在不少误解,许多同志把它们完全当作一种认识论或"思维术"来理解。事实到底怎么样呢?还是让我们对心术或内业的内容做一番实际的探索,以求得出公正的结论。

《心术上》明确指出:"心术者,无为而制窍者也。"为了达到"无为"的境界,又提出了"静因之道"的命题,主张以"虚壹而静"的修养方法来实现"静因之道",认为只有这样做,才会"无以物乱官,毋以官乱心",从而达到"内德"的目标,完成德的使命(见《心术上》《心术下》)。《内业》所强调的仍然是一个"静"字,它追求"形正""中静",正是"无为而治窍"的另一种表述,它提出"正形摄德"的命题,使用更为准确的语言来论述德的具体方法。由此可见,仅就目的而论,便可看出心术或内业根本不是为了论证思维的方法而设,更不是探究认识的本质及其过程的学说。

从功用的方面而言,心术或内业的意义又大致可具体分为以下几个层次。

其一曰强心健体的养生学意义。古代医家认为,"心"为五脏六腑之主,或曰人体生命活动的主宰。其功能在于主神志和血脉。心气受损,可直接影响到血脉运行,导致情绪不安、思维混乱,严重者可威胁到整个生命有机体。这些均已为现代医学所证实。例如,心脏病患者常常伴有情绪烦躁、神经衰弱、甚至严重的神经官能症等病症;反之,神经病患者也经常会感到心虚、心悸、心律不规则等。对于这种症状的原因,《内业》指出:"凡心之形,自充自盈，自生自成，其所以失之，必以忧乐喜怒欲利，能去忧乐喜怒欲利，心乃反济。彼心之情，利安以宁，勿烦勿乱，和乃自成。"不论从经验上，还是从现代病理学、诊断学上来看，这种认识都是正确的。《心术》或《内业》所提出的"虚壹而静"和"正形摄德"的方法，恰恰是为了排除"忧乐喜怒欲利"干扰，而达于安宁和合的真境，最终获得强心健体、长生久视的功效。此外，《心术》和《内业》还对行气、饮食等养生方法进行了详细解说，学者多有论证，此不赘述。

其二曰养待直觉的心理学意义。由于目的论的制约，心术或内业的逻辑发展只可能是反认识的、反思维的。齐国学者们承认知识是思考的结果，说过"思然后知"（《心术下》），"思索生知"（《内业》）的话，但他们却更深刻地认识到矛盾的另一方面，即思索对知识的否定意义，这是他们比同时代其他学派高明的地方。他们认识到："思索精者明益衰"（《白心》），"凡心之形，过知失生"（《内业》。《心术下》作"过知失主"，疑为"失生"之误）。他们对思索的这一缺点又进行了深入的分析，认为遇到问题便全神贯注、苦思冥想，这不是良好的习惯，一个人总是处于这样的紧张状态，"思之而不舍"，那么迟早会"内困外薄"，心力交瘁，如果"不早为图，生将巽舍"（《内业》），生命都要毁灭，哪里还会生出智慧来！《心术》《内业》的作者们极力劝诫世人：理性的思考是有限的，它只追求具体的真理，对深奥玄妙的事物本体却无能为力，而且总是损害长久的人生，德却可弥补它的不足。在他们看来，"思之思之，又重思之，思之而不通，鬼神将通之，非鬼神之力也，精气之极也"（《内业》）。思考是有限的，思之不通的时候,只有靠德来通之,德也就是心术或内业,即排除私欲杂念和理性思考,使心田像镜一样明亮,水一样清净,气一样空虚,这样的心舍必定精气充盈、生机勃勃,直觉或灵感也会自然涌现出来。

其三曰工于权谋的政治意义。《心术》主张"因任无为""静以待时",反对任意发挥主观能动性,认为"过在自用,罪在变化"(《心术上》),作为君主,更忌率意妄为,要学会"舍己而以物为法",要"感而后应",要做到"物至则应,过则舍矣",任凭眼前事物纷繁复杂,我自"处虚守静"。这样才能做到"人言善,亦勿听,人言恶,亦勿听,持而待之,空然勿两之,淑然自清。无以旁言为事成,察而征之无听辩,万物归之,美恶乃自见"(《白心》)。就是说,人君不要轻信人言,避免被别人的好恶所左右,要空虚自持,以我为本,察验事实,这样,臣下的美恶便会自然显现出来。这是一种统治术,在《心术上》被概括为"形名因应之术",成为战国术家的理论依据。《心术上》指出:"物固有形,形固有名,此言(名)不得过实(形),实不得延名。诘形以形,以形侔名,督言正名,故曰圣人。"形即实,指臣下的职事、行为;名也称为言,指臣下的言论、名位。督言以求正名,即要求臣下必须做到言行的绝对一致、职事绝对相符,既不延名(超越职权),又不过实(不称职),来不得半点差错。《心术上》又从君主的角度探讨了如何处理形名关系的问题。指出:"以其形因为之名,此因之术也";"执其名,侔其所以成,此应之道也"(《管子集校·心术上》)。人主一方面要根据臣下的能力或行为表现委以职务,这叫作因;另一方面,再根据他的职务、言论检核他的行为、政绩，这叫作应。应是形名之术的关键。它要求做到"其应物也若偶之"，"若影之象形，响之应声也"。这里用了"形影""声响""偶"这样形象的比喻，突出强调了"形名"必须一致，为"正名"学说做了绝妙的说明。《心术》作者确信，操这种心术，人主既不"自用"，又不"变化"，既不"定形"，又不"制名"，表面上不动声色，宁静淡泊，暗中却督言正名，结果即使不必主动出击，也可以达到优游从容、以逸待劳、以寡驭众的政治目的。这样看来，心术实是一种"君人南面之术"。汉人汲黯称"齐人多诈"（《史记·汲郑列传》），陈平自称"多阴谋"（《史记·陈丞相世家》），都说明作为黄老之学重要内容的心术如果运用于实际政治斗争，必然要表现为阴谋权诈之术。陈平宣称阴谋乃"道家之所禁"，实是欲盖弥彰！

综上所论，心术或内业都是德的具体方法，心术较内业的意义要宽泛一些，它已伸展到政治权术的领域。

三、道论的政治逻辑——理

齐国的道论在政治学说（广义的）领域里通过"理"这个逻辑范畴得以实现。理是田齐政治的理论基础。竹书《孙膑兵法》每每道理对举；今本《尹文子》载彭蒙之言曰："圣法者自理出也"（《尹文子·大道下》），可见，由道理而理法的思想与"道德论"约同时，至少在战国中期以前就已形成。

战国中期前后，齐国桓、威、宣、湣四代君主仿效"高祖黄帝"，"欲陶天下而以为一家"（《地数》），树立了"并周室而为天子"（《史记·田敬仲完世家》）的总目标。为了实现这个宏伟愿望，就必须筹划一系列具体的政治措施，认真研究客观环境和形势，总结历史经验教训，上升到哲学高度，就要求在"道德论"之外，必须同时树起另一个理论框架，以统驭具体的政治方略，这就是理这个范畴得以产生，道理论逐步形成体系的直接原因。

在我国古代，理本与法、刑含义相近，为掌禁令、狱讼和刑罚的官职，晋文公的循吏李离，《左传》作士离，士即李，也就是理，士师即理官，就是司法官，后世狱讼就称大理。古代循吏标榜"奉法循理"，说明理法已具有主客之别。齐学的贡献不在于推行理法，而是纳理入道，按着天人合一的模式，把道、理、法、礼、政连贯起来，从而加强了法治理论的客观性和适应性。

齐学所谓的道或理，都已经放射到自然界，标志着有形世界的法则、规律。所谓"道也者万物之要也"（《君臣上》），"形生理"（《幼官》），"阴阳者，天地之大理也"（《四时》）即是。可见，理已越出了刑法的范畴，与道一起成为客观法则。两者在本质上并无区别，只是道往往与常并列，成为普遍规律的代名词，而理则与数、度连称，代表着具体的事物法则，带有由天向人过渡的特征。《心术上》云："心之在体，君之位也。九窍之有职，官之分也。心处其道，九窍循理。"在作者看来，道与理是一种统摄关系，反过来说是一种隶属关系，犹如君臣一般，小道就是理，大理就是道。这种道、理、法一体的思想必然为政治上的开放包容提供了理论上的可能性。《管子》云："别交正分之谓理，顺理而不失之谓道。"（《君臣上》）既要"别交正分"，又要顺理而合道，那么就要求齐国的统治者必须在"宪律制度必法道"（《法法》）的前提下，尽可能地吸收、容纳礼的内容，从而全面实现"名正分明则民不惑于道"（《君臣上》）。《管子》反复强调"政者，正也"（《立政》《正世》《法法》），与儒家的提法相吻合（见《论语·颜渊》），正是把传统的法理之学扩而大之，为齐国"王霸一体""文武并用""礼法相辅""刑德兼养"的政治方略奠定了哲学基础。《心术上》所谓"礼出乎义，义出乎理，理因乎道"，"法出乎权，权出乎道"（《管子集校·心术上》）正是这一理论成果的集中代表。

当然，在齐学那里，最根本的还是法，而这个法，由于在逻辑上天然地源于道理，所以不再是单纯的刑法，而是近乎一种自然法的客观法则，它既可以是一切现实法制（即所谓"实在法"）本身，又可成为礼制、道德规范甚至文化艺术的基础，即"所谓仁义礼乐者，皆出于法"。正是在这个意义上，齐学才宣称"法者天下之至道也"（《任法》）。不过，齐国的学者们认为，在实际生活中，法往往要君主制定（"生法者，君也"——《任法》），因此，以法为核心的上层建筑以及在它之上的意识形态包括文化艺术又统统成了表现君主意志的各种形式。这种狭隘的政治极权主义相对于周代宗法封建制度下的文化浪漫主义竟是一个巨大的退步，比起注重品德修养、并具有一定人本主义色彩的孔孟之道来，更显得粗野而狰狞，这种观点介乎法家和荀儒之间，历史证明它担负不起中华民族精神文明建设的重任。

此外，齐国的阴阳五行学说和兵学思想也都在道理的基础上，展开各自的体系，为齐国的现实政治服务。

四、德理统一与齐学体系的历史地位

在齐学中，德论和理论并非毫不相干的两个系统，而是以道为最高范畴而联系起来的一个整体。这种结合在《心术上》《幼官》《宙合》《五行》《七法》等篇中可以见到明显的证据。特别是《心术上》，它不但本于"道德"，论述"虚壹而静"的"静因之道"，而且兼论道理，为礼法结合的齐学主题打下了牢固的哲学基础，成为齐学由治气养心的内学伸向应时莅政的外学的集中代表，因而也就成了《管子》的核心之作。

用今天的标准来衡量，德理统一的体系当然存在不少无法克服的矛盾，例如，本原的道（即"道德"的道）何以与法则的道（即"道理"的道）合而为一？我想这是无须深究的。齐国君臣要建立一个体系，把内学（德）与外学（理）联络起来，这是当时齐国历史条件和文化背景下的必然结果，他们选择了"道"作为核心范畴，也受到了当时认识水平的限制，不存在什么神秘的原因，今人不必硬要为它寻找一个更为精致的哲学内因。如果非要说德理结合有什么必然联系不可，那么这种必然联系也只好说是田齐君臣的实用目的。看起来似乎不够雅致，可事实就是如此。约成于春秋战国之际的《中匡》记载桓公向管仲请教人君之道，管仲答道："道（导）血气以求长年、长心、长德，此为身也"；"远举贤人，慈爱百姓，外存亡国，继绝世，起诸孤，薄赋敛，轻刑罚，此为国之大礼也"。由此可见，"为身""为国"，这正是齐国学者探讨

"道德"和"道理"的直接契机。这最清楚不过地表明，齐国君臣是有意识地从哲学的高度联络内外，贯通德理，为实用目的服务的。

齐学《管子》是一个不可分割的整体。然而，由于学者们习惯了"六家"或"九流十家"的传统目录分类法，所以往往认为《管子》是什么诸子百家的"杂烩"，在体系上和历史地位上给予了不应有的轻视，致使战国到秦汉时代的这条重要思想线索总是若隐若现、扑朔迷离，这对全面客观地研究再现这段历史是极为不利的，对古齐文化的历史地位来说也是不公正的。我认为，如果从齐国道论入手，梳理德理结合的思想路数，就会发现，齐学《管子》完全是有体系的思想系统。不仅如此，它还有自己明确的历史地位。晋人葛洪曾经指出："夫道者，内以治心，外以为国。"这与《中匡》所谓的"为身""为国"竟完全一致！葛洪甚而直接指出："夫体道以匠物，宝德以长生者，黄老是也。"他说的这个黄老可不可以用来说明《管子》的学派特征呢？葛洪论黄老，谓其"包儒墨之善，总名法之要"，这正是司马谈《论六家之要指》中所盛赞的道家学派，而其所用"包""总"二字强调了黄老的自然优势，也比司马谈的"采""撮"更接近事实。（见《抱朴子·明本》）我们不能因为今天把葛洪及其《抱朴子》划归道教范畴，就不承认他所谓的黄老也包括汉代以前的道家学派。直到今日，没有哪一个道士不自称道家，不自认为黄帝老子的信徒。"家"和"教"的分别是近代以来的事。马王堆汉墓帛书《老子》乙本与帛书《黄帝四经》同书一帛，并非偶然。《老子》畅言道德，《黄帝四经》专论道理，所表现的正是黄老之学的思想内容，这与齐学的体系如出一辙。《史记》所载之学本黄老者，从慎到、田骈、接予、环渊、申韩，到河上、安期、乐氏、盖公、曹参等，都不离齐学的滋养，活动范围也多在齐国一带。由此可以肯定：以《心术》为核心的齐学《管子》不是别的，正是湮没近两千年的黄老之学，而齐国也就自然成了黄老之学的故乡。

试论道法两家历史观的异同

一、问题的提出

最近,刘家和先生提出了历史理性在古代中国产生和发展的问题,在中国哲学史和思想史的研究上,开创了一个新的领域。在这项研究中,他指出,历史理性在古代中国的发生大致经历了三个阶段,那就是殷周之际与周初的历史理性,名之曰"以人心为背景的历史理性的曙光";西周晚期至秦,"与人心疏离的历史理性的无情化";汉代,"天人合一的历史理性的有情有理化"。在这个发展过程的第二个阶段,道法两家思想构成了主要内容[①]。

不过,刘先生这篇文章的任务是阐述历史理性在古代中国发生的总体的辩证过程,每个阶段的具体情况,仍有进一步研究的余

---

① 刘家和:《论历史理性在古代中国的发生》,《史学理论研究》2003年第2期,第18—31页。

地。就第二阶段而言，由刘先生的思路，很自然地会引出以下问题：在历史的进程中，道法两家历史观的异同是如何发生的？有哪些具体表现和发展？这些表现和发展与它们在思想体系或道论上的异同是否一致？这是从历史发展和理论整体上全面认识和深入理解道法两家历史理性[①]的必然要求。

本文按照时间顺序分别对道法两家的主要代表老子、庄子和韩非子[②]展开讨论，在历史的过程和结构中体会道法两家历史思想的异同；然后，综合起来，对这些异同在道论上的根源进行分析和比较，以便理解它们的特点和理论深度。

二、老子对周代主流历史观中宗教和道德因素的否定

道家的历史理性是如何产生的呢？

[①] "历史理性"（historical reason）是本文的一个重要关键词，指历史的理性（the reason of history），即作为客观历史过程的所以然或道理及对历史过程的所以然或道理的探究。题目之所以用"历史观"一词，是为了强调，我们所要讨论的，不是客观历史过程的所以然或道理，而是道家和法家对历史过程的所以然或道理的认识。关于"理性"一词的考证，请参阅刘家和《论历史理性在古代中国的发生》，载《史学理论研究》2003年第2期。

[②] 依学术界多数同志的意见，我以为道家思想产生于春秋战国之际，《老子》的成书时间，由于近年发现了郭店楚简《老子》甲乙丙本，而大大提前，其主体部分写成于战国中期不成问题。《庄子》约成书于战国后期（参考张恒寿《庄子新探》，武汉：湖北人民出版社，1983年版）。法家思想出现于战国中期，《韩非子》成书于战国末年（可参考拙作《韩非子的政治思想》，北京：北京师范大学出版社，2000年版）。引用古籍皆为通行注本，并尽可能利用已有研究成果，《老子》以郭店楚简、马王堆汉墓帛书补通行本的不足。另，本文只讨论整体的学派思想，对其人其书及各篇写定时间，不做过细分辨。

据《诗》《书》所载，西周初年，武王、周公对周取代商的历史变局进行了深刻的反省，认识到，天命是无常的，它以民心为最终依归，只有敬德保民的人（王），才能获得天命，而有天下。王朝更迭之所以发生，就是因为上天从那些不恤民心，不敬厥德的统治者那里将天命收回，转交给另一些有德的人物。在这个观念中，历史变化（以王朝更替为代表）的决定因素已不再是单纯宗教性的上天，还有道德和民心，这是一种理性的觉醒。在这次觉醒中，历史理性（对"民心"的认识）与道德理性（对"敬德"的认识）是合一的，历史变化与道德状况的变化相一致，表示了中国古代历史观从原始宗教向天人合一的理性天命论的转变。不过，决定历史变化的仍然是上天；德是上天做出判断的凭据，位居其次；保民只是敬德的一项内容。与天和德比起来，民的力量和作用仍然十分有限。这说明，此时的历史理性是非常微弱的，尚不能直接呈现出来。

从西周后期到东周，原有统治秩序被打破，社会矛盾加深。可尽管如此，仍未见天命转移的迹象，于是人们逐渐失去耐心，《诗经》"变风""变雅"中的许多篇章表现了怨天尤人的情绪，《左传》也有许多类似的材料。对西周天命论的怀疑几乎成为一种时尚。

春秋战国之际，老子擒住周代天命论的要害，率先在理论上把普遍的怀疑，推向彻底的否定。

西周以来的历史观是建立在天命论之上的，认为，天是仁慈的，它会福善祸淫，施于有德，罚于有祸。对此，老子却公开提出：

> 天地不仁，以万物为刍狗，圣人不仁，以百姓为刍狗。①

天地原本就无所谓仁慈，在它面前，万物相同，没有哪个会受到特殊关照；圣人效法天地，当然无须对百姓施以仁慈。

天地为什么会没有道德品格呢？老子指出：

> 有物混成，先天地生。寂兮寥兮，独立而不改，周行而不殆，可以为天地母。吾不知其名，字之曰道，强为之名曰大，大曰逝，逝曰远，远曰反。故道大，天大，地大，王亦大。域中有四大，而王居其一焉。人法地，地法天，天法道，道法自然。②

原来，天之有道德性，是由于它的宗教品格，即它的终极性和人格性。可在老子看来，天地远不具有终极性，更不具有人格性，在它之前或之上，还有更为永恒广大和冷漠自然的道，天只是国中的四大之一，而且还要以道为自己的法则，而道却不过是无边的混沌和无知的自然。老子肯定了道的终极性和自然性，否定了天的终极性和人格性，这就替历史理性的直接呈现和独立发展打开了一个突破口。

---

① 王弼：《老子道德经》，《诸子集成》第3册，上海：上海书店出版社，1986年版，5章，第3页。
② 《老子》25章，根据帛书本校改，见高明撰《帛书老子校注》，中华书局1996年版，第348—353页。《老子》还有道"似万物之宗""象帝之先"（4章，上海书店出版社《诸子集成》本，1986年版，第3页），"天地根"（6章，上海书店出版社《诸子集成》本，第4页），"朴虽小，天地莫能臣"（今本32章，根据楚简校改，见荆门市博物馆编《郭店楚墓竹简·老子甲》，北京：文物出版社，1998年版，第112页。）等表述，皆谓道为天地之先，为万物之原，与此段引文意义相当。

过去，人们承认历史变化（以王朝更替为代表），认为天命有德是这种变化的最终根据。按照这个逻辑，历史的前进与道德的进步应该是一致的。现在，老子却揭露了相反的现实：

> 大道废，有仁义。慧智出，有大伪。六亲不和，有孝慈。国家昏乱，有忠臣。①

仁义、大伪、孝慈、忠臣，这些都是文明时代的成果，老子却从中看到大道废弃、国家昏乱的衰退现象，也就是说，从历史前进中看到它的退步。面对历史的这个矛盾，老子会做出怎样的选择呢？

> 绝圣弃智，民利百倍。绝仁弃义，民复孝慈。绝巧弃利，盗贼无有。②

弃绝圣智、仁义、巧利这些文明成果，回复淳朴、真诚、安宁的自然状态，这就是老子的回答。老子描绘的"小国寡民"的理想社会图画，更生动地表达了这个态度。

不过，在《老子》中又有某些主张是为"侯王""取天

---

① 王弼：《老子道德经》，《诸子集成》第3册，第18章，第10页。
② 《老子》，上海：上海书店出版社，《诸子集成》19章，1986年版，第10页。按楚简《老子甲》则作："绝智弃辩，民利百倍。绝巧弃利，盗贼亡有。绝伪弃虑，民复孝慈。"（见《郭店楚墓竹简》第111页，文物出版社1998年版）其中无"圣""仁义"之语，而且更突出知识和智慧的副作用，在时间上可能更早。

下""治大国""以御今之有"所用的，可以肯定，这些主张不是小国寡民的社会所需要的，这说明老子对历史进步的否定还是有一定保留的。

三、庄子对"性""命"的思考及其历史观的内在矛盾

在今本《庄子》中，有所谓"至德之世"的论述[1]，系对老子的历史衰退论的继承和发展。除此之外，在道家历史理性的其他方面，庄子是否还有更大的发展或突破呢？这就要看他能否提出新的概念，能否开拓新的领域。庄子在论述"至德之世"时，使用了"性情"两个字[2]，值得注意。何谓"性"？《庄子》云："性者，生之质也。"[3]质与文相对，有朴实之义[4]。"夫子之问也，固不及质。"成玄英疏："质，实也。"[5]这里的质有事物的本质、实质、性质之义。何谓"情"？《庄子》云："吾未至乎事

---

[1] 见《马蹄》《胠箧》两篇。与此相近的描述，还见于《骈拇》《在宥》《天地》《天运》《盗跖》《缮性》诸篇，可见这是庄子思想中的重要内容。

[2] 郭庆藩：《庄子集释》，《诸子集成》第3册，上海：上海书店出版社，1986年版，《马蹄》，第151—152页。

[3] 郭庆藩：《庄子集释》，《诸子集成》第3册，上海：上海书店出版社，1986年版，《马蹄》，第352页。

[4] "子曰：'质胜文则野，文胜质则史。文质彬彬，然后君子。'"（《论语·雍也》，见刘宝楠《论语正义》，上海：上海书店出版社，《诸子集成》，1986年版，第125页）质与文相对，有粗鄙朴实之义，为野人的品德。按：野人，在西周春秋时期，为居住在城邦以外、未进于礼乐即没有公民身份的居民。

[5] 郭庆藩：《庄子集释》，《诸子集成》第3册，上海：上海书店出版社，1986年版，《知北游》，第327页。

之情",宣云:"未到行事实处","行事之情而忘其身",王先谦注:"情,实也。""传其常情,无传其溢言。"①"常情"与"溢言"相对,"情"即"实"。可见,性情即是朴实、本质、实质、性质。

与"性情"相关的,庄子还引入了"命"的概念。

> 受命于地,唯松柏独也在,冬夏青青。受命于天,唯舜独也正。②

郭象注:"夫松柏特禀自然之钟气,故能为众木之杰耳,非能为而得之也。""言特受自然之正气者至希也,下首则唯有松柏,上首则唯有圣人,故凡不正者皆来求正耳,若物皆有青全则无贵于松柏,人各自正则无羡于大圣而趣之。"按郭象的解释,这里的"命"即是自然之正气。松柏受地之正气,所以冬夏常青;舜受天之正气,所以为政之正者。再如:

> 仲尼曰:死生存亡,穷达贫富,贤与不肖毁誉,饥渴寒暑,是事之变,命之行也。③

---

① 王先谦:《庄子集解》,《诸子集成》第3册,上海:上海书店出版社,1986年版,《人间世》,第25页。
② 郭庆藩:《庄子集释》,《诸子集成》第3册,上海:上海书店出版社,1986年版,《德充符》,第88页。
③ 郭庆藩:《庄子集释》,《诸子集成》第3册,上海:上海书店出版社,1986年版,《德充符》,第96页。

这里的"命"与上面的略有不同，相当于事，它的存在方式（行）与"事之变"相当，当此变者，不仅有正面的，还包括反面的现象，不论是自然，还是社会现象，都是如此。

> 死生，命也，其有夜旦之常，天也。人之有所不得与，皆物之情也。①
>
> 吾思夫使我至此极者，而弗得也。父母岂欲吾贫哉？天无私覆，地无私载，天地岂私贫我哉？求其为之者而不得也，然而至此极者，命也夫！②

所谓命，就是天，就是性情，人不能参与其间，而且无能为力，不仅无能为力，甚至对它的所以然也是不可致诘的。这样的命，实际上就是某种不可抗拒的客观必然性。

《说文·口部》："命，使也，从口令。"段玉裁云："令者，发号也。君事也。非君而口使之，是亦令也。故曰：'命者，天之令也。'"③对臣而言，君之令，是不可抗拒的；对人而言，天之令，同样是不可抗拒的。庄子所说的命，即自然的性情，也就是天之令，当然也是不可抗拒的。

按照这个逻辑，历史的演进，是自然的性情，是自然的命，因此也是不可抗拒的。庄子是否认识到了这一层呢？请看下面这几段

---

① 郭庆藩：《庄子集释》，《诸子集成》第3册，上海：上海书店出版社，1986年版，《大宗师》，第108—109页。
② 郭庆藩：《庄子集释》，《诸子集成》第3册，上海：上海书店出版社，1986年版，《大宗师》，第129页。
③ 段玉裁：《说文解字注》，上海：上海古籍出版社，1988年版，第57页。

材料：

  （黄帝答北门成问音乐）……一死一生，一偾一起，所常无穷。……变化齐一，不主故常。……或谓之死，或谓之生，或谓之实，或谓之荣，行流散徙，不主常声，世疑之，稽于圣人。圣也者，达于情节遂于命也……

  （师金答颜渊问孔子游卫能否见用）……夫水行莫如用舟，而陆行莫如用车，以舟之可行于水也，而求推之于陆，则没世不行寻常。古今非水陆与？周鲁非舟车与？今蕲（求）行周于鲁，是犹推舟于陆也。……故夫三皇五帝之礼义法度，不矜（美）于同，而矜于治。……故礼义法度者，应时而变者也。今取猨狙而衣以周公之服，彼必龁啮挽裂，尽去而后慊，观古今之异，犹猨狙之异乎周公也……

  （老聃答孔子问道）……唯循大变无所湮者，为能用之……

  （老聃答孔子问六经不用）……性不可易，命不可变，时不可止，道不可壅。[①]

庄子借黄帝、师金、老子之口，表达了这样的历史思想：性情和命贯穿人类社会的全部，也贯通历史过程的始终，变化就是性情，生是命，死亦是命，兴旺是命，衰败亦是命，万物变化，无所不是性情，无所不是命。人不能破坏万物之性情，不可抗拒万物之命，只能适应万物之性情，只能顺从万物之命，符合道家原则的圣

---

① 郭庆藩：《庄子集释》，《诸子集成》第3册，上海：上海书店出版社，1986年版，《天运》，第223—235页。

人就是"达于情而遂于命"的人。比如水行有舟,陆行有车,不能错位,古今不同就如同水陆不同,周鲁不同也犹如舟车不同。三皇五帝时代不同,不以治道相同为高,只以效果最好为尚。所以,礼义法度要"应时而变",不能拘泥。如果把周公时代的服饰穿在猿猴身上,后者一定会撕扯净尽而后甘心。古今之不同,犹如周公与猿猴的不同一样,不同阶段的人们,只有遵循变化的法则而不存滞碍,才能顺应时势。性命是不可改变的,时势是不可阻止的,道是不可壅塞的。这就是历史的必然性。

顺从历史的必然性,是不是庄子一贯的态度呢?今本《庄子》中有多处流露出这样的思想情绪。例如:"知其不可奈何,而安之若命,德之至也"①;"与世偕行而不替"②;"虚己以游世"③;"无誉无訾,一龙一蛇,与时俱化"④;"变化无常……以与世俗处"⑤;等等。这些略带自我嘲讽和调侃的言论,既表现了对历史必然性的深刻领悟,又表达了无可奈何的顺从,还显示了某种言不由衷的老于世故,如此复杂的历史感慨,已经不同于"至德之世"的缅怀,与老子"小国寡民"的历史倒退论相去更远。它表明,道

---

① 成玄英疏:"安心顺命,不非天理,自非至人玄德,孰能如兹也。"(《庄子集释·人间世》,上海书店出版社《诸子集成》本,1986年版,第71—72页)另一处作:"知不可奈何,而安之若命,唯有德者能之。"(《庄子集释·德充符》,上海:上海书店出版社,《诸子集成》,第90页)
② 郭庆藩:《庄子集释》,《诸子集成》第3册,上海:上海书店出版社,1986年版,《则阳》,第382页。
③ 郭庆藩:《庄子集释》,《诸子集成》第3册,上海:上海书店出版社,1986年版,《山木》,第296页。
④ 郭庆藩:《庄子集释》,《诸子集成》第3册,上海:上海书店出版社,1986年版,《天下》,第493页。
⑤ 郭庆藩:《庄子集释》,《诸子集成》第3册,上海:上海书店出版社,1986年版,《天下》,第474—475页。

家的历史理性已经远离天命论的宗教道德观而更加贴近现实了。

不过,庄子的历史观明显地存在着一个矛盾:一方面,在"至德之世",淳朴天真的生活是性情的自然呈现,圣人的所作所为是对性情的破坏;可是另一方面,破坏性情的历史倒退也是性情使然,圣人的所作所为也是出于性情。这不啻是说:人类的本性中原来就存在着矛盾的两个方面,用庄子的话说,就是无知、淳朴的性情和智慧、机巧的性情。按照这个逻辑,人类社会的进步是后者克服前者、战胜前者、否定前者的过程,是人类自身矛盾推动的必然结果。庄子对历史理性的认识,之所以引起我们作如此的思考,恰恰说明,它已深入到了人性的内部,揭示了人性的内在矛盾,是难能可贵的。

四、韩非子的纯粹历史理性的历史观

老子和庄子对"小国寡民"和"至德之世"心存幻想,这说明,他们的历史观里还没有剔净道德理性的"杂质",到了韩非,情况则完全不同了。韩非沿着道家前辈的思路不断改造,不断前进,终于从道德和宗教的双重羁绊中挣脱出来,在古代中国历史观从天人合一到纯粹理性[①]的转变中,起了关键的作用。

韩非这样描述历史演进的过程:

---

① 这里的"纯粹历史理性"是指不羼杂具体的宗教和道德因素的理性。

> 上古之世，人民少而禽兽众，人民不胜禽兽虫蛇，有圣人作，构木为巢，以避群害，而民说之，使王天下，号之曰有巢氏。民食果蓏蚌蛤，腥臊恶臭，而伤害腹胃，民多疾病，有圣人作，钻燧取火，以化腥臊，而民说之，使王天下，号之曰燧人氏。中古之世，天下大水，而鲧禹决渎。近古之世，桀纣暴乱，而汤武征伐。今有构木钻燧于夏后氏之世者，必为鲧禹笑矣。有决渎于殷周之世者，必为汤武笑矣。然则今有美尧舜汤武禹之道于当今之世者，必为新圣笑矣。[①]

历史是由"上古之世""中古之世""近古之世"和"当今之世"构成的，第一阶段以解决吃住问题为首要任务；第二阶段以解决水患问题为主要任务；第三阶段以消除暴政为主要任务。第四阶段自有与前三个阶段不同的问题要解决。不同的阶段有各自不同的问题，绝对不能相蹑。从以上描述可以看到，历史是人类文明进步的过程。决定这个过程的最根本的力量，不是上天和神灵，而是人民对生存条件的基本要求[②]。而且这四个阶段没有高下之分，每个阶段都有自己要解决的问题，在这一点上，四个阶段是相同的。

关于历史进步的原因，韩非是这样论证的：

> 古者丈夫不耕，草木之实足食也，妇人不织，禽兽之皮足

[①] 王先慎：《韩非子集解》，《诸子集成》第5册，上海：上海书店出版社，1986年版，《五蠹》，第339页。
[②] 任继愈说："他（韩非）看到了在历史中起作用的是人而不是神。"（任继愈主编：《中国哲学史》第1册，北京：人民出版社，1966年版，第240页）

衣也，不事力而养足，人民少而财有余，故民不争，是以厚赏不行，重罚不用，而民自治。今人有五子不为多，子又有五子，大父未死而有二十五孙，是以人民众而货财寡，事力劳而供养薄，故民争。虽倍赏累罚而不免于乱。①

接下来列举道：尧舜禹勤劳为民，禅让天下，无所获利；"今"之县令，身死之后，还要泽及子孙。这说明："古之易财，非仁也，财多也。今之争夺，非鄙也，财寡也。轻辞天子，非高也，势薄也；重争土橐，非下也，权重也。"②又列举周文王行仁义而王天下，徐偃王行仁义而丧其国等故事，说明"世异则事异"，"事异则备变"的道理。并得出结论："上古竞于道德，中世逐于智谋，当今争于气力。"③

韩非用人口和财富多寡的关系来说明历史的进步和道德衰退的客观原因，的确有异于常人的地方。在这种历史观中，虽然承认历史有倒退的一面，这显然是道家的影响，但却发现了决定道德水平的物质力量。据此，人们完全可以从利害关系上解释尧舜禹禅让的动机，戳穿上古美德的假面具；也可以从利害关系上理解后世的利禄追求，以为是适应时势潮流的合理之举。在这种观点之下，道德就不是一个恒定不变的概念，而是随着时代进步而改变的东西，不

---

① 王先慎：《韩非子集解》，《诸子集成》第5册，上海：上海书店出版社，1986年版，《五蠹》，第339—340页。
② 王先慎：《韩非子集解》，《诸子集成》第5册，上海：上海书店出版社，1986年版，《五蠹》，第340—341页。
③ 王先慎：《韩非子集解》，《诸子集成》第5册，上海：上海书店出版社，1986年版，《五蠹》，第341页。

同的时代便会有不同的道德，上古以"道德"为道德，中古以"智谋"为道德，"当今"以"气力"为道德。从这个角度看，以往的所谓历史"衰退"，竟可以是历史的进步！从这里，不但看不到传统宗教的踪迹，也看不到道德理性的影响，就连回归自然的幻想也彻底放弃了，剩下的，只有赤裸裸的欲望，这样的一种历史观，不是纯粹历史理性又是什么呢？

比较起来，韩非承认历史的进步，同时也在某种程度上承认历史有倒退的现象，这是道家历史观的影响。但是，与道家又有明确的区别：首先，对于历史的进步，他的态度是积极的、自觉的，既不同于老子的抵触甚至抗拒，也不同于庄子的无奈和顺从。其次，从人性论上看，韩非认为历史发展是直线式的，不论怎样划分阶段，历史都不会有实质性的逆转，因为每个阶段都是人的欲望决定的，这是他的性恶论在历史观上的表现，而老子的"小国寡民"和庄子的"至德之世"却是道德淳朴美好的理想阶段，此后，则是每况愈下的历史倒退。

此外，韩非也承认圣人在历史前进中的决定作用，这和道家是一致的。不同的是，他对圣人采取了歌颂的态度，这点与道家恰恰相反。道家把文明的发生看作是历史的逆转，是人性恶劣的一面由于圣人的诱导而泛滥的结果，因而对圣人采取了严厉批判的态度；法家也曾批评某些圣人，但不是因为他们诱发了人类恶劣的性情，而是因为他们做了不合时宜的事情。两家的趋向是颇为不同的。

总之，法家的历史观有纯粹历史理性的特征，把人看作是单纯满足欲望的动物，把社会看作是欲望的鼓励和压制相统一的人类群体，把历史看作是由欲望驱动的时间中的社会活动，这种简单化的做法，无法揭示社会的内在矛盾，这是他们的理论较之道家，特别是庄子，显得肤浅的地方。

五、道法两家历史观之异同与其道论的一致

以上通过文献资料的解释，对道家和法家的历史理性进行了挖掘和整理。不过，这种理解是否符合两家的本意？要回答这个问题，还必须对道法两家的道论重新梳理一番，看看与上面的理解是否一致。为什么要这样做呢？这是由道论在各家思想体系上的地位决定的。

我们知道，在中国古代，"道"这个字的本义指道路，可引申出途径、方式、方法、手段、技艺等意义，各家思想都把道作为某种现实的或理想的存在方式。道又可作言说理解，言者心之声，心者思虑之主，所以道又可作思想的代名词。道论——对道的理解，构成了对事物包括思想的现实的或理想的存在方式的认识，因而成为各家思想体系的核心内容。道论如何，往往决定着其他内容也应如何，对于成熟的理论来说，这种一致性是屡试不爽的。古人对此也早有所见："道同者，其事同；道异者，其事异。"[1]根据这个理解，也可以反过来说，一个思想体系的某项内容如何，必然会在它的道论上找到一致的根据；思想体系之间的异同，也必然会表现为道论的异同。如此看来，在道论上进一步比较道法两家的异同，

---

[1] 马王堆汉墓帛书整理小组：《经法·十大（六）经·五政》，北京：文物出版社，1976年版，第54页。

是判断我们对道法两家历史理性之异同的认识是否可靠的一个重要途径，也是衡量各自理论深度的一个重要标准。下面先让我们引述诸家的有关资料①，然后进行分析和比较。

关于《老子》的道，请看如下材料：

> 反者，道之动。……万天物下生于有，有生于无。②
> 道生一，一生二，二生三，三生万物。③
> 物壮则老，是谓不道，不道早已。④
> 道冲，而用之或不盈，渊兮，似万物之宗。……湛兮似或存，吾不知谁之子，象帝之先。⑤
> 谷神不死，是谓玄牝，玄牝之门，是谓天地根。⑥
> 生之畜之，生而不有，为而不恃，长而不宰，是谓玄德。⑦
> 玄德深矣，远矣，与物反矣。⑧

---

① 本节所引材料为论家常用，我只取其关于道论的基本意义，故不在文中做详细的解析和考证。
② 王弼：《老子道德经》，《诸子集成》第3册，上海：上海书店出版社，1986年版，40章，第25页。
③ 王弼：《老子道德经》，《诸子集成》第3册，上海：上海书店出版社，1986年版，42章，第26页。
④ 《老子》30章，上海：上海书店出版社，《诸子集成》，第17—18页。又见55章，同本，第34页，文作："物壮则老，谓之不道，不道早已。"
⑤ 王弼：《老子道德经》，《诸子集成》第3册，上海：上海书店出版社，1986年版，42章，第3页。
⑥ 王弼：《老子道德经》，《诸子集成》第3册，上海：上海书店出版社，1986年版，6章，第4页。
⑦ 王弼：《老子道德经》，《诸子集成》第3册，上海：上海书店出版社，1986年版，10章，第6页。
⑧ 王弼：《老子道德经》，《诸子集成》第3册，上海：上海书店出版社，1986年版，65章，第40页。

道在天地之先（所谓"万物之宗""象帝之先"是也），它产生万物（所谓"天下万物生于有，有生于无""道生一""玄牝""天地根"等是也），并与万物相反（所谓"反者道之动""物壮则老，是谓不道""与物反矣"等是也）。第一节中引述的《老子》（25章）那段话与此相同。可见，老子的道有本原性的意义。

关于庄子的道，请看下面两段话：

> 夫道，有情有信，无为无形。可传而不可受，可得而不可见。自本自根，未有天地，自古以固存。神鬼神帝，生天生地。在太极之先而不为高，在六极之下而不为深，先天地生而不为久，长于上古而不为老。狶韦氏得之，以挈天地；伏戏氏得之，以袭气母；维斗得之，终古不忒；日月得之，终古不息；勘坏得之，以袭昆仑；冯夷得之，以游大川；肩吾得之，以处大山；黄帝得之，以登云天；颛顼得之，以处玄宫；禺强得之，立乎北极；西王母得之，坐乎少广，莫知其始，莫知其终；彭祖得之，上及有虞，下及五伯；傅说得之，以相武丁，奄有天下。[1]

> 东郭子问于庄子曰："所谓道，恶乎在？"庄子曰："无所不在。"东郭子曰："期而后可。"庄子曰："在蝼蚁。"曰："何其下邪？"曰："在稊稗。"曰："何其愈下邪？"曰："在瓦甓。"曰："何其愈甚邪？"曰："在屎溺。"东郭子不

---

[1] 郭庆藩：《庄子集释》，《诸子集成》第3册，上海：上海书店出版社，1986年版，《大宗师》，第111—113页。

应。庄子曰："夫子之问也，固不及质。正获之问于监市履狶也，每下愈况，汝唯莫必，无乎逃物。至道若是。"①

两段虽都用譬喻，但其中的道所指不同，则是显而易见的。按前面那段话，道指万物的本原，而不是万物本身，因此与物是不同的，得到这样的道，或可以长生，或可以成仙，或可以为政。可是按后面那段话，道却指万物本身，而不是万物的本原，得到这样的道，未必能够成为超人。可以说，前者有本原性的意义；而后者则有普遇性的意义。至少在万物有没有本原、道与物是否相同这两点上，《庄子》关于道的论述是有矛盾的，这在《庄子》中还有许多例证②，看来并非偶然。

---

① 《庄子集释·知北游》，上海：上海书店出版社，《诸子集成》，第326—328页。"期而后可"，郭象注："欲令庄子指名所在。""正获之问于监市履狶也，每下愈况"，成玄英疏："正，官号也，则今之市令也。获，名也，监，市之魁也。"郭象注："狶，大豕也。夫监市之履豕，以知其肥瘦者，愈履其难肥之处，愈知豕肥之要。今问道之所在，而每况之于下贱，则明道之不逃于物也，必矣。"关于道无所不在，内篇也有线索："夫道未始有封。"郭象注："冥然无不在也。"成玄英疏："夫道无不在，所在皆无，荡然无际，有何封域也？"见《庄子集释·齐物论》，上海：上海书店出版社，《诸子集成》，第40页。

② 例如："道无终始，物有死生。"《（庄子集释·秋水》，上海：上海书店出版社，《诸子集成》，第259页）"有先天地生者，物邪？物物者非物，物出不得先物也，犹其有物也，犹其有物也，无已。"（《庄子集释·知北游》，同本，第332页）"天门者，无有也。万物出乎无有。有不能以有为有，必出乎无有。"（《庄子集释·庚桑楚》，同本，第348页）这些是倾向于本原论的。"有始也者，有未始有始也者，有未始有夫未始有始也者。有有也者，有无也者，有未始有无也者，有未始有夫未始有无也者。"（《庄子集释·齐物论》，同本，第38页）"夫道未始有封。"（《庄子集释·齐物论》，同本，第40页）这对万物是否有个开头是存疑的。"道者，万物之所由也，庶物失之者死，得之者生，为事逆之则败，顺之则成。故道之所在，圣人尊之。"（《庄子集释·渔父》，同本，第448页）"物物者与物无际。"（《庄子集释·知北游，同本，第328页）这有混合本原性和普遇性的倾向。

《韩非子》中有很多关于道的论述，以下几段颇有代表性：

> 道者万物之始，是非之纪也。是以明君守始以知万物之源，治纪以知善败之端。①

> 夫道者弘大而无形，德者核理而普至。至于群生，斟酌用之，万物皆盛，而不与其宁。道者下周于事，因稽而命，与时生死，参名异事，通一同情，故曰道不同于万物，德不同于阴阳。衡不同于轻重，绳不同于出入，和不同于燥湿，君不同于群臣。凡此六者，道之出也，道无双，故曰一，是故明君贵独道之容。②

> 道者，万物之所然也，万理之所稽也。理者成物之文也。道者万物之所以成也。故曰道，理之者也。物有理不可以相薄，物有理不可以相薄，故理之为物之制，万物各异理，万物各异理而道尽稽万物之理，故不得不化，不得不化，故无常操。无常操，是以死生气禀焉，万智斟酌焉，万事废兴焉。天得之以高，地得之以藏，维斗得之以成其威，日月得之以恒其光，五常得之以常其位，列星得之以端其行，四时得之以御其变气，轩辕得之以擅四方，赤松得之与天地统，圣人得之以成文章。道与尧舜俱智，与接舆俱狂，与桀纣俱灭，与汤武俱昌。以为近乎，游于四极；以为远乎，常在吾侧；以为暗乎，其光昭昭；以为明乎，其物冥冥。而功成天地，和化雷霆。宇内之物，恃之以成。凡道之情，

---

① 王先慎：《韩非子集解》，《诸子集成》第5册，上海：上海书店出版社，1986年版，《主道》，第17—18页。
② 王先慎：《韩非子集解》，《诸子集成》第5册，上海：上海书店出版社，1986年版，《扬权》，第31—32页。

不制不形，柔弱随时，与理相应，万物得之以死，得之以生，万事得之以败，得之以成。道譬诸若水，溺者多饮之即死，渴者适饮之即生；譬之若剑戟，愚人以行忿则祸生，圣人以诛暴则福成。故得之以死，得之以生，得之以败，得之以成。①

大体说来，前两段中的道指始，与物不同，有本原性的特征；而后面一段中的道，由于有理的中介，而与物同一，有普遍性的特征。

概括起来，老子的道主要是本原性的；庄子的道既有本原性的特征，又有普遍性的特征；韩非子的道既有本原性的特征，又有普遍性的特征，为什么这三个思想体系的道论有如此的不同？这种不同与他们各自的历史理性有什么关系？以下试做分析。

这里所谓的本原，取其中文词义②。从造字本义上说，本乃指事，指树木之根；原乃会意，谓岩下泉水，乃江河源头。从经验上说，树根不同于树干，泉源不同于江河，是理所当然的。如果道是以本原这个方式存在的，那么，只有事物的本原才是合乎道的，

---

① 王先慎：《韩非子集解》，《诸子集成》，第5册，上海：上海书店出版社，1986年版，《解老》，第107—108页。

② 中国学者多用"本原"来翻译希腊文的άρχή，意即开始、发端，又译作"始基""基质""原始""原理""渊源"等。古希腊早期自然哲学家用水、气等作为άρχή的宾词。这些概念既可指万物的所自，又可指万物的构成（元素）。中国先秦道家和法家的道也是既可指万物所自，又可指万物本身的。粗看起来，两者的确相同。但细加考究可知，在多数情况下，άρχή的所指与万物一体，世界有一个性质相同的可感知的东西作为开端，因而是可把握、可判断的（参见亚里士多德《形而上学》卷五，1013a，吴寿彭译，北京：商务印书馆，1959年版，第83—84页）；道则总有一种神秘性，因而不可名状，不能用概念和判断（命题）加以把握和呈现，这是一种不可知论的（希腊文作άγνώμων，意思是无法感觉和判断的）态度。本文的"本原"一词，专指万物所自，不含构成元素的意思，切勿与άρχή混淆。

事物本身就不是合乎道的；把这个道理应用在历史上，就可以说，只有历史的原初状态是合乎道的，而后来的发展形态却是不合乎道的；"小国寡民"和"至德之世"是合乎道的，而后来的历史发展却是不合乎道的。这是老庄历史观的重要内容。

不论中文"普遍"二字，还是英文universal（源于拉丁文），都指全部，指无所不在，本文所谓普遍性，即是这个意思。根据这种理解，如果说道是普遍存在的，或者说，道不脱离事物，就在事物之中，那么，天下就没有不合乎道的物了；把这个道理应用到历史上，就可以说，道贯穿历史的全过程和各方面，全部历史都是合乎道的；因此，"安之若命""世异则事，异世异则备变"的历史观就有了着落。这是庄子历史观的另一方面内容，更是法家历史观的重要内容。由此可见庄子历史观隐藏着深刻的矛盾[1]；而老子、特别是法家的历史观，却显得明确而单纯些。

总之，老子的道基本上是本原性的，所以他主张"夫物芸芸，各复归其根"[2]，历史也是一样，以回归"小国寡民"的社会状态为理想。庄子的道既是本原性的，又是普遍性的，这与他对待历史

---

[1] 有学者指出：庄子的道是自然性的（相当于本文所谓的"普遍性"），《大宗师》中关于道的实体性、本原性的论述并非出自庄子之手，而是老子派的观点。其他篇中还有少量的类似说法，也不能视作庄子的本体思想，这些有关道作为原始母体的议论文字，是编《庄子》一书者把非庄子所写之其他道家文献混入（见颜世安：《庄子评传》，南京：南京大学出版社，1999年版，第187页）。这说明《庄子》书的道论的确可以从不相协调的两个方面来看待。还有学者曾经提到庄子思想中的若干对矛盾，如周启成《庄子思想的矛盾》，载《中国哲学史研究》1988年第1期，第51—59页。以上这些观点是促使我们把历史理性与道论结合起来，从而揭示庄子历史理性中的矛盾的重要契机。
[2] 《老子》16章，上海：上海书店出版社，《诸子集成》，第9页。王弼注："各返其所始也。"

的矛盾态度——即"至德之世"的理想与"安之若命"的态度——是一致的[①]。韩非的道虽也有本原性和普遍性两个方面，但在历史领域，却只看重普遍性的一面，甚至把它贯彻到历史的全过程，这与他把解决生存问题看作一切历史阶段的共同目的是一致的。

不过，这里面还有两个问题需要说明一下。第一，韩非的历史观是建立在道的普遍性基础上的，他关于道的本原论是否还起作用呢？前面说过，法家历史观中承袭了道家历史倒退论的某些因素，在他们的历史观中，原初阶段与后来的历史进步是有一定差异的，但是，法家关于道的本原论主要是为以力为德的政治观和君臣不同道的统治术服务的，这在《主道》（"明君守始以知万物之源"）、《扬权》（"道不同于万物"，"明君贵独道之容"）里面可以看得很清楚。道的本原性并非只为历史观服务的。

第二，与以上问题有关，道的本原论和普遍论是有矛盾之处的，为什么还会在同一思想体系中并存？这个问题我已思考过若干年[②]，至今没有在理论上找到更稳妥的解释。我的看法是，这是由思想家现实目的的多元化决定的。本原性的道，可为不同于普通大

[①] 国外有汉学家认识到老庄的历史衰退思想（decay pattern），甚至指出，《道德经》认为，秩序的恢复在原则上仍是可能的，而《庄子》则把日益严重的历史衰退视为理所当然（Peter J. Opitz, "The Birth of 'history', Historical Speculation in Chou China'," Hans Lenk and Gregor Paul, edited, *Epistemological Issues in Classical Chinese Philosophy*, State University of New York Press, 1993, pp. 144-147.）。我认为，这已触到了老庄历史思想的要害。不过，问题是，他们未能把道家历史理性与道论结合起来思考，所以未能使道家历史理性中的矛盾呈现出来。

[②] 我曾在探讨《管子》道论时提出这样的问题，"本原的道何以与法则的道合而为一？"所谓"法则的"，相当于本文中"普遍性的"。参见拙论《齐国道论纲要》，见《管子学刊》编辑部编《管子与齐文化》，北京：北京经济学院出版社，1990年版，第184页。

众的生存或行为方式提供理论支持，有一定神秘性，除了倒退论的历史观，养生、成仙、驭臣所遵循的道术，都可从中得到启迪，这在《老子》《庄子》《韩子非》书中不难找到证据。而普遍性的道，只能为纯粹历史理性和现实的生存或行为方式提供理论支持，就历史观而言，不管态度如何，《庄子》《韩非子》都承认历史进步，这与它们都承认道的普遍性是吻合的。庄子为什么一方面要回到"至德之世"，另一方面又表示要"安之若命"？我以为，前者表示他对历史进步的否定和批判，后者表示他对历史进步的无奈和顺从，这是他的实际处境和心态的写照，没有什么神秘的。社会转变时期，总有许多持此种矛盾心态的人。至于韩非的道论，为什么会在高倡普遍性的同时，又对神秘的本原性有所保留？我想，是不是可以这样理解：为了顺应时代需要，推进法治改革，自然要把握历史进步的客观规律；为了加强集权，在"上下一日百战"的激烈斗争中，更有效地驾驭臣下，同样需要冷静地分析客观形势，掌握切实可行的统治方法。这是他强调理性思考，重视普遍性的现实动机。可是作为君主的统治术，是不能公开的，它的实施，必然是神出鬼没、与众不同的，这样不同寻常的道术，当然也需要找到一个不同寻常的生命依托，这就是韩非之所以对本原性有所保留的现实根源。可是，韩非自以为神秘的本原，在我们眼里，依然逃不脱普遍性的"天网"，没有什么神秘的。

总之，如果说本原性表明道仍带有某种神秘因素，而普遍性却表示着道已成为纯粹历史理性的代名词，那么，从老子到庄子，从道家到法家，古代中国的历史观正经历着一场不断排除神秘因素，迅速奔向纯粹历史理性的剧变。

附 录

将中国的思想文化"讲清楚"
——蒋重跃教授访谈录

  自20世纪末以来,中国的思想文化越来越多地受到世界的关注。在这种关注下,不仅国内兴起了国学热,而且也促使整个思想文化界对于中国传统思想文化进行了多层次、多角度的深入思索。正是在这些思索的基础上,各种不同的意见和争论也随之产生。而中共中央在近年来屡次提出弘扬中国优秀传统文化,更使得中国思想文化的不同面貌开始展现。然而,愈是在这样的背景下,就愈是要求中国思想文化的研究者和思想者们保持一种冷静的态度。毕竟,我们已然面临的是一个完全不同于中国古代的全新的社会现实,在这样的情况下,如何看待中国思想文化的特点,了解其优势与局限,寻找其走向现代的路径,将是我们对中国传统文化进行创造性转化和创新性发展的必由之路。基于此,我刊约访了中国思想史领域的知名学者,《北京师范大学学报》主编蒋重跃教授，对中国思想文化的特点与发展前景进行了深入的探讨。

采 访 者：路强（以下简称"路"）
被采访者：蒋重跃教授（以下简称"蒋"）
访谈时间：2017年8月
访谈地点：北京师范大学

一、中国人习惯以一种历史思维来思考问题

路：蒋老师您好，首先感谢您接受我刊的访谈。您在一次讲座中提到哲学对于中国传统思想史的研究是非常重要的，因此，我想先请您进一步谈谈，哲学在整个中国传统思想流变与发展中的意义和地位。

蒋：好的。目前我们看到的以中国哲学为名的论著中，大部分都是谈文化的。江怡教授有一次在谈话中也提到当下的中国哲学更多的是在讲文化，或者说中国哲学的研究其实是在研究文化，或者叫文化研究，而西方哲学更多讲的是哲学。这个判断很有意思。你可以查阅一下人大复印资料《中国哲学史》，里面大多数文章讲的也都是文化。由此必然涉及一个问题，我们搞的中国哲学史/中国思想史到底是什么？哲学系在做中国哲学史，历史系在做中国思想史，这里的中国哲学史或中国思想史指的又是什么？这两者应该是指两条路径，一条就是哲学系的人在做研究的时候，一般是像胡适和冯友兰那样，将中国传统的思想资料，按照西方某一个流派的

哲学体系加以整理和编排，这叫哲学史，这没错。历史系则不是这样。那么这里就有一个问题，思想史如何能够作为一个独立的研究领域或路数存在？以我个人为例，我从读硕士以来，就觉得思想史也有不同的路径，大体上可以分这么几条。一是以传统的目录学为主要内容的思想史，就是"辨章学术，考镜源流"，就是研究那些思想内容较多的著作，它的真伪，作者是谁，学术思想如何传承下来，各自的思想体系又是什么，我把它叫作"目录学的思想史"。但是20世纪以来，一些先生们并不满足于这个路径，因此在这个基础上又加了一个维度，就是要研究思想和社会之间的关系，或者思想和社会条件之间互动的关系。这个思想是如何产生的？需要解决的社会问题是什么？为什么要这样发展变化？它与社会本身的发展变化是如何互动的？这就是20世纪以来在目录学思想史的基础上出现"社会思想史"。我在读硕士的时候，大概学的就是这种目录学加上社会思想的思想史。这些年我又有所变化。在20世纪90年代中期以前，我主要关注的是目录学思想史加一些社会维度，比如学派问题、作者问题、书的真伪问题，以及它们和社会的关系问题。例如，为什么我的研究兴趣要从黄老的思想转变为黄帝的思想？"黄帝之学"是怎么来的？它和王莽政权有什么关系？这其实就和社会发生一些关系了，也就是我所谓的目录学基础上的社会思想史研究。

但是，到了北京跟随刘家和先生学习之后，我有一个很艰难、但对个人来说却很深刻的转变，就是去探索中国人思考问题的本身是什么东西，或者说中国人是怎么思考问题的，西方人（我们姑且用这个词）又是怎么思考问题的；这两种思考问题的方法有哪些异同，在最深层的根据上，它们有哪些差异，或者说异同。为什么要考虑这个问题？从现实需要来说，我们首先能够感受到，中国文化最深层的思想，或者说思想基础，和西方人的确有所不同。很多物质层面的东西开始时也是不同的，但很快就可以相同，比如我们的衣食住行都可以学习西方，西方人也可以学习我们，但有些东西就是想学也学不像，比如科学、宗教、艺术。这是什么原因呢？在那天的报告中①，我也提到，中国人在论证一个问题的时候似乎总是论证不出西方的那种味道来。你看亚里士多德怎么写文章，黑格尔怎么写文章。我们为什么写不出那样的东西来？现在我们看到文科类的研究者，即使最有思想的某些领域的研究者写出来的文章也往往是一种事实的叙述，我们的理论家，很多是经验事实的叙述者。某一学科理论，不知道为什么说着说着就成为这个学科外部变迁过程的叙述了。我读大学高年级的时候，就是1980到1981年，大概有两年时间整天泡在辽宁省图书馆的阅览室里，发奋阅读西方哲学和政治理论著作（中译本），立志要研究政治学，当时也曾经试着写一些文章，比如关于自然法理论在英国政治思想史上的影响，可是不知怎么的，写着写着，就成了从霍布斯到拉斯基的资料梳理，这种写法距离政治思想史还远着呢。这是为什么呢？我想，一方面是因为我的知识储备实在少得可怜，不足以用来运思；另一方面，也因为我脑子里最深层的思考问题的方式还是历史性的。上个月，我

---

① 2017年7月5日，蒋重跃在山西大学"初民讲堂"上做的第二个报告，题目：《怎样衡量学术论文的内在质量———"概念衡文法"初探。》相关内容可参阅蒋重跃：《怎样衡量学术论文的内在质量———"概念衡文法"初说》，《澳门理工学报》2016年第4期。

在一次史学编辑会上发言时说道:"我感觉,在我们中国的人文社科中,似乎历史学科比其他学科更能够创新。"我过去往往会为此而感觉到骄傲,但是今天我却骄傲不起来。为什么历史学更能创新呢?因为历史学本身的学术规范性相对较弱,所以自由活动的范围比较宽,别人涉及不到的东西比较多,所以我们能做出别人需要而一时又无法做出的东西来。其他学科为什么做不到?因为其他学科要想创新,就要按照那个学科的规范,找到别人没有研究过的"空白",在一个学科理论和方法论的规范性较强的学科里,这种"空白"是很难发现的,因为它需要突破那么多前人包括西方同行的已有成就,才有可能。那是多么艰难的事啊!我们称为某某学的,做着做着,就变成了某某史;再做着做着,就变成了某某资料汇编了。我不是说资料汇编就没有价值,而是想说,我们不能把资料汇编当作研究的最终目标,那样,我们的学术还有什么出路?我们这些从事知识传授和创造的人还有什么出息?说起来惭愧,我写的文章有一些就是史实叙述或资料汇编,说好听了是目录学,其实未必能够达到目录学的境界,内容无非就是张三是李四的老师,李四又培养了王五,他们之间有什么关系。这样就产生了前面那个问题,中国人到底是怎样思考问题的?西方人到底怎样思考问题?这两种思考问题的方法各自是什么样子的?各自存在的合理性何在?各自对人类的存在和发展将会做出什么样的贡献?各自的未来又怎么发展?这就是雅思贝尔斯提出的那个轴心时代的问题。他讲到在轴心时代有三个大的轴心文化:希腊文化,印度文化,中国文化。这三个文化确实厉害,到今天,不同地区的人仍然受它们的影响。只要是用中文来思考,很有可能会出现前面那种现象,这其实就是受我们的轴心文化的影响。

二、要学习西方的概念思维和范畴化思维以弥补我们的不足

路：这里您其实也提出了一个非常哲学的问题，或者说是属于中国哲学应该重点考虑的问题，就是为什么在中国文化中会有这样特定的思考问题的方式。

蒋：我在讲座中说到的论证方法就是这个问题。前一段时间，我看到《光明日报》发表了讲论证的文章，有讲中国的墨子的，也有讲西方的，但是我觉得都没有谈到我说的那个问题。我是从编辑的角度想告诉别人我怎么看文章，其实就是想说明论证的问题。我看文章首先就是看概念，看概念的边界和结构，外部的边界是什么，内部的结构是什么。其次就是看论证是不是从概念开始，是不是从下定义开始。我们的轴心文化教给我们的主要是历史思维，这同西方是有差异的。在西方文化中，有一路就是从古希腊的巴曼尼得、苏格拉底、柏拉图、亚里士多德这些人开始的，即科学思维、概念思维的这一路。在古希腊也有很多修辞家和智者，但是希腊人确实有这样一种科学的、概念化思维的传统。比如，巴曼尼得讲"存在"，就是"是"；苏格拉底在论辩中，凡事都要问，请你告诉我你说的某某东西它是什么？这里我们与西方的差别就出来了。他在追问这个东西是什么，这个问题回答后，才能推出下一个问题，它为什么是这样，它应该是什么样的。到了柏拉图就是分类，理念（ideas，或译"范型"）是可以

分类的；到了亚里士多德就有"第一本体"和"第二本体"了，然后他再把本体范畴化，提出十个范畴，这个思维就很厉害了。一个东西是什么，要从十个方面来看，这就是多重本质的思想。我近些年就关注这个问题。与之相近的思维方法在中国似乎也有，荀子那里也有分类，他有这个意识，但是他没有在最基础的层面说清楚，也就是没有区分第一本体、第二本体的意识，这是最基本的。比如"道"，荀子发现是可以通过不同的范畴来看的。在"用"的范畴下是什么，在"利益"的范畴下是什么，这可以算是认识事物本质的一种方法，或曰范畴化的方法。荀子可以说是很了不起的，他已经很有科学头脑了，而且影响到他的学生韩非也有一些类似的思路，但是他毕竟没有讲到概念和定义，没有在最基本的概念和定义的问题上展开思考。墨子也有一些思想，看起来和西方的思路也相类似，比如他把概念分为纵向的几个层次："达""类""私"。但是他毕竟没有在概念定义上有所发现，没有发明获得概念定义的方法。于是，我们的思维就走向了一种描述的方法。描述中大体上做到合乎规则、合乎逻辑，这是有的，但没有从概念的定义开始，没有讨论概念问题，没有把概念、范畴按照规则发展起来。亚里士多德就不一样了，他对此有明确的意识。希腊人开创了一个新传统，就是巴曼尼得的那个being，"是"是什么；也就是苏格拉底提出的"是什么"的问题。这就是希腊人开启的哲学传统，是希腊人最伟大的贡献。

希腊哲学或者说西方哲学的源头，就是从这种思路开始的。它所讲的"philosophy"（哲学）与"rhetoric"（修辞）区别很大。修辞是对于某种现实目的进行包装，要对某种现实做出肯定或者否定的表示，让别人接受。所以，要想尽各种办法，利用各种因素，包括氛围的渲染，鼓动人心的办法，就像"触龙言说赵太后"使用的那种办法，从而达到让别人信服的目的，这就是修辞。这里可能也会有逻辑，或合乎逻辑，但是它不以合乎逻辑为目的，因而它就很可能不合逻辑。什么是逻辑？通俗地说，逻辑就是请你告诉我它是什么，我们能不能在"是什么"这个问题上达成一致，如果能达成一致了，我们再往下推，就像苏格拉底的诘问一样，问到最后对方就发现结论很可能和自己最初的观点不一致了。由此，苏格拉底实际上是把思维扭转了一个方向，从修辞扭转到概念逻辑上。柏拉图的分类就开始走向范畴，亚里士多德则正式提出了十个范畴，并且构建了形式逻辑的知识体系。

路：那按照您这个思路，这是不是正是我们目前中国传统思想的研究和发展中需要补充的主要的思想元素呢？

蒋：肯定是要补的。但是，也要注意西方有两个传统，刚才说的这个是理性主义传统，这个传统也有人发现它的问题，即语言表达真实不真实的问题。这也是为什么亚里士多德与柏拉图相比，要往经验回归。他要把这套方法在经验里有效地使用，从而缓和这个矛盾。从这以后呢，其实两个传统都在发展，经验也在发展，理性也在发展。

西方思想的发展看起来像是钟摆，总有点不撞南墙不回头的劲儿，表面上似乎都是在一方走向绝处的时候，才开始想到向另一方回归。其实，从理论的根子上说，两者是彼此互补的。理性主义按照逻辑在推理的时候一旦解释不通了，就必须承认现实，不得不在它解释不通的经验事实面前停顿下来。经验主义，无论是英国的经验主义（empiricism），还是美国的实验主义（experimentalism），如果没有范畴的发展，单凭感觉材料，经验领域在本质上就没法拓展了，那么经验自身也就死了。虽然表面上看起来两者有时斗争得很厉害，但暗地里却是有沟通和互补的。

中国思想其实也有这种情况，那是怎么表现的呢？我们可以进一步梳理出来。比如对于《大学》"格物致知"的解读，王阳明和朱熹就是对立的：我们常说王阳明是主观唯心主义，其实未必。他的观点有点像康德，人为自然立法；也有点像现象学，世界是我感觉基础上的世界，良知统摄外界形成了自然的整体。它们是一体的，但也是互动的，有张力的，所以在他看来，"格物致知"无非就是格去遮蔽我心的种种外物，才能最好地发挥良知的作用，达到无所不知的目的。朱熹是分开的，心是心，物是物，"格物致知"在他看来，就是要去探索自然，把握自然，征服自然。朱熹的好像是理性主义的，王阳明的好像是经验主义的，但二者暗中还是相通的，就是二者都要面对对象，心和物都要达到同一状态。中国有这个东西，但是没有自觉，也没有明确梳理出来。说到今天的学术，西方哲学有逻辑实证主义，把逻辑（理性）与实证（经验）结合起来；西方经济学有数量经济学，它讲求经验的论证，但是它整个的模型都是理性设计的，都是讲逻辑的。这其实就是二者互补的表现。我们中国学术还没有这种自觉，所以也就没有达到这个高度。

三、"胸怀天下，心存仁爱"应该是中国思想面对世界的基本态度

路： 目前在中国思想的研究领域或者说哲学领域，还有这样一种认识，即认为虽然中国所说这些哲学就是一种文化的表达，但这种文化本身是自洽的，不需要西方的逻辑和概念范畴的确定，更不应该用西方的那种体系框架来限定。当然，这一认识也有很多学者有质疑，对此问题您如何看待？

蒋： 这大概可以从两个方面来回答。一是自洽不自洽的问题，二是能不能用西方概念来分析和确定的问题。所谓自洽，说的是在自身内部道理能不能一致，能不能说得通。对于儒学来说，这不成问题。儒家经典中的重要术语和概念都有一贯的意义，虽然表述上有不规范的地方，但大体上含义是一贯的，像仁、义、礼、智、信这样的概念，虽然也要在实践中不断发展，但在任何儒家经典中都不会产生歧义，不会不可理解。此外，儒家倡导的伦理信条，在中国任何地方，都不会发生误解，不管是黑龙江流域，还是珠江流域，不管是泰山脚下，还是喜马拉雅山上，人们都会理解并践行孝道，都会以符合父慈子孝、兄友弟恭、夫唱妇随、朋友有信的方式来生活。可见，儒学在自身的话语系统中，在社会实践的广阔领域内是可以自洽的。

至于说到儒学能不能用西方概念来分析和确定，这个问题稍微复杂一些，因为它涉及学术研究的大背景，今天不能多说。简

单讲，看你想干什么。如果仅仅是把儒学当作家庭内部生活的伦理规范，那对有些人来说，可以不必扯到西方概念和范畴，你只要懂得父慈子孝、家庭伦理的主干就有了，你生活在其中，时时会砥砺自己，培养生活情趣和道德境界，创造幸福人生，并从中获得感动和愉悦。可是这种情况也不是绝对的。父慈子孝就能穷尽父子关系的全部内容么？父亲像个皇帝，儿子像个奴仆，生个儿子难道只是为了给自己传宗接代、养老送终、任意驱使？这就是世界上最美好的生活么？对有些人来说可能是的，但对另外一些人则未必。20世纪上半叶的中国有多少青年冲破家庭束缚，就是因为无法忍受传统家庭伦理的压迫和桎梏，巴金、丁玲等许多作家的优秀作品就揭露了这个矛盾。新中国成立后，国家法律明确规定公民在法律面前人人平等，依法享有各种自由权利，不受传统伦理中宗法糟粕的压迫和束缚。如今，有多少对父子相处得像亲兄弟、好朋友一样，他们同样感到幸福和愉悦，你能说他们不该那样生活么？如果迈出家门，情况就更是如此。除了父子、夫妇、兄弟、邻里、乡党，还有同事，还有合作伙伴，还有顾客，还有公民，还有同胞，还有更多陌生人。过去，传统时代中国人往往把师徒关系理解为父子关系，同事关系理解为兄弟关系，结果，老的欺负小的，辈分高的压制辈分低的，拉山头，搞宗派，成了流行病、遗传病，许多工作和公共管理无法正常开展，这就是儒学不适应时代的地方。对于这样的情况，用西方概念来矫正一下，有什么不可以？至于说到学术研究中用西方概念和范畴来分析和确定儒学术语，那更是不在话下。这里有一个问题需要澄清。那就是我们总是把产生于某一个地区的话语和文化认定为那个地区所专有，这是不合适的。自由、平等观念的确在近代西方得到了较为系统的说明,但不能说这些概念就是西方的,不是中国的,事实上,中国传统时代有一些伟大作品,所表达的基本价值就饱含着这类观念,我们为什么会喜欢贾宝玉、林黛玉?这两个人物形象就包含着自由、平等的精神,只是我们熟视无睹罢了。其实,不论东方、西方,人类的基本价值观是相同的。不论出自哪个地区,只要有益于我们认识和理解人类的文化,拿来用就是了,不必顾忌它们是哪方的观念。

路: 说到能不能用西方概念范畴来分析和定位中国文化,现在人们关心的还有另一个问题,那就是儒学产生在古代,到了近代,它还有没有价值。

蒋: 凡事的评价都有真、善、美三个方面,美在这里暂且不说。先说真和善。所谓善就是好不好的问题,说一个东西好,但是它不管用,这怎么行呢?之所以说它好,一定是因为它在某个方面管用,哪怕是非实用的方面,如果它总是不管用,即使能够自洽,谁还稀罕呢?为什么近代中国人对儒学动摇了?不就是因为它不管用嘛!当然,用的范围界定是有问题的。近代的界定就是能不能打过洋人。在当时的情况,儒学没法把经济搞上去,打不过,这就有人反思它讲道德到底有什么用。这样就连它在道理上的自洽都受到挑战了。儒学也好,中国文化本身也好,在发展过程中一定有其适用的范围或有效的范围,在这个范围内它的自洽是有意义的,越过限度,它的自洽就可能变得没有意义。如果看今天,我们的生活领域发生了很大的变化,那么,拿着过去那个时代产生的东西,在今天到处炫耀、到处用的话,效果能好吗?近代的儒学危机,就是因为出现了很多新的情况,这些情况超越了原有领域,儒学的自洽因此就变得没有什么意义了。儒学产生于农耕文明的时代，就是以种地为基础的，形成了宗族制度和宗法关系。在这个环境里，要讲究亲亲和尊尊之道，儒学够用了，而且说得头头是道，用起来也很好，没问题，它的自洽是有意义的。可是新的情况来了，商业、城市，所谓陌生人社会，过去叫家、国、天下，现在是国际关系，在这些崭新的生活领域中，倡导儒学的亲亲尊尊之道还有什么意义呢？总之，儒学在当代不可能完全有效。我这样说并不是完全否定儒学的当代价值，我说它不可能完全有效，也就是承认它还不是完全无效。因为不管怎么变化，现在和过去总不能割断。事实上，今天的人与古代的人不是不能理解和沟通的两种动物，我们能欣赏《红楼梦》，能看懂《三国演义》，能够从四书五经中学到许多有益的知识，就说明，儒学不会没有价值的。由此推断，生长在中国的儒学即使到了外国，也不会一点价值都没有。外国人也不是另一种生物，他们也是人，也有父子夫妇，也有血缘关系，只要是人，就一定会有人伦之爱，在这个意义上，儒学也一定有它不可否认的价值和意义。我要说的，就是不要过分地要求儒学承担不该由它承担的责任，当然，也不必担心儒学自身的价值会完全丢掉。

路：其实我本人也有过这种感觉，就是现在有种思想倾向将中国本来应该有的文化自信变成了一种文化自负，这种文化自负我觉得反而会窒息了中国思想文化的未来发展。

蒋：这里需要辨析两种情况，一是你说的这种，认为洋人来华之前我们的文化与社会是圆融的，是够用的。现在虽然出现了新的情况，也仍然是够用的。但是，我估计主张这种观点的人不多。因为道理摆在这里，显然是不够用的。但是还有一种观点，就是彻底不够用，或者说彻底不能用。这里我还是认可雅斯贝斯那个观点，为什么我们要研究轴心文化？因为要为第二次轴心时代做准备。那么第二次轴心时代的文化是什么样子的？现在还说不清楚。但是第一次轴心文化研究好了可以为未来的第二次轴心文化做一个准备，这倒是可以肯定的。怎样的一个准备呢？中国文化作为曾经的轴心文化之一，究竟是什么样子的？无论是持全盘西化观点的人，还是持中体西用观点的人，似乎都没有真的搞清，尤其是它的价值是怎样的，还没有搞清楚，所以才出现了以上的两种情况。

其实，在我们的社会上，已经有些人开始意识到它的价值。最近我看到一个电视上的辩论节目，有一个做国际关系研究的学者，他从国际关系的角度对中国思想文化的价值进行了一段论述，他的观点和我的想法非常相近，我听了很惊奇，也非常兴奋。中国传统文化对于家国天下的设计在今天是很有价值的，但是这个价值不能全靠自己百分之百实现，必须面对现实情况。中国现在经济发展了，也提出"一带一路"的倡议了，但是为什么中国在国际关系中能忍住，不打，而是发展经济，到各个国家去提高影响力。他举了很多例子。他认为，中国的基本的世界观在今天是有价值的。但是这个价值，这只能是一种文化的号召。那位演讲者最后有一句话总结得非常到位，他说今天的中国人应该是胸怀天下，心怀仁爱。胸襟要宽阔，要考虑天下，而出发点、内心则要保持仁爱，这就是中国文化。这种文化在今天中国的"一带一路"实践中，既是自洽的，也是有意义的。因为这是一种倡议，这种倡议可以是自洽的。但只是有倡议还不行，还必须有实际的行动。瓜达尔港可以租下来，索马里海域的护航也必须去，国际关系的规则还要学好，学好了之后还得不断去主动博弈,不能只有天下观。我有一个学生的博士论文讲两汉的天下观,就是王道天下观。我们知道,中国的法家也有天下观,是霸道天下观;道家也讲天下,是自然天下观;墨家也讲天下,是上帝天下观;儒家讲天下,是王道天下观。儒家这种天下观对于中国发展的价值就是,以倡议的方式树立一个道德的标杆,或者说道德的榜样,而不能作为政策,一旦作为政策就可能违背了自己的初衷了。

中国人的天命观认为天只有一个,天命也只有一个,天下大家都是兄弟,谁的道德好谁就担当更大的责任,然后形成天下一家。互相之间的关系开始时是"内诸夏而外夷狄",或者是"内中国而外夷狄",最后就是"天下远近小大若一"。这是董仲舒的思想,也是何休的思想。今天将这种精神作为一种感召,以心存仁爱的方式胸怀天下。比如我们经济发展了,出去做买卖,而且要把这种商业行为变为共享理念。用这种王道作为一种原则,这样很有效,既是中国自己的,不侵犯别人,还会给别人带来好处。当然,在具体执行的时候还得遵循国际关系的规则,运用国际商贸的规则。在这种规则中,中国的文化人家或许不一定认同,但却是自洽的,因为它建立在中国文化的根基上。

四、中国的思想本身非常丰富,但需要多方面的整合

路:说到这里,结合我读过您的一些文章,我感觉到其实在中国思想文化的内在元素和结构中并不是只有我们现在一味强调的那

种心性之学的思想，在很多思想中也体现了很强的规则意识和理性精神。

蒋：是的。中国的文化中本来就有这些元素。其实我们的文化先祖给我们留下了非常丰富的思想资源，即使佛教没有传入，我们大体上也够用。中国文化中道家的老子、庄子、杨朱这一路就以辩证的方式不断地拓展我们的世界观，通过广大的宇宙空间和多元的视角为人们提供精神抚慰和思想解放。当然有佛教更好，它让我们关于超越的思想更加精致，更加纯粹。

你说的规则意识和理性精神也是我们的传统文化中拥有的重要内容。道家老子的道，到了韩非那里就读出"理"来；《黄帝四经》有"道生法"的说法，道家和法家的相通处，就是发现了世界本来就有规则，就可以运用理性来认识和把握；老子讲"稽式"，韩非讲道和理可以相"稽"，就是证明。法家认为人为的法律是客观的规则"道"和"理"的体现。不只法家，儒家也是讲规则的。孔子讲礼，礼是什么？礼就是规则呀，是人们特别是贵族或公民的社会行为规则。荀子主张"隆礼重法"，他相信，世界是有理的，所以社会生活要遵守礼，因为礼是根据理制定的。中国有务实的传统，理性精神较为突出，所以中国没有国教，古代奉行宗教多元政策，这是令西方有识之士十分羡慕的传统。中国文化既有心性所构成的道德的制高点，又有大量的实际的手段。在这些手段的基础上，我们一直有一个道德的制高点。我们这个道德的制高点与西方相比有巨大的优势，既有崇高的道德理想，又有实际的道德底线。我们的道德理想就是仁爱，推己及人，"己欲立而立人，己欲达而达人"，这是高端的道德理念；我们还有底线道德，就是"己所不欲，勿施于人"，这是我们最了不起的道德金律。因为各种实际的办法，在具体实施的时候也有可能伤害别人。真正不伤害的，就是"己所不欲，勿施于人"，就是《大学》所说的"絜矩之道"——我不愿意接受人家以某种方式对待我，我也决不以这种方式对待别人。这是中国文化。如果说中国人有什么与众不同之处，我认为，恕道，也就是"絜矩之道"，就是中国人最深层次的与众不同之处。说白了，只有中国人才能这样深入骨髓地关心人，尊重人，体谅人。这是中国文化为世界做出的最大的一个贡献。对此，西方人到现在还是理解不到位。1997年在世界宗教大会宣言中，"己所不欲，勿施于人"被奉为道德金律。不过，起草人之一，德国的神学家孔汉思却把它说成与基督教的道德金律具有相同含义："我们愿意人怎样待我们，我们就怎样待人（We must treat others as we wish others to treat us.）。"这种肯定式的表达隐含着两个问题：一个是在认识上以"我们愿意"为标准；一个是在行动上主动施加于人。孔汉思相信，只要是相互原则，不论肯定否定，意义都是一样的。这就误解了中国的恕道。无独有偶，早在100年前，著名的苏格兰汉学家理雅各就这样做过。由此可见，某些西方人士虽然承认恕道是一个良好的道德信条，却没有真正理解它的深刻用意。

中国不乏理性传统，不过，我们的理性，更多的是一种历史理性。关于这个问题，我的老师刘家和先生有深入研究，你如果有时间，可以把刘先生的文章找来读一读，相信会有大收获。

路：那么，在这里就有着一个特别困扰我的问题，就是近些年来，特别是"国学热"以来，人们更愿意去说我们那些心性道德的东西，而较少地主动用那些我们思想文化中本有的理性精神、规则意识来与外界的思想进行对接，这又是什么原因呢？

蒋：据我所知，目前的国学热的确有重视心性之学的倾向，但政治法律领域中的规则意识、理性精神也不是没有关注。习近平总书记几次在重要会议上引用古代法家经典语录："奉法者强则国强，奉法者弱则国弱。"这是战国法家代表韩非的话。近几年来，电视台播放的电视剧有好几部是以秦国历史为题材的，其中许多情节是正面歌颂法家的。

从历史上看，儒家和法家有过对立和斗争，但总的倾向是要协调的。二者协调得比较好的时候，是战国中后期的齐国和西汉。那个时候流行的是管子之学或黄老之学。当然黄老之学推崇的是道家，把道家作为最高的原则，又借用阴阳家的理论框架，然后在里面装填了儒家和法家等的内容。这起到什么作用呢？其实，起了两个作用：一个是汉承秦制，就是把秦朝的制度全部继承了，其实也就是继承了法家；另一个是提出过秦之说，也就是批评秦朝，主要就是批评秦单纯用"法"。其实，从齐国到汉代的这套黄老之学就是有意识地吸收不同的思想资源，把它们变为自己的一个系统。到了董仲舒，又换了一个最高意识形态，把儒学变成最高的价值观，把"道"压下去一些，把"法"内涵于其中，变成一个新的综合体。

路：那是不是说，在今天这个时代，我们能够迎来那种融合儒法的，乃至将中国多元文化结合并彰显出来的一个重要机遇。

蒋：目前看到的情况是，我们的能力还比较有限，无法做到这一点。现在需要的是中国文化如何同马克思主义协调起来，中国文化内部的不同元素如何协调起来，建设适合于今天中国的一个意识形态。这是很难的,这个工程太大了。

春秋战国时期,学术发展的大势是"天下将为道术裂"(《庄子·天下篇》)。到了现在,天下真的是分裂的了,因为人们的思想是分裂的了。有人相信法家,有人相信儒家,有人甚至只相信儒家中的某一派,还有人相信道家的某一派,当然,还有人相信西方的某些思想。但是很少有人有能力把这些思想中可以协调的部分尽可能地协调起来。

刚才我说的那个做国际关系研究的学者,他能说到那个份儿上,就说明在国际关系领域的学者中,有人已经意识到中国传统文化是可以和西方的规则协调起来的,而且协调之后的中国形象很好。但是,对于更多的人来说,恐怕还有许多仍封闭在不同的认识范围里面,没有认识到对方的观点是可以和我的协调起来的。这就是思想还处在分裂状态。学者呢?现在的青年人都是用分科的方式培养出来的,很难形成协调研究的能力,比如搞哲学的人不一定懂历史,搞政治学的人不一定真懂中国传统文化,搞历史的人不一定有哲学素养。总之,我们的实务界是一种分割的思路,学术界、思想界也是一种分科的思路,这确实很难协调统一起来。

五、加深理解中国轴心文化的重要性,面向未来迎接新的挑战

路:如果我们以一种畅想的思路或者眼光来看,是否应该创造一些契机去打破这种分裂的局面?

蒋:学者很多是按照自己的知识结构和研究兴趣来工作的。

为什么这几年智库建设非常热,就是因为国家意识到这个问题了,实务界如何整合起来,就需要思想界先拿出整合后的知识系统来。思想界、学术界如果可以贡献出整合后的一个系统的话,实务界就可以慢慢去理解了。我们能够从那种将中国传统文化与国际关系结合起来的思路看到一些希望。从当政者的角度来看,智库就是要朝这个方向努力。战国时就有人讲:"夫常人安于故习,学者溺于所闻。此两者所以居官而守法,非所与论于法之外。"(《商君书·更法》)普通人安于旧传统,学者都受到自己的知识结构的限制,这两种情况用来守法和做官是可以的,却不能用来讨论之外的大事情。这是商鞅说的,虽然不能说全对,但还是揭示了部分的真理性。生活中真有这样的情况,因为自己有知识,所以不愿意了解其他知识,就像荀子在《解蔽》篇中所说的"蔽"一样;有的甚至以贬低他人为乐趣和时尚,这样,怎么能够合作攻关呢?现在需要从两方面努力:一方面是政府有关部门尽可能地为相应的知识整合提供便利;另一方面,学者要克服局限,找到合作研究和知识整合的契合点,然后共同努力,为时代提供优质的知识产品。

路: 因此,我也觉得对于中国思想来讲,要将其回归到思想本身。要看到思想的缘起,在目前发展到的阶段,它能对哪些领域发生作用。乃至,要进一步让不同思想之间发生争鸣和共鸣,这才能使得中国思想文化的价值实现最大化。

蒋: 是这样的。回到我们一开始的问题,中西方思想家开始思考问题的基本方式不太一样。但考虑的问题可以是一样的,比如说希腊人考虑是什么的问题,中国人不考虑吗?我们也考虑,只不过没有在思维形式上像希腊人那样去论证。不能说中国人都在说假话。我们是生活在一个比较单纯的文化世界里面。我们说什么，这些语词的含义大体上是清楚的。虽然春秋战国时期一度比较混乱，但到战国后期，特别是秦以来，基本上是稳定了。稳定了以后，大家就心照不宣，对于那些问题的理解就没有太大差异，所以也就没有必要去专门讨论概念问题。比如古代中国在政治领域就没有什么可讨论的，只有一种政体，大家都认为是天经地义的。希腊实行独立的城邦制度，大概有六种政体，因此他们总在辩论，哪种政体更好，哪个概念更好。中国一种政体，在政治领域概念的差异没有那么大。大家一张口，彼此都互相理解，心照不宣。那么就剩下一个策略问题了。概念问题不多，策略问题有一些。但是策略问题好办，比较容易说清楚，无非就是张三和李四的关系，李四和王五的关系，其实就是具体的社会关系层面的问题。至于张三是什么，李四是什么，王五是什么，那还用说吗？这就是中国的思路。

在古希腊则不行，那里的问题不仅表现在社会关系层面上，因为外在的各种差异较大，所以必须到实质层面才能解决。由于人们生活在根本不同的社会制度和政体当中，张三、李四是谁这不成问题，但张三、李四是由怎样的社会制度和政体陶铸出来的，他们因此而具有怎样的政治人格，我压根就不知道，所以需要追问一下是什么的问题。柏拉图在《理想国》中反复讨论"正义"的概念，亚里士多德有《政治学》《雅典政制》等著作，对政体的概念做了专门的系统研究，可见希腊人对这些问题的重视。古代中国则不然，大家在基本的概念上不会有太大差异，所以只讨论策略问题就可以了。但是今天的中国情况变了。熟人社会变成了陌生人社会，封闭的社会变成了开放的社会，与天下融为一体的国家，变成了平等的众多民族国家中的一员，这样，传统的概念和概念系统，就有必要实现现代化转换，就要看它们是什么，价值何在。当今的学者要研究这些问题，而且还要研究中国人研究问题的方法本身。研究好了才能应对外来的挑战。我们由此才可以认识到第一次轴心时代的重要性，由此才需要认识我们过去的文化是什么，认识文化本身的过程是什么，对我们来说，这是新的任务。

六、事实领域占领前沿，价值观念通体透明

路：那么，最后我想请您用一个概念或者说一个观念来总结一下，中国思想与中国文化应该以怎样的一种姿态面对未来呢？

蒋：说实话，这很难。您知道，我是做古代史研究的，我的研究不能直接回答您的这个问题，如果说有某种现实的关切包含在里面，那回答也只能是间接的。

2012年的时候，我写了一篇文章，大概在探索一个新的思考路径。那篇文章的题目是《道的生成属性及其本体化发展——先秦道论初探》[①]。这篇文章认为，在古代中国道论里，世界整体上是生成的（becoming），中国人把它叫作"道"；但在生成的过程中，每一个具体之物都有它存在的根据，这个根据，中国人叫作"理"，世界上有着无数的"理"（beings），这就是本体化。所以，古代中国的道论其实就是说世界本来就是总体的生成与具体的

---

① 这篇文章发表于2012年第4期《南京大学学报》。

本体化发展的统一。

我之所以写这篇文章，大概是要说明一下我对事实认识和价值认识的关系的理解。我们深受自己的文化的影响，深受道论的影响，但我们对道论本身未必很清楚，也就是说，我们对自己的行为和思想不一定很清楚。试想，一个人在本质上不知道自己在做什么，想什么，也不知道自己是怎么做的，怎么想的，这是多么可怕的一件事呀！我不是说我们每个人都是傻子，我们不傻，岂止不傻，事实上我们是太聪明了，太精于个人的计算了。但是，我们在思考大问题时，却未必如我们思考个人问题时那么精明。我们对世界，对自己，特别是在本质上，未必了解，所以需要知道我们的"道论"是怎样的。只有真正了解了事物的本质，才好做价值判断。

我觉得在事实判断上，在事实的认识上，或者说在"求真"的层面上，我们恐怕要有一个根本的改造，要训练最根本的方法，这个方法，我以为就是向苏格拉底学习，就是要把问题说清楚。也就是说，我们要认真学习这种科学精神。这是我们最缺乏的。

比如我们讲崇高理想，"天下大同"，"天下一家"，"己欲立而立人，己欲达而达人"；我们也讲底线道德，"己所不欲，勿施于人"，这些都是好的。我们的崇高理想和我们的底线道德都非常有意义。但是，它们的道理何在？我们必须说清楚。这就需要在理论上说清楚。我们的价值观是有生命力的，要把这种生命力表达清楚。现在我们很多先进的科学理论和技术人才都不缺，目前最紧迫的是原创性的问题。无论是事实判断还是价值判断，都需要我们在科学上进行自我改造。

一方面，要在事实判断上站在科学前沿，另一方面，在价值观领域，也要尽力让它通体透明，有说服力，即使一时做不到，留下阴影，也要说清楚为什么会是这样，以免失信于人。应该承认，不是所有的问题一下子都能说清楚的，比如"气"这个概念就非常麻烦，很多时候是纠缠不清的，不妨先放一放，但要交代目前不能说清楚的原因。在这方面，真、善、美都是这样的。过去有一种看法，认为审美的领域是玄妙的，说不清楚的。其实艺术也好，文学也好，说不清的都没有生命力。一种艺术表达有人感到美，但就是说不清楚，在现实中可能有这种情况，但是对于一个学者而言，一定要相信那必定有某种道理在，只不过我们一时还不能用语言把它说清楚。一时说不清，不等于永远说不清，更不能成为不去努力钻研，不去尽可能说清楚的借口。比如舞蹈艺术，贾作光先生是中国舞蹈界的老前辈，北京舞蹈学院的创建者，他讲跳舞的最高境界是要跳到有"质感"。什么是"质感"？如何使舞蹈有质感？许多人在研究。我也很感兴趣，而且在欣赏交响乐演奏中得到启发。有一次我看到小泽征尔指挥乐队演奏《拉德斯基进行曲》，他不用指挥棒，而是空着手在那里跳舞，他的关节的每一个动作都能够表现为音乐的最关键的旋律和节拍。我突然猛醒：贾作光先生所谓的"质感"不就是跳出了舞蹈的本质的感觉么？舞蹈的本质不就是用舞蹈语言做出的关乎事物本质的某种结构性表达么？我说的结构，就是概念呀。你看，我几乎成了一个概念主义者了。我认为人类应该去追求一种概念式的结构性的表达。审美也是一样，每一种艺术形式，肯定有它的语言，有它的概念，有它基本的结构。如果掌握了它的结构，其中最关键的那些旋律和节拍被捕捉到了，就达到了质感，就传神了，就有魅力了。艺术如此，体育如此，世间万物莫不如此,都是可以说清楚的。一时不能完全做到也不要怕,我们总可以把做到什么地步说清楚吧。

路: 您这里我觉得总结得就很到位了,中国思想的未来就应该这样让自身在事实的领域把握前沿,在价值领域通体透明。如此,才能体现出中国思想的"质感"。再次感谢您如此精辟而深刻的论说!

参考文献

宋元人注：《四书五经》，北京：中国书店出版社，1985年版。

左丘明：《国语》，上海：上海古籍出版社，1988年版。

《韩非子》校注组：《韩非子校注》，南京：江苏人民出版社，1982年版。

班固：《汉书》，北京：中华书局，1962年版。

程树德：《九朝律考》，北京：中华书局，2006年版。

叶本度主编：《朗氏德汉双解大词典》，外语教学与研究出版社、德国Langenscheidt出版公司，2000年版。

《马克思恩格斯选集》，北京：人民出版社，1995年第2版。

永琦等：《四库全书总目》，北京：中华书局，1965年版。

《亚当·斯密的理论体系》，见《三联生活周刊》2010年第44期。

尹文：《尹文子》，《诸子集成》第6册，上海：上海书店出版社，1986年版。

《重刊宋本周易注疏》，《十三经注疏》（用文选楼藏本校定），台北：艺文印书馆印行，2007年影印本。

阿诺德·汤因比著，刘北成，郭小凌译：《历史研究》，上海：上海人民出版社，2005年版。

白寿彝：《关于中国民族关系史上的几个问题——在中国民族关系史座谈会上的讲话》，《北京师范大学学报》（社会科学版）1981年第6期。

曾凡朝：《〈易传〉易道本体刍议》，《山东教育学院学报》2004年第3期。

陈鼓应：《老子今注今译》，北京：商务印书馆，2003年版。

陈来：《仁学本体论》，北京：生活·读书·新知三联书店，2014年版。

陈来：《仁学本体论》，载《文史哲》2014年第4期。

陈立：《公羊义疏》，《皇清经解续编》卷千百八十九，台北：艺文印书馆，1986年版《续经解春秋类汇编（四）》。

陈奇猷：《韩非子集释》，上海：上海人民出版社，1974年版。

陈奇猷：《韩非子新校注》，上海：上海古籍出版社，2000年版。

邓泽宗：《孙膑兵法注译》，北京：解放军出版社，1986年版。

丁钢：《叙事范式与历史感知：教育史研究的一种方法维度》，《教育研究》2009年第5期。

段玉裁：《说文解字注》，上海：上海古籍出版社，1988年版。

恩格斯：《自然辩证法》，载马克思、恩格斯《马克思恩格斯选集》第3卷，北京：人民出版社，1972年版。

冯契：《中国古代哲学的逻辑发展：上》，见《冯契文集》第4卷，上海：华东师范大学出版社，1997年版。

冯友兰：《中国哲学史新编》上，北京：人民出版社，2007年版。

高亨：《商君书注译》，北京：中华书局，1974年版。

蒋礼鸿：《商君书锥指》，北京：中华书局，1986年版。

高明：《帛书老子校释》，北京：中华书局，1996年版。

桂馥：《说文解字义证》，北京：中华书局，1987年版。

郭庆藩：《庄子集释》，见《诸子集成》第3册，上海：上海书店出版社，1986年版。

海德格尔著，熊伟、王庆节译：《形而上学导论》，北京：商务印书馆，1996年版。

韩永志：《荀子"道"与"人道"关系新探》，《管子学刊》2014年第1期。

何休：《公羊解诂序》，《春秋公羊传注疏》，《十三经注疏》下册，北京：中华书局，1980年版。

黑格尔著，杨一之译：《逻辑学》上卷，北京：商务印书馆，1966年版。

黑格尔著，贺麟译：《小逻辑》，北京：商务印书馆，1980年版。

黑格尔著，刘立群、沈真、张东辉、姚燕译，张慎、梁志学校：《世界史哲学讲演录（1922—1823）》，见《黑格尔全集》第27卷第1分册，北京：商务印书馆，2014年版。

黑格尔著，贺麟、王太庆译：《哲学史讲演录》，北京：商务印书馆，1997年版。

侯外庐、赵纪彬、杜国庠：《中国思想通史》，北京：人民出版社，2011年版。

胡治洪：《〈大学〉朱王之争与熊十力的评论》，载蒙秋明、毛有碧主编《阳明学研究新论》第2辑，南昌：江西教育出版社，2017年版。

黄怀信：《鹖冠子汇校集注》，北京：中华书局，2004年版。

蒋国保：《王阳明"〈大学〉古本"说生成考》，《阳明学研究新论》第1辑，南昌：江西教育出版社，2016年版。

蒋重跃：《道的生成属性及其本体化发展——先秦道论初探》，《南京大学学报》2012年第4期。

蒋重跃：《古代中国关于事物本体的发现——"稽"字的哲学之旅》，《南京大学学报》2013年第4期。

蒋重跃：《韩非子的政治思想》，北京：北京师范大学出版社，2000年版。

蒋重跃：《试论道法两家历史观的异同》，《文史哲》2004年第4期。

蒋重跃：《怎样衡量学术论文的内在质量———"概念衡文法"初说》，《澳门理工学报》2016年第4期。

金景芳、吕绍刚著，吕绍刚修订：《周易全解》，上海：上海古籍出版社，2005年版。

荆门市博物馆编：《郭店楚墓竹简》，北京：文物出版社，1998年版。

卡尔·雅斯贝斯著，魏楚雄、俞新天译：《历史的起源与目标》，北京：华夏出版社，1989年版。

康德著，邓晓芒译，杨祖陶校：《纯粹理性批判》，北京：人民出版社，2004年版。

康德著，蓝公武译：《纯粹理性批判》，北京：商务印书馆，1960年版。

孔颖达：《春秋左传正义》，《十三经注疏》下册，北京：中华书局，1980年版。

黎翔凤撰，梁运华整理：《管子校注》，北京：中华书局，2004年版。

李昉等：《太平御览》第3册，北京：中华书局，1960年版。

李光地著，刘大钧整理：《周易折中》，成都：巴蜀书社，2010年版。

李纪祥：《四书本大学与礼记·大学：两种文本的比较》，《文史哲》2016年第4期。

李镜池：《周易探源》，北京：中华书局，1978年版。

李泽厚：《中国古代思想史论》，北京：人民出版社，1986年版。

梁启雄：《韩子浅解》，北京：中华书局，2009年版。

刘宝楠：《论语正义》，《诸子集成》第1册，上海：上海书店出版社，1986年版。

刘家和、陈新：《历史比较初论：比较研究的一般逻辑》，《北京师范大学学报》（社会科学版）2005年第5期。

刘家和、蒋重跃：《在挑战与回应中前进——刘家和先生谈学术工作的基础》，《北京师范大学学报》（社会科学版）2015年第2期。

刘家和：《关于"以史为鉴"的对话》，《北京师范大学学报》（社会科学版）2010年第1期。

刘家和：《关于战国时期的性恶说》，《华夏文明与传世藏书——中国国际汉学研讨会论文集》，北京：中国社会科学出版社，1996年版。

刘家和：《论古代人类精神的觉醒》，《北京师范大学学报》（社会科学版）1989年第5期。

刘家和：《论历史理性在古代中国的发生》，《史学理论研究》2003年第2期。

刘家和：《史学经学与思想——在世界史背景下对于中国古代历史文化的思考》，北京：北京师范大学出版社，2005年版。

刘家和：《试说〈老子〉之"道"及其中含蕴的历史观》，《南京大学学报》（哲学·人文科学·社会科学）2014年第4期。

刘笑敢：《老子古今五种对勘与析评引论》，北京：中国社会科学出版社，2006年版。

刘笑敢：《庄子哲学及其演变》，北京：中国人民大学出版社，2010年版。

刘沅：《大学古本质言》，尚会强点校，上海：华东师范大学出版社，2012年版。

陆杰荣、牛小侠：《"历史"范式的

演进与人类"有限性"的研究》,《求是学刊》2012年第4期。

马克思:《〈黑格尔法哲学批判〉导言》,载马克思、恩格斯:《马克思恩格斯选集》第1卷,北京:人民出版社,1995年版。

马王堆汉墓帛书整理小组编:《经法》,北京:文物出版社,1976年版。

尼古拉斯·布宁、余纪元:《西方哲学英汉对照辞典》,北京:人民出版社,2001年版。

钱穆:《钱穆先生全集[新校本]》,北京:九州出版社,2011年版。

钱锺书:《管锥编》,北京:生活·读书·新知三联书店,2007年版。

秦献:《"道之为物"与"道之物"辨》,《社会科学辑刊》1988年第4期。

任继愈主编:《中国哲学发展史》,北京:人民出版社,1983年版。

任继愈主编:《中国哲学史》第1册,北京:人民出版社,1966年版。

阮元校刻:《十三经注疏》,北京:中华书局,1980年版。

塞缪尔·亨廷顿著,周琪等译:《文明的冲突与世界秩序的重建》(修订版),北京:新华出版社,2010年版。

邵雍著,郭彧整理:《邵雍集》,北京:中华书局,2010年版。

司马迁:《史记》,北京:中华书局,1959年版。

苏舆:《春秋繁露义证》,北京:中华书局,1992年版。

孙诒让:《墨子间诂》,《诸子集成》第4册,上海:上海书店出版社,1986年版。

谭戒甫:《公孙龙子形名发微》,北京:中华书局,1963年版。

谭戒甫:《墨辩发微》,北京:中华书局,1964年版。

谭嗣同著,姚彬彬导读、注释:《仁学》,北京:高等教育出版社,2010年版。

汤用彤:《魏晋玄学论稿·魏晋玄学流别略论》,《魏晋玄学论稿及其他》,北京:北京大学出版社,2010年版。

童庆炳:《中国20世纪50年代美学大讨论的第一学派——为纪念黄药眠先生诞辰110周年而作》,《北京师范大学学报》（社会科学版）2013年第6期。

托马斯·库恩著，金吾伦、胡新和译：《科学革命的结构》，北京：北京大学出版社，2003年版。

汪子嵩、范明生、陈村富、姚介厚：《希腊哲学史》，北京：人民出版社，1997年版。

王安石：《临川先生文集》，上海：中华书局上海编辑所，1959年版。

王弼：《老子道德经》，《诸子集成》第3册，上海：上海书店出版社，1986年版。

王力：《汉语音韵》，北京：中华书局，2003年新一版。

王力主编：《古代汉语》上册（第二分册），北京：中华书局，1962年版。

王力主编：《王力古汉语字典》，北京：中华书局，2000年版，第850页。

王蒙：《老子的帮助》，北京：华夏出版社，2009年版。

王守仁著，徐枫等点校：《王阳明全集》，天津：天津社会科学院出版社，2015年版。

王天海：《荀子校释》上册，上海：上海古籍出版社，2005年版。

王先谦：《荀子集解》，《诸子集成》第2册，上海：上海书店出版社，1986年版。

王先慎：《韩非子集解》，《诸子集成》第5册，上海：上海书店出版社，1986年版。

王元泽（雱）：《南华真经新传》，无求备斋：《庄子集成初编》，艺文印书馆印行。

魏徵等：《隋书》，北京：中华书局，1973年版。

吴祖刚：《荀子"道"论探微》，《南昌大学学报》2013年第4期。

萧功秦：《从〈走向共和〉的人物形象看历史范式的转换》，《探索与争鸣》2003年第6期。

萧洪恩：《土家族哲学通史》，北京：人民出版社，2009年版。

熊铁基、刘韶军、刘筱红、吴琦、刘固盛：《二十世纪中国老学》，福州：福建人民出版社，2002年版。

许建良：《先秦法家的道德世界》，北京：人民出版社，2012年版。

许抗生：《郭店楚简研究》，《中国哲学》第20辑，1999年版。

亚里士多德著，方书春译：《范畴

篇》，北京：商务印书馆，1997年版。

亚里士多德著，廖申白译：《尼各马可伦理学》，北京：商务印书馆，2003年版。

亚里士多德著，吴寿彭译：《形而上学》，北京：商务印书馆，1995年版。

亚里士多德著，颜一、秦典华译：《政治学》，北京：中国人民大学出版社，2003年版。

颜世安：《庄子评传》，南京：南京大学出版社，1999年版。

杨宪邦主编：《中国哲学通史》第1卷，北京：中国人民大学出版社，1987年版。

杨义：《老子还原》，北京：中华书局，2011年版。

叶秀山：《德国古典哲学的基本观念及其发展路线——在这种视野中关于"存在"的一些理解》，《世界哲学》2013年第1期。

余明光：《黄帝四经与黄老思想》，哈尔滨：黑龙江人民出版社，1989年版。

詹剑锋：《老子其人其书及其道论》，武汉：湖北人民出版社，1982年版，武汉：华中师范大学出版社，2006年版。

张岱年：《中国哲学大纲》，北京：生活·读书·新知三联书店，2005年版。

张岱年：《中国哲学史方法论发凡》，北京：中华书局，2003年版。

张恒寿：《庄子新探》，武汉：湖北人民出版社，1983年版。

张觉：《韩非子校注》，长沙：岳麓书社，2006年版。

张立文：《中国哲学范畴发展史（天道篇）》，北京：中国人民大学出版社，1988年版。

张丽：《论"易"作为〈易传〉的本体概念》，《广东社会科学》2010年第3期。

张松如：《老子说解》，济南：齐鲁书社，1998年版。

张湛：《列子注》，《诸子集成》第3册，上海：上海书店出版社，1986年版。

张缵绪主编：《英汉数理化词典》，北京：中国标准出版社，1991年版。

赵敦华：《西方哲学简史》，北京：北京大学出版社，2001年版。

真德秀著，朱人求校点：《大学衍义》，上海：华东师范大学出版社，

2010年版。

郑氏注、贾公彦疏：《周礼注疏》，阮元校刻：《十三经注疏》，北京：中华书局，1980年版。

郑玄注、孔颖达疏：《礼记正义》，《十三经注疏》（用文选楼藏本校定），台北：艺文印书馆印行，2007年影印本。

知水：《齐国道论纲要》，《管子与齐文化》，北京：北京经济学院出版社，1990年版。

周勋初修订：《韩非子校注》（修订本），南京：凤凰出版社，2009年版。

朱伯崑：《易学基础教程》，北京：九州出版社，2011年第2版。

朱汉国：《创建新范式：五四时期学术转型的特征及意义》，《北京师范大学学报》（社会科学版）1999年第2期；

朱骏声：《说文通训定声》，北京：中华书局，1984年版。

朱谦之：《十八世纪中国哲学对欧洲哲学的影响》，《哲学研究》1957年第4期。

朱熹：《楚辞集注》，上海：上海古籍出版社，1979年版。

朱熹：《四书章句集注》，北京：中华书局，1983年版。

朱熹著，黎靖德编、王星贤点校：《朱子语类》，北京：中华书局，1986年版。

朱新民：《偶然性与可公度性》，《社会科学》2008年第11期。

宗福邦、陈世铙、萧海波主编：《故训汇纂》上册，北京：商务印书馆，2007年版。

Archie J. Balm, *Tao Teh King by Lao Tzu*, second edition, world Books, 1985-1992.

Bob Whyte, *Unfinished Encounter: China and Christianity*, Collins Fount Paperbacks, London, 1988.

Chung-YING Cheng, "Chinese Metaphysics as Non-metaphysics: Confucian and Taoist Insights into the Nature of Reality," Robert E. Allinson, ed. *Understanding the Chinese Mind, the Philosophical Roots*, Hong Kong Oxford University Press, 1989.

Diane Collinson and Robert Wilkinson, *Thirty-Five Oriental Philosophers*, Routledge, London and New York, 1994.

Frederick Engels, *Dialectics of Nature*, Foreign Languages Publishing House, Moscow, 1954.

Friedrech Engels, *Dialektik der Natur*, Verlag fur Fremdsprachige Literatur, Peking, 1976.

G. W. F. Hegel, *The Logic of Hegel*, translated by William Wallace, China Social Sciences Publishing House, Chengcheng Books LTD, 1999.

Hans Küng and Helmut Schmidt, *A Global Ethic and Global Responsibilities: Two Declarations*, SCM Press LTD., 1998.

Henry George Liddell, Robert Scott, *A Greek-English Lexicon*, Clarendon Press, 1996.

James Legge, The Great Learning, *the Chinese Classics*, Volume 1, SMC Publishing Inc., Taipei, 1998.

John Knoblock, *Xunzi A Translation and Study of the Complete Works*, Stanford University Press, Stanford, California, 1988.

John Preston, *KUHN'S THE STRUCTURE OF SCIENTIFIC REVOLUTIONS A Reader's Guide*, London, New York: Continuum International Publishing Group, 2008.

Peter J. Opitz, "The Birth of 'history', Historical Speculation in Chou China'," Hans Lenk and Gregor Paul, edited, *Epistemological Issues in Classical Chinese Philosophy*, State University of New York Press, 1993.

Random House Webster's College Dictionary, New York, 1999.

Simon Blackburn, *Oxford Dictionary of Philosophy*, Shanghai Foreign Language Education Press, 2000.

The Complete Works of Han Fei Tzu, A Classic of Chinese Legalism, translated by W. K. Liao, Arthur Probsthain, London, 1939.

The Minster German Dictionary, Minster Books, 1992.

Thomas S. Kuhn, *The Structure of Scientific Revolutions*, Chicago: the University of Chicago Press, 1968.

后　记

书稿整理工作告一段落，心中自然就涌上了浓浓的谢意。

首先得感谢组织出版这套丛书的谭徐锋主编！徐锋是我们北师大出版社的编辑，人很年轻，但在学界已经颇有影响了，业内知名人士对他有很高的评价。在本书的文章选取和书名拟定上，我俩在微信里多次往还，研究商量，最后按他的提议来设定。他的聪颖和敏锐让我深为赞赏。本书的前言介绍了选录文章的内容和背景，其实也是我对自己学术历程的一次总结。能在工作一段时间的间歇做这样一次自我省思，这真的要感谢徐锋创造的这个机会！

我的这本小书能够成形，当然要感谢《南京大学学报》原主编、本书多篇文章原发时的责任编辑朱剑教授。朱老师于我有知遇之恩。1987年，我在南京大学读研三，是朱老师做责任编辑发表了我的第一篇学术论文《杂家尸子辩证》，让我永志不忘。2011年，在一次学术会议上我们又见面了。交谈中听说我正在思考古代中国的本体思想的问题，朱老师立刻鼓动我写成文章投往母校学报，并邀我担任"思想史研究"专栏的主持人。我当时还没有很强烈的愿望要写，是朱老师的鼓励让我燃起了写作的热情。第二年，《道的生成属性及其本体化发展——先秦道论初探》就发表了。这篇文章占用了21个版面，创造了当时《南京大学学报》文章长度的最高纪录。我心里实在过意不去。好在文章发表后，《新华文摘》《高等学校文科学术文摘》《中国社会科学文摘》不约而同，都给予大篇幅的摘转，令我多少卸下了一点心理包袱，不然我有何面目再见朱老师啊！从那以后，每年的岁末年初，朱老师都会了解我的研究进展，催促我按时完成研究和写作任务；文章写成后，他又多次在内容和标题的修订上给予指导，使文章的质量得以提高。就这样，我一连六年，每年一篇长文，发表在母校学报上。最长的是2015年那篇文章，竟占用了31个版面，打破了我自己创造的纪录。总之，没有朱老师的鼓励和指导，就不会有这六篇文章的写作和发表，也就不会有本书的成型。朱老师在全国期刊界和我们高校学报界是有名的大专家，对事关学术期刊发展的许多重大问题发表了很多有影响力的观点，这一点大家都知道。在具体的编辑工作中他究竟是如何做的，就不是很多人都知道的了。朱老师在编辑工作中同样极为出色。他对自己的工作要求精益求精，对作者关心备至，对文稿严格把关，是我们编辑界的榜样，对此我是有切身体会的。不过，朱老师本人却是十分的谦虚。我们是同龄人，又都是七七级的本科生，我读研时，他已经当上了学报编辑，是名副其实的老师。可是他每次向人家提起我，都说我们是同学，是系友。他的职业精神和为人境界令我感动，值得我永远学习。

本书选录的文章,除了《齐国道论纲要》一篇写于20世纪80年代,都是21世纪以来——其中的绝大多数是最近这10年间——写成发表的。新世纪的这些文章能够写出,离不开我的恩师,北京师范大学资深教授刘家和先生多年的教诲和栽培。我于1995年进入北师大历史系跟随先生学习,从那以后,就按照先生的学术路数读书、思考、写作,道路是艰难的,收获是巨大的,可以说经历了一番脱胎换骨的过程。阅读本书可以发现,1995年前后发表的文章明显不同。这个不同,最突出的就是从偏重于经验性的实际,转变为学习做理论性思考,学习提出问题,分析问题,解决问题。我自认跟随先生之后,才找准了读书学习的方向。本书选取的文章中,绝大部分是在先生学术思想影响下写成的,像道理论的问题、不可公度(通约)性的问题、历史理性的问题等,就是沿着先生的研究路数,一步一步走过来的。其他问题也都是在先生思想的影响下生发出来的。特别是关于"稽"(即关于道理论)的那篇文章,更是按照先生一贯的"两个菲罗"[即philology(古典文字学)和philosopy(哲学)相结合]的方法完成的。只是文章写成后,心里没底,一直不敢请先生看。2013年6月16日,在中国人民大学参加学术会议时,先生读到了这篇文章。当天下午4点整,先生打来电话,让我准备好笔和笔记本,把他马上要讲的话记录下来。他说:"……读了你的这篇文章,我极其感动,我所从事的学问你能坚持下来……"他还说:"……这篇文章有三个优点:第一,有中国传统,注意到了考证,特别是小学;第二,有比较,注意到了中西比较,海德格尔《形而上学导论》抓得是地方;但可能对西方哲学要更加深入;第三,把思想史研究提高到哲学的高度来搞……"这是先生对我的文章给予的最高规格的表扬，令我既感动又惭愧。感动的是追随先生18年，得到那么多无微不至的培养和呵护，终于能写出一篇文章得到先生的肯定，这是我梦寐以求的。惭愧的是自己资质平庸，蹉跎岁月，实在对不起先生的关怀和教诲。此次承蒙先生厚爱为本书赐序，更让我感激涕零。先生到今年年底就92岁高龄了，还像从前一样，精神矍铄，思维敏捷，活跃在学术前沿上。先生每天读书、思考问题，关心天下大势，前进的速度还是那么的快，身为弟子，我很难跟得上，只有暗下决心，学习先生的榜样，不断努力，争取能在学业上取得一点点进步。

此外，1989年我能够参加"《管子》与齐文化国际学术讨论会"，会后，我的发言文稿《齐国道论纲要》能够入选《管子与齐文化》一书，这要感谢《管子学刊》原主编王德敏先生和现任主编于孔宝先生。他们在我刚刚进入学术圈时给予我非常珍贵的帮助。2004年《道法两家历史观的异同》发表在《文史哲》上，这要感谢时任北师大学报主编林邦钧教授的热情推荐和《文史哲》编辑部当时的主编陈炎教授的慷慨帮助。要知道，对于从事人文领域研究的人来说，在《文史哲》发表论文，真有鲤鱼跳龙门的感觉哩。《关于〈韩非子〉中三组概念的矛盾——例说传统学术思想的批判性研究》一文得以写出，要感谢《复旦学报》主编汪勇豪教授和副主编吕晓刚教授。2013年，他们给我机会在他们主办的学术论坛上发表这篇演讲。2019年演讲稿得以在《国学学刊》上发表，则要感谢中国人民大学国学院的宋洪兵教授和《国学学刊》的编辑朋友的大力支持。《为什么可以用发源于西方的哲学来研究中国思想？》是应《西安科技大学学报》马静主编的约稿发表的。她们的学报当时是内刊，但她对学报事业的执着，对编辑工作要求之严格，绝不亚于所谓的正式期刊，她的敬业精神让我为之动容。《怎样回应文化的不可公度性问题》能够在《山西大学学报》发表，要感谢时任《山西大学学报》副主编的李雪枫教授的热情相邀和主编刘庆昌教授的认可。《将中国的思想文化"讲清楚"——蒋重跃教授访谈录》在《晋阳学刊》发表，这要感谢当时的编辑、现任四川师范大学教师的路强先生。路先生不顾暑天酷热，风尘仆仆，来北师大采访我，我只能敬上一杯清茶，不过，半天时间，我们谈玄论道，实在是人生一大快事！

本书得以出版，要感谢四川人民出版社的领导和相关工作人员，特别要感谢本套书的策划封龙先生，他的认真负责，令我肃然起敬。

蒋重跃
2020年4月26日